中国大运河国际形象提升路径研究

A Study on the International Image Upgrading Paths of the Grand Canal of China

田德新 著

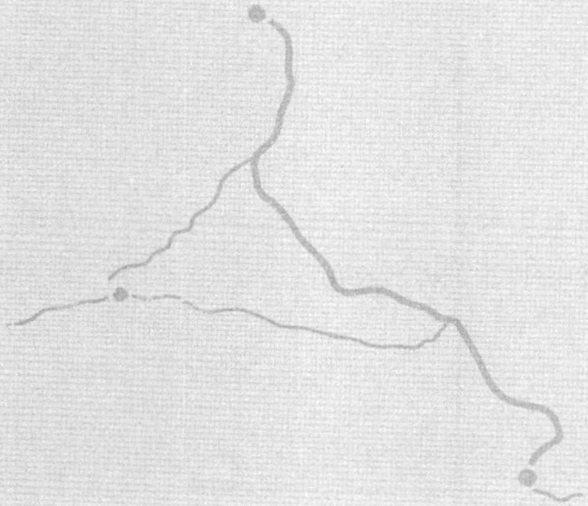

西安交通大學出版社
XI'AN JIAOTONG UNIVERSITY PRESS

图书在版编目(CIP)数据

中国大运河国际形象提升路径研究 / 田德新著.
西安：西安交通大学出版社，2024.11. -- ISBN 978-7-5693-2135-7
Ⅰ. K928.42
中国国家版本馆 CIP 数据核字第 2024CX9541 号

中国大运河国际形象提升路径研究
ZHONGGUO DAYUNHE GUOJI XINGXIANG TISHENG LUJING YANJIU

著　　者　田德新
责任编辑　李　蕊
责任校对　牛瑞鑫
封面设计　任加盟

出版发行　西安交通大学出版社
（西安市兴庆南路 1 号　邮政编码 710048）
网　　址　http://www.xjtupress.com
电　　话　(029)82668357　82667874(市场营销中心)
(029)82668315(总编办)
传　　真　(029)82668280
印　　刷　西安五星印刷有限公司

开　　本　720mm×1000mm　1/16　**印张**　19　**字数**　377 千字
版次印次　2024 年 11 月第 1 版　2025 年 1 月第 1 次印刷
书　　号　ISBN 978-7-5693-2135-7
定　　价　98.00 元

如发现印装质量问题，请与本社市场营销中心联系。
订购热线：(029)82665248　(029)82667874
投稿热线：(029)82668531　(029)82665371

序

《中国大运河国际形象提升路径研究》通过挖掘和梳理大运河物质文化遗产和非物质文化遗产作为国际形象的文化内核要素及其跨文化传播的一般规律，构建了中华水文化与大国关系的跨文化交际理论，并探寻了大运河作为国际形象的实施策略和提升路径。该书的出版，有利于加强国内相同文化遗产的保护、传承和利用与国家精神、国家意识及国际形象之间的紧密联系，在助力大运河文化走向国际舞台的同时，基于构建人类命运共同体这一重大理念，实现文明永续发展，推动构建国际交往新格局。

该书是笔者主持的 2018 年 6 月至 2023 年 9 月国家社科基金一般项目的研究成果，总体上圆满地完成了该项目的全部研究计划。具体而言，首先，该书通过古今中外有关中国大运河文化范畴的沿革比较，摸清了大运河文化内涵的“家底”，为进一步探索提升大运河文化中国国际形象的路径奠定了坚实的基础；其次，该书通过对大运河国内外经典作品的外部印象与国内内部认知的延伸比较，甄别出其中符合中国国际形象的论述；再次，依据联合国教科文组织针对世界文化遗产保护管理的宏观指导法规，该书通过对世界运河文化遗产外部经验与大运河文化价值的平行比较，系统探究了中国大运河文化遗产保护管理的相关理念与举措，提出了中国国际形象的塑造模式及其传播路径；最后，结合国内有关大运河文化遗产保护、传承、利用等顶层设计规划与宏观指导方案，该书基于遗产点的田野考察与知情人士的深度访谈之间的交叉比较，搭建起大运河珍贵文化遗产与中国正面国际形象之间的逻辑关系架构。

作为理论指导，该书的理论框架涉及现实主义理论、建构主义理论、合作主义理论、大众传播效果理论、文化模式理论及跨文化形象学理论。在研究设计上，该书采用了历史文献分析法、实地调查和案例分析法，重点运用了比较分析法、四重证据法和数字人文法。该书运用的第一手资料包括历史文献、出土文字文献、考古发现的实物或图像、经典游记与摄影作品、纪录片与文艺作品，以及田野调查与深度访谈记录等，共计约 3,000 种。可见，该书的撰写，具有较为全面而坚实的理论支撑、切实可行的研究设计和相对丰富的原始素材。

中国大运河包括隋唐大运河、京杭大运河、浙东运河三个部分，全长3,200公里，具有两千五百多年的历史。与其他世界遗产运河相比，中国大运河是世界上距离最长、规模最大、沿用时间最久的运河。从中华民族历史发展进程来看，大运河是多元一体中国文化的经典符号，联结了京津文化圈、燕赵文化圈、齐鲁文化圈、中原文化圈、淮扬文化圈、江南文化圈等文化高地，塑造了京津胜景、燕赵雄风、邹鲁儒风、江南水乡等人文生态，彰显了中华文明的精神标识和文化精髓。当今的大运河正在发生翻天覆地的变化，从大运河经济带，到大运河文化公园，到肩负“南水北调”东线新航运职责，再到打造“大运河璀璨文化带、绿色生态带、缤纷旅游带”新篇章，无不展现出大运河欣欣向荣、蓬勃发展的崭新面貌。显而易见，作为一种可知的历史记忆和可感的文化象征，大运河蕴含着中华民族悠远绵长的文化基因，形成了一种具有时间连续性的流淌文明，铸造了一种具有空间系统性的文化脉络与精神家园。作为社会实践和学术研究的宝藏，大运河文化有待各方有志之士潜心经营，精耕细作，将大运河的自身价值和拓展功效持续不断地发扬光大。

总之，该书归纳了代表大运河的外显性文化特色，并通过探析其中的文化外显性特色基因，挖掘出代表大运河的内隐性文化内核。该书从大运河文化遗产保护、传承、利用三大维度开展相关内容的沿革比较、延伸比较、平行比较和交叉比较，完成了探寻大运河文化国际形象的理论构建、再铸策略和实施路径的研究目标。利用大运河这样具有重大历史文化价值的文化遗产，打造可靠、逼真、持久的中国国际形象，有助于我们坚定文化自信，增强中华民族的身份认同感。因此，该书的研究发现对创造性、多用途保护和管理类似大运河的物质和非物质文化遗产，具有学术和实践的双重参考价值。

是为序。

姚冠新教授
扬州大学原党委书记
扬州大学中国大运河研究院首席专家
扬州大学长江文化研究院首席专家
2024 年 7 月

前　言

党的二十大报告强调："坚守中华文化立场，提炼展示中华文明的精神标识和文化精髓，加快构建中国话语和中国叙事体系，讲好中国故事、传播好中国声音，展现可信、可爱、可敬的中国形象。"在学术研究的理论层面，本书通过对西方现代性话语体系根源的剖析与批判，构建了基于水文化与大国博弈的跨文化交际理论，并探究了中国国际形象作为"文化他者"在其生成、拓展和延续过程中所面对的机制性不利因素。在现实社会的实践层面，本书响应国家的顶层设计和战略举措，以主人翁的使命感，挖掘、开发和拓展基于中国水文化特色，特别是大运河文化底蕴的中国式跨文化传播模式与中国国际形象提升路径。

具体而言，本书通过古今中外有关中国大运河（以下简称"大运河"）文化范畴的沿革比较、延伸比较、平行比较和交叉比较，挖掘大运河物质和非物质文化遗产作为国际形象的文化内核要素及其跨文化传播的一般规律，构建基于水文化的跨文化交际理论，并探寻大运河作为国际形象的实施策略和提升路径，旨在加强类似文化遗产的保护、传承和利用与国家精神、国家意识及国际形象之间的紧密联系，助力大运河文化走向国际舞台的同时，助推中国利益在国际文化博弈中的最大化。

本书涉及的大运河包括世界遗产名录中的隋唐大运河、京杭大运河和浙东大运河三大部分，主体研究涵盖七个部分的内容。

一、大运河文化遗产研究现状与问题

"大运河文化"与"国际形象"是本研究的两大主题。对其国内外相关研究综述发现：针对"大运河文化"的研究涉及运河与大运河、大运河文化与大运河文化遗产、大运河文化带与大运河文化公园等重要概念；针对"国际形象"的研究包括形象、国家形象和国际形象及其特点，中国国际形象的构成维度、历史变迁，以及基于大运河文化遗产的中国国际形象传播现状。一方面，相关研究对上述两大主题及其所包含的关键概念、范围及意义，或逐一或成对地进行了详尽的探讨，为本研究主干内容的明细化奠定了基础。另一方面，相关研究对上述两大主题及其所包含的关键概念的内涵、分类和特性等方面，亦展开了分层和递进式的探讨，为本研究的重点内容的确定与把关提供了一定的保障。

具体而言，在针对“大运河文化”的探究中，本研究主要依据姜师立提出的大运河文化的三个层次：“一是大运河遗存承载的文化；二是大运河流淌伴生的文化；三是大运河历史凝练的文化”①。其中的物质和非物质文化遗产汇聚了京津、燕赵、中原、齐鲁、淮扬、吴越六种文化形态，涵盖文物、景观、遗址、民间文学、表演艺术、传统手工艺、传统节庆活动及生产生活经验。换句话说，本研究在探究“大运河文化”时，将运河、大运河、大运河文化、大运河文化遗产及大运河文化公园与文化认同、国家认同及国家形象紧密联系，进行了全面、系统、深度的研究。在针对“国家形象”的探究中，本研究在总体参照绪论中的相关理论指导和相关研究发现的同时，重点聚焦余红和王琨关于国家形象的物质要素、精神要素、制度要素和行为要素四大维度。在针对“大运河文化国际形象提升路径”的探究中，主要根据孔婧所提出的必须通过“自塑”与“他塑”的博弈与合作，实现中国国家形象的国内外“共塑”，以“展现出更真实、立体、全面的中国国家形象”的预设蓝图②。

然而，现有研究存在以下四个方面的不足和缺陷。第一，对“大运河文化”与“国家形象”两大主题及其所包含的关键概念大多进行了相对宏观和比较笼统式的探究，而对大运河文化内涵的挖掘、梳理与范化、对不同国家针对物质和非物质文化遗产保护管理方面文化博弈的现实、缘由与对策、对基于大运河文化遗产国际形象传播路径的提升模式或策略改进涉及甚少。第二，大运河文化研究存在着地区差异、冷热不均、深浅有别、物质与非物质不均衡、重史料梳理轻实地考察等问题，因此，相关研究大多停留在一般性的情况介绍、基本知识普及与资料搜集整理方面，具有较高理论性和学术性的论著为数不多。即使探究大运河文化内涵相对深刻的研究，很少有学者将大运河文化内涵的探究纳入中国本土话语体系的整体构建之中加以系统论述。第三，对于大运河沿线城市经济腾飞和文化繁荣的物质和非物质文化遗产的研究也只是停留在对经济繁荣景象的客观描述层面，而对其背后的深层文化原因和深远社会影响及其与大运河的密切关系亦缺乏深度挖掘与学术探究。第四，相关研究基本还处于起步阶段，个案和点、段层面的研究较多，整体、系列和深层的研究较少，基于感性和主观研究较为普遍，而基于理性和客观

---

① 姜师立：《大运河历史文脉与国家形象文化基因研究》，《中国名城》2022 年第 1 期，第 88 页。

② 孔婧：《从“他塑”到“自塑”：中国国家形象的博弈策略研究》，《西部学刊》2023 年第 8 期，第 13 页。

的实证研究相对稀少，特别是将运河、大运河、大运河文化、大运河文化遗产以及大运河文化公园与文化认同、国家认同以及国家形象紧密联系，进行全面、系统、深度研究的文献更为稀少。

本研究在充分利用已有高品质研究成果的基础上，积极应对现有研究中的不足和缺陷，为此，特提出以下六个研究问题：

第一，结合历史悠久的大运河重大历史变革节点，通过对大运河丰富多彩的物质和非物质文化遗产的古今沿革比较，可以范化哪些符合中国国家形象提升的大运河文化内核要素？

第二，结合国际化进程中大运河所扮演的重大社会角色变迁，通过对国内外相关经典作品外部印象与内部认知的延伸比较，可以在哪些层面甄别其中符合中国国家形象的论述？

第三，结合联合国教科文组织对世界文化遗产保护管理的宏观指导与督查，通过对世界运河文化遗产外部经验与大运河文化价值的平行比较，可以在哪些方面发现中国大运河文化遗产保护管理的相关理念与举措有益于或有损于中国国家形象的塑造和国际传播？

第四，结合国家有关大运河文化遗产保护、传承、利用等顶层设计与宏观指导，通过对遗产点田野考察和与知情人士深度访谈的交叉比较，可以从哪些路径或采用何种方式理顺并搭建起大运河第一手珍贵资料与正面的中国国家形象之间的逻辑关系？

第五，根据前四个研究问题的多维度比较，在范化大运河作为国际形象文化内核要素、理顺各要素之间逻辑关系的基础上，构建怎样的水文化与大国博弈跨文化交际理论，才能更好地为中国本土话语体系的构建增砖添瓦？

第六，基于当下世界格局的现实情况，在构建水文化与大国博弈跨文化交际理论的基础上，如何通过总结上述多维度的比较结果，在实践中具体物化并有效提升以大运河文化为代表的中国国家形象？

二、大运河文化遗产古今沿革比较

为了先摸清大运河文化内涵这个家底，然后再进一步探索提升大运河文化中国国际形象的路径，我们首先进行了“大运河名称变迁及其文化的开放性”研究。通过探讨大运河名称的变迁，我们发现大运河文化内涵的开放性一方面表现在大运河文化遗产的形态上，另一方面也表现在文化内涵上。因此，在学术探索方面，对大运河无与伦比的科技成就、丰富多样的文化内涵及现实功效和长远意义的科学研究不应该设置任何“规划范围”。在“比较视域下中国大运河适应性管理”一节中，我们发现，联合国教科文组织与中国在大运河的管理目标上存在差异，前者偏重文化遗产的客观性标准，而后者更加强调对大运河文化内涵的挖掘。因此，我们在努力适应联合国教科文组织有关大运河遗产国际化管理的现代法规的同时，坚持在跨文化交流中以我为主、取长补短的指导原则，努力建立健全大运河文化遗产国际化管理体制。

三、大运河国内外经典作品的外部印象与国内内部认知的延伸比较

在这个部分，我们以费希尔的叙事范式理论为指导，对所选六部国内外作品进行了分析。在材料连贯性上，国外三部作品，基于作者对当时中国的感知和认知，侧重展现和传播的是显性的大运河物质文化遗产；国内三部作品，基于与小说有关的作者集群的生活阅历、真情实感与艺术感悟，着重反映和揭示了隐形的大运河非物质文化遗产，因而在很大程度上实现了中西跨文化传播的情感解读与心灵沟通。在结构的连贯性上，国外作品基本为游记、纪实和记录，多为平铺直叙、全面客观、细致入微的描述；国内作品为经典文学名著，分别对清朝的上层社会、明朝的政治抗争以及宋明时期底层市井民俗进行了难以再出其右的独特叙事、浓厚抒情与深度刻画。在角色的连贯性上，国外作品更多的是依赖个人信件、私人文件和现场调查而形成的所见所闻，而国内作品往往为作者的呕心之作，其中充满丰富想象力、奇幻神秘色彩和深邃哲理顿悟，从而成为“超越生搬硬套的强为讲述，超越缺乏互动的单向讲述，以及超越没有共鸣、缺乏沟通的个案分享”①。

四、大运河文化价值与世界运河文化遗产的平行比较

在这一部分，我们通过对“水文化与大运河文化”的知识图谱分析发现了水文化和大运河文化的研究热点及研究重点。国内针对大运河和大运河文化带的研究热点主要集中在“文化遗产”“运河文化”“文旅融合”等文化领域，国际上则主要集中在“河流（river）”“地表水（surface water）”与“气候变化（climate change）”等生态领域。研究路径方面，国内外均通过学者之间和研究机构之间的合作展开，但是国际层面的合作网络更加紧密。研究前沿方面，国内以“文旅融合”为重点，国外则注重“气候变化”的生态问题。

基于以上发现，我们总结出以下三个建议。第一，在研究热点上，国内和国际学界均要重视对大运河和大运河文化带研究特征的把控，积极开展跨区域、跨学科的专业性交流与学术合作，以助力人文社科和自然科学领域学

---

① 王义桅：《讲好中国故事要实现“三个超越”：以如何讲好“一带一路”故事为例》，《对外传播》2015 年第 9 期，第 24 页。

术研究的相互交叉和创新发展，推动全民对大运河以及大运河文化带重要意义的认识，并加强相关研究的社会转化运用。第二，就研究路径而言，国内学者和研究机构应当积极展开合作，通过丰富多彩的学术交流和思想碰撞，提升大运河文化带研究成效及其国外影响力。在国际层面，我们要打破西方主要发达国家所构建的学术壁垒，促使各国拥有平等话语权，与运河资源丰富的各发达国家与发展中国家积极合作，携手推进大运河与大运河文化带研究在层次、深度与范围等方面的进取与攀升。第三，就研究前沿而言，目前国内在大运河文化带研究中关注的“文旅融合”方向与国际上在大运河研究中重视的“气候变化”并未完全重合，研究方向还存在一定差距，大运河研究的国内学术圈与国际学术圈之间的相互交流与彼此合作，仍需进一步加强。

无论是“水文化与大运河文化”的相关研究还是“大运河与大运河文化带”的相关研究，在其研究热点、路径和前沿方面，均展现出方兴未艾、清晰可辨、大有可为的学术氛围。当然，要让中国水文化在世界范围走出去、走上去、走进去，要使大运河文化故事面对国际受众讲得清、讲得明、讲得懂，那么，西方发达国家的先进经验，诸如法国的米迪运河、加拿大的里多运河和英国的庞特基西斯特水道桥与运河在其相关保护管理法规的制定、实施、监测及调整等方面的成功案例，值得我们潜心钻研，经过消化后为我所用。

五、大运河遗产点田野考察与知情人士深度访谈的交叉比较

为了更好地从宏观和微观的角度梳理和分析大运河世界文化遗产内涵、实践与传播，探寻有助于理顺和搭建大运河第一手珍贵资料与中国正面国际形象之间逻辑关系的路径，我们进行了题为“大运河非物质文化遗产的对外传播研究：以扬州‘雕版印刷’为例”的研究。我们发现了扬州“雕版印刷”对外传播中存在的问题，并提出了较为可行的优化方案。

在题为“线性文化遗产视角下大运河文旅线路建设研究：以大运河扬州段为例”的研究中，我们基于文化线路理论，聚焦线性文化遗产的文化汇集功能，以大运河扬州段为研究对象，分别从政府、居民和游客的视角，揭示了线性文化遗产保护管理中不同主体的作用，并基于这三个视角，分别给出了改善建议。

六、世界遗产运河的保护管理法规与水文化大国博弈跨文化交际理论

这一部分内容以世界遗产运河的保护管理法规与话语分析为参考，基于中国文化经典构建出水文化与大国博弈跨文化交际理论的框架。在费尔克拉

夫三维话语模式的理论指导下，我们运用 AntConc 语料库软件，对联合国教科文组织与世界遗产运河国家中的法国、英国、加拿大及中国具有代表性的运河法规进行语料检索。我们发现：联合国教科文组织构建了一整套包括保护框架、保护原则和保护模式的世界文化遗产保护国际法体系，倡导世界上所有文化均享有同等的尊严，为各成员国家制定相应的运河文化遗产保护法规发挥了积极有效的示范作用。然而，现有世界遗产保护理念主要以西方文化价值观为基础，通过强调遗产的真实性、完整性等来体现西方启蒙运动以来的现代历史观和文化思维逻辑。西方发达国家的运河多为工业文明的产物，其管理方式和学术规范与国际标准基本一致。而作为农业文明产物的大运河，由于固有的特性和申遗较晚等因素，致使其在构建大运河文化遗产保护的立法体系方面，尚处于刚刚起步的初级阶段。

针对以上研究发现，我们提出了一系列应对措施。首先，国内应依据联合国教科文组织的纲领性法规文件，及时出台体现中国实际需求的类似《中国大运河保护条例与实施措施》的专项行政法规，将相关主体职责具体化，责任落实到位。根据国际和国内相关法规，建立统一的专门主管机构，在法规中赋予该机构主导性控制权，促进立法内容及时顺畅地付诸实施。其次，在使用与宣传相关法律内容时，要注重礼貌原则的体现，在尊重广大人民群众权利的基础上，鼓励其主动参与到大运河文化遗产的保护与建设中来。最后，大运河法规文本的话语描述，必须展示其庄严性、严格性、客观性及严谨性，对法规文本中所涉及的参与者能够起到约束和规范的双重作用，以确保大运河文化遗产的保护管理机制，具备国际与国内应有的法律保障。

在题为“中华水文化与大国博弈跨文化交际理论构建”的研究中，我们以文化博弈理论为指导，以中国文化典籍中的 510 段相关语篇为第一手资料，构建了具有本土特色的水文化与大国博弈跨文化交际理论的框架。

在该项研究中，我们认为中国文化话语丰富多彩，博大精深，在跨文化交际理论的构建和运用上，它们足以助力我们摆脱对西方现有相关理论的依附和盲从，避免和逐渐消除外界对中国传统和当代话语体系边缘化或矮小化的趋势。同时，我辈相关学者都应该积极参与到当代中国话语体系和本土跨文化交际理论构建的行列中来，以实际行动推动人类话语的学术进步与繁荣、文化多元对话与沟通。最后，无论是当代中国话语体系的建立，还是本土跨文化交际理论的构建，都必须扎根于中国传统和当代文化的土壤，兼容并蓄，博采众长，方为有效的可取路径。

七、大运河文化中国国际形象提升路径的实践研究

在该部分中，我们探究了当下世界格局中大国文化博弈的现实，在构建水文化与大国博弈跨文化交际理论的基础上，提出了在实践中具体物化并有效提升大运河文化中国国际形象的路径。

一方面，我们要摸清家底，找出问题及其症结，通过借鉴先进经验，取长补短，确定解决问题的有效方案。如在“大运河文化遗产保护管理中的公共参与研究及北美经验借鉴”的研究中，我们发现大运河文化遗产保护管理中的瓶颈问题是头重脚轻：政府指令多而频繁，而公众参与相对少而涣散。而伊利运河和里多运河遗产廊道的文化遗产保护管理在主体、理念、内容和视域四个维度为我们提供了可资借鉴的丰富经验。另一方面，我们更要坚守文化自信，积极挖掘中华文明古往今来的集体智慧与举世瞩目的文化丰功伟绩，并通过各种途径，向国内外积极推广和创新性传播。如在“基于三元领导理论的大运河顶层设计”的研究中，我们通过自上而下、自下而上、纵横互动的民主集中制综合体系，将大运河治理与现代科学管理与中国传统文化中的治水理念以及马克思主义自然观相结合，并提出“人与自然是生命共同体”的理念。

以上为本书的主要内容，总体上我们圆满地完成了本研究的全部计划。当然，必须指出的是，大运河文化博大精深、丰富多彩、赓续延绵，要从中汲取具有代表性的中国国际形象内核元素，并将其构建为中国国际文化博弈所需的理论框架和实践路径，的确挑战性很大。本书在许多方面，仍需进一步地探索和完善，特别是其中构建的水文化与大国博弈跨文化交际理论和大运河文化的中国国际形象提升路径，均需在实践中不断地进行验证和改进。本书是2018年6月立项(18BGJ086)、2023年9月结项(20233056)的国家社科基金一般项目的研究成果。其间，本人获得全国哲学社会科学规划办公室、扬州大学的慷慨赞助，同时得到了秦兴芳、俞洪亮、秦茂盛、秦旭、王金铨、于建华、何山华、陈国明、李新峰、刘猛、沈连云、李蕊等领导、专家、同事、编辑和本人博士、硕士学生的大力支持与热心关照，在此一并表示衷心谢意！限于本人水平，本书疏漏之处在所难免，敬请各位专家、同行和读者不吝赐教和批评指正。

目　录

第一章　绪　论

本书是2018年6月立项（18BGJ086）、2023年9月结项（20233056）的国家社科基金一般项目“文化博弈视域下中国大运河国际形象提升路径研究”的研究成果。本章绪论包括以下四个小节。

第一节　研究缘起与研究目标

一、研究缘起

如今，经历了五千多年文明史、承载着中华民族集体智慧的东方大国，通过“一带一路”倡议，共同推动全球发展和治理改革，促进人类命运共同体建设，这充分展现了当今中国人民“自强不息”的拼搏精神、“厚德载物”的博大胸怀与“上善若水”的理想境界。自1978年改革开放以来，中国人民自强自立，博采众长，已经在特高压输电、量子通信、北斗系统、人造太阳、风力发电、南水北调、隧道挖掘及巨型水电站等众多领域取得了举世瞩目的成就。在5G、高铁、激光晶体、超级计算机、航空空间站、农作物杂交及天网监控等领域，中国取得的成就更是世界领先。

但是，上述无论是令我们振奋的辉煌成就，还是让世界震惊的领先技术，在西方的传媒平台中，却大多陷入了中国国家正面形象传播时“有理说不出”“说了传不开”“传开叫不响”的话语困境。其中，有传播理念、话语体系、技术手段与大国地位和现实需求严重脱节的原因，也有主流传媒找不准站位、发不准声调、讲不好故事，以至于“使‘金话筒’在某种程度上成了摆设”①的尴尬。为此，习近平总书记2022年10月16日在党的二十大报告中谈及“增强中华文明传播力影响力”时明确指出：一方面要“坚守中华文化立场，提炼展示中华文明的精神标识和文化精髓，加快构建中国话语和中国叙事体系，讲好中国故事、传播好中国声音，展现可信、可爱、可敬的中国形象”；另一

① 杨振武：《把握对外传播的时代新要求——深入学习贯彻习近平同志对人民日报海外版创刊30周年重要指示精神》，https：//www. thepaper. cn/newsDetail _ forward _ 1347300，访问日期：2023年8月5日。

方面，要“加强国际传播能力建设，全面提升国际传播效能，形成同我国综合国力和国际地位相匹配的国际话语权。深化文明交流互鉴，推动中华文化更好走向世界”①。习近平总书记的报告精神和殷切期望，为推动和完善中国式的全球治理和高效能动地利用世界文化遗产资源、构建与世界其他民族融合的相处之道，描绘了清晰的战略蓝图，指明了具体的行动方案。

实际上，早在2014年2月，习近平总书记在北京考察时就提出，“历史文化是城市的灵魂，要像爱惜自己的生命一样保护好城市历史文化遗产”②。2017年2月，习近平总书记在北京通州视察时强调，“要深入挖掘以大运河为核心的历史文化资源，保护大运河是沿线所有地区的共同责任”③。2017年6月，习近平总书记进一步作出了“大运河是祖先留给我们的宝贵遗产，是流动的文化，要统筹保护好、传承好、利用好”的重要批示④。为了履行习近平总书记“保护好、传承好、利用好”大运河的批示，中共中央办公厅和国务院办公厅印发了《大运河文化保护传承利用规划纲要》，为大运河文化带建设制订了明确的方向、目标和任务。2019年7月24日，习近平总书记主持召开中央全面深化改革委员会会议，审议通过了《长城、大运河、长征国家文化公园建设方案》(以下简称《方案》)。该《方案》随后由中共中央办公厅、国务院办公厅印发全国，付诸实施，旨在全面、深入地贯彻和落实习近平总书记关于“发掘好、利用好丰富文物和文化资源，让文物说话、让历史说话、让文化说话，推动中华优秀传统文化创造性转化创新性发展、弘扬革命文化、发展先进文化”⑤等一系列重要指示精神。2022年6月27日，中共中央政治局委员、中央外事工作委员会办公室主任杨洁篪在江苏扬州举办的世界运河城市论坛

① 习近平：《高举中国特色社会主义伟大旗帜 为全面建设社会主义现代化国家而团结奋斗——在中国共产党第二十次全国代表大会上的报告》，https://www.gov.cn/xinwen/2022-10/25/content_5721685.htm，访问日期：2023年5月19日。

② 李斌、樊攀、乌梦达：《像爱惜生命一样保护好历史文化遗产——习近平总书记“出”的这道题北京西城如何“答”》，https://baijiahao.baidu.com/s?id=1597970529362024695&wfr=spider&for=pc，访问日期：2022年9月10日。

③ 蒋芳、包昱涵：《习近平的文化情怀：“大运河是祖先留给我们的宝贵遗产”》，https://baijiahao.baidu.com/s?id=1738832248133624003&wfr=spider&for=pc，访问日期：2022年8月1日。

④ 中国城市规划学会历史文化名城规划学术委员会：《文化和自然遗产日：关于文化传承与遗产保护，习近平总书记这样说》，http://www.sohu.com/a/234879001_656518，访问日期：2020年3月1日。

⑤ 新华社：《中央有关部门负责人就〈长城、大运河、长征国家文化公园建设方案〉答记者问》，https://www.gov.cn/xinwen/2019-12/05/content_5458886.htm，访问日期：2023年6月18日。

上致辞："运河是人类创造的伟大工程。世界运河城市论坛要在新的起点上不断创新形式、丰富内涵，为促进各国民心相通、文明交流互鉴贡献更多智慧和力量。"①

这些为中国大运河带来了新的发展契机，也赋予了大运河沿线约3,200公里、31万平方公里范围内的6个省、2个直辖市共35座城市一项光荣的使命②。作为一种学术担当与"顶天立地"实证研究的具体实践，本书通过挖掘和梳理大运河的文化内核，比照其在国内外的传播状况，探究中国国际形象的提升路径。

二、研究目标

具体而言，本书的研究目标表现在以下三个方面。

(一)纠正文化虚无主义根源，探寻中国文化自信源泉

作为世界遗产运河之一，大运河连通海、陆丝绸之路。不难想象，借着中国全力打造的"人类命运共同体"理念的强劲东风，伴随着"一带一路"倡议的金色品牌持续向纵深发展，大运河文化遗产势必成为"近者悦、远者来"的时空穿越魅力纽带。正如王广禄所言："作为文化记忆附着的象征物，大运河文化遗产连接着民族的过去和当下；作为记忆之场的大运河文化遗产，使'看不见'的国家变得可见，形成了民族国家的认同空间。"③本书通过探究大运河文化核心范畴，探寻提升大运河文化中国国际形象的路径，有助于从文化的根基上厘清并解决中国国际形象传播中"自我东方化""去东方化"及"彼此东方化"的三组难题，从而明确中国文化自信的根源所在。

(二)范化大运河文化内核要素，重铸中国大运河国际文化形象

大运河文化是指"依托大运河而产生、发展、流传的物质财富和精神财富的总和"，具有"活态性""融合性"及"多元一体性"的特色。其中的"活态性"指千年大运河文化生命力旺盛，能够不断推陈出新。"融合性"指大运河在连通大江南北五大水系的同时，汇聚六种文化形态，涵盖文物、景观、遗址、民间文学、表演艺术、传统手工艺、传统节庆活动及生产生活经验。"多元一体

---

① 邱冰清：《2022 世界运河城市论坛开幕 杨洁篪出席并致辞》，http://politics.people.com.cn/n1/2022/0627/c1001-32458086.html，访问日期：2023年10月2日。

② 沙雪良、黄颖：《北京大运河文化带建设将出五年行动计划》，https://www.chinanews.com/gn/2017/07-04/8268114.shtml，访问日期：2021年4月2日。

③ 王广禄：《全面梳理大运河历史文脉》，http://www.cssn.cn/zx/bwyc/202209/t20220930_5544992.shtml，访问日期：2022年10月12日。

性”强调大运河文化是“大文化”，包含“遗存承载文化”“流淌伴生文化”及“历史凝练文化”，同时，大运河文化也展现了“中华民族追求国家统一、民族团结的执着信念，尊重规律、创新克难的创造精神，开放包容、美美与共的文化态度，天人合一、和谐共生的思想智慧”①。本书对大运河文化的内核要素特征进行范化，在实践上探索大运河文化作为国际形象的有效途径，以此助力大运河文化“走出去、走进去、走上去”的战略目标和多元、平等、互利的中国式跨文化交际话语体系的实现。

（三）开展大运河文化遗产保护古今中外比较，构建中国文化遗产保护话语体系

西方的运河多为工业文明的产物，因而相关研究与现代科学的学术规范基本一致。而中国的大运河是农业文明的产物，相关研究在“路径和规范方面与体现西方文化价值标准的‘全球价值等级’或‘权威式遗产话语’即使不是完全格格不入，至少也是差异甚多甚大”②。实际上，现有的遗产保护理念主要以西方文化价值观为基础，通过强调遗产的真实性、物质性等来体现西方启蒙运动以来的现代历史观和文化思维逻辑。权威式遗产话语带有西方现代历史观和文化思维逻辑，这充分体现在联合国教科文组织及其认定权威机构出台的一系列公约、宪章和操作原则中。不仅如此，它还以合法化、标准式的常识内容，渗透于世界遗产国家的相关法律和文化政策之中。③ 其根本原因是国际法“不仅是一套规则体系，同时也是一套话语体系”④。

鉴于此，在开展大运河文化遗产保护古今中外比较时，我们仍需坚持“古为今用、洋为中用”的原则。为了确保我们国家物质文化遗产和非物质文化遗产保护、传承、利用国家战略的顺利实施，一方面我们要充分挖掘和发扬我们的具体实践经验和民族集体智慧，另一方面要在认真领会和履行联合国教科文组织相关法规的同时，积极学习和借鉴其他国家和地区的成功案例和丰富经验。然而，我们必须清醒地认识到其中的文化差异，避免主要代表西方

---

① 熊海峰：《多维度深化大运河文化内涵认知》，http：//views. ce. cn/view/ent/202006/29/t20200629 _ 35209485. shtml，访问日期：2022 年 8 月 25。

② 朱光亚：《大运河的文化积淀及其在新世纪的命运：大运河遗产保护规划和申遗工作的回顾与体会》，《东南论坛》2012 年第 6 期，第 12 页。

③ Laurajane Smith and Emma Waterton, “Constrained by Commonsense: The Authorized Heritage Discourse in Contemporary Debates,” in J. Carman, R. Skeates and C. McDavid (eds.), *The Oxford Handbook of Public Archaeology* (Oxford: Oxford University Press), pp. 153 - 171.

④ 车丕照：《国家法的话语价值》，《吉林大学社会科学学报》2016 年第 6 期，第 35 页。

发达国家利益的“权威式遗产话语”，时时处处，以我为主，积极构建中国文化遗产保护话语体系。

第二节 研究内容、总体框架、基本思路及其重点和难点

一、研究内容

本书以探究大运河文化内核的范化为研究对象，通过古今中外相关范畴的沿革比较、延伸比较、平行比较和交叉比较，挖掘大运河物质和非物质文化遗产作为国际形象的文化内核要素及其跨文化传播的一般规律，并在此基础上构建水文化与大国博弈的跨文化交际理论和探寻大运河作为国际形象的提升路径，旨在加强类似文化遗产的保护、传承和利用与国家精神、国家意识及国际形象之间的紧密联系，助力大运河文化走向国际舞台，助推中国文化走出去。

二、总体框架

本书总体框架分为三个板块。

(一)大运河国际形象提升的理论基础

这一板块的主要内容包括以下三个部分。

大运河文化内涵与文化博弈理论：运用与完善有关大运河文化内涵的相关理论，从意识形态、生产生活方式及外部表象等方面挖掘和梳理大运河遗产文化基因的传承规律。在中西文化交流与博弈之中，关键的问题已不是冲突和交锋本身，而是如何调动自身文化资源有效应对各种跨文化交际障碍，是“运用文化策略进行自我更新与重构的过程”①，而能使博弈双方获取利益最大化的可取策略是“彼此吸收对方先进的文化以弥补自身文化之短”②。

国际形象建构、合作与传播等相关理论：运用与改进国际文化博弈背景下国内外有关国际形象的主要理论，例如现实主义理论、建构主义理论、合作主义理论、大众传播效果理论及跨文化交际理论等。当然，本书将特别关注中国文化元素中的“软实力”在中国国际形象跨文化传播中的嵌入、接收及运作。

---

① 曹海峰：《全球文化博弈与国产动漫原创性问题研究》，《河南大学学报》(社会科学版)2013 年第 5 期，第 121 页。

② 初彤：《以博弈论视角探析中西文化碰撞及文化全球化趋势》，《文化学刊》2011 年第 4 期，第 78 页。

跨文化形象学与权威式遗产话语理论：梳理跨文化形象学理论，从形象、类型和原型上揭露西方文化价值观和“权威式遗产话语”理论，领会用全球主义取代“东方主义”和“西方主义”的意义。同时，本书还将梳理有关“水文化”“运河学”和“水文化与大国博弈”等理论，以便运用正确的理论指导实践。

（二）基于比较研究的大运河文化内核要素范化研究

这一板块的主要内容包括以下四个部分。

大运河文化遗产古今沿革比较：隋唐大运河、京杭大运河、浙东运河的大运河沿线物质文化遗产超过 1,200 项，其中已列入世界文化遗产的河道遗产、水工遗存、附属遗存及相关遗产共计 58 处；非物质文化遗产的代表性项目中，大运河沿线八个省市共有 837 项，是我国优秀传统文化高度聚集的区域①。物质文化遗产由文物、景观和遗址构成，非物质文化遗产由生活方式和意识形态构成，前者包括餐饮、漕运和仪式，后者包括民间文学、表演、艺术和习俗。本书以这些丰富多样的物质和非物质文化遗产为研究起点，通过梳理有关大运河文化遗产历史及其古今重大变革的节点与内容，提炼出符合中国国际形象提升的大运河文化内核要素。

国内外经典作品外部印象与国内内部认知的延伸比较：本书将涉及大运河描述的《马可·波罗游记》《英使谒见乾隆纪实》《中国新史》《崔溥漂海录》《策彦和尚初渡集》及《策彦和尚再渡集》等国外经典游记，与国内的《红楼梦》《西游记》《金瓶梅》《儒林外史》《聊斋志异》等相应文献进行延伸比较，在理解其深刻文化内涵和鉴别其中符合大运河国际形象描述的同时，比照外部印象与国内内部认知的主要异同，进一步探析上述国外著作是否带有“东方主义”或“西方主义”色彩。

世界运河文化遗产外部经验与大运河文化价值的平行比较：本书将包括法国的米迪运河、比利时的中央运河上的四座船舶升降机及周边设施、加拿大的里多运河、英国的庞特基西斯特水道桥与运河、伊朗舒什塔尔的古代水利系统、荷兰阿姆斯特丹的运河带、墨西哥的腾布里克神父水道桥等世界遗产运河及诸如苏伊士运河、巴拿马运河与伊利运河等重要世界运河与中国大运河的历史文献、考古发现及代表性研究发现进行平行比较，在鉴别其中符合国际形象描述的同时，进一步探究其相关研究是否带有“权威式遗产话语”，为构建基于大运河文化遗产的本土话语体系积累素材。

---

① 秦宗财：《新时代“千年运河”文旅品牌形象塑造》，《江西社会科学》2021 年第 1 期，第 236 页.

遗产点田野考察与知情人士深度访谈的交叉比较：实地考察有代表性的大运河遗产点，拍摄相关的人物、景观与遗址，同时深度采访大运河保护、传承、利用方面的专家、学者、相关人士及普通大众，在采集相关国际形象的第一手珍贵资料的同时，交叉比较大运河作为国际形象的文化内核要素及其之间的逻辑关系。

（三）大运河国际形象再铸路径研究

这一板块的主要内容包括以下三个部分。

提出大运河国际形象再铸的策略：根据大运河国际形象再铸的操作模式，基于国际文化博弈现实，在进行中外相关研究相互比较的同时，注重学习和吸收国外的先进经验，为大运河文化走出去的主要路径提供战略与战术借鉴。

形成大运河国际形象再铸的实施路径：按照大运河国际形象文化内核理论模型中的内在逻辑，寻求大运河国际形象再铸的主要路径，构建提升大运河国际形象的操作模式，运用相关国际形象传播效应的测试工具和通用方式，检测大运河国际形象的传播效果，提出相应的提升路径，以助力达成中国优秀传统文化走出去、提升国家文化软实力的战略目标。

构建大运河作为国际形象的水文化与大国博弈跨文化交际理论：根据第二个板块的多维度比较，范化大运河作为国际形象的文化内核要素，确立各要素之间的逻辑关系，以此构建大运河作为国际形象的水文化与大国博弈跨文化交际理论，为构建中国本土话语体系增砖添瓦。

三、基本思路及其重点和难点

（一）以梳理和挖掘大运河文化内涵为研究起点

大运河文化遗产包括隋唐大运河、京杭大运河及浙东运河沿线物质文化遗产和非物质文化遗产。本书通过对这些物质文化遗产和非物质文化遗产中与生活方式相关的内容的梳理，挖掘和归纳出代表大运河的外显性文化特色。同时，通过展开对体现意识形态的民间文学、表演、艺术和习俗的梳理，挖掘和归纳出代表大运河的内隐性文化内核。

（二）以开展多维度比较为研究途径

本书从大运河文化遗产保护、传承、利用三大维度开展了以下四个方面的比较研究：(1)大运河文化遗产古今沿革比较；(2)国内外经典作品外部印象与国内内部认知的延伸比较；(3)世界运河文化遗产外部经验与大运河文化价值的平行比较；(4)遗产点田野考察与知情人士深度访谈的交叉比较。

(三)以大运河国际形象的再铸策略、路径和理论为研究目标

本书依据总框架中的三个板块，以及基本思路中的研究途径，构建大运河作为中国国际形象文化再铸和提升的操作模式，具化实现路径和主要策略，引导类似的遗产保护、传承、利用与国家国际形象紧密联系，助力中国文化走出去。

要将上述基本思路的切入点、具体步骤和研究目标，付诸实施，并落到实处，其中的重点是大运河国际形象文化内核的提炼和范化，即根据中国国际形象的期望值和大运河文化的附加值，范化出大运河遗产符合国际形象的文化内核及其要素，确立大运河在国际文化博弈中的概念体系和理论模型，其中的难点在于大运河文化作为国际形象应如何实现跨文化传播理论层面的构建、检验及推广。对此，本书通过全力发挥作者本人及其团队成员在国内外跨文化领域的实践经历与学术研究经验，并运用科学、灵活、创新的研究方法与手段予以解决。

第三节　理论基础、研究方法与语料及本研究创新点

一、理论基础

由于本书的研究内容繁多，研究范围宽广，因此用作指导的相关理论数量较多。下文将逐一进行简述。

(一)现实主义理论

基于对理想主义误将“应然”当作“实然”的批评，以及对两次世界大战及之后国家间关系的反思，现实主义因此萌发。其理论源头为修昔底德《伯罗奔尼撒战争史》一书中的现实主义思想。随后，马基雅维利的利益观、霍布斯的自然状态论以及尼布尔的原罪思想等也为现实主义理论的发展提供了丰富的滋养。作为现实主义理论的主要代表，卡尔奠定了现实主义的基础，沃尔兹完善了现实主义的科学体系，而摩根索建构了现实主义的理论大厦。在《国家间政治寻求权力与和平的斗争》一书中，摩根索提出了现实主义的六条原则：(1)政治受到客观法则的支配，客观法则根植于人性；(2)用权力定义利益；(3)用权力定义的利益是普遍适用的客观原则；(4)普世道德不能用来指导国

家行为；(5)国家道德不等同于普世道德；(6)政治现实主义是独立的理论学派[①]。这些原则构筑了现实主义理论大厦的基础，并使国家形象本身也成为一种国家利益。

作为冷战后进攻性现实主义代表人物，约翰·米尔斯海默在其《大国政治的悲剧》一书中提出了国际体系中的五个命题：(1)国际体系处于无政府状态，国家之上没有任何中央权威；(2)大国本身具备某些用于进攻的军事力量，为其彼此伤害甚至摧毁提供必要的资本；(3)一个国家永远无法把握其他国家的意图；(4)生存是大国的首要目标；(5)大国是理性的行为体。[②] 基于以上命题，该学者强调，“传统现实主义只论述国家对权力的追求是不够的，应该看到他们是在追求权力的最大化”[③]。基于此，权力成为国际政治的核心，大国间的权力角逐与霸权争夺司空见惯，国际冲突在所难免，而国际合作却很难实现。

(二)建构主义理论

冷战结束后，文化、认同、规范等社会学因素在国际关系中的作用日益凸显。在建构主义学者的推动下，国际政治和社会学得到了前所未有的关注。该理论把国际体系看作一种社会建构，看重文化结构对国际体系的作用，并把国际关系分为霍布斯式、洛克式和康德式三种。三者的关系并非一成不变，它们可以彼此转换，这是建构主义的基本课题[④]。建构主义者认为，“虽然国家有领土、人口、组织机构等客观存在，但国家和国际秩序归根结底是由‘观念’建构出来的事物”[⑤]。建构主义理论主张国家形象是一种国家利益，塑造良好的国家形象是出于维护国家的利益。在《国际政治的社会理论》一书中，温特提出“集体自尊”的概念，即“一个集团对自我有良好感觉的需要，对尊重和地位的需求”[⑥]。结合冷战的特点，博尔丁在其 1959 年发表的题为《国家形象与国际体系》的文章中，首次提出了国家形象理论。他将国家形象界定为本

---

① Hans J. Morgenthau, *Politics among Nations: The Struggle for Power and Peace* (2nd ed.) (New York: Alfred A. Knopf, 1956), p. 4.

② 约翰·米尔斯海默：《大国政治的悲剧》，王义桅、唐小松译，上海人民出版社，2003，第 43 - 44 页。

③ 同上书，第 79 页。

④ 陈秋月：《基于建构主义理论的国际关系发展探究：评＜建构主义与国际政治＞》，《科技管理研究》2023 年第 6 期，第 223 页。

⑤ 刘青梅：《人类命运共同体思想的建构主义分析》，《盐城师范学院学报》(人文社会科学版)2023 年第 3 期，第 10 页。

⑥ 陈世阳、夏欢：《国家形象外交初探：以 2000—2008 年美国国家形象外交为例分析》，《北京科技大学学报》(社会科学版) 2010 年第 1 期，第 55 页。

国对自身以及其他国家对该国家的总体认知，而决定这一总体认知的三个维度分别为：国家地理空间，国家的“敌意”或“好感”，以及国家的“强大”或“羸弱”。该学者进一步指出：“我们必须认识到，一些人的决策可以决定政策和国家行为，而他们并不回应形势的‘客观’事实——不管它可能意味着什么——而是回应对形势的想象。”①这里，有两点值得特别关注。第一，本国受众对自身国家的总体认知，可理解为该国的国家形象；而其他国家受众对其的总体认知，可理解为该国的国际形象。第二，在特定条件下，国家的决策者往往依据其文化心理或对现实的主观想象，而并非“客观”事实进行其国家行为的抉择②。然而，建构主义理论“过分强调非物质观念的决定性作用，在一定意义上忽略了观念的物质基础，趋向于唯心主义和意志决定论”③。

（三）合作主义理论

第二次世界大战后，全球国家间相互依赖的关系不断加深，从而兴起合作主义理论，即理性行为体之间的合作是普遍存在的客观现实。合作主义理论认为建立良好声誉和国家形象是国家之间进行合作的必要条件，是国家行为体参与国际制度层面的根本需求。默瑟指出：“一个国家的声誉是国际体系中的其他行为体对这个国家持久特征或特性的一种信念与判断。声誉是一种倾向性特征，可以用来预测、解释行为体的未来行为。”④可见，无论是个人荣誉和自尊，还是政府声誉或国家形象，均具有十分重要的意义，因为“一个国家良好的声誉使它更容易加入可以从中受益的国际组织，而声誉不佳的国家和政府则往往付出难以达成协议的代价”⑤。作为上述思想的拓展，奈于1990年和2008年相继提出“软实力”和“巧实力”的概念，前者通过吸引力获得理想结果⑥，后者按实际需求对软、硬实力进行灵活运用⑦。然而，萨义德早已指出，西方文化霸权通过重构一种被崇拜、被认同、被模仿的“文化标

① 傅海、汪頔：《国家形象研究的理论资源》，《新闻与传播研究》2015年第2期，第29页。

② Kenneth E. Boulding, “National Images and International Systems,” *The Journal of Conflict Resolution*, vol. 3, no. 2 (1959): 120.

③ 单波：《论国家形象跨文化转向的可能性》，《兰州大学学报》(社会科学版)2027年第5期，第32页。

④ Jonathan Mercer, *Reputation and International Politics* (Ithaca and London: Cornell University Press, 1996), p. 16.

⑤ 罗伯特·基欧汉：《霸权之后》，苏长河、信强、何耀译，世纪出版集团，2001，第128页。

⑥ Joseph Nye, “Soft Power,” *Foreign Policy*, no. 80 (1990): 153.

⑦ Joseph Nye, *The Power to Lead* (New York: Oxford University Press, 2008), p. 1.

本”以垄断全球文化解读，按其国家利益臆断他国形象[①]，因而须用全球主义取而代之，以超越其二元对立的思维模式。合作主义理论的缺陷在于过分强调国家根据其目标去塑造一定的国家形象，往往导致塑造的目的性高于国家真实形象本身，反而忽视了国家形象自身对于该国民众生活质量的根本意义。

(四)大众传播效果理论

20 世纪初出现的“魔弹效果”理论认为，大众传播活动中的受众就像射击场固定的靶子，完全处于被动地位，传媒信息到达受众就像子弹射中身体一样，能够随即产生预期效果。20 世纪 40 年代，基于对魔弹效果理论的反思，“有限效果”理论诞生了。该理论认为受众对信息的认识和接受通常受外部社会环境和自身教育的影响，因而具有一定的分辨能力、同化能力和抵抗能力。20 世纪 70 年代，基于对“有限效果”理论的反思，综合性较强的“培养”理论、“议程设置”理论、“知沟”理论、“沉默螺旋”理论等陆续出现。这些理论通过与新信息技术的结合，考查大众传播相对综合、长期和宏观的传播效果。国家形象跟随大众传播效果理论的发展，在不同的阶段均有合乎当时时代的研究内容和研究发现。在当今的数字信息时代，世界主义突破了民族国家认同的单一性与民族国家想象的封闭性，把国家形象推向对话之境。因此，“在互联互通的语境下，国家形象指向对话性，因为只有进入‘我—你’对话关系之中，国家形象才能体现人的交流需要”[②]。

(五)文化模式理论

英国文化学者雷蒙德·威廉姆斯对文化的定义是：“对特定生活方式的描述，不仅在艺术和学习中，而且在制度和普通行为中表达特定的意义和价值观。”[③]国内著名学者庞朴认为，文化包括“人的一切生活方式和为满足这些方式所创造的事事物物，以及基于这些方式所形成的心理和行为，包含着物的部分、心物结合的部分和心的部分”[④]。作为一个立体的系统，文化的外层是物的部分，即经过人力作用的第二自然；文化的中层包括隐藏在外层物质里的人的思想、感情、意志与宗教神话、社会伦理、教育制度和政治体制等；文化的里层或深层主要包括价值观念、思维方式、审美趣味、道德情操、宗

---

① Edward W. Said, *Orientalism* (New York: Vintage Books, 1978), p. 94.

② 单波：《论国家形象跨文化转向的可能性》，《兰州大学学报》(社会科学版)2027 年第 5 期，第 32 页。

③ Raymond Williams, *The Long Revolution* (London: Broadview Press, 1961), p. 43.

④ 庞朴：《文化结构与近代中国》，《中国社会科学》1986 年第 5 期，第 84 页。

教情绪、民族性格等文化心理状态。文化的三个层面，彼此相关，形成一个系统，构成了文化的有机体。结合两位学者对文化的界定，我们将文化理解为一个整体，具体包括物质、制度和观念三个层面或维度，并将其用于挖掘跨文化交际双方的交际意图和解释跨文化交际策略的文化根源。

当然，文化模式多种多样，各种文化都有其不同的特色或主旋律。1934年，人类学家鲁思·本尼迪克特率先提出文化模式这一概念①。本尼迪克特认为，一种文化，犹如一个人或团体的思想与行动模式，必须具备一定的一致性或核心理念，致使人们的一言一行，都趋向于这种起支配地位的核心理念或特有的目标，从而形成相当一致的基本态度。基于此，本尼迪克特将文化模式界定为一个具有内在一致性、各个部分相互关联的思想和行为的整体。由此可见，无论是跨文化交际双方之间的各种交际意图，还是相应的博弈对策，均可通过恰当的文化模式对其文化根由追踪溯源，而上述基于中英两位文化鸿儒相关研究而形成的文化模式理论堪当此任。当然，最终选取哪种文化模式，还需根据特定跨文化交际场合和博弈双方之间瞬息万变的具体情形而定。

(六)跨文化形象学

在2011年发表的“跨文化形象学的观念与方法：以西方的中国形象研究为例”一文中，周宁创立了跨文化形象学。该理论研究西方的中国形象，从形象、类型、原型三个层面进行分析，以揭示其中知识与权力的关系。他认为，“形象”是对某种缺席的事物的想象性、随意性表现，而“中国形象”指流行于社会的一整套关于“中国”的“表现”或“表述”系统，其中包含知识与想象、真实与虚构的内容。“类型”是跨文化形象学的关键概念，是分析西方的中国形象史的基本功能单位。西方文化将包括在探险、商贸、军事等活动中零星地积淀下来的个体经验，转化为具有某种特定意义的中国形象，形成一种类型，为描述中国形象提供观念、意象和词汇。“原型”表明形象谱系自身的继承与关联关系。“中国形象”作为一种话语方式，具有自身的历史和传统，特定形象通过不断重复表述，形成类型，并最终转换为某一种或几种原型②。

跨文化形象学所关注的核心问题是中国的文化自觉，因此聚焦“西方的中国形象”“世界的中国形象”和“中国的自我想象”三组课题。该理论认为西方列强一直在臆造中国的国际形象，应从形象、类型和原型上揭示其文化霸权中

① 露丝·潘乃德：《文化模式》，黄道琳译，巨流图书公司，1976，第48页。

② 周宁：《跨文化形象学的观念与方法：以西方的中国形象研究为例》，《东南学术》2011年第5期，第7-9页。

“令人生畏的结构”，用全球主义取代一切自认为优于其他文化的中心主义，实现多元、平等、互利的跨文化对话机制①。

二、研究方法与语料

根据研究性质与研究目的，本书在应用历史文献分析法、实地调查和案例分析法、访谈与归纳法等传统研究方法的基础上，重点凸显了“定性比较分析法”“四重证据法”和“数字人文法”等研究方法的运用。

(一)传统研究方法

历史文献分析法：运用历史文献考证和分析的方法，梳理与研读大运河与其他世界遗产运河以及主要世界运河的相关历史文献、官方文件及统计报告等材料，比照与反思其在保护、传承、利用方面的异同及其对中国的启示。

实地调查和案例分析法：实地考察有代表性的大运河遗产点，为升华大运河文化内核搜集素材。同时，以有关大运河的重大事件、经典游记和纪录片为实际案例，探索其在描述大运河文化与传播中国国际形象时的规律性特点。

访谈与归纳法：参照上述研究结果，整理和归纳对大运河专家和相关人士进行的访谈与咨询结果，甄选和鉴别大运河作为国际形象的文化内核要素，为构建中国国际形象的理论模型与操作模式筹备第一手资料。

(二)重点研究方法

1. 比较分析法

查尔斯·拉金在其 1987 年出版的《比较方法——超越定性和定量策略》一书中提出了“定性比较分析法”(qualitative comparative analysis，QCA)。QCA 是一种基于案例导向，适用于中小样本案例导向的研究方法。该方法通过发掘中小样本案例中所展现的普遍特征，探究导致某一现象发生的前因条件及其相互之间的作用机制，旨在得出产生特定现象的条件组合。该方法基于集合论原理，假定某个现象的因果是非线性的，其存在是由多个前因条件相互作用而共同催生的。该方法以此克服了传统定量分析方法只能分析单一因素与结果线性关系的局限，经实践验证更加适用于分析社会科学领域的问题。② 另外，郭西安进一步指出：采用比较分析的方法，就是“对两个或多个具有一定差异的同类事物进行比较，其中包括比照异同、反观自身和升华精

① 周宁：《跨文化形象学的观念与方法：以西方的中国形象研究为例》，《东南学术》2011 年第 5 期，第 4 页。

② Charles C. Ragin, *The Comparative Method: Moving beyond Qualitative and Quantitative Strategies* (Oakland, CA: University of California Press, 2014), pp. xxi - xxii.

髓的三个步骤”①。因此，本书把“定性比较分析法”运用到了大运河文化遗产古今沿革比较、国内外经典作品外部印象与国内内部认知的延伸比较、世界运河文化遗产外部经验与大运河文化价值的平行比较，以及遗产点田野考察与知情人士和普通大众深度访谈的交叉比较等四个方面。

2. 四重证据法

为了取得较高质量的研究发现，本书在运用“定性比较分析法”的同时，平行或重叠采用了“四重证据法”和“初步数字人文法”。1994 年，叶舒宪将王国维的“二重证据法”拓展为“三重证据法”，2005 年又进一步将其扩充为“四重证据法”。在《探寻中国文化的大传统——四重证据法与人文创新》一文中，叶舒宪将其所运用的现有文献、新出土的文字文献、考古挖掘的实物或图像，以及田野调查等研究方法称为“四重证据法”②。该方法并非是各种证据的简单叠加，而是一种基于“文化文本”的跨学科人文科学方法论。此处的“文化文本”是超越单纯文字典籍的大文化概念。正是基于此，“四重证据法”才能把人们以往根本想不到会发生关联的证据关联起来，才能够“从古代遗留的实物及图像中解读出文字文本没有记录的文化信息，从而重构出失落的历史线索”③。自公元前 486 年吴王夫差开凿邗沟，大运河距今已有两千五百多年的历史。大运河全长 2,700 公里，文化遗产丰富多彩，相关著述琳琅满目；大运河的隋唐大运河段，基本掩埋地下，考古发现十分丰富；本书作者及其研究团队成员，利用各种机会与途径对大运河重要节点的实地考察，资料来源真实可靠。由于上述种种缘由，“四重证据法”在本书得到了充分的运用。

3. 数字人文法

数字人文法，又称人文计算，是“将人文学科知识、数据收集和分析技术、网络基础设施和算法模型等融为一体所形成的交叉学科研究领域”④。数字人文研究源于 1949 年，迄今已经过三个发展阶段。在起步阶段(1949 年至 1960 年)，学界主要将统计学方法应用于文学与语言学分析，进行词汇检索、分类和统计；在发展阶段(1960 年至 1990 年)，学界开始建设并应用语料库

① 郭西安：《什么视域？如何比较？—— 作为一种范式革新契机的“比较视域”概念》，《学术月刊》2015 年第 3 期，第 27 页。

② 叶舒宪：《探寻中国文化的大传统：四重证据法与人文创新》，《社会科学家》2011 年第 11 期，第 8 页。

③ 叶舒宪：《物的叙事：中华文明探源的四重证据法》，《兰州大学学报》(社会科学版)2010 年第 6 期，第 1 页。

④ 胡开宝、黑黟：《数字人文视域下翻译研究：特征、领域与意义》，《中国翻译》2020 年第 2 期，第 5 页。

和数据库，开展文学、语言学、翻译学、历史学和考古学等领域的研究；在成熟阶段(1990 年至今)，一些大型数据库先后建成并应用于不同领域的人文学科研究，数字人文作为独立的交叉学科，逐渐成为一门显学①。在其发展过程中，数字人文法经历了从“计算思维”到“人文思维”的本质转变。学界从“运用计算机科学的思想与方法进行问题求解、系统设计以及人类行为的理解”，转向以“人”为本，在理解和解释与人有关的现象和问题的同时，“开始思考由数据组成的可视化图表背后的人文意义”②。本书除了文字陈述外，还运用了诸如 ANC、BBC 和 COCA 等语料库与自建语料库，知网(CNKI)、科学网(WOS)和 c-text 等网络平台，CiteSpace 5.7、AntConc 4.2、CorpusWordParser 和 Voyant等分析软件，以图表可视化的形式展示内容。在很大程度上，本书中的可视化展示还不能算作是数字人文法的正规应用，因此可将其称为初步数字人文法。

(三)研究语料

本书所运用的研究语料可大体分为历史文献、出土文字文献、考古发现的实物或图像、经典游记与摄影作品、纪录片与文艺作品以及田野调查与深度访谈记录等，共计 2,634 项，其具体情况统计见表 1-1：

表 1-1　本书的主要语料来源

类别	内容			数量(/项)
历史文献	《山海经校注》	《荀子》	《万历野获编》	26
	《水经注疏》	《墨子》	《全唐诗》	
	《诗经》	《国语》	《张调元文集》	
	《尚书》	《道德经》	《隋书》	
	《左传》	《汉书》	《大业杂记》	
	《后汉书》	《史记》	《拾遗记》	
	《孟子》	《天问》	《诗集传》	
	《淮南子》	《旧唐书》	《梦粱录》	
	《战国策》	《宋史》		

① 胡开宝、王晓丽：《数字人文视域下翻译研究：现状、问题与前景》，《外语与外语教学》2022 年第 6 期，第 112 页。

② 邱伟云、严程：《数字人文方法论的有机建构与动态实践》，《南京社会科学》2023 年第 3 期，第 137 页。

续表

<table>
<tr><th>类别</th><th colspan="2">内容</th><th>数量(/项)</th></tr>
<tr><td>出土文字文献</td><td colspan="2">《古本竹书纪年》
《隋郭均墓志》碑文
《容成氏》
《九鼎》
“遂公盨”
“秦公簋”
“叔夷钟”</td><td>7</td></tr>
<tr><td>考古发现的实物、图像或遗址</td><td colspan="2">陕西韩城的禹门
河南洛阳的龙门
大禹治水图玉山
浙江绍兴的大禹陵与会稽山
山东济南的大禹图
浙江余杭的大禹像
河南登封市王成岗遗址
鸿沟
胥河
茱萸湾
“喇家遗址”
古邗沟古道
瓜洲船闸与古渡
隋炀帝墓葬
沈家山古墓葬
海宁的长安闸
镇江的破冈渎
扬州三湾区
南旺分水枢纽
华家口夯土险工
淮安清口水利枢纽遗址</td><td>21</td></tr>
<tr><td>经典游记与摄影作品</td><td colspan="2">《金瓶梅词话》
《儒林外史》
《聊斋志异》
“三言”(《喻世明言》《警世通言》《醒世恒言》)
“二拍”(《初刻拍案惊奇》《二刻拍案惊奇》)
《中国大运河：摄影师之旅》
《中国大运河：汤德胜摄影作品展》
《运河岸边的人们》
《天问》
《运之河》
《三国演义》
《红楼梦》
《西游记》
《水浒传》
《金瓶梅》
《利玛窦中国札记》
《马可·波罗游记》
《中国新史》
《漂海录》
《英使谒见乾隆纪实》
《中国新图志》
《基督教远征中国史》
《中国科学技术史》</td><td>26</td></tr>
<tr><td rowspan="4">田野调查与深度访谈记录</td><td>实地考察</td><td>京杭大运河博物馆
扬州中国大运河博物馆
浙江绍兴的大禹陵与会稽山
陕西韩城的禹门
扬州双博馆(中国雕版印刷博物馆、扬州博物馆)
江苏淮安的中国漕运博物馆
江苏无锡的大运河数字博物馆</td><td>8</td></tr>
<tr><td>调查问卷</td><td>现场 500 份；网络 1500 份</td><td>2000</td></tr>
<tr><td>深度访谈</td><td>游客 355 人，居民 110 人，政府部门工作人员 22 人，博物馆工作人员 22 人</td><td>509</td></tr>
<tr><td>学术会议</td><td>参加相关学术会议并做记录</td><td>6</td></tr>
</table>

续表

类别	内容	数量(/项)
官方文件	《海牙公约》 《罗里奇公约》 《武装冲突情况下保护文化财产公约》 《世界遗产名录》 《世界遗产公约》 《保护非物质文化遗产公约》 《实施〈世界遗产公约〉操作指南》 《历史纪念物法》 《法国公共水域及运河条例》 《文物建筑保护法》 《历史纪念物法》 《米迪运河景观建设章程》 《法国公共单位所有权普适条例》 《英国水道遗产政策和原则》 《加拿大历史遗址和纪念碑法案》 《伊利运河国家遗产廊道法案》 《荷兰纪念碑法案》 《荷兰文化遗产保护法案》 《比利时国土、城市与遗产治理法》 《比利时遗产保护法》 《中共中央 国务院关于加强和完善城乡社区治理的意见》 《文物保护管理暂行条例》 《中华人民共和国土地管理法》 《中华人民共和国河道管理条例》 《中共中央 国务院关于加强基层治理体系和治理能力现代化的意见》 《大运河文化保护传承利用规划纲要》 《大运河遗产保护管理办法》 《大运河遗产联合保护协定》 《世界运河城市文化保护传承利用扬州倡议》 《中华人民共和国文物保护法》 《中华人民共和国河道管理条例》	31
共计		2634

针对表1－1中的语料，本书采用前文所叙述的研究方法，主要从保护、传承、利用三方面开展古今运河的沿革比较、国内外文献比较、田野调查与深度访谈的交叉比较和世界遗产运河的平行比较，以勾勒出本书的理论模型或操作模式及其基本的逻辑关系。

三、本书的创新点

本书的创新之处体现在以下三点。

(一)学术思想创新

党的二十大报告中提出“推进文化自信自强，铸就社会主义文化新辉煌”

和“增强中华文明传播力影响力”的要求。2023 年 10 月，习近平总书记对宣传思想文化工作作出重要指示，强调“着力加强国际传播能力建设、促进文明交流互鉴”。习近平总书记关于增强中华文明传播力影响力的重要论述，为我们坚定文化自信、提升国家文化软实力和中华文化影响力指明了方向①。为此，开展类似大运河这样技术含量高、文化内容丰富的世界文化遗产研究，对中国文化走出去、走进去、走上去，引领世界人民实现人类命运共同体的战略决策，具有双重的学术价值和现实意义。

(二)学术观点创新

本书从大运河文化遗产保护、传承、利用三大维度，开展以下四个方面的比较研究：(1)大运河文化遗产的古今沿革比较；(2)国内外经典作品外部印象与国内内部认知的延伸比较；(3)世界运河文化遗产外部经验与大运河文化价值的平行比较；(4)遗产点田野考察与知情人士深度访谈的交叉比较。以上研究可以取得至少三个方面的学术成果：第一，可以在较大程度上展现中国人民“自强不息”的拼搏精神、“厚德载物”的博大胸怀与“上善若水”的理想境界；第二，可以助力并有效化解主流媒体在对外传播中“有理说不出”“说了传不开”“传开叫不响”的话语困境；第三，可以提炼展示中华文明的精神标识和文化精髓，加快构建中国话语体系，讲好中国故事、传播好中国声音，助力展现可信、可爱、可敬的中国形象。

(三)研究方法创新

本书拟探究大运河文化可以体现中国国际形象的核心范畴，并以此为基础形成提升大运河文化国际形象的跨文化交际理论和实践操作模式。因此，其研究方法的创新体现在从保护、传承、利用三方面开展的古今运河的沿革比较、国内外文献的延伸比较、田野调查与深度访谈的交叉比较和世界遗产运河的平行比较之中。这一方面凸显出各自研究方法的自身优势，另一方面也体现了不同研究方法叠加、交叉或三角验证的研究效果。

第四节　本书总体结构

本书由八个章节组成。第一章为绪论，主要涉及：(1)研究缘起与研究目标；(2)研究内容、总体框架、基本思路及其重点和难点；(3)理论基础、研

① 刘小新：《增强中华文明传播影响力》，《红旗文稿》2024 年第 12 期，http://www.qstheory.cn/dukan/hqwg/2024-06/27/c_1130169280.htm，访问日期：2024 年 7 月 5 日。

究方法与语料及研究创新点；(4)本书总体结构。第二章题为“大运河文化与国际形象的研究综述”，针对“大运河文化”与“国际形象”两大主题及其相关关键词的国内外主要研究进行详尽综述，一方面对现有研究的贡献进行充分肯定，另一方面也建立起必备的学术研究基础，并且依据所采用理论框架的操作维度，对现有研究中的不足和缺陷进行甄别，确立本书的研究重点，提出研究问题。第三章题为“大运河文化遗产古今沿革比较”，从大运河名称的变迁切入，一是通过论证大运河文化内涵的开放性，激发学界对大运河文化内涵、科技成就及现实功效和长远意义的不懈探究，二是通过系统探究大运河自古至今在管理方面的适应性变化与发展，促使大运河文化遗产现代化和国际化管理体制的建立、健全及有效运行。第四章题为“大运河国内外经典作品的外部印象与国内内部认知的延伸比较”。本章首先以费希尔的“叙事范式”为理论框架，从材料、结构和角色三个维度，对比和探究所选的六部国内外大运河文学作品中的叙事连贯性；随后，在罗兰·巴特的符号学理论的指导下，探究《红楼梦》中多元而复杂的京杭大运河符号象征意义，以揭示所选的国内外经典与作为世界文化遗产的大运河文化之间的内在逻辑关系和相互映衬作用与价值。第五章题为“大运河文化价值与世界运河文化遗产的平行比较”。本章运用知识图谱对水文化与大运河文化，以及大运河与大运河文化带的国内外研究热点、研究路径与研究前沿或发展趋势，进行可视化梳理与详尽分析。同时，本章还以联合国教科文组织有关世界文化遗产的相关法规为参照，通过对世界运河文化遗产外部经验与国内大运河文化价值的平行比较，为大运河文化遗产的保护管理工作取长补短，拾遗补阙。第六章题为“大运河遗产点田野考察与知情人士深度访谈的交叉比较”。本章的第一节在话语分析理论指导下，对扬州“双博”中“雕版印刷”的对外传播，从话语主体与话语主题、话语传播渠道与传播效果进行实证研究。本章第二节基于文化线路理论，通过对现场随机调查、深度访谈和相关历史记录等第一手资料进行分析，从政府、居民和游客三个层面，聚焦大运河扬州段线性文化遗产的文化汇集功能。第七章题为“世界遗产运河的保护管理法规与水文化大国博弈跨文化交际理论”。第一节在费尔克拉夫三维话语模式的理论指导下，运用 AntConc 语料库软件，对联合国教科文组织与世界遗产运河国家中的法国、英国、加拿大及中国具有代表性的运河法规进行语料检索。第二节以文化模式和东西方文化的范式假设理论为指导，以厘清大国跨文化交际双方的交际意图与跨文化交际路径的相互关系为研究对象，通过梳理和提炼中国文化经典中有关水的特性，并结合跨文化交际理论的相关内容，构建水文化与大国博弈跨文化交际理论，旨在为构建大运河文化国家形象过程中的中西文化交流与沟通提供理论参考。第八章题为“大运河文化中国国际形象提升路径的实践研究”。本章针对大运河文化遗产保护管理中的瓶颈问题，一方面阐述公众参与的理论基础与概念演变及其与文化遗产保护的关系，另一方面，通过聚焦公众参与，分别从主体、理念、内容和视域四个维度，探究美国伊利运河与加拿大里多运河在保护与管理工作中可资借鉴的经验与启示。同时，本章还聚焦大运河经济带、大运河文化公园以及大运河新航运等现代治水工程中的“顶层设计”，探究大运河在当今环境中的现代化管理与保护，助力文化自信和中国正面形象的国际传播。

第二章　大运河文化与国际形象的研究综述

“大运河文化”与“国际形象”是本研究的两大主题。本章对与该主题相关的国内外主要研究进行详尽综述，在对现有研究贡献进行充分肯定的基础上，建立起必备的学术研究基础，并且在所采用理论框架的操作层面，对现有研究中的不足和缺陷进行甄别，确立本书的研究重点，提出研究问题。下文分两节对其进行分述。

第一节　大运河文化

为了梳理和论述国内外学者对大运河文化的研究现状，本研究首先以“大运河文化”及其英文“culture of the Grand Canal of China”为关键词，在知网（CNKI）和科学网（WOS）进行检索，并将所获得的检索结果进行整理。

一、有关“大运河文化”的研究数据

截至 2023 年 5 月 18 日，以“大运河文化”和“culture of the Grand Canal of China”为关键词，在 CNKI 和 WOS 所获得的发文量检索结果分别为 2,354 篇和 24 篇（图 2－1；图 2－2）。

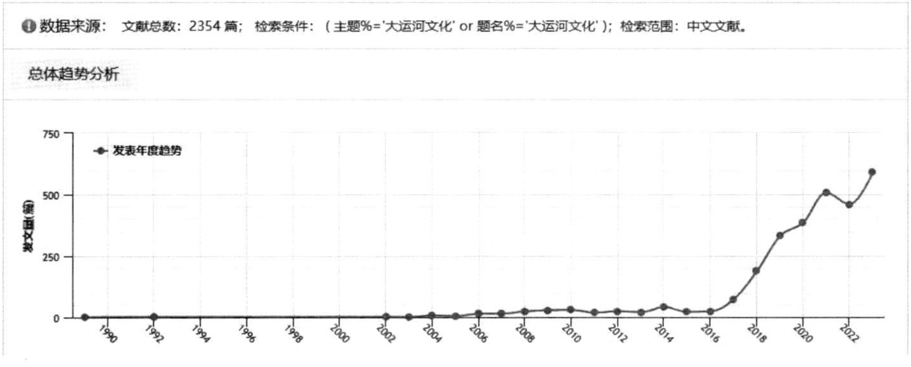

图 2－1　以“大运河文化”为关键词在 CNKI 检索发文量的检索结果

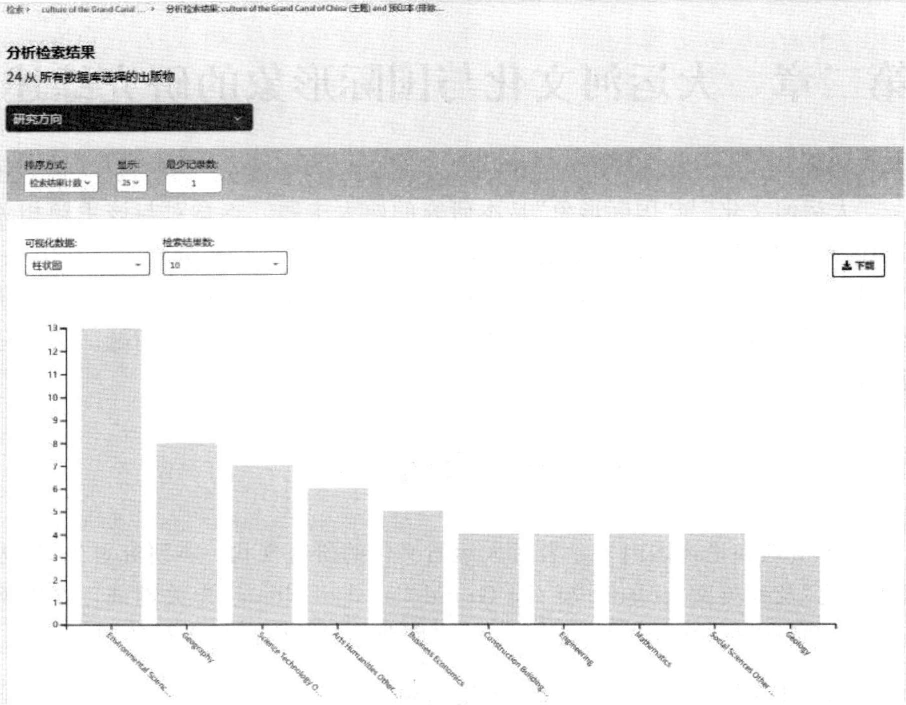

图 2－2　以"culture of the Grand Canal of China"为关键词在 WOS 检索发文量的检索结果

从图 2－1 和图 2－2 可以看出，国内外学者对"大运河文化"的研究，在发文数量上存在很大差异。这一时段内，国内发文总量为 2,354 篇，从 2014 年大运河申遗成功而被列入《世界遗产名录》开始，发文量呈现逐年增长的趋势，年均发文量保持在 300 篇左右。进一步梳理发现，相关研究的主要主题分布情况按发文量依次为"大运河"(874 篇)、"大运河文化"(249 篇)、"大运河文化带"(217 篇)、"大运河文化带建设"(150 篇)、"京杭大运河"(103 篇)、"文化遗产"(101 篇)、"运河文化"(70 篇)、"文化遗产保护"(58 篇)。其中发文量在 6 篇以上的作者有江苏师范大学的李永乐，扬州大学的刘怀玉、姜师立、黄杰和秦宗财，南京农业大学的路璐，江苏省社会科学院的王健，南京林业大学的邱冰和张帆，淮阴师范大学的柳邦坤和李德楠，以及首都师范大学的郗志群等。国外同期发文总量仅有 24 篇，其中发文量在 4 篇以上的领域及其占全部发文量的比例分别为："环境与生态科学"，13 篇，占 54.18%；"地理学"，8 篇，占 33.33%；"科学技术"，7 篇，占 29.18%；"艺术人文"，6 篇，占 25.00%；"商业贸易"，5 篇，占 20.83%，以及"工程学"，4 篇，占 16.67%。通过主题分析发现，现有关于"大运河文化"的国内外研究主要聚焦于“运河”与“大运河”，“大运河文化”与“大运河文化遗产”，以及“大运河文化带”与“大运河文化公园”。下文结合本研究目的，对其逐一进行论述。

二、运河与大运河

(一)运河

一般来讲，水道分为天然河流、渠化河流和人工运河三种。运河是指人工开挖并具有水运功能的航道。运河有人工开挖、自然水道拓宽加深和将人工开挖的水道与河流湖泊进行串联等三种形成方式。《辞海》对运河的定义为：“人工开挖的水道，用以沟通不同河流、水系和海洋，连接重要城镇和工矿区，发展水上运输。”①世界上，“在 52 个国家，分布有 520 条运河，滋养着沿线近 3000 座运河城市，人们在运河两岸生生不息，创造了璀璨的运河文化”②。中国最早的运河公认是吴王夫差于公元前 486 年开凿、沟通江淮的邗沟。但是，大运河研究专家史念海认为，中国最早的运河始于楚庄王时期(公元前 613 年至公元前 591 年)。当时，楚国的孙叔敖曾在云梦泽畔激沮水作云梦大泽之池，池水经湖北远安县，向南流入大江③。因为此观点有待进一步考证，本研究沿用公认的定论。

唐代以前，黄河流域开挖的运河多被称为“沟”或“渠”，淮河流域的称作“沟”或“渎”，而长江流域的称作“溪”“浦”或“渎”。同时，运河还有“漕渠”“漕河”及“官河”等称谓。据考证，“运河”一词出现在宋代，而“大运河”一词出现在南宋④。根据《世界运河名录》，中国还有古桂柳运河、古胶莱运河、雷州青年运河、湘桂运河(亦称灵渠)、瑠公圳运河、红旗渠、江汉运河、郑国渠等⑤。

开挖运河，费时费力，往往需要举全国之力才能完成这种浩大的工程。但是，为了军事、运输、灌溉、泄洪等目的，从春秋战国时期开始，楚国便开凿了扬水运河和鸿沟，吴国开凿了胥河、胥浦、子胥渎、荷水及邗沟，越国开凿了山阴古水道。秦朝开凿了灵渠、丹徒水道、陵水道、郑国渠及都江堰。西汉汉武帝时期开通了长安至潼关的“关中漕渠”，东汉亦开凿了阳渠、漯水运道和汴渠。魏晋时期，曹操组织开凿了白沟、平虏渠、泉州渠和利漕

① 《辞海：工程技术分册》，上海辞书出版社，1982，第 174 页。

② 颜彭莉：《运河深处有人家》，《环境经济》2018 年第 3 期，第 62 页。

③ 史念海：《中国的运河》，陕西人民出版社，1988，第 12 页。

④ 张强：《世界文化遗产中国运河的两面性》，《南山大学亚太研究》2017 年第 11 期，第 22 - 24 页

⑤ 魏向清、邓清、郭启新、仇蓓玲：《世界运河名录》，南京大学出版社，2017，第 51 - 63 页。

渠，江南的孙吴也开凿了破岗渎，沟通了长江与钱塘江水系，成为后世隋唐大运河江南段的起源，东晋吴兴太守殷康开凿了頔塘运河，集灌溉、航运、防洪和排涝于一体，至今仍是京杭大运河西线的一段航道①。

一般来讲，运河大多由人工开凿。但是，自古以来，中国各地开凿运河时，经常利用黄河、长江等自然河流或诸如东平湖、射阳湖等天然湖泊连通人工运河。因此，中国运河的开凿，往往因地制宜，将人工运河与自然河流或湖泊有机结合，紧密相连。在很大程度上，这体现了中国传统文化中人类与自然之间强调和谐共处、天人合一的思想观念。相比之下，在幼发拉底河与底格里斯河的治理过程之中，人工运河的开凿、维护和使用主要体现了“古代两河流域的王权观念以及国家制度建设和治理能力的不断强化”②。据英国伦敦市国家展览中心专家彼德·韦恩的介绍，英国运河的用途经历了从起初罗马人占领时期的农业灌溉，到工业革命时期的交通运输，再到如今多半用作休闲娱乐的演变，而其他工业发达国家的运河，其功能演变的经历也基本相同③。值得一提的是，英国于1566年开通的埃克塞特运河的河道上，“首次采用了北宋乔维岳于公元983年发明的水闸技术”④。

古往今来，人类逐水而居，文明伴水而生。人类文明的发源地，皆与水存在着千丝万缕的联系。人类文明的发展，从起源，到聚集，再到迁移，从衰落，到复生，再到繁荣，无不与水有关。在华夏文明演进的历史长河，国人总结了诸如“上善若水任方圆”“水可载舟亦可覆舟”“善治国者必先治水，善兴国者必先兴水”等治水与建国的经验。基于“河川之危，水源之危是生命环境之危，民族存续之危”的总体思虑，习近平总书记提出了“人与自然是生命共同体”的宏观理念，并进一步提出了“保护第一、抢救第一，合理利用、加强管理”与“节水优先、空间均衡、系统治理、两手发力”的国家水治理体系的整体架构。⑤ 上述有关治水的理念和举措既是中华民族集体智慧的结晶，也可成为对话世界江河治理的中国治水方案。

自2007年以来，作为东道主的扬州，以“世界运河名城博览会”为纽带，招徕世界30多个国家、80多座运河名城、3,000多位代表齐聚扬州，相互交流城市管理与企业发展的宝贵经验，共同探究“保护好、传承好、利用好”运

① 张翠英：《大运河文化》，首都经济贸易大学出版社，2019，第2-5页。

② 刘健：《古代两河流域文明运河功能探析》，《历史教学问题》2021年第4期，第3页。

③ 彼德·韦恩：《英格兰的运河历史》，《中国名城》2008年第2期，第18页。

④ 同上。

⑤ 施雨岑、吴晶、胡浩：《以习近平同志为核心的党中央关心文化和自然遗产保护工作纪实》，《决策探索》2019年第7期，第56-59页。

河可持续发展的宏观蓝图，彼此洽谈文化经济深度融合和绿色旅游等协作方案。扬州通过“世界运河名城博览会”将中国的地方形象，进而也将中国整体的正面形象向世界进行了具体、深度和充分的展示。正如赵启正所言，“鲜活丰满的国家形象有赖于一个个真实而具体的地方形象，在国家的公共外交整体中，地区承担着极其重要的责任”①。

（二）大运河

本研究中使用的“大运河”是“中国大运河”（The Grand Canal of China）的简称，而“大运河”是“隋唐大运河、京杭大运河、浙东运河的总称”②。将大运河作为一个完整概念，主要是为了成功申遗。根据澎湃新闻记者姚似璐的报道，大运河历时 8 年，最终申遗成功③。早在 2005 年 12 月，被尊称为“运河三老”的郑孝燮、罗哲文、朱炳仁三位专家，联名致信大运河沿线各市市长，呼吁加快申遗工作的进程。2006 年全国两会召开时，58 位政协委员联合提交提案，呼吁启动对大运河的抢救性保护，并申报世界文化遗产。同年 6 月，大运河被国务院公布为第六批全国重点文物保护单位，12 月被列入《中国世界文化遗产预备名单》。同时，大运河申报世界文化遗产工作正式启动。2007 年 9 月，“大运河联合申报世界文化遗产办公室”在扬州挂牌成立。2008 年 3 月，国家文物局在扬州召开大运河保护与申遗第一次工作会议，决定以城市联盟的形式整体联合申报世界文化遗产。2009 年 4 月，由国务院牵头，8 个省市和 13 个部委联合组成大运河保护和申遗协商会。2011 年 3 月，大运河申遗预备名单公布。2012 年 9 月，大运河申遗的申报文本初稿报送联合国教科文组织世界遗产中心预审。2013 年 1 月，中国文化遗产研究院完成大运河最终申报文本。2013 年 9 月 26 日，联合国教科文组织世界遗产中心的国际专家正式完成对中国大运河全线 132 个遗产点和 43 段河道的现场评估。2014 年 6 月 22 日，大运河被正式列入《世界遗产名录》，从此成为世界文化遗产。这标志着“大运河保护工作呈现出共识化、专业化、系统化和战略化的发展趋势”④。

---

① 赵启正：《国家整体形象中的地区特色》，《公共外交季刊》2011 年第 2 期，第 2 页。

② 焦敏、路璐、牛福长、佳慧、穆学青：《大运河文化带国家重点文物保护单位分布特征及其影响因素》，《经济地理》2023 年第 3 期，第 229 页。

③ 姚似璐：《中国大运河历时 8 年申遗成功》，https://www.thepaper.cn/newsDetail_forward_1252088，访问时期：2023 年 10 月 6 日。

④ 张佳：《大运河文化“申遗”成功之后对文化治理与规划研究》，博士学位论文，浙江大学建筑工程学院，2014，第 1 页。

追本溯源，自春秋战国以降，大运河历经秦汉、隋唐、元明清等历朝历代，除了发挥军事战略和农业灌溉的功能外，还是“世界唯一一个为确保粮食运输安全，以达到稳定政权、维护统一的目的，由国家投资开凿、国家管理的巨大运河工程体系”①。隋朝的隋文帝与隋炀帝开凿了连通长安与潼关的广通渠、通济渠、永济渠、山阳渎及江南河等，形成了后来的隋唐大运河。元朝开凿了济州河、会通河与通惠河，并取直了京杭大运河。20 世纪初期大运河进行过局部修整，20 世纪中期以后，大运河区域积极有效地开展了苏北段运河、鲁运河与南运河的疏浚整修，实现渠道化通航和京杭大运河全线注水贯通，改善了排洪和灌溉条件，续建了苏北运河和江南运河，兴建了船闸与水利工程，确保了南水北调系统工程正常运作②。从 2005 年 12 月开始的大运河申遗，让“当今的大运河仍然作为中国内陆沟通的重要手段，在确保中国经济长期繁荣稳定方面发挥了重要作用”③。2019 年 2 月，中共中央办公厅、国务院办公厅联合印发了《大运河文化保护传承利用规划纲要》(简称《规划纲要》)。《规划纲要》重申，大运河由隋唐大运河、京杭大运河、浙东运河三部分构成，全长 3200 公里，具有两千五百多年的历史，其规划范围包括北京、天津、河北、山东、河南、安徽、江苏、浙江 8 个省(直辖市)中 35 座城市的 43 段河道及其缓冲区和 132 个遗产点及其景观区或旅游区④。与其他世界遗产运河相比，大运河是“世界上距离最长、规模最大、沿用时间最久的运河”⑤。

目前，全球共有 8 条世界遗产运河，按其被列入《世界遗产名录》的时间，它们依次为法国的米迪运河(1996 年)、比利时的中央运河上的四座船舶升降机及周边设施(1998 年)、加拿大的里多运河(2007 年)、英国的庞特基西斯特水道桥与运河(2009 年)、伊朗的舒什塔尔的古代水利系统(2009 年)、荷兰的阿姆斯特丹运河带(2010 年)、中国的中国大运河(2014 年)，以及墨西哥的腾

---

① 姜师立：《运河学的概念、内涵、研究方法及路径》，《北京大学学报》(哲学社会科学版)2018 年第 9 期，第 74 页。

② 张佳：《大运河文化“申遗”成功之后对文化治理与规划研究》，博士学位论文，浙江大学建筑工程学院，2014，第 23 - 24 页。

③ World Heritage Center of the UNESCO, “Outstanding Universal Value of the Grand Canal of China, 1992 - 2022,” accessed September 15, 2002, http: //whc. unesco. org/en/list/1443/.

④ 中共中央办公厅、国务院办公厅：《大运河文化保护传承利用规划纲要》，http: //www. xinhuanet. com//2019 - 05/09/c _ 1124473457. htm，访问日期：2022 年 9 月 10 日。

⑤ 姜师立：《大运河历史文脉与国家形象文化基因研究》，《中国名城》2022 年第 1 期，第 85 页。

布里克神父水道桥(2015年)①。联合国教科文组织的相关评判标准有“突出价值”“真实性”和“完整性”。在“突出价值”的十条判别标准中(满足一条即可),大运河满足其中的四条,其中的部分评价为:

> 大运河在中国华北和东部平原形成了一个巨大的内陆水道系统,流经中国当今的8个省份。它北起首都北京,南至浙江省的三江口。它从公元前5世纪开始分段建造,在公元7世纪(隋朝)第一次成为维护国家统一的连通方式。为建造大运河,这里形成了一系列庞大工地,创造了工业革命前世界上最大和最广泛的土木工程研究群。②

在“真实性”和“完整性”方面,大运河得到极高赞誉:

> 第一,在规模上,任何其他人工水道都无法与大运河比拟。
>
> 第二,大运河上的粮食漕运体系独一无二,在其运行的历史长河中,它的存在对于自古以农业为主的中国来说,无疑是有着十分明显的积极作用的。
>
> 第三,大运河是一个标杆,稳居工业革命前水利工程技术的制高点。它也是人类文明各个阶段推广人工河道技术的训练场。③

很显然,联合国教科文组织对大运河的总体描述细致、具体,对其总体评价比较客观、理性。但是必须指出的是,西方的运河多为工业文明的产物,因而相关研究与现代科学的学术规范基本一致,而大运河是农业文明的产物,相关研究和申遗材料在路径和规范方面,均与体现西方文化价值标准的“全球价值等级”或“权威式遗产话语”,即使不是完全格格不入,至少也是差异甚多甚大④。因此,刘朝晖认为,世界文化遗产的标准和遗产价值是“权威遗产话语”的两大条件。在强调遗产标准的“物质性”和遗产价值的“超越国家性”这两大条件的背后,实际隐匿着西方的话语霸权⑤。张廷皓进一步指出,联合国教科文组织世界遗产中心的标准过多强调了客观的物质文化遗产的技术功能,

---

① World Heritage Center of the UNESCO, “Heritage Canals, 1992 - 2022,”accessed March 12, 2022, https://whc.unesco.org/en/search/?criteria=heritage+canals.

② World Heritage Center of the UNESCO, “Outstanding Universal Value of the Grand Canal of China, 1992 - 2022,” accessed October 23, 2022, http://whc.unesco.org/en/list/1443/.

③ International Council on Monuments and Sites (ICOMOS), “Advisory body evaluation of the Grand Canal of China, 1992 - 2022,” accessed October 14, 2022, http://whc.unesco.org/en/list/1443/documents/.

④ 朱煜杰:《中西遗产保护比较的几点思考:一个跨文化的视角》,《东南文化》2011年第3期,第120页。

⑤ 刘朝晖:《“被再造的”中国大运河:遗产话语背景下的地方历史、文化符号与国家权力》,《文化遗产》2016年第6期,第61页。

而“基本未涉及中国乃至人类文明发展史中的文化价值”①。

实际上，清华大学人文学院副院长倪玉平教授强调，大运河“不会停留于文字和史料记载中，它是流动的、鲜活的，是奔腾不息的国家记忆、民族记忆”②。正如“运河三老”之一的朱炳仁先生曾言：“大运河是中华民族的血脉和文脉……是贯通中国南北水运的大动脉，对维护国家和民族统一、促进经济社会繁荣，起到了关键的作用。”③可以说，“大运河是古代劳动人民顺应自然、改造自然的产物，承担着调水、饮用、灌溉、交通、生态、养殖、捕捞、娱乐、锻炼、运动等广泛的生产生活功能”④。同时，大运河亦“是多元一体中国文化的经典符号……塑造了京津盛景、燕赵雄风、邹鲁儒风、江南水乡等人文生态，彰显了中华文明的精神标识和文化精髓”⑤。

总之，大运河肇始于春秋、完成于隋代、畅通于唐宋、取直于元代、繁荣于明清，历经千年积淀，底蕴深厚。两千五百多年以来，大运河见证了中国政治中心的转移，也见证了中国经济中心的变化，还见证了大一统的国家有条不紊地协调其政治中心、军事中心和经济中心，并逐步将其变成一个有机整体的全过程。换言之，大运河解决了中国南北社会和自然资源不平衡的现实问题，沟通了国家政治中心与全国各地社会、经济、文化等领域的频繁交流与上通下达。当下，大运河西连陆上丝绸之路经济带，东接21世纪海上丝绸之路，北连“环渤海经济带”，南接“长江经济发展带”，在国家战略空间上发挥着文化带柔性穿引和融通的重要功能。作为中国优秀传统文化的“亮丽名片”，大运河以其丰富多彩、意义重大的物质与非物质文化遗产，正在激活中华儿女的集体记忆和文化身份认同，从中国文明的根源夯实华夏民族的文化自信，用取之不尽用之不竭的文化源泉滋养中国国际形象的塑造。

三、大运河文化与大运河文化遗产

（一）大运河文化

吴欣认为，“文化是凝结在物质之中又游离于物质之外的能够被传承的历

① 张廷皓：《大运河保护和申遗过程中的一些思考》，《华夏文化》2015年第2期，第11页。

② 倪玉平：《大运河，流动的历史记忆》，《光明日报》2023年6月17日，第10版。

③ 王逸飞、魏嫣然：《中国大运河如何向世界展示“活着”？——专访“运河三老”之一、中国文物学会大运河专委会名誉会长朱炳仁》，http：//cul.china.com.cn/2022-01/04/content_41843402.htm，访问日期：2022年6月7日。

④ 王健、彭安玉：《大运河国家文化公园建设的四大转换》，《唯实》2019年第12期，第67页。

⑤ 姚冠新：《擦亮千年运河“金名片”》，《红旗文稿》2024年第2期，第37页。

史、地理、风土人情、传统习俗、文学艺术、价值观念乃至信仰等”①。由于其人工开挖的水利属性，国家航运命脉的制度属性以及连接华南华北的社会属性，大运河文化的特殊内涵包括技术文化、制度文化与社会文化三大类型。姜师立指出，“文化是相对于经济、政治而言的人类全部精神活动及其产品”，而“大运河文化是运河经济的繁荣所带来的运河城市的兴起、文学艺术的融合、不同文化背景的参与所形成的多元一体的物质和非物质文化遗产及思想领域的合成”。基于前人将大运河文化归结为政治国脉、历史文脉、经济动脉、社会命脉、生态水脉的结论，姜师立将大运河文化分为三个层次：“一是大运河遗存承载的文化；二是大运河流淌伴生的文化；三是大运河历史凝练的文化。”②具体而言，大运河的物质和非物质文化遗产汇聚了京津、燕赵、中原、齐鲁、淮扬、吴越六种文化形态，涵盖文物、景观、遗址、民间文学、表演艺术、传统手工艺、传统节庆活动及生产生活经验③。因此，熊海峰认为，作为依托大运河而产生、发展、流传的物质财富和精神财富总和的大运河文化，具有生命力旺盛、不断推陈出新的“活态性”，连通五大水系、汇聚六种文化形态的“融合性”，以及包含“遗存秉承文化”“流淌伴生文化”与“历史凝练文化”于一体的“多元一体性”④。

在《大运河文化》一书中，张翠英认为，大运河文化既是人类开凿、维护和使用大运河的过程，也是在这个过程中所创造的物质财富和精神财富。学习和研究大运河文化，首先要从历史的视角研究大运河的形成与发展过程，其次要从广义文化的角度出发，既研究其诸如河道、闸口、堰坝、桥梁以及古建筑群和历史街区等物质文化遗产，也探究其所包含的思想观念、价值体系、科学知识、文学艺术、民间故事、杰出人物及民族精神等非物质文化遗产，最后，将大运河历史发展过程和大运河丰富文化成果相结合，使大运河的物质文化和精神文化的结晶或文化基因，能够在国内外得到有效的传承和发扬光大。⑤

王东将文化基因界定为“决定文化系统传承与变化的基本因子、基本要

---

① 吴欣：《大运河文化的内涵与价值》，《光明日报》2018 年 2 月 5 日，第 14 版。

② 姜师立：《大运河历史文脉与国家形象文化基因研究》，《中国名城》2022 年第 1 期，第 88 页。

③ 康武刚：《大运河世界历史文化遗产的三个维度系统研究》，《开发研究》2015 年第 1 期，第 98 页。

④ 熊海峰：《多维度深化大运河文化内涵认知》，http：//views. ce. cn/view/ent/202006/29/t20200629 _ 35209485. shtml，访问日期：2022 年 8 月 25。

⑤ 张翠英：《大运河文化》，首都经济贸易大学出版社，2019，第 12 页。

素，其中最重要的是结晶在一个民族语言文字系统中、升华为哲学核心理念的思维方式与价值观念”①。秦宗财认为，大运河的文化基因是“指决定大运河文化系统传承与变化的基本因子和基本要素，其中包含大运河文化的精神内涵和表现形态，即理想、信仰、思想、道德规范、价值观念体系和科学文化知识等”。陶心玮认为，文化基因是人类文化系统的遗传密码，而大运河的文化基因包括：第一，在物质形态上，大运河连接南北，兴旺沿岸经济也充盈国库的赋税，同时大运河沟通了海河、黄河、淮河、长江、钱塘江五大水系，保障通航运输，灌溉农田，保障基本民生问题；第二，在精神层面，大运河融合多重的区域文化，增进了中华民族的文化认同，成为中华民族的精神财富；第三，在行为层面，漕运文化联通水、陆丝绸之路，带动了中外商贸与文化交流②。

总而言之，几千年来，大运河的船只承载着文化、技术和人才资源，播撒到运河沿岸，无形中沟通了华夏南北大地，带动了商贸的繁荣和文化的交流，打通了水、陆丝绸之路，促进了国内各民族以及中国周边国家和地区人民之间的经贸往来与文化交流。大运河文化不是某种单一、孤立、静态的文化因素，而是蕴含着中华民族在悠远绵长的历史长河中凝练合成、反复锻造、活力四射的文化基因序列。作为多元一体中国文化的经典符号，大运河文化是京津文化圈、燕赵文化圈、齐鲁文化圈、中原文化圈、淮扬文化圈、江南文化圈等文化高地的集大成者。正如明朝文渊阁大学士邱濬所言：大运河的独特价值乃是“用东南之财赋，统西北之戎马，无敌于天下矣”③。同样，大运河文化无与伦比的重要价值在于它“既可促进中国运河沿线文化相互融合，也可促进中外文化彼此交流沟通”④。

（二）大运河文化遗产

根据联合国教科文组织 1972 年颁布的《世界遗产公约》，世界遗产包括世界文化遗产、世界自然遗产和世界文化与自然双遗产三类。其中，文化遗产包括物质文化遗产和非物质文化遗产。前者包括文物、建筑群和遗址；后者指各社区、群体、个人视为其文化遗产组成部分的各种社会实践、观念表述、

① 王东：《中华文明的文化基因与现代传承》，《河北学刊》2003 年第 5 期，第 134 页。

② 陶心玮：《“开放包容”国家形象传播视域下大运河知识谱系的符号生产研究》，《东南传播》2022 年第 8 期，第 108 页。

③ 邱濬：《大学衍义补 · 治国平天下之要》，京华出版社，1999，第 723 页。

④ 姜师立：《大运河历史文脉与国家形象文化基因研究》，《中国名城》2022 年第 1 期，第 87 页。

表现形式、知识、技能及相关的工具、实物、手工艺品和文化场所。① 依据《大运河遗产保护管理办法》，大运河文化遗产“包括隋唐大运河、京杭大运河、浙东运河的水工遗存，各类伴生历史遗存，历史街区村镇，以及相关联的环境景观等”②。自公元前 486 年吴王夫差开凿邗沟以来，大运河已有两千五百多年的历史。大运河全长 3,200 公里，沟通海、陆丝绸之路，连通海河、黄河、淮河、长江、钱塘江 5 大水系，覆盖中国 8 个省（直辖市）的 35 座城市，河道遗产 27 段。大运河沿线物质文化遗产超过 1,200 项，已列入世界文化遗产的河道遗产、水工遗存、附属遗存及相关遗产共计 58 处；在其非物质文化遗产的代表性研究中，涉及大运河沿线区域的共有 837 项，是我国优秀传统文化高度聚集的区域③。

面对分布广泛、体量巨大的大运河文化遗产，研究者们有的将其划分为物质形态、制度形态和精神形态，有的按“水、水事、水利”或“水、岸、城”分类，有的将大运河分段进行研究，还有的从民俗个性特点探究大运河文明……但是，学界尚缺乏宏观的、整体视角的研究。鉴于此，路璐和王思明提出活态保护的路径，如“恢复和延续大运河的原始功能——航运，打造大运河文化遗产廊道，特别重视活态博物馆和遗址公园等”，或通过“强调文化遗产网络与系统的相关性，强调文化遗产与人、自然环境、社会环境密切相关的统一整体，探索基于复杂巨系统的‘活态’遗产保护”④。路璐和王思明认为，活态化保护“是文化遗产保护的世界通行规则，可以为探寻大运河文化遗产在现代社会中的生存空间并确保其持续生命力提供路径”⑤。

张京祥、刘雨平强调，大运河文化遗产所凸显的时代特点体现在四个方面：“(1)生态走廊：串联南北、资源丰富的绿色廊道；(2)交通走廊：疏通南北、水陆联动的运输主轴；(3)文化走廊：灵秀温润、多元交汇的诗韵之河；

---

① UNESCO, “Convention concerning the Protection of the World Cultural and Natural Heritage,” accessed Feburary 11, 2023, https://whc.unesco.org/en/conventiontext/.

② 中华人民共和国文化部：《大运河遗产保护管理办法》，https://zwgk.mct.gov.cn/zfxxgkml/zcfg/bmgz/202012/P020220218593018929139.pdf，访问日期：2022 年 6 月 10 日。

③ 秦宗财：《新时代“千年运河”文旅品牌形象塑造》，《江西社会科学》2021 年第 1 期，第 236 页。

④ 路璐、王思明：《大运河文化遗产研究：现状、不足与展望》，《中国农史》2019 年第 4 期，第 140 页。

⑤ 同上。

(4)经济走廊：连通南北、联动东西的增长轴线。”[①]针对当前大运河沿线地区空间发展中所存在的突出问题，两位学者提出了集产业、空间、环境管制于一体的整体战略。正如张廷皓所言，大运河遗产至少有三种形态：一是仍然延续初始航运功能的在用河段，二是尚保留完整的断流河段，三是淹没或半淹没于地下的大运河遗址。如果按部就班、照章办事，只考虑具有客观性的物质文化遗产，那么大运河三分之二的非物质文化遗产将会永远被尘封地下，难见天日，失去其应有的光彩[②]。张广汉、付彬、赵霞、陶诗琦几位学者认为大运河文化遗产为线性文化遗产，在确认其价值内容、应用范围和引领作用的前提下，积极构建集宏观、中观和微观为一体的整体管理框架，通过生态共生、空间理序、产业赋能及建设提质四种策略，将大运河文化遗产的保护、传承和利用，有效融入城乡建设，以此“推动社会经济高质量发展和历史文化保护传承的有机统一”[③]。

另外，李伟、俞孔坚、李迪华主张在文化遗产保护领域引入遗产廊道的管理机制。他们认为遗产廊道是“区域化趋势和绿道思想结合的产物，不仅强调了遗产保护的文化意义，而且强调了其生态价值和经济性”[④]，因而适用于大运河文化遗产的保护、传承与利用。王海英、陶犁、李云涛、黄逸凡针对线性文化遗产的实践与研究鲜有关注线性区域聚落体系整体与遗产本体之间关联性的问题，在理论层面探讨文化廊道体系的空间整体性构建机理，然后将文化廊道的空间识别和关联模型，运用到京杭大运河线性文化遗产的空间整体性构建之中，取得了比较理想的研究发现[⑤]。龚道德、袁晓园、张青萍以美国运河国家遗产廊道为例，从管理框架、管理目标、行动策略和运行保障机制四维度，分析其遗产廊道的运作机理，发现文化在其中扮演着统领的中心地位与核心角色。在此基础上，三位学者建议，作为大型线性文化遗产的大运河文化遗产保护，应从保护技术、组织管理、精神理念三个层面“争取

① 张京祥、刘雨平：《沿京杭大运河地区的空间发展：以京杭大运河扬州段为例》，《经济地理》2008 年第 1 期，第 2 页。

② 张廷皓：《大运河保护和申遗过程中的一些思考》，《华夏文化》2015 年第 2 期，第 11 页。

③ 张广汉、付彬、赵霞、陶诗琦：《大运河线性文化遗产保护传承路径探索》，《城市规划》2022 年增刊第 2 期，第 27 页。

④ 李伟、俞孔坚、李迪华：《遗产廊道与大运河整体保护的理论框架》，《城市问题》2004 年第 1 期，第 28 页。

⑤ 王海英、陶犁、李云涛、黄逸凡：《文化廊道视角下京杭大运河(北京段)空间整体性构建研究》，《地理研究》2023 年第 10 期，第 2622 页。

在学习西方经验的同时，全方位构建中国特色的‘遗产保护文化’”①。

张希等人认为，后申遗时代，数字信息化技术日新月异，公众通过各种社交平台在大运河文化遗产的保护、传承与利用等方方面面，发挥着不可小觑的力量。几位学者通过对相关数据和典型案例分析发现，大运河文化遗产保护在公众关注点、使用情况和公众态度三个感知维度均有待提高②。夏锦文和钱宁指出，大运河文化遗产的有效保护与管理，需要构建配套的大运河立法体系。然而，大运河立法“仍然面临着立法对象不够清晰、立法目的把握不准、立法范围交叉重叠以及立法体系尚未成形等难题”，亟须全面整体推进，方能“使大运河规划和大运河立法相辅相成，相得益彰”③。张思桐强调，作为传承和展示历史文化遗产的机构，博物馆可以有效保护和利用大运河历史文化遗产。然而，“当前运河专题博物馆数量仍较少，运河沿岸城市博物馆对大运河文化遗产的利用程度仍较低”，需要“从国家层面统筹规划、整合利用，以提升大运河区域沿线城市博物馆对大运河历史文化资源的开发和应用”④。

综上，无论是针对大运河文化还是大运河文化遗产的研究，均相当丰富且深入。首先，有关两者的界定、范围、功能及其影响，学界都已进行了极有价值的研究。其次，学界对大运河文化促进国内多方相互融合，推动中外跨文化交流沟通，对大运河申遗成功、成为世界遗产，让中国跻身世界最高层级的人类文明殿堂，亦开展了卓有成效的挖掘与探究。最后，由于联合国教科文组织及其所制定的相关条文大多代表西方工业化高度发达国家的利益，因此，中国在大运河文化与大运河文化遗产的整理、保护与管理等方面，相比之下，仍然存在漏洞、短板，甚至观念相左的情形。这就需要国内学者高度关注西方文化遗产与我国文化遗产的差异性，在积极学习西方先进经验的同时，以我为主，构建具有中国特色的大运河遗产保护体系。

---

① 龚道德、袁晓园、张青萍：《美国运河国家遗产廊道模式运作机理剖析及其对我国大型线性文化遗产保护与发展的启示》，《城市发展研究》2016 年第 1 期，第 21 页。

② 张希、蒋鑫、张诗阳、王向荣、林箐：《大运河文化遗产利用的公众感知研究：基于网络数据的语义分析》，《中国园林》2022 年第 1 期，第 52 页。

③ 夏锦文、钱宁峰：《论大运河立法体系的构建》，《江苏社会科学》2020 年第 4 期，第 89－98 页，第 243 页。

④ 张思桐：《博物馆对运河历史文化遗产的利用途径探析》，《文物鉴定与鉴赏》2022 年第 9 期，第 62 页。

四、大运河文化带与大运河文化公园

(一)大运河文化带

大运河文化带这一说法，最早于2017年在学术论文《推进大运河文化带建设的对策探析》中出现。此文作者，中国传媒大学的熊海峰教授指出，大运河文化带"是以大运河文化为内核，以保护、传承、利用为主线，以带状地理空间为载体，以区域交通束为基础，以沿线城镇为发展主体，集遗产与生态保护、经济与社会发展、文化与休闲游憩等多种功能于一体的综合型文化功能区域"。同时，熊海峰认为，大运河文化带具有四大显著特征：工程性、线廊性、活态性及融合性。其中的工程性体现了中华民族在科技和工程领域的杰出智慧；线廊性体现了大运河文化遗产种类繁多、地域复杂，是一个涵盖文化、经济和生态等要素的巨型线状系统；活态性指大运河历尽沧桑，虽经改道、断航，但其航运、灌溉和防洪等功能，一直延续至今；融合性指大运河将中原文化、燕赵文化、齐鲁文化、江南文化、岭南文化、黄河文化和西部文化等融汇于中国传统文化，绘制了绚丽多彩的千年中华文明画卷。熊海峰强调，研究大运河文化是理解和建设大运河文化带的前提①。

熊海峰教授可称为大运河文化带研究的开启者，他的论文标志着大运河文化带学术探讨的开端。大运河文化带是多点联动形成合力的战略空间布局，是依托京杭大运河的运河文化提出的新型带状经济区。紧接着，张航将"共建共治共享"中的"合作"理念融入大运河文化带的治理及创新中，针对其中的问题与困境提出相应的对策②。黄杰提出"以系统性思维和协同发展的理念，充分发挥大运河文化带、扬子江城市群和江淮生态经济区三大战略在扬州汇聚的叠加效应，推进'强富美高'新扬州建设再上新台阶，在江苏区域发展中实现争先进位"③。廖维俊、何有世以大运河江苏段为例，剖析了全域旅游与大运河文化带建设的耦合关系，并提出将全域旅游理念融入大运河文化带建设中，打造大运河江苏域文化带，推进运河文旅④。

① 熊海峰：《推进大运河文化带建设的对策探析》，《中国国情国力》2017年第10期，第43－44页。

② 张航：《"共建共治共享"视角下江苏省大运河文化带治理创新的困境与对策》，《南京邮电大学学报》(社会科学版)2018年第4期，第50页。

③ 黄杰：《以大运河文化带为核心的三大战略协同建设研究：以探索大运河文化带扬州段建设为例》，《扬州大学学报》(人文社会科学版)2018年第2期，第46页。

④ 廖维俊、何有世：《全域旅游视角下大运河文化带江苏段建设模式研究》，《四川旅游学院学报》2019年第6期，第44页。

2019 年 2 月，中共中央办公厅、国务院办公厅印发了《大运河文化保护传承利用规划纲要》（简称《规划纲要》）。《规划纲要》分为规划背景、总体要求、深入挖掘和丰富文化内涵、强化文化遗产保护传承等 10 个部分，以北京、天津、河北、山东、河南、安徽、江苏、浙江等 8 个省（直辖市）为规划范围，规划实施期限为 2018 年至 2035 年。《规划纲要》指出，要按照高质量发展要求，坚定文化自信，坚持以文化为引领……打造大运河璀璨文化带、绿色生态带、缤纷旅游带；要按照“河为线，城为珠，线串珠，珠带面”的思路，构建一条主轴带动整体发展；要深入挖掘和丰富大运河文化内涵，充分展现大运河遗存承载的文化，活化大运河流淌伴生的文化，弘扬大运河历史凝练的文化。《规划纲要》对大运河文化带建设的方向、目标和任务，进行了战略性的顶层设计，擘画了具体实施的蓝图①。

关于大运河文化带价值的研究，学者们主要从历史价值和时代意义等方面展开。就历史价值而言，大多研究内容围绕“保护传承”这一关键词展开。关于历史价值，熊海峰强调，推进大运河文化带建设，“不仅是活化千年文化资源，打造世界级文化发展平台，增强我国文化软实力的重大举措，更是强化民族自信心与自豪感，提升民族向心力和凝聚力的战略选择”②。黄杰认为，大运河是中华民族流动的血脉，是凝聚中国智慧的文化遗产，我们没有理由不保护好、传承好、利用好③。胡晓慧指出，隋唐大运河对古代政治、经济、社会、文化和政治军事等方面的发展，均发挥了举足轻重的作用，不但促进了当时南北方的交流与沟通，也加强了中央政权的统治，因此具有较高的历史和文化价值④。

就时代意义而言，“文旅融合”则成为当下研究的热点。针对时代意义，刘庆余指出，大运河文化带是“我国首条以文化建设为主体的带状区域发展战略，其关键是做好运河文化遗产的保护传承利用，应从文化、生态、旅游角度统筹推进大运河文化带建设”。随着时代的发展，大运河文化遗产的保护与

---

① 中共中央办公厅、国务院办公厅：《大运河文化保护传承利用规划纲要》，https：//www.gov.cn/xinwen/2019－05/09/content_5390046.htm，访问日期：2023 年 5 月 6 日。

② 熊海峰：《推进大运河文化带建设的对策探析》，《文化研究》2017 年第 10 期，第 43 页。

③ 王菡薇、侯力：《文旅融合视角下的大运河文化带建设》，《唯实》2019 年第 12 期，第 70 页。

④ 胡晓慧：《隋唐大运河的历史和文化价值探析》，《收藏与投资》2022 年第 5 期，第 161 页。

传承，应遵循“创新、协调、绿色、开放、共享”的新发展理念，并将其“贯穿于大运河文化带建设的全过程”①。从某种意义上说，大运河文化带将“成为中华民族文化历史记忆的载体”，而对大运河文化带建设的评价“应包括文化、生态、经济、社会四个维度”②。王菡薇和侯力以大运河文化带江苏段为例，从文旅融合的视角，探讨了江苏省能够依照国家的战略蓝图，大刀阔斧地实施大运河文化带江苏段的建设目标与具体任务，相比之下走在了全国的前列③。金苗将大运河文化带比作“区域精神的载体”“中国文化的荟萃”和“人类遗产的明珠”。她认为，大运河文化带“具有上善若水、开放包容、兼容并蓄”的特性，可作为最能代表中国文化的文化符号，“既可引发东西方文化相互比较，又能让古代文化得到传承和创新，在充分展示大运河文化多样性和中国性的同时，突破地域文化模式的局限”④。

总体而言，国内外针对大运河文化带的研究，依据知识图谱分析结果显示，研究热点集中在“文化遗产”“文旅融合”“保护传承”等方面，表明研究热点聚焦于大运河文化带的文化价值层面。国外的相关研究热点集中在“大运河”“影响”“河流”及“地表水”等方面，表明在国际范围内，学者们重点关注的是大运河的生态研究，涉及水质、沉积物及生态规划等不同方向。可见，国内的相关研究集中在人文科学领域，国际层面却集中在自然科学领域，两者对于大运河文化带与大运河的研究均不够全面。值得注意的是，自 2018 年以来，“中国”和“大运河”成为大运河文化带研究领域的突变词，表明在世界各国众多运河相关研究领域中，“中国”和“中国大运河”成为学者们研究的焦点和前沿，这与我国通过顶层设计引导大运河文化带建设的时间相吻合⑤。这足以说明我国的大运河文化带战略设计，顺应时代发展潮流，具有国际战略眼光，产生了广泛的国际影响力，并在一定程度上提升了我国在国际学术界的话语权。作为连接“一带一路”的重要节点，大运河文化带是维护中国形象、展示中华文明、彰显中国文化的靓丽名片，值得各级政府部门和相关专家学

---

① 刘庆余：《“三位一体”统筹推进大运河文化带建设的思考》，《国土与自然资源研究》2020 年第 5 期，第 75 页。

② 张春龙：《大运河文化带建设的评价指标》，《唯实》2021 年第 2 期，第 28－30 页。

③ 王菡薇、侯力：《文旅融合视角下的大运河文化带建设》，《唯实》2019 年第 12 期，第 72 页。

④ 金苗：《国际传播中的大运河文化带建设：定位、路径与策略》，《未来传播》2021 年第 5 期，第 54－63 页。

⑤ 田德新、张蝶：《中国大运河文化带研究综述》，《中国名城》2023 年第 2 期，第 95 页。

者高度关注。

(二)大运河文化公园

2013 年，党的十八届三中全会提出将建设国家公园纳入生态文明建设范围。2021 年，首批建设的 10 个国家公园正式设立。2017 年 1 月，中共中央办公厅、国务院办公厅发布《关于实施中华优秀传统文化传承发展工程的意见》，指出“文化是民族的血脉，是人民的精神家园，是国家强盛的重要支撑”，因而将“依托长城、大运河、黄帝陵、孔府、卢沟桥等重大历史文化遗产，规划建设一批国家文化公园，形成中华文化重要标识”。2018 年 1 月，《大运河保护传承利用规划》发布，首次提出以文化引领区域发展，大运河文化带建设全面开展。2019 年 2 月，中共中央办公厅、国务院办公厅印发《大运河文化保护传承利用规划纲要》(简称《规划纲要》)。同年 12 月，中共中央办公厅、国务院办公厅印发《长城、大运河、长征国家文化公园建设方案》。2020 年 10 月，党的十九届五中全会通过《中共中央关于制定国民经济和社会发展第十四个五年规划和二〇三五年远景目标的建议》，将黄河纳入国家文化公园建设。2022 年 1 月，国家文化公园建设工作领导小组部署启动长江国家文化公园建设。由此，五大国家文化公园全面建设的新格局初步形成，国家文化公园逐渐由构想转变为现实，迎来发展热潮。

国家文化公园源自国家公园。二者同属国家特色公园体系，但是彼此之间仍然存在较大差异。国家公园是“由国家批准设立并主导管理，以保护具有国家代表性的大面积自然生态系统为主要目标，实现自然资源科学保护和合理利用的特定陆地或海洋区域”；国家文化公园是“依托原有的文化遗产和文化故事资源，以‘文化’为主的设计理念和设计实践，通过文化主题，结合各种文化元素在景观上的运用和表达，构建集文化传播、休闲为一体的新型公共空间”。而大运河国家文化公园是“由国家批准设立并主导建设，以彰显中华文化中具有代表性和重要标识性的文化精神价值，以焕发中华文化时代风采为主要目的，实现中华优秀传统文化资源科学保护与合理利用的特定文化遗产文化资源的核心地区或核心地带”，旨在维护和彰显“大运河文化遗产的历史真实性、风貌完整性、文化延续性，同时兼具文化教育、公共服务、旅游休闲、科学研究等作用”①。

总体而言，国家文化公园可划分为国家历史公园和国家纪念公园两大类。

① 王健、王明德、孙煜：《大运河国家文化公园建设的理论与实践》，《江南大学学报》(人文社会科学版)2019 年第 5 期，第 46 页。

前者可细分为国家古代遗址公园、国家古代艺术公园、国家古代工程公园等；后者亦可细分为国家近代史迹公园、国家纪念性建筑公园、国家名胜古迹公园等。国家文化公园的概念内涵包括国家认同、文化传承与公园建设。作为国家文化遗产公园的简称，国家文化公园是“国家一级政府基于保护和展现国家重要文化遗产，延续和传承具有代表性的传统文化，体现国家意志和人民需求，依托重要的文化遗产资源，由国家划定、国家拥有、国家管理、全民共享并全部或部分向公众开放的公园形式的公共文化事业机构、场所和文化产品”①。实际上，国家文化公园建设是“国家意志的体现，通过文化遗产的传承与保护走进公众、落实到民众的生活之中，以真正实现文化共享与遗产活化，且还原于民”②。可见，国家文化公园兼具国家公园和文化公园两类空间的特性，实行公有、公管、公益、公享，倡导建设与民共享的公共文化空间，具有保护、科研、宣教、旅游等综合功能。正如郗志群和匡清清所强调的，大运河国家文化公园的打造重点“在于对有突出意义、重大影响力的运河文物和文化资源的整合”③。

基于国家文化公园的特质，龚道德提出，国家文化公园第一要永葆“国家”本色，始终立足国家高度，坚持全民公益性；第二要始终坚持文化精神的传承与保护，不可沦为商业的婢女；第三要注重保护与发展之间的平衡，将保护与发展整合起来，将眼前利益与长远利益联系起来，进行通盘谋划④。作为我国的原创概念，国家文化公园是国家、文化、公园的有机整合。其中，国家代表着行政管理的最高层级，体现着国家意志和顶层设计；文化作为本质属性与显性特征，承担着唤醒民族之魂和追溯文化之根的历史责任；而具有空间属性和文化物质载体的公园，体现着特定的空间权属和全民性的公益性质⑤。建设国家文化公园的战略意义，一是与世界文化遗产、重点文物及大遗址保护的特点密切相关，二是世界文化遗产由单纯的消极保护向积极传

① 孙华：《国家文化公园初论：概念、类型、特征与建设》，《中国文化遗产》2021年第5期，第4－11页。

② 唐承财、黄梓若、王逸菲、燕科凝、银淑华：《文化强国战略下中国国家文化公园研究述评与展望》，《干旱区资源与环境》2023年第6期，第2－3页。

③ 郗志群、匡清清：《全线文化共融：大运河国家公园建设的“北京方案”》，《新视野》2022年第2期，第89页。

④ 龚道德：《国家文化公园概念的缘起与特质解读》，《中国园林》2021年第6期，第42页。

⑤ 张祝平：《黄河国家文化公园建设：时代价值、基本原则与实现路径》，《南京社会科学》2022年第3期，第155页。

承与合理利用的转变，是世界文化遗产和文物保护的发展趋势。通过借鉴国际上的成熟经验，创新性提出国家文化公园概念，实现管理体制上改革创新，不仅必要而且势在必行①。

当然，国家文化公园的建设目前仍然存在三大制约因素和五大误区。其中的三大制约因素：一是空间界定不确定；二是文化标志物不确定；三是建设资金和责任主体不确定②。五大误区分别为国家建设、贪大求洋、缺乏开放共享、大开发大建设和独立封闭的错误见解等③。针对上述困境，钟晟提出，国家文化公园的设立"是一种集中体现国家性、文化性和公共性的宏大时空叙事表达，也是一次重要的体现中国道路话语体系的文化治理模式创新"，因此，可以"通过文化时空场景、文化价值符号、文化叙事表达、文旅融合体验等举措加以应对"④。秦宗财指出，若要全面、积极、有序地推动大运河国家文化公园建设，该项目"对内应成为凝聚认同和向心力的中华文化重要标志，对外应成为承载特色和表达共识的国家形象"。同时，还应积极构建"生态优先的人文生态系统、文化引领的文化意义系统、产业支撑的文旅产业系统、社会共享的文化传播系统、制度保障的制度规范系统"⑤。

安倬霖、周尚意研究发现"大运河文化"是一个超有机体的文化概念，由于历史"不在场"和生活"不在场"，大运河文化的意义常常被遮蔽，大运河文化公园作为国家认同符号，往往受到阻隔。因此，两位学者建议：第一，在宣传大运河文化公园时，除了有展示主题区的解说系统外，尽量运用实景或VR技术，实现沉浸式体验的大运河场景；第二，结合多学科视角，运用诸如大运河沙盘模型，发掘并展现大运河水利工程设计的科学道理和文化内涵；第三，整理和展现大运河文化公园的建设、管理和利用，从上到下和从下到上、从整体到点段再从点段到整体，乃至类似项目的运行机制和典型事例，

① 王健、王明德、孙煜：《大运河国家文化公园建设的理论与实践》，《江南大学学报》(人文社会科学版)2019年第5期，第44页。

② 祁述裕：《国家文化公园：效果如何符合初衷》，《探索与争鸣》2022年第6期，第5-6页。

③ 唐承财、黄梓若、王逸菲、燕科凝、银淑华：《文化强国战略下中国国家文化公园研究述评与展望》，《干旱区资源与环境》2023年第6期，第6页。

④ 钟晟：《文化共同体、文化认同与国家文化公园建设》，《江汉论坛》2022年第3期，第139页。

⑤ 秦宗财：《大运河国家文化公园系统性建设的五个维度》，《南京审核科学》2022年第3期，第162-164页。

使参观者体会到国家治理中的民主集中制方略和共同富裕理念①。

综上，从国家公园到国家文化公园，我们国家在确保经济发展的同时，正在逐步提升对生态平衡的关注。自国家文化公园概念提出以来，学界对其展开了广泛的探讨，主要聚焦于国家文化公园的界定、内涵、特征、类型与价值，以及对国家文化公园具体建设实践与面临困境的建议与思考等。同时，学界也对大运河文化、大运河文化公园与文化认同、国家认同之间的相互关系以及其中的认知误区、制约因素和解决路径，给予了广泛、深入和富有成效的探究。然而，将运河、大运河、大运河文化、大运河文化遗产以及大运河文化公园与文化认同、国家认同及国家形象紧密联系，进行全面、系统、深度研究的文献尚不多见。

第二节　中国的国家形象与国际形象传播

为了梳理和说明国内外学者对中国国家形象及其相关方面的研究现状，本研究以“中国国家形象”和“China's national image”为关键词，在CNKI和WOS进行检索，所获得的检索结果如下。

一、有关“中国国家形象”的研究数据

截至2023年5月12日，以“中国国家形象”和“China's national image”为关键词，在CNKI和WOS所获得的检索结果分别为3,581篇和519篇(图2-3；图2-4)。

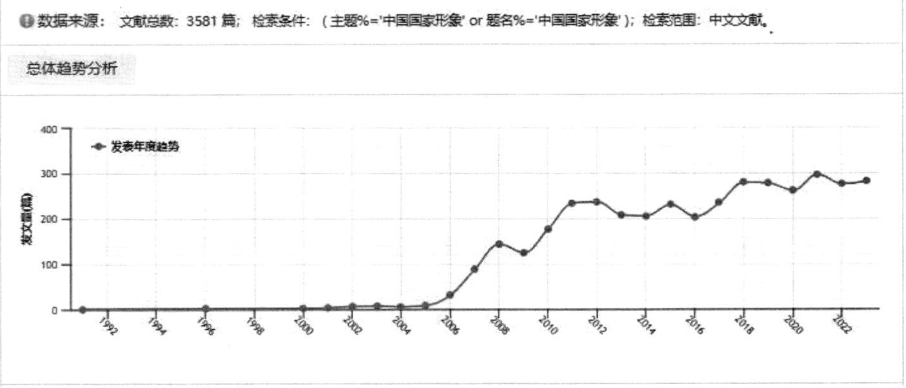

图2-3　以“中国国家形象”为关键词在CNKI检索发文量的检索结果

① 安倬霖、周尚意：《文化遗产如何建构国家认同？——基于大运河国家文化公园的案例分析》，《中国生态旅游》2023年第3期，第408-419页。

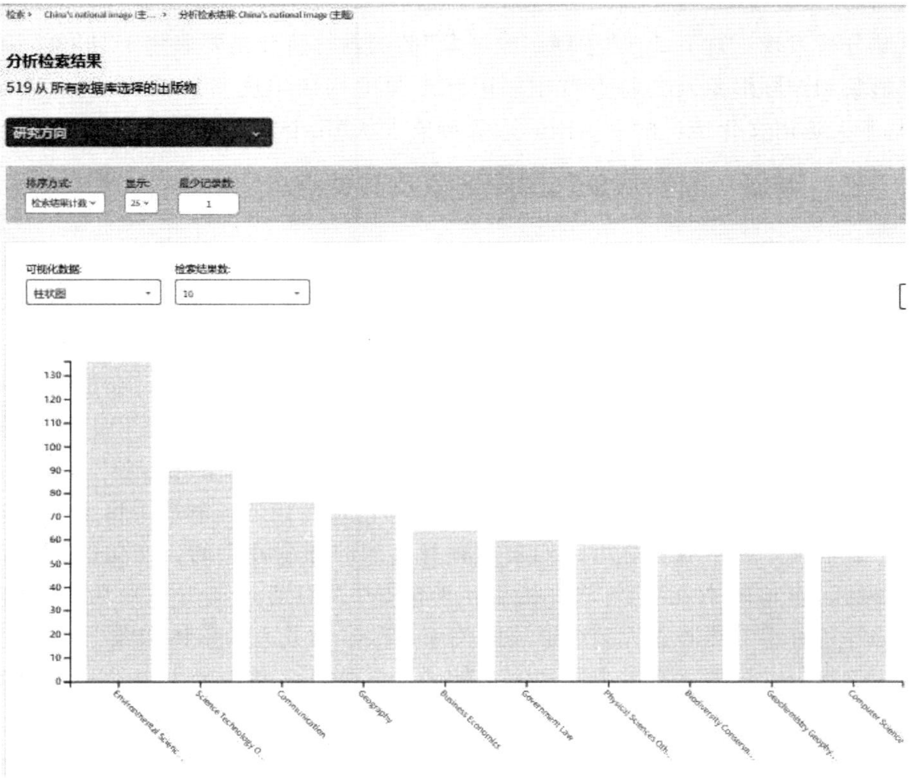

图 2-4　以"China's national image"为关键词在 WOS 检索发文量的检索结果

从图 2-3 和图 2-4 可以看出，国内外学者对"中国国家形象"从 2000 年开始逐渐表现出浓厚的兴趣。国内发文总量为 3,581 篇，从 2000 年开始，发文量呈现逐年增长的趋势，年均发文量保持在 200 篇左右。进一步梳理发现，相关研究的主要主题分布情况按发文量依次为"国家形象"(1537 篇)、"中国国家形象"(812 篇)、"国家形象建构"(277 篇)、"国家形象塑造"(251 篇)、"国家形象传播"(135 篇)、"国际传播"(75 篇)、"公共外交"(55 篇)、"跨文化传播"(46 篇)。其中发文量在 6 篇以上的作者有中华科技大学的张昆、清华大学的范红、上海体育学院的郭玉成、复旦大学的孟建、中国人民大学的钟新、北京联合大学的李彦冰、上海市美国问题研究所的倪建平、北京外国语大学的刘欣路、清华大学的史安斌等。同期国外发文总量为 519 篇，其中发文量在 60 篇以上的领域及其占全部发文量的比例分别为："环境与生态科学"，136 篇，占 26.20%；"科学技术"，90 篇，占 17.34%；"传播学"，76 篇，占 14.64%；"地理学"，71 篇，占 13.68%；"商业贸易"，64 篇，占

12.33%，以及“政府法规”，60 篇，占 11.56%。根据本课题的研究目的进行主题分析发现，现有关于“中国国家形象”的国内外研究主要聚焦于“形象、国家形象和国际形象及其特点”“中国国际形象的构成维度与历史变迁”，以及“基于大运河文化遗产的中国国际形象传播现状”几个方面，以下将逐一分析。

二、形象、国家形象与国际形象及其特点

(一)形象

根据《关键概念——传播与文化研究辞典》的界定，“形象”是信息传递过程中的产物。在信息传递过程中，不断变化的物质呈现出不同的特征和差异，形成信息，即“形象”中的“形”，信息通过媒介传输到受众大脑，在已有认知的基础上对其进行加工，形成“像”，再通过输出最后形成“形象”①。科特勒指出，“形象是指人们所持有的关于某一对象的信念、观念与印象”②。孟华认为，“形象就是对一个文化现实的描述，通过这些描述，制造了这个形象的个人或群体，显示或表达出他们乐于置身其间的那个社会的、文化的、意识形态的、虚构的空间”③。范红指出，形象是“人们通过视觉、听觉、触觉、味觉等各种感觉器官在大脑中形成的关于某种事物或人的整体印象”④。范红进一步指出，形象具有主观性和客观性的二元特性。其中的主观性是指形象是人们对事物或人感知的总和，有时表现出个人的偏见，因而带有强烈的主观性；客观性指任何形象都是以事物本身固有的“形态、面貌”等为依据而形成的，不可凭空捏造，因而体现物质的本源性⑤。同时，形象也有正面和负面之分，在一定条件下，人们对于某一对象相对稳定的总体印象，构成其主形象。主形象往往可以将一些次要的形象边缘化、矮小化或弱化。因此，余红、王琨强调，在国家形象塑造当中，“应首先确定国家的主形象，围绕主形象展开系统建设”⑥。

---

① 约翰·费斯克：《关键概念：传播与文化研究辞典》，李彬译注，新华出版社，2004，第 132 页。

② Philip Kotler, *Marketing Management: Analysis, Planning, Implementation, and Control* (Upper Saddle River, NJ: Prentice - Hall International, 1997), p. 1.

③ 孟华：《比较文学形象学》，北京大学出版社，2001，第 156 页。

④ 范红：《国家形象的多维塑造与传播策略》，《清华大学学报》(哲学社会科学版) 2013 年第 2 期，第 141 页。

⑤ 同上。

⑥ 余红、王琨：《国家形象概念辨析》，《中州学刊》2014 年第 1 期，第 168 页。

(二)国家形象与国际形象

追本溯源，国家形象的研究与20世纪20年代盛行的李普曼所提出的“拟态环境”与“刻板印象”息息相关。在1922年出版的《舆论》一书中，李普曼提出，真实的环境一般都过于庞大、复杂，且总是转瞬即逝，令人费解。为了能够对其加以把握，人们必须依照某个更加简单的模型对真实环境进行重建。这就形成了人与其所处环境之间的“拟态环境”(pseudo - environment)。“拟态环境”并非现实环境在镜中的再现，而是经传播媒介加工过后向人们展现的环境。“刻板印象”指从外部世界进入个体意识的有限信息所构成的对于某个群体的固定印象①。实际上，“国家形象从一定意义上讲也是公众对一国整体看法的刻板化印象。它一方面为人们认知其他国家提供了借鉴模式，但另一方面也可能由此带来种种偏见”②。另外，巴龙格鲁与麦克利里认为，国家形象是“对某一国家认知和感受的评估总和，是一个人基于这个国家所有变量因素而形成的总体印象”③。克莱普亦认为，“国家形象是个人对某一个国家的亲身经历、领悟、观点、回忆和印象的总和，它包括个人对这一国家的情感和审美”④。可见，两位学者均强调个人对国家的洞察与体验是“国家形象”形成的基础。

在国内学者中，刘继南将“国家形象”界定为“其他国家(包括民众、机构和政府)对该国的综合评价和总体印象”⑤。刘小燕认为，国家形象是“国际社会公众对一国相对稳定的总体评价”，是“国家的客观状态在公众舆论中的投影，也就是社会公众对国家的印象、看法、态度、评价的综合反映，是公众对国家所具有的情感和意志的总和”⑥。国家形象与国际舆论有密切的联系，因此李寿源认为，国家形象指“一个主权国家和民族在国际舞台上所展示的形状相貌及国际环境中的舆论反映”⑦。管文虎指出，“国家形象是一个综合体，

---

① 沃尔特·李普曼：《舆论》，常江、肖寒译，北京大学出版社，2018，第20-27页。

② 刘晓黎：《国家形象跨文化传播研究述评》，《湖北社会科学》2012年第10期，第196页。

③ Seyhmus Baloglu and Ken W McCleary, “A Model of Destination Image Formation,” *Annals of Tourism Research*, vol. 26, no. 4 (1999): 868-897.

④ Ingeborg Astrid Kleppe, “Country Images in Marketing Strategies: Conceptual Issues and Experiential Asian Illustrations,” *Journal of Brand Management*, no. 10 (2002): 42.

⑤ 刘继南：《大众传播和国际关系》，北京广播学院出版社，1999，第25页。

⑥ 刘小燕：《关于传媒塑造国家形象的思考》，《国际新闻界》2002年第2期，第61页。

⑦ 李寿源：《国际关系与中国外交：大众传播的独特风景线》，北京广播学院出版社，1999，第305页。

它是国家的外部公众和内部公众对国家本身、国家行为、国家的各项活动及其成果所给予的总的评价和认定。国家形象具有极大的影响力、凝聚力，是一个国家整体实力的体现”①。朱凯兵、成曦将国际形象界定为“国际社会公众对该国的有形表象、精神内涵和国家行为及其结果的总体评价”②。路璐和吴昊认为，“在全球传播的语境当中，国家形象是一个民族国家内部与外部的形象总和……在国际关系中，一种理想的国家形象与声誉的建立比军事力量或经济实力的大幅增长更有用处与价值”③。可见，国家形象偏重于描述本国人民对自己国家的总体印象，而国际形象则注意强调国外受众对某一个国家的总体印象。

(三)国家形象的特点

正如形象具有主、客观的二元性，国家形象同样具有主观性与客观性的特点。国家形象的主观性体现在它是公众对一个国家的总体印象，是其对国家大政方针与实际举措的价值判断，虽然常常会受到大众媒体的影响，但更多的是基于公众自身的认知。国家形象的客观性在于“国家”是一个实体，由千千万万的有形物质和客观存在的现象构成。因此，“改变国家客观面貌，改善公众主观印象，是树立国家形象战略中齐头并进的两项重要工作”④。张昆和徐琼将国家形象的特点概括为三点。第一是系统性和多维性。作为一个国家综合实力的体现，国家形象的确立基于综合国力，即“一个主权国家生存与发展所拥有的全部实力——物质力和精神力及对国际影响力的合力”⑤。第二是动态性和相对稳定性。国家形象一旦形成，就会对国内外受众的心理产生相对稳定的印象和比较长久的影响，但是这种印象和影响并非一成不变，而是会随着相关主体国家的变化和时空的推移而发生变化。第三是对内对外的差异性。从内部看，每个国家都有一个希望自己具有的理想的社会形象。它既是国家的自我期许和自我评价，也是国家发展的内在动力和国民凝聚力之所在。从外部看，每个国家都存在一个“实际形象”，即国家在国际社会公众心目中的主观印象或总体认知。这是国际社会舆论对相关主体国家的政策行

---

① 管文虎：《国家形象论》，电子科技大学出版社，2000，第 23 页。

② 朱凯兵、成曦：《论中国国际形象的定位、塑造与展示》，《南京政治学院学报》2006 年第 6 期，第 48 页。

③ 路璐、吴昊：《多重张力中大运河文化遗产与国家形象话语建构研究》，《浙江社会科学》2021 年第 2 期，第 134 页。

④ 范红：《国家形象的多维塑造与传播策略》，《清华大学学报》(哲学社会科学版) 2013 年第 2 期，第 142 页。

⑤ 黄硕风：《综合国力论》，中国社会科学出版社，1992，第 102 页。

为、实际举措及发展状态的综合评价①。

三、中国国际形象的构成维度与历史变迁

(一)中国国际形象的构成维度

张毓强指出，国家形象有三种“象”：“第一类是物质的，具有不可描述性的‘源像’；第二类是本国系统中主控族群所力图树立的形象；第三类是国际信道传输和其他主控族群所描述下的该国形象。”②第一类是后两类“象”的基础，而后两类会为了争取在受众中的合法化而展开博弈。朱凯兵和成曦指出，支撑一个国家国际形象的是这个国家的综合国力，具体包括物质、制度及精神三个要素。其中，物质要素包括疆域、人口、自然资源和在此基础上形成的国家经济、科技、军事实力等“硬权力”的总和；制度要素包括国家的经济、政治、文化等制度；精神要素包括民族的文化心理和社会意识两个层面。作为一个国家国际形象认知与评价的主体，国际受众所关注的是国家的有形表象、国家的精神内涵和国家的行为及其结果三个层面。因此，国家形象和国际形象的塑造均“包含两方面的任务，既要着力提高国家的整体实力，又要在国际舞台上展示、宣传自己，积极引导国际社会的认同”③。

余红和王琨认为，国家形象是“国内外受众对一个国家的物质要素、精神要素、制度要素以及行为要素的总体认识”④(图 2－5)。因此，国家形象的构成维度包括物质要素、精神要素、行为要素、制度要素。第一，物质要素，即硬件条件，是指国家包括政治、经济、军事、地理等各方面的客观存在与实力。第二，精神要素，指国家民族精神以及民族性格或国民性。第三，行为要素，包括国内外的政治、社会、经济等各方面的国家行为、国家活动及其成果。第四，制度要素，指基于国家意识形态而建构的社会运行机制。其中的意识形态，作为一种主观因素，不但影响对自我主体的认知，而且影响对他国形象的解读，并进而影响自身的国家行为和国家形象。因此，理想的中国国际形象是“对上述四种要素的真实反映，而实际的国家形象同时会受到国内外受众主观因素的影响，从而造成国内外形象存在差异”⑤。

---

① 张昆，徐琼：《国家形象刍议》，《国际新闻界》2007 年第 3 期，第 14－15 页。

② 张毓强：《国家形象刍议》，《现代传播》2002 年第 2 期，第 30 页。

③ 朱凯兵、成曦：《论中国国际形象的定位、塑造与展示》，《南京政治学院学报》2006 年第 6 期，第 49 页。

④ 余红、王琨：《国家形象概念辨析》，《中州学刊》2014 年第 1 期，第 172 页。

⑤ 李正国：《国家形象建构》，中国传媒大学出版社，2006，第 30 页。

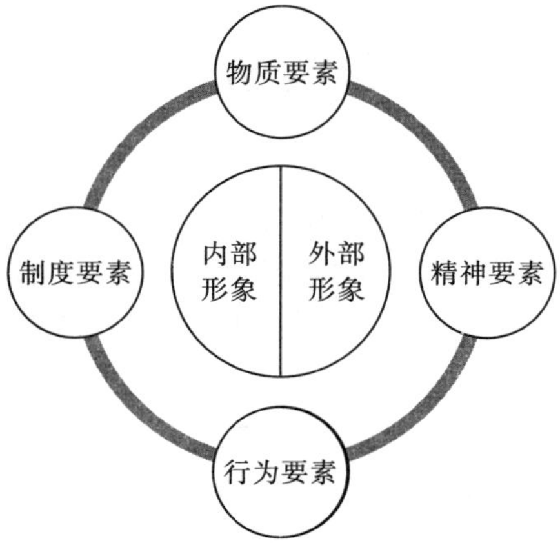

图 2-5 中国国家形象构成维度①

党的十八大以来，国家通过顶层设计，出台了一系列治国理政的新理念、新思想与新战略。其中，针对聚焦国家形象、统筹开展国内宣传与国际传播，习近平总书记提出要“讲好中国故事，传播好中国声音，展示真实、立体、全面的中国”②。2013 年 12 月 30 日，在十八届中央政治局第十二次集体学习时，习近平强调，“要注重塑造我国的国家形象，重点展示中国历史底蕴深厚、各民族多元一体、文化多样和谐的文明大国形象，以及政治清明、经济发展、文化繁荣、社会稳定、人民团结、山河秀美的东方大国形象，坚持和平发展、促进共同发展、维护国际公平正义、为人类作出贡献的负责任大国形象，对外更加开放、更加具有亲和力、充满希望、充满活力的社会主义大国形象”③。在以上论述中，习近平总书记把中国的国家形象归纳为四大维度：(1)文明大国形象；(2)东方大国形象；(3)负责任大国形象；(4)社会主义大国形象。这不仅指明了中国国家形象建设的基本定位，锚定了中国国家形象战略的总体方向，同时也向世人昭示了现代中国多元一体的国家战略目标。钟新和张超认为，上述中国国家形象的四个维度涵盖文化层面、社会层面、外交层面和制度层面，而与之对应的是“四个自信”(表 2-1)。

① 余红、王琨：《国家形象概念辨析》，《中州学刊》2014 年第 1 期，第 172 页。

② 新华社：《习近平：加强和改进国际传播工作 展示真实立体全面的中国》，http：// cn. chinadaily. com. cn/a/202106/01/，访问日期：2023 年 3 月 10 日。

③ 习近平：《论党的宣传思想工作》，中央文献出版社，2020，第 50 页。

表 2－1　中国国家形象的构成维度①

维度	层面	内涵	自信层面
文明大国	文化层面	历史底蕴深厚、各民族多元一体、文化多样和谐	文化自信
东方大国	社会层面	政治清明、经济发展、文化繁荣、社会稳定、人民团结、山河秀美	道路自信
负责任大国	外交层面	坚持和平发展、促进共同发展、维护国际公平正义、为人类作出贡献	理论自信、道路自信
社会主义大国	制度层面	对外更加开放、更加具有亲和力、充满希望、充满活力	理论自信、制度自信

表 2－1 中的“文明大国”的定位基于悠久的中国历史、灿烂的中国文化与从未间断的中华文明史。作为整个人类的共同遗产，中华文明大国彰显“多元文化和谐共存，各民族情同手足、融为一体，从此走向文化自信”。“东方大国”的定位，勾连起历史上世界其他国家对东方大国的“想象”和对当今中国社会稳定、经济发展、政治清明、文化繁荣的认可，以及对世界各国从动荡不安走向和平共赢社会形态的期盼，以此实现道路自信。“负责任大国”的定位基于中国在当今世界所处的地位与担当。“社会主义大国”的定位基于具有中国特色的社会主义制度。通过自身数十年的经济腾飞与综合国力的持续增强，中国在向世人昭示自身社会主义优越性的同时，也实现着中国式现代化大国形象的理论自信和制度自信。作为当今世界第二大经济体，“中国会在全球治理中坚持和平发展、促进共同发展、维护国际公平正义，在为人类作出贡献的同时，夯实理论自信与道路自信”②。

（二）中国国家形象的历史变迁

中国形象的历史变迁包括历史中的古代中国、1949 年中华人民共和国成立以来及 1978 年改革开放以来的三个时间段的演变。

段连城发现中国的国家形象在《马可·波罗游记》中是“雄伟壮丽”和“物阜民丰”的，此形象延续至元、明两朝，直至清朝初期③。

① 钟新、张超：《新时代中国大国形象的四个维度与两种传播路径：基于习近平相关论述的分析》，《中国人民大学学报》2020 年第 3 期，第 37 页。

② 同上。

③ 段连城：《对外传播学初探》，中国建设出版社，1988，第 12－31 页。

屈雅利发现，中国形象在当代广告话语中主要呈现出物态隐喻、政治表达、地域展示和民族情感四种形态。随着时间的推移和社会的发展，当下的广告一方面在精益求精地打造可以代表国家形象的品牌广告，一方面关注全球化趋势下的文化差异，因此努力使其品牌广告具备跨文化沟通的功效，以便进一步提升中国国家形象①。杨柳和董天策发现，从1949至2016年期间，中国国家形象在邮票上展现了“革命的中国”(1949－1976)、“探索的中国”(1977－1992)、“现代化的中国”(1993－2007)和“负责任的大国”(2008－2016)等变迁。这些变迁展现了中国“从贫穷走向富裕，从弱国转身为强国，从闭塞走向开放，从韬光养晦到有所作为、积极进取、充满活力、独立自主”的大国形象②。

钟新和张超则指出，1949年中华人民共和国成立以来的中国国家形象可以以1978年12月十一届三中全会确定的对内改革、对外开放政策为界，分为两个阶段。前一个阶段体现了“新中国”“社会主义”和“独立自主”。前两个关键词指中国共产党领导下的社会主义新中国，与1949年前的半殖民地半封建的旧中国相对应。“独立自主”指中国作为主权国家，“按照自己的意志依法自主地处理内外事务而不受任何外来干涉的神圣权利，突出表现为国家的主权独立和领土完整”③。1978年改革开放以来，中国的国家形象凸显“改革开放、爱好和平、不懈奋斗及现代化等核心要素”④。另外，高楠楠和吴学琴研究发现，自改革开放以来，当代中国国家形象在西方媒体报道中经历了一个“转型、发展、崛起”的变迁。由于中国综合国力的快速增强，以及中西方社会在意识形态、社会体制和行为规范等方面的差异，西方媒体关于中国国家形象的报道多为负面的和先入为主的价值判断与批评。因此，两位学者建议我们要在“谁来说”“说什么”与“怎么说”等方面，获得话语权，掌握主动权，并积极发声，以便有效提升我国的国家形象和国际形象⑤。

---

① 屈雅利：《国家形象的提升与演变：以当代“中国形象”的广告语变迁为例》，《青海社会科学》2014年第5期，第97－101页。

② 杨柳、董天策：《“方寸之间”的中国：1949－2016年邮票上的国家形象变迁》，《现代传播》2018年第2期，第56。

③ 仁芝：《论新中国与日俱增的国际形象》，《中国延安干部学院学报》2015年第2期，第16页。

④ 钟新、张超：《新时代中国大国形象的四个维度与两种传播路径：基于习近平相关论述的分析》，《中国人民大学学报》2020年第3期，第36页。

⑤ 高楠楠、吴学琴：《美国媒体话语中的当代中国国家形象变迁审视：以＜基督教科学箴言报＞为例》，《安徽大学学报》(哲学社会科学版)2017年第5期，第120－129页。

四、基于大运河文化遗产的中国国家形象的国际传播

（一）中国国家形象的国际传播

国家形象是“特定国家的历史和现状、国家行为、国家的各项活动及其外部影响在国际社会和内部公众心目中产生的印象、认知和评价”，因此，国家形象的构建“应从‘传统中国’‘现代中国’与‘未来中国’三种形象入手”①。当前，国家形象的文化建构是中国经济发展过程中亟待同步进行的战略平衡行为。在全球化、反全球化、逆全球化复杂多变的当今世界，国家形象作为国家软实力中最大的无形资产，它的塑造、认可与接受状况在把握国家话语权和维护国家主体利益方面，扮演着十分重要的角色。然而，中国国家形象在国际传播实践中尚存在三个方面的偏差。第一，真实的国家形象与国际主流媒体塑造的国家形象不一致。中国自改革开放以来，经济持续腾飞，现为世界第二大经济体，人民生活得到巨大改善，中国在国际舞台日益发挥举足轻重的作用。面对中国发生翻天覆地的变化，国际主流媒体对中国的报道依然是负面居多，很少体现其所标榜的公正性、客观性和真实性等原则。第二，国内媒体的中国形象和国外媒体的中国形象不一致。中国形象的我塑与他塑之间存在显而易见的偏差，是由双方的新闻报道立场、分析路径和表达方法迥然不同而导致的。第三，期望的中国形象和实际的中国形象不一致。研究发现，国内期望的国家形象包括发展的形象、改革的形象、开发的形象、稳定的形象、民主的形象及和平的形象。然而，国际主流媒体依然将中国描绘成一个神秘复杂的国家，一个具有强大威胁的国家，一个充满不稳定因素的国家，一个只是暂时发展最终必然走向崩溃的国家②。

孔婧认为，国家形象是自塑和他塑相互博弈的结果。中国国家形象长久以来禁锢于“他塑”的桎梏中，延续着他者眼中刻板印象的反差，而在“自塑”过程中又产生了多重映像的偏差和跨文化传播的误差。若要改变中国形象所呈现的反差、落差、偏差和误差，一方面，必须基于自身不断强大的实力，改善中国形象的“自塑”能力，完成从“他塑”到“自塑”的过渡，积极创建国际社会普遍认可的正面中国国家形象，突破“他塑”的消极影响；另一方面，随着中国在世界格局中不断凸显的积极作用，必须通过“自塑”与“他塑”的博弈与合作，实现中国国家形象的国内外“共塑”，以“展现出更真实、立体、全面

---

① 孙英春：《中国国家形象的文化建构》，《教学与研究》2010年第11期，第33页。

② 郭可、王宁：《新时代国家形象塑造及全球传播路径反思》，《中国新闻传播研究》2018年第1期，第19－20页。

的中国国家形象”①。

面对中国国际形象跨文化传播的困境，朱凯兵和成曦认为，中国国际形象的定位应该是爱好和平、发达文明、正义友善、诚信负责。这一定位“既是中国国际形象战略谋划的出发点和归宿点，也是当代中国国际形象最根本的标志”②。沈正赋主张，“通过塑造和展现可信、可爱、可敬的中国形象，推动中华文化更好地走向世界，并与世界各民族文化进行传播、交流和互鉴”③。

为助推中国国家形象的跨文化传播功效，钟新和张超建议，在新时代中国国家形象的传播路径有二。第一是本质主义路径，其传播逻辑是基于事实的传播，与本质主义的国家形象观密切相关。简言之，“遵循本质主义、基于事实传播的国家形象传播路径，强调主流媒体、企业、个人等多元主体共同讲好真实、立体、全面、生动、易懂的中国故事，阐释清楚中国特色”。第二是建构主义路径，包括身份、政府、命运共同体理念及外交。其中，“重要的方式就是外交，基本的逻辑是‘外交—身份—形象’，即通过外交行为建构自身身份，通过身份建构国家形象”④。

同时，张昆和蒲蕤也对中国国家形象的跨文化传播提出了以下四条路径。第一，建设强大的战略传播体系，其中包括树立大宣传的理念、打造具有国际影响力的官方媒体、大力发展新兴媒体、发掘民间传播资源、打造多样化的传播主体与丰富立体的传播渠道等。第二，提升国际话语权，营造良好的国际舆论环境。通过建构一套具有全球层面共识性的中国特色社会主义话语体系、叙事体系，处理好中国与世界的关系，实现中国特殊性和人类社会普遍性的统一。第三，尊重传播规律，增强区域化、分众化表达。根据不同国家、不同民族、不同文化背景下的民众，在传播方式、内容、渠道及策略等诸方面进行个性化的安排，以加强传播的针对性、贴合性，提高传播的效果。第四，以人为本，建立国际传播统一战线。在全力打造自身主流外宣旗舰媒体的同时，充分利用各类国外平台、渠道，创造性地借用外媒、外嘴、外脑，

---

① 孔婧：《从“他塑”到“自塑”：中国国家形象的博弈策略研究》，《西部学刊》2023年第8期，第13页。

② 朱凯兵、成曦：《论中国国际形象的定位、塑造与展示》，《南京政治学院学报》2006年第6期，第48页。

③ 沈正赋：《中国国家形象国际传播的逻辑建构与策略优化》，《南京社会科学》2023年第2期，第105页。

④ 钟新、张超：《新时代中国大国形象的四个维度与两种传播路径：基于习近平相关论述的分析》，《中国人民大学学报》2020年第3期，第38页。

形成统一的国际传播战线，奏响国际传播的大合唱，用外国观众听得懂的“语言”来传播中国故事①。

(二)基于大运河文化遗产的中国国家形象与国际传播

现如今，无论是物质文化遗产还是非物质文化遗产的保护、传承与利用过程，均被看作遗产信息整理与传播的过程。早在1964年，旨在保护文物建筑及历史地段的国际原则《威尼斯宪章》就曾强调：“必须采取一切手段促进对纪念遗迹的理解，并在不歪曲其含义的情况下加以呈现。”②2008年，国际古迹遗址理事会在其《文化遗产阐释与展示宪章》中亦强调，“世界所有文化传统中的每一项遗产保护行动，本质上都是一种传播行为”③。金苗认为，大运河文化遗产可以从大运河文化的整体化和国际化两个层面，通过在国际受众中产生共情、共忆、共鸣，以便使大运河文化“真正成为人类共享、共有的文化”④。

作为一个典型的巨型线性文化遗产，“大运河具有被国家形象‘征召’的潜在价值”。从时间上看，作为国之命脉的大运河象征着国家的权柄掌控。从空间上看，大运河文化带以其所涵盖的丰富内容、覆盖广泛的区域及其整体性与连通性，构成了国家形象的基础。在全球范围，许多国家都以拥有世界文化遗产而感到自豪，并以此为丰厚资源来建构其文化大国形象。文化遗产不仅是宝贵财富，同时也承载着个人、家族、族群、国家的想象、认同甚至某些重要价值观重构的责任。因此，注重对其应有的保护、传承和利用，以“唤醒逝去的时间与阐述当下的空间，重新表征大运河历史与当下中国政治、经济、文化和社会的典型场景，构建表征国家总体意识形态的国家形象”是十分必要的。其具体做法有二：一是要注重观察和探究沿河主体的当下生活感受，用其最真实、最重要的生活情感感染相关人士；二是注重大运河社区建设，打造大运河文化命运共同体，“以当下生活主体热爱的方式深耕民意，让个体

---

① 张昆、蒲蕤：《新时代中国国家形象战略与建构路径：刍议习近平的国家形象观》，《新闻与写作》2022年第5期，第11－13页。

② ICOMOS, “International Charter for the Conservation and Conservation and Restoration of Monuments and Sites,” accessed May 11, 2023, https://www.icomos.org/images/DOCUMENTS/Charters/venice_e.pdf.

③ ICOMOS, “The ICOMOS Charter for the Interpretation and Presentation of Cultural Heritage Sites,” accessed April 10, 2008, https://icip.icomos.org/downloads/ICOMOS_Interpretation_Charter_ENG_04_10_08.pdf.

④ 金苗：《国际传播中的大运河文化带建设：定位、路径与策略》，《未来传播》2021年第5期，第54页。

记忆成为集体记忆的源头活水。同时，国家力量也需要下沉百姓民间，为每个主体提供文化身份与文化认同”①。

面对当下全球化语境中文明的断层线及西方话语的强势地位，路璐、吴昊指出，我国需要“征召能体现自身丰厚历史资源的文化符号去建构国家形象”，其中，可将大运河文化遗产分为三个叙事主题，即“记忆之场、多元与统一的辩证生成和包容异质与连通世界的话语模式，构建一种温和、连通、包容的大国形象，使其达到一种‘魅力攻势’的跨文化传播效果”②。作为记忆之场，大运河文化遗产蕴含着国家形象对内部公众的凝聚力和民族协力拼搏的集体基因，因而能够跨越不同文明间的断层线。作为涵盖燕赵文化、齐鲁文化、楚汉文化、淮扬文化、吴越文化等多重文化的多元统一体，大运河文化的特质构成了国家形象建构的情感焦点，代表着隐含在中国整体国家制度与国家文化中的一以贯之的极强向心力。作为连通世界的文化廊道，大运河文化鲜明地体现着在尊重差异、求同存异的基础上寻求不同文明之间的“共同价值”，在相互连通之中带来的互惠互赢。

陶心玮认为，“国家形象传播的本质是信息的传播，而信息的传播就是符号的传播”。所以，“大运河文化基因包含有形与无形的文化遗产，涵盖物质、精神、行为三种遗产类型，可以通过自然物符号、实用意义符号和艺术意义符号来表征文化遗产本体，再由媒介转化为感知、动作、文字符号传播文化遗产所蕴含的意义”③。显而易见，通过挖掘大运河文化正面形象和积极元素，运用各种符号的表征和意指功能，借用现代媒介技术，可让大运河文化在符号生产的作用下，展现中国的大国形象。当然，在数字融媒体时代，还需更加有效地利用新媒体提供的媒介平台、文化情境与话语生产机制，以构建不同文化之间的共享符号认知模式与共同意义框架，实现基于大运河文化遗产国际形象的生成、认同与传播④。总之，诸如触摸与感受、延展与在场、虚拟现实、增强现实等新媒体常用的互动方式，可在大运河文化遗产展示与交互体验中大显身手。

---

① 路璐、丁少康：《大运河与国家形象话语建构》，《南京大学学报》(人文社会科学版)2020年第1期，第41－44页。

② 路璐、吴昊：《多重张力中大运河文化遗产与国家形象话语建构研究》，《浙江社会科学》2021年第2期，第133页。

③ 陶心玮：《“开放包容”国家形象传播视域下大运河知识谱系的符号生产研究》，《东南传播》2022年第8期，第107页。

④ 路璐、吴昊：《多重张力中大运河文化遗产与国家形象话语建构研究》，《浙江社会科学》2021年第2期，第138－139页。

本章小结

本章分两个小节，分别综述了关于“大运河文化”与“国家形象”两大主题的主要研究。针对“大运河文化”的研究，涉及运河与大运河、大运河文化与大运河文化遗产、大运河文化带与大运河文化公园等重要概念；针对“国际形象”的研究，包括形象、国家形象和国际形象及其特点，中国国际形象的构成维度与历史变迁，以及基于大运河文化遗产的中国国际形象传播现状等研究方向。一方面，相关研究对上述两大主题及其所包含的关键概念、范围及意义，或逐一详尽或成对比较地进行了厘清，为本研究重要主干内容的明细化奠定了基础。另一方面，相关研究对上述两大主题及其所包含的关键概念的内涵、分类和特性等方面展开了分层和递进式的探讨，为后续章节重点内容的确定与把关提供了一定的保障。

具体而言，在针对“大运河文化”的探究中，本研究的主要依据为姜师立提出的大运河文化的三个层次：“一是大运河遗存承载的文化；二是大运河流淌伴生的文化；三是大运河历史凝练的文化”。其中的物质和非物质文化遗产汇聚了京津、燕赵、中原、齐鲁、淮扬、吴越六种文化形态，涵盖文物、景观、遗址、民间文学、表演艺术、传统手工艺、传统节庆活动及生产生活经验。换句话说，本研究在探究“大运河文化”时，是要将运河、大运河、大运河文化、大运河文化遗产以及大运河文化公园与文化认同、国家认同及国家形象紧密联系，进行全面、系统、深度的研究。在针对“国家形象”的探究中，本研究在总体参照绪论中的相关理论指导和本章相关研究发现的同时，重点聚焦于余红和王琨关于国家形象的物质要素、精神要素、制度要素和行为要素四大维度。在针对“大运河文化国际形象提升路径”的探究中，本研究的主要根据来自孔婧提出的必须通过“自塑”与“他塑”的博弈与合作，实现中国国家形象的国内外“共塑”，以“展现出更真实、立体、全面的中国国家形象”的预设蓝图。

现有研究存在以下四个问题。第一，对“大运河文化”与“国家形象”两大主题及其所包含的关键概念的研究相对宏观且较为笼统，而对大运河文化内涵的挖掘、梳理与范化，对不同文明之间针对物质和非物质文化遗产保护管理方面文化博弈的现实、缘由与对策，对基于大运河文化遗产国际形象传播路径的提升模式或改进策略涉及甚少。第二，大运河文化研究存在着地区差异明显、物质与非物质不均衡、重史料梳理轻实地考察等问题。因此，相关研究大多停留在一般性的情况介绍、基本知识普及与资料搜集整理方面，具有较高理论性和学术性的论著为数不多。即使是对大运河文化内涵相对深刻的研究，也很少有学者将大运河文化内涵的探究纳入中国本土话语体系的整体构建之中加以系统论述。第三，对于大运河沿线城市经济腾飞和文化繁荣的物质和非物质文化遗产研究也只是停留在对经济繁荣景象的客观描述层面，而对其背后的深层文化原因和深远社会影响及其与大运河的密切关系亦缺乏深度挖掘与学术探索。第四，相关研究基本还处于起步阶段，个案和点、段层面的研究较多，整体、系列和深层的研究较少。另外，基于感性和主观的研究较为普遍，而基于理性和客观的实证研究相对稀少，特别是将运河、大运河、大运河文化、大运河文化遗产以及大运河文化公园与文化认同、国家认同以及国家形象紧密联系，进行全面、系统、深度研究的文献更为少见。

本研究的开展将在充分利用已有高品质研究成果的基础上，创新式地应对现有研究中的不足和缺陷。为此，特提出以下六个研究问题：

第一，结合历史悠久的大运河重大历史变革节点，通过对大运河丰富多彩的物质和非物质的古今沿革比较，可以范化哪些符合中国国家形象提升的大运河文化内核要素？

第二，结合国际化进程中大运河所扮演的重大社会角色变迁，通过对国内外相关经典作品外部印象与内部认知的延伸比较，可以在哪些层面甄别其中符合中国国家形象的论述？

第三，结合联合国教科文组织对世界文化遗产保护管理的宏观指导与督查，通过对世界运河文化遗产外部经验与大运河文化价值的平行比较，可以在哪些方面发现中国大运河文化遗产保护管理的相关理念与举措有益于或有损于中国国家形象的塑造和国际传播？

第四，结合国家有关大运河文化遗产保护、传承、利用等顶层设计与宏观指导，通过对遗产点田野考察和与知情人士深度访谈的交叉比较，可以从哪些路径或采用何种方式理顺并搭建起大运河第一手珍贵资料与正面的中国国家形象之间的逻辑关系？

第五，根据前四个研究问题的多维度比较，在范化大运河作为国际形象文化内核要素、理顺各要素之间逻辑关系的基础上，构建怎样的水文化与大国博弈跨文化交际理论，才能更好地为中国本土话语体系的构建增砖添瓦？

第六，基于当下世界格局的现实情况，在构建水文化与大国博弈跨文化交际理论的基础上，如何通过总结上述多维度的比较结果，在实践中具体物化并有效提升以大运河文化为代表的中国国家形象？

第三章　大运河文化遗产古今沿革比较

为了先摸清大运河文化的内涵，进而进一步探索提升大运河文化中国国际形象的路径，本章确立了以下研究问题：结合历史悠久的大运河重大历史变革节点，通过对大运河丰富多彩的物质和非物质文化遗产的古今沿革比较，可以范化哪些符合中国国家形象提升的大运河文化内核要素？为了进行大运河文化遗产的古今沿革比较，本章第一节从大运河名称的变迁切入，通过论证大运河文化内涵的开放性，激发学界对大运河丰富多样的文化内涵和无与伦比的科技成就及其现实功效和长远意义，进行坚持不懈地探究。第二节通过系统探究大运河从古至今在管理方面的适应性变化与发展，以史为鉴，取长补短，为大运河文化遗产现代化和国际化管理体制的建立、健全及有效运行，贡献力量与智慧。基于此，本章还将对符合中国国际形象提升的大运河文化内核要素，进行梳理和范化。

第一节　大运河名称变迁及其文化的开放性

将包括隋唐大运河、京杭大运河和浙东运河在内的中国大运河(简称“大运河”)作为一个完整概念，一是为了成功申遗，二是为了有效地将海陆丝绸之路连接在一起①。2014 年 6 月 22 日，大运河被正式列入《世界遗产名录》，从此成为世界文化遗产，标志着“大运河保护工作呈现出共识化、专业化、系统化和战略化的发展趋势”②。作为世界文化遗产，大运河遗产的核心价值体现在其科技贡献和文化成就上。2019 年 2 月，中共中央办公厅、国务院办公厅联合印发了《大运河文化保护传承利用规划纲要》(以下简称《规划纲要》)③。《规划纲要》重申，大运河由隋唐大运河、京杭大运河、浙东运河三部分构成，

---

① 姜师立：《运河学的概念、内涵、研究方法及路径》，《中国名城》2018 年第 7 期，第 71 - 79 页。

② 张佳：《大运河文化“申遗”成功之后对文化治理与规划研究》，博士学位论文，浙江大学建筑工程学院，2014，第 1 页。

③ 中共中央办公厅、国务院办公厅：《大运河文化保护传承利用规划纲要》，http：//www. xinhuanet. com//2019 - 05/09/c _ 1124473457. htm，访问日期：2022 年 9 月 10 日。

全长 3,200 公里，具有两千五百多年的历史，其规划范围包括北京、天津、河北、山东、河南、安徽、江苏、浙江 8 个省(直辖市)中 35 座城市的 43 段河道及其缓冲区和 132 个遗产点及其景观区或旅游区。

依据联合国教科文组织对世界遗产运河有关真实性、完整性、科学性及其突出价值等方面所制定的相关标准和要求，两办在《规划纲要》中将上述 43 段河道及其缓冲区和 132 个遗产点及其景观区或旅游区，确定为大运河规划范围。从管理学的角度看，这样的顶层规划，客观、科学、具体、实际，无可厚非。但是，自古至今在中华大地上出现过的运河及其所涉及的方方面面，其深度和广度，远远超出人们的想象。吴欣认为，“文化是凝结在物质之中又游离于物质之外的能够被传承的历史、地理、风土人情、传统习俗、文学艺术、价值观念乃至信仰等”①。基于其人工开挖的水利属性、国家航运命脉的制度属性及连接南北的社会属性，大运河文化的特殊内涵可总结为技术文化、制度文化与社会文化三大类型。正如张廷皓所言，大运河遗产至少有三种形态：一是仍然延续初始航运功能的在用河段，二是尚保留完整的断流河段，三是淹埋或半淹埋的大运河遗址。如果按部就班、照章办事，只考虑具有客观性的物质文化遗产，那么大运河三分之二的非物质文化遗产将会被永远尘封，难见天日，失去其应有的光彩②。显然，从学术探索的角度上讲，对大运河无与伦比的科技成就和丰富多样的文化内涵及其现实功效和长远意义的科学研究，不应该设置任何“规划范围”。为此，本节以张廷皓 2015 年提出的大运河遗产的三种形态和吴欣 2018 年提出的大运河文化的三类特殊内涵为理论指导框架，以古今文献和考古史料为论据，通过梳理大运河整体名称和其中汴河段名称的历史变迁，论证大运河文化及其研究的开放性。

一、大运河名称的历史变迁及其文化内涵的演变

一般认为，运河是指人工开挖并具有水运功能的航道。运河有人工开挖、自然水道拓宽加深和将人工开挖的水道与河流湖泊进行串联等三种形成方式③。“运河”一词和“大运河”一词均出现在宋代。据《宋史·河渠志》载，“六年正月戊辰，开龟山运河，二月乙未告成，长五十七里，阔十五丈，深一丈

① 吴欣：《大运河文化的内涵与价值》，《光明日报》2018 年 2 月 5 日，第 14 版。

② 张廷皓：《大运河保护和申遗过程中的一些思考》，《华夏文化》2015 年第 2 期，第 11 页。

③ 张强：《世界文化遗产中国运河的两面性》，《南山大学亚太研究》2017 年第 11 期，第 22 页。

五尺。(元丰)初，发运使许元自淮阴开新河，属之洪泽，凡四十九里”①。另据《梦粱录·城内外河》记载，“城中小河、清湖河两河：一由东北上塘，过东仓新桥，入大运河，至长安闸，入嘉兴路运河；一由西北过得胜桥，上北城堰，过江涨桥、喻家桥、北新桥以北，入安吉州界下塘河。”②可见，“运河”一词是北宋元丰初年，而“大运河”一词是南宋时，在史籍上第一次出现的。

实际上，在唐代以前，黄河流域开挖的运河多被称为“沟”或“渠”，淮河流域的称作“沟”或“渎”，而长江流域的称作“溪”“浦”或“渎”。起初，“漕”泛指水路运输，可上溯至西周初年，如“是故土多发政，以漕四方，四方流之。土少安帑，而外其务方输”③。当大一统的政权在中国建立后，“漕”便成为国家组织从水路运粮的专用名词。《史记·秦本纪》记载：“晋旱，来请粟。……于是用百里傒、公孙支言，卒与之粟。以船漕车转，自雍相望至绛。”④晋国遭受旱灾，请求秦国借粮。秦国最终答应，并通过漕船和车马，将粮食运送给对方。另外，《汉书·赵充国传》也有云：“漕下，以水运木而下也。”⑤

在中国的历史上，大运河曾指隋唐大运河，元代以后专指京杭大运河。2006 年，国务院公布第六批全国重点文物保护单位时，仍沿用京杭大运河。为了推动大运河申报世界遗产的工作进程，2008 年才有了“中国大运河”的概念，但当时仅包括隋唐大运河和京杭大运河。2009 年，浙东运河，又称江南运河，也被列入“大运河”的区域概念之中。从此，“中国大运河”作为一个完整的概念得到确定，并在国家战略的高度成为将海陆丝绸之路有机连接的通道。

据《史记·河渠书》记载：“于楚，西方则通渠汉水、云梦之野，东方则通鸿沟江淮之间。于吴，则通渠三江、五湖。于齐，则通淄济之间”⑥。可见，早在春秋战国时期就已有楚运河、吴运河与齐运河。公元前 591 年，在楚相孙叔敖主持下，楚国开凿了连接汉水和云梦之间的杨水运河。公元前 519 年，楚国又兴建了连接鸿沟与江淮的运河，上述两条运河即为楚运河。公元前 506 年，吴王阖闾令伍子胥开凿沟通太湖和固城湖的胥河(胥溪)。公元前 486

---

① 脱脱、阿鲁图：《宋史·志第四十九·河渠六》，https：//guoxue. httpcn. com/html/book/CQRNTBKO/KOXVCQCQXV. shtml，访问日期：2023 年 4 月 14 日。

② 吴自牧：《梦粱录·城内外河》，黑龙江人民出版社，2003，第 115 页。

③ 黄怀信、张懋镕、田旭东：《逸周书汇校集注》，上海古籍出版社，2007，第 243 页。

④ 司马迁：《史记·秦本纪》，中华书局，1982，第 188 页。

⑤ 班固：《汉书·赵充国传》，中华书局，1962，第 2986 页。

⑥ 司马迁：《史记·秦本纪》，中华书局，1982，第 189 页。

年，吴王夫差开挖邗沟，沟通江、淮，即接通东北方向的射阳湖与西北方向的淮河。此外，吴国还兴建了胥浦、子胥渎、荷水，它们一起构成了吴运河。齐国则开凿了淄济运河，加强了齐国与中原各国的联系。上述运河的修建多出于军事或农业灌溉的目的，因此，在其完成修建并短暂使用后，大多“缺乏细致的维护与管理”①。

秦汉时期，由于京城供给、边疆军需和农业灌溉的迫切需求，秦朝开凿了沟通湘水与漓水的灵渠，也间接地连通了长江与珠江两大水系，建造了世界上最早的“越岭有闸”运河。秦国还开凿了郑国渠，修建了都江堰水利工程，不但造就了秦时关中和天府之国的千里沃野，还开启了中国的漕运制度。两汉在郑国渠的基础上，修建了白渠、六辅渠、龙首渠、阳渠以及褒斜水道和三门峡水利工程。当时的漕运与河运、海运同等重要，其维护和管理直接隶属国家，所需费用基本可以保障。而东汉末年，由于战乱，“秦汉漕渠多悉数毁灭，国家漕运不通”。然而，曹操还是开凿了白沟、平虏渠、泉州渠、淮阳渠、百尺渠、白马渠、鲁口渠、成国渠及车箱渠，既扩大了农业灌溉水源，又加强了各地之间的物资交流，还在一定程度上为隋唐大运河的开凿奠定了基础②。

隋唐两宋时期是运河的发展时期，先后开凿了连通长安、洛阳、杭州及涿郡(今北京)的广通渠、永济渠、通济渠、山阳渎及江南河，并在沿河两岸设置了一系列漕仓。在这一时期，运河在漕粮运输、军队与辎重运输、商业运输以及运河区域的交流与沟通等方面的功能均已达到高峰，并逐步形成了一套卓有成效的管理体系。因此，其维护和管理运河的模式亦成为后世学习的典范。两宋时期，北宋的运河主要集中在都城开封附近，包括汴河、惠民河、广济河及金水河；南宋的运河主要集中在江苏、浙江和安徽。在维护和使用淮南、浙西运河的同时，南宋全力整治了浙东运河，使其发挥了“国之命脉”的作用。当时的朝廷不但重视运河的泥沙疏浚、堤坝加固、闸座建造，而且设立了主管漕运与河道的发运司、转运司、排岸司及催纲司等机构，监督全国漕粮的运输与河道的维护。宋朝通过建造一高一低两条水道，在高低水道之间修建多道闸门的复闸，在若干地段修筑弯道拉长距离从而降低爬坡比例(即“三弯顶一闸”)，成功地解决了运河“爬坡”“过河”及“堵船”的运河建造

① 郑民德：《中国大运河的历史变迁、功能及价值》，《西部学刊》2014 年第 9 期，第 23 页。

② 朱光亚：《大运河的文化积淀及其在新世纪的命运：大运河遗产保护规划和申遗工作的回顾与体会》，《东南论坛》2012 年第 5 期，第 7 页。

与管理难题①。

元明清时期是运河发展的鼎盛时期。元代开凿了济州河、会通河与通惠河，取直了连接北京与杭州的京杭大运河。但是，元代的运河分水口设置不合理，导致运河淤塞，朝廷只好重开海运。明朝先定都南京，后迁都北京，均迫切需求南方漕粮的供给，因而通过疏浚会通河、开挖清江浦、建造南旺分水枢纽等，重开漕运。明朝的漕运先后采取了支运、兑运及长运三种方式，将漕粮先集中到指定漕仓，然后由官军统一押运入京，形成了定制的漕运，并有效地“支撑了国家财政收入的半壁江山”②。为了加强漕运管理，明朝以武职重臣执掌漕运，设漕运总督和漕运府总兵官，一同管理漕政。同样，漕运在清朝政府的财政收入中占三分之二，可谓举足轻重。因此，清政府每年花费1000万两白银，用于大运河河道治理，先后开凿了中运河，治理了青口水利枢纽，疏浚了河道，以维持漕运畅通。此外，朝廷还在大运河沿线设置了巡漕御史、镇道将领及漕运枢纽总兵官，以稽查各自管辖的河段与督促漕船有序航运。漕运到了晚清时期逐渐趋于衰败，加上清末黄河改道，火车轮船最终取代漕运，1901年，清政府下令废除漕运。值得一提的是，为了解决疏浚“河道淤沙”与“黄河倒灌”的难题，明清两代，特别是清代，江苏淮安清口的黄淮交汇处建造了古代最为复杂的水利枢纽工程。其基本原理是“以堤束水，以水攻沙”，而其中遏制倒灌的创造发明是“挑水木龙”，高效清除河底泥沙的利器是“混江龙”③。

1949年以前，由于战乱，大运河只有局部进行了修整，水源缺乏和黄河侵害等根本性问题均无暇顾及。1949年以来，大运河得到了全面整治。20世纪70年代末，交通部会同河北、山东、江苏和浙江四省完成了苏北段运河、鲁运河与南运河的疏浚整修，实现了渠道化通航，并改善了排洪和灌溉条件。自1980年到大运河文化遗产申遗成功之前，国家依照二级航道标准对苏北运河和江南运河进行了续建，兴建了一系列船闸，使500吨—700吨级船组和50吨—100吨级船组拖船队可以分别在苏北运河段和江南运河段航行。大运河的部分河段由此得到疏通与拓宽，部分航道截弯取直，另辟新线，同时还

① 朱光亚：《大运河的文化积淀及其在新世纪的命运：大运河遗产保护规划和申遗工作的回顾与体会》，《东南论坛》2012年第5期，第8页。

② 胡梦飞：《辉煌与没落：明清京杭大运河漕运的兴衰》，《中国文化报》2013年第3期，第2页。

③ 同上书，第3页。

兴建了一批新型的水利工程①。

20世纪80年代以来，大运河的改建、扩建工程纷纷启动，京杭大运河全线注水贯通和东、中、西南水北调工程更是震惊世界。1988年，苏北运河徐州至扬州400多公里航段完成扩建，达到2,000吨级船舶标准。1995年，大运河再次被列入国家内河航运"两横一纵两网"的发展规划。1997年底，江苏境内208公里的苏南运河完成重建。大运河最繁忙的苏北段，已全线达到二级航道标准，其他河段也正在或已经升级为三级航道，以确保其运河运输能力与现代需求匹配。2000年，山东济宁到台儿庄168公里的三级航道扩建工程完成验收，并正式通航②。

今天，在我国东部，高速公路和高速铁路网纵横交错，使这一地区成为世界上路网最为密集的地区之一。但是，即便像苏州这样现代化的城市，仍然有一半的货运量是通过运河水网完成的。2008年，我国南方遭遇暴风雪，航空、铁路、公路全部封闭，古老的运河再次肩负起为城市运输粮食等生活物资的重任，展示出大运河不可替代的蓬勃生命力。我国有史以来最大的水利工程——南水北调工程，在完成勘查、调研和可行性研究的基础上，于2003年12月27日正式启动。该工程具体包括东、中、西三条调水线路，与长江、黄河、淮河和海河，构成了以"四横三纵"为主体的总体布局，其中的东线，正是将京杭大运河作为输水通道展开施工的。该工程彰显了中国人征服自然的勇气和魄力。正如汪易森、杨元月所言，"南水北调工程是当今世界上最大的远距离、跨流域、跨省市调水工程……它是人类充分利用地理、地形特点优化配置国土资源的又一个伟大范例"③。2022年和2023年，京杭大运河实现百年来首次和再次全线通水，补水河道5公里范围内地下水位平均回升1.33米，沿线河湖生态环境得到改善④。

二、汴河名称的历史变迁及其文化内涵的拓展

上文探讨了大运河整体名称的历史变迁，下文将选取大运河的一段——汴河，在探讨其名称的历史变迁的同时，进一步展示大运河文化的开放性。

① 张佳：《大运河文化"申遗"成功之后对文化治理与规划研究》，博士学位论文，浙江大学建筑工程学院，2014，第23页。

② 穆笑笑：《中国大运河》，https：//zhuanlan. zhihu. com/p/496138092，访问日期：2024年2月12日。

③ 汪易森、杨元月：《中国南水北调工程》，《人民长江》2005年第7期，第5页。

④ 林祚顶：《京杭大运河2022年全线贯通补水水文监测分析》，《中国水利》2022年第11期，第10页。

选择汴河，有三个主要原因。第一，汴河历史悠久。《水经注》卷五记载，汴河的前身乃为大禹治水时所开就的蒗荡渠。在南宋时期，汴河由于缺乏统一的维护与修葺，开始断流。金代后期曾对汴河部分地段进行疏通。元代黄河改道，河患频繁，汴河几乎消失。明代中期，因排开封城内积水，曾于扬州门外疏通汴河旧渠一万余丈至陈留。明朝崇祯十五年(公元1642年)，开封又遭黄河水淹，汴河自此消失到地表以下①。实际上，历史文献记载中的蒗荡渠、阴沟、大沟、鸿沟、汴渠、汴水等，皆指同一条渠。第二，汴河的历史功绩巨大。汴河，又称通济渠或古运河，是隋炀帝在先秦鸿沟、东汉汴渠的基础上兴修的运河，因其主干道紧邻汴州(今开封)，故名汴水、汴河。它西起洛阳西苑，终点为扬子渡口(在今江苏扬州南扬子桥附近)，沟通了黄河、淮河和长江三大水系，成为隋唐时期南北运输漕粮的主要通道。因此，有诗云："汴河通，开封兴；汴河废，开封衰"，而当时的开封"人口上百万，富丽甲天下"。可以说，作为隋唐大运河最长的中段，汴河一直是最重要的灌溉水源和运输航道②。第三，汴河开发的现实意义非凡。由于其悠久的历史价值、重大的历史功绩，以及得天独厚地理位置，虽然汴河已经沉没地下，但是它仍然是中国历史上举足轻重的著名河流，因此，河南计划恢复汴河历史风貌，并尽早通航，要使其成为大运河文化带中的一个亮点。

历史上，大运河通济渠郑州段，相传为大禹治理荥泽水患的分水沟渠，春秋战国时期此处被称为邲水、汳水、大沟、鸿沟，西汉时期此处又名蒗荡渠、莨菪渠，东汉时期此处被称作汴水、汴渠，隋唐宋时期唤作通济渠、汴渠、汴河、汴水等，元明清时期叫贾鲁河③。鸿沟，是隋朝通济渠的雏形，是推动当时区域经济发展的重要因素，也是如今大运河整体的重要组成部分。《水经注疏·河水五》记载："大禹塞荥泽，开之以通淮、泗。"另记载："禹又于荥泽分大河为阴沟，引注东南，以通淮、泗。至大梁浚仪县西北，复分为二渠：一渠元经阳武县中牟台下为官渡水；一渠始皇疏凿一灌魏郡，谓之鸿沟，莨菪渠自荥阳五出池口来注之。其鸿沟即出河之沟，亦曰莨菪渠"③。由此可知，当年大禹治水通九州，就包括位于荥阳以北的黄河河段，起初名为蒗荡渠，又称莨菪渠，二者均为"鸿沟"的别称。

---

① 葛奇峰：《大运河"开封段"考古发现记》，《大众考古》2019年第9期，第75页。

② 杨庆化：《汴河新考——兼论开封汴河的现代开放价值》，《黄河水利职业技术学院学报》2018年第4期，第97页。

③ 鲍君惠：《世界文化遗产——中国大运河通济渠郑州段的历史考述》，《聊城大学学报》(社会科学版)2018年第3期，第9页。

春秋时期“鸿沟”被称为“邲水”或“汴水”。《水经注疏・济水一》云：“济水于此，又兼邲目。”①《左传・宣公十二年》：“晋楚之战，楚军于邲，即是水也，音下。京相璠曰：在敖北。”②其中的“邲”读音为“汴”，因此“邲水”就是“汴水”。其中的“邲水”和“汴水”都是鸿沟的别称。战国时期，据《史记・苏秦传》记载：“大王之地，南有鸿沟”。《史记・河渠书七》记载：“荥阳下引河东南为鸿沟，以通宋、郑、陈、蔡、曹、卫，与济、汝、淮、泗会”。且“此渠皆可行舟，有余则用溉浸，百姓飨其利。至于所过，往往引其水以用溉田畴之渠，以万亿计，然莫足数也。”③显然，鸿沟从荥口引黄河之水，向南连接淮河与邗沟，与长江贯通；向北通黄河，与渭水和洛河相连；向东通济水，与泗水相接。鸿沟使鸿沟水系、黄河两岸及长江相关区域的宋、郑、陈、蔡、曹、卫等国实现交通往来，为日后的连横抗秦，产生了一定的积极影响。然而，秦国在统一六国的战争中，秦国大将王贲因久攻大梁不下，遂“引河沟之水而灌大梁”，不但赢得了胜利，而且使大梁成为废墟④。其中的河沟即鸿沟，大梁即当年魏国的都城(今河南开封)。

秦汉时期(公元前 221 年- 220 年)，秦国利用鸿沟，进行南粮北运，并在鸿沟与黄河分流处兴建了庞大的敖仓，并将其用作转运站，将众多物资经此或转运关中，供给中央财政，或北运边塞，供应军需。鸿沟在两汉时期被称为蒗荡渠、汳渠、俊义渠。

隋唐时期，运河体系得到高度的发展。为了发展漕运，隋文帝开皇四年(584 年)，隋朝政府建立县制于黄河之阴，汴水之阳，以加强对漕运的管理。隋炀帝大业元年(605 年)，“发河南诸郡男女百余万，开通济渠，自西苑引谷、洛水达于河，自板渚引河通于淮”⑤。通济渠的开通，连通了黄河、淮河与长江三大水系，成为隋朝运河的主体部分。唐朝大运河基本沿袭隋朝，朝廷对于大运河的管理主要是维护航道、大规模疏浚河道及改建部分河段。如开元十五年，唐玄宗命令“检行郑州河口斗门”，并“发河南府、怀、郑、汴、滑三万人疏决开旧河口”⑥。

---

① 郦道元：《水经注疏・河水五》，杨守敬、熊会贞疏，段熙仲点校，陈桥铎复校，江苏古籍出版社，1989，第 658 页。

② 左丘明：《左传》，中华书局，2016，第 590 页。

③ 司马迁：《史记・秦本纪》，中华书局，1982，第 188 页。

④ 鲍君惠：《世界文化遗产：中国大运河通济渠郑州段的历史考述》，《聊城大学学报》(社会科学版)2018 年第 3 期，第 9 页。

⑤ 魏征等：《隋书・炀帝纪上》，中华书局，1973，第 63 页。

⑥ 刘昫等：《旧唐书・食货志下》，日照：青苹果数据中心，2014，第 2114 页。

两宋时期，汴河作为当时南北交通的大动脉，是国家安全的纽带和国家存亡的生命线。天禧三年(1019年)，汴河漕运粮食高达八百万石，为北宋漕运的最高纪录。《宋史·食货上三》记载，“漕运宋都大梁，有四河以通漕运：曰汴河、曰黄河、曰惠民河、曰广济河”①。其中的汴河，即大运河通济渠郑州段，扮演着最重要的角色。因此，宋朝政府对汴河的维护、疏浚和保养，采用了如下的积极措施：(1)控制汴口，调节流量；(2)清理淤沙，保证水深；(3)种植柳树，加固堤防；(4)设置水柜，调节水量。其效果显著，正如《宋史·河渠志三》所描写的：“汴水横亘中国，首承大河，漕引江湖，利尽南海，半天下之财富，并山泽之百货，悉由此路而进”②。可见汴河已成当时全国的交通大动脉，在北宋的政治、经济和军事等方面都发挥着举足轻重的作用。

元明清时期，黄河屡次泛滥成灾，汴河被淹没，漕运功能几乎丧失殆尽。至正十一年(1351年)，贾鲁临危受命，出任元朝工部尚书和总治河防使，运用沉船和疏塞并举的方法堵住决口，运用疏浚、拓宽和连接等方法恢复了战国鸿沟水系、隋唐通济渠、宋代汴河的水运功能，从而造就了运河流域新的航运交通和商业繁荣。为纪念其功绩，人们将当年的汴河更名为贾鲁河，一直沿用至明清两代。贾鲁河在明清时期基本维持现状，继续发挥着沟通南北漕运和沿途两岸文化交流的作用。明代初年，贾鲁河上新建了一座三孔拱桥，名叫惠济桥。有石碑记载：“桥下之渠，本贾鲁河故道，当时自南向北，与大河通，居人颇获舟楫之利。”③而清代《荥泽县志》对惠济桥所处的郑州荥泽县惠济镇也有如下的记载：“附居者烟火千家，往来者贸迁万种，民未病涉，诚一邑之雄镇也。”④由此可见，汴河在元明清的不同时期，虽经灭顶磨难，但在像贾鲁等官员的带领下，广大劳动人民对汴河水系进行了艰苦卓绝的疏浚、拓建、维修及保养，从而保障了运河漕运的延续、运河流域商贸与文化交流的繁荣以及区域经济的持续发展。

三、大运河相关考古发现及其文化内涵的扩充

大运河的价值，对联合国教科文组织的世界遗产委员会来说，在于其起源古老、规模巨大并随千百年来的环境变化而不断地适应环境的特性。以隋

---

① 脱脱等：《宋史·食货上三》，https://www.zhonghuashu.com/wiki/宋史/卷175，访问日期：2024年8月28日。

② 同上。

③ 张调元：《张调元文集》，中州古籍出版社，2004，第68页。

④ 河南省文物局：《行走河南 读懂中国》，https://wwj.henan.gov.cn/2023/05-08/2738527.html，访问日期：2024年8月28日。

唐大运河为例，人们熟悉的是隋炀帝杨广在位时所开凿的一众运河。实际上，隋文帝杨坚于公元583年即“命宇文恺率水工凿渠，引渭水，自大兴城东至潼关三百余里，名曰广通渠……转运通利，关内赖之。诸州水旱凶饥之处，亦便开仓赈给……开皇十七年，户口滋盛，中外仓库，无不盈积”①。考古发现，在统领广通渠开凿工程的官员中，除了著名建筑设计师宇文恺任总指挥以外，还有副总指挥于仲文和元寿、总管郭衍以及兵部尚书苏孝慈和郭均。《隋郭均墓志》碑文记载，郭均曾于开皇四年(584年)“领开漕渠总监”。该墓碑作为研究隋朝大运河的重要考古物证，现存于陕西省西安市大唐西市博物馆②。广通渠西起长安，东至潼关，全长300余里，基本沿西汉运河古道开凿，仅用了三个月便告竣工，并在潼关建造广通仓，以储备皇粮。广通渠的疏通使关中地区的运输条件大为改观，既缓解了都城区域的缺粮问题，又为日后饥荒赈灾做好了准备。其灌溉功能和绿荫庇护等好处为该人工运河赢得了“富民渠”的美誉。最重要的是它为后世开通大运河、管理维护大运河、设立国家漕运与漕仓，打下了坚实的基础，积累了宝贵的经验。

大运河河道既是大运河遗产的本体，也是大运河本身的主体。但是，大运河的河道本体历经沧桑，在历史上发生过频繁的变迁，只有考古证据才能解决类似这样“涉及文化遗产保护最重要的真实性和完整性的问题”③。联合国教科文组织世界遗产中心(World Heritage Center of the UNESCO)在其《实施〈世界遗产公约〉操作指南》中，对世界文化遗产的真实性和完整性定义如下：

> “真实性”指文化遗产具有原始的、原创的和非复制的特性，体现在外形和设计、材料和材质、用途和功能、位置和环境、传统与技术以及精神和感觉诸多方面。“完整性”指文化和自然遗产符合以下特征：(1)包括所有具备普遍价值的必要因素；(2)面积足够大，能够完整体现遗产价值的特色和过程；(3)关注发展的负面影响和/或缺乏维护状况④。

---

① 魏征：《隋书·食货志》，中华书局，1973，第672页。

② 陈晓捷、龚阔英：《隋漕渠小议：兼论唐长安西市与渭水相通的渠道》，《咸阳师范学院学报》2014年第5期，第78页。

③ 林留根：《世界文化遗产中国大运河的考古阐释与文化解读》，《东南文化》2019年第1期，第15页。

④ World Heritage Center of the UNESCO, “Outstanding Universal Value of the Grand Canal, 1992 - 2022,” accessed September 19, 2022, http://whc.unesco.org/en/list/1443/.

关于大运河的“真实性”和“完整性”，联合国教科文组织下属的国际遗产遗址理事会(International Council on Monuments and Sites，ICOMOS)在其咨询机构的评估报告中指出，在与其他五条世界遗产运河比较之后，可以得出以下结论：

> 第一，在规模上，任何其他人工水道都无法与大运河比拟。
>
> 第二，大运河上的粮食漕运体系独一无二，在其运行的历史长河中，它的存在对于自古以农业为主的中国来说，无疑是有着十分明显的积极作用的。
>
> 第三，大运河是一个标杆，稳居工业革命前水利工程技术的制高点。它也是人类文明各个阶段推广人工河道技术的训练场。
>
> 最后，大运河的起源可以追溯到公元前两千多年，而欧洲的水利工程全部都是现代或当代的产物①。

然而，在对大运河大加赞赏之余，ICOMOS也指出，中国一方面以大运河久远的起源为荣，另一方面却对大运河原来的河床进行了明显的疏浚、加深和拓宽，或在有些大运河沿线邻近的地方重修河道。这无疑让专家对古老大运河遗产的“真实性”产生疑虑。另外，在上千公里的大运河景观带上，出现了有碍大运河遗产、景观及缓冲区保护的住房和基础设施项目，这与联合国遗产“真实性”的标准相左。至于大运河的“完整性”，ICOMOS指出，连续性是大运河遗产价值的根本特性，但是，中国提供的考古发现很难判断“它们对大运河完整性，特别是在技术操作方面的认可有什么贡献”，还有“大运河在其历史上的多次变道对其航运路线的连续性确认也有所不利”②。大运河在中国历史各个朝代的范围、起止点、关键地点的改道、重要节点的工程遗存等要素中，有相当一部分很难具体落实。值得庆幸的是，面对大空间和长时段的大运河，我国现在已经具备了成熟的空间信息技术，可以帮助考古工作者进行相关的考古调查、勘探、发掘和研究。

从大运河遗产的构成及其文化内涵的丰富性上看，无论是大运河遗产，还是大运河文化，绝非物质文化和非物质文化两个方面所能涵盖。大运河是“超时空的超大型遗址，是中华版图上不可移动的文物，是集文化景观、文化

---

① ICOMOS，“Advisory Body Evaluation of the Grand Canal of China，1999 - 2022，” accessed October 18，2022，https：//whc. unesco. org/en/list/1443/documents.

② 林留根：《世界文化遗产中国大运河的考古阐释与文化解读》，《东南文化》2019年第1期，第15页。

线路、自然遗产、运河遗产于一体的复合遗产"①。其遗产构成可包括运河工程遗产和由运河工程派生衍生的遗产两大类。姜师立则认为，大运河文化是大运河经济的繁荣所带来的运河城市的兴起、文学艺术的融合、不同文化背景的参与所形成的多元一体的物质和非物质文化遗产及思想领域的合成。正如路璐、吴昊所言："大运河是代表优良传统的巨型文化遗产，也携带着驱动国家不断进步的文化基因，符合一种温和、连通、包容的大国形象建构……大运河文化遗产连接着历史想象的诸多断层，成为民族国家自我想象的历史镜像。"②因此，大运河文化的内涵，既有物质文化与非物质文化的要素，也同时包括思想领域的精神观念要素。

四、结语

综上所述，大运河整体和汴河点段名称的历史变迁，涵盖了张廷皓于2015年提出的有关大运河遗产的三种形态，即(1)仍然延续初始航运功能的在用河段，如浙东运河与京杭大运河的里运河和江南运河；(2)尚保留完整的断流河段，如京杭大运河在天津河和台儿庄地段的北运河、南运河、鲁南运河及中运河；(3)淹没或半淹没于地下的大运河遗址，如隋唐大运河、京杭大运河的通惠河以及隋唐以前的邗沟、灵渠和汴河等。当然，从大运河名称的历史变迁过程，也可以清晰地发现吴欣2018年提出的大运河文化在技术、制度与社会三大层面所发生的巨变。

首先，技术文化层面的巨变，体现在秦朝建造"越岭有闸"运河，宋朝解决运河"爬坡""过河"及"堵船"的运河建造与管理难题，以及如今令国人自豪的重要水利枢纽和关键技术工程的代表项目之中。大运河的河道工程、北京人工河湖水系水源工程、通惠河梯级船闸工程、山东南旺运河分水枢纽工程、中运河规避黄河之险工程、江苏淮安清口运河渡黄的运口枢纽工程、淮安高家堰河洪泽湖大堤及清口的"蓄清刷黄"枢纽工程、宿迁淮安段"束水攻沙"和治黄保运的堤防系统工程等，均按照不同地点的特性和需求，集规划、设计、施工、更新、改造、材料、工艺、方法诸多技术要素而完成，具有极高的技术价值。

其次，随着时间的推移和社会的进步，制度文化层面也发生了巨变。大

① ICOMOS，"Advisory Body Evaluation of the Grand Canal of China，1999 - 2022，" accessed October 12，2022，http：//whc. unesco. org/en/list/1443/documents.

② 路璐、吴昊：《多重张力中大运河文化遗产与国家形象话语建构研究》，《浙江社会科学》2021年第2期，第139页。

运河起初的名称是“沟”“渠”“溪”“浦”“渎”等，后逐渐被“漕渠”“漕河”或“官河”等称谓所代替。而这些称谓的更替标志着已经成为国家制度体系的漕运，代替了或很大程度上弱化了大运河曾经发挥过的个体短途航运、农田灌溉、土壤改良及防洪排涝等功能。大运河已成为“世界唯一一个为确保粮食运输安全，以达到稳定政权、维护统一的目的，由国家投资开凿、国家管理的巨大水运工程体系”①。

最后，在社会文化的层面，包括隋唐大运河、京杭大运河与浙东大运河的大运河贯穿中国东西南北，又连通海陆丝绸之路，可以说随着大运河长度和广度的增长，漕运更加规范和繁荣，交流更加频繁和深入，从而彻底改变了原来各个区域的行政区划、运河沿岸的城市布局，也在很大程度上加快了中国社会从最早游牧文明或农耕文明向工商文明迈进的步伐。因此，有关大运河文化遗产的科学研究不应该局限于任何“规划范围”，因为动态的大运河文化及其内涵具有不断演变、拓展和扩充的开放特性。只有通过这些动态的大运河文化及其内涵，才能在技术、制度、和社会等层面展现能够体现中国国际形象的文化内涵要素。

第二节　比较视域下中国大运河适应性管理

第一节追本溯源，从大运河整体名称及其分段汴河名称的历史变迁，论证了大运河文化及其研究的开放性。本节将从两千五百多年来大运河适应性管理的视角，继续讨论大运河文化基因中的动态发展本质。

自从2014年6月22日大运河被正式列入《世界遗产名录》后，有效国际化管理便成为大运河保护、传承、利用的重中之重。张廷皓和于冰指出，变化是大运河的常态，“水系在变，河道在变，水情在变，水工设施在变，治水理念在变，治水方略在变，管理机构在变，运行机制也在变”②。针对类似大运河遗产这样的常态变化，联合国教科文组织世界遗产中心明文规定：保护世界文化遗产的目的，并不是要保存现有的状态，而更多的是要以一种负责任的、可持续的方式来识别、了解和管理形成这些物质文化遗产和非物质文

① 姜师立：《运河学的概念、内涵、研究方法及路径》，《中国名城》2018年第7期，第78页。

② 张廷皓、于冰：《京杭运河水运、水利工程及其遗址特性讨论》，《文物》2009年第4期，第72页。

化遗产的变化过程[①]。在前人研究的基础上，刘庆余通过实践证明，“目标—问题—方案—检测—反馈”五环节的适应性管理模式“可以逐渐降低大运河管理中的不确定性，并最终解决大运河管理中的复杂问题”[②]。

虽然已有学者对申遗前大运河变迁及其管理和申遗后大运河的管理措施进行了卓有成效的研究与反思。但是，现有研究鲜有以国际遗产组织相关法规为宏观指导，在比较视域下对大运河的管理机制进行系统探究。根据联合国教科文组织有关世界文化遗产申请与管理的标准，“突出价值”表示过去辉煌、“真实性”和“完整性”代表现实现状、“可持续遗产价值”意味未来发展[③]。本节将在联合国教科文组织相关法规和适应性管理理论指导下，运用比较视域下的案例分析研究方法，详尽分析联合国教科文组织针对“突出价值”“真实性”和“完整性”，以及“可持续遗产价值”等概念的相关法规和审核建议，综合解读中国大运河的申遗文本和改进报告，系统论述大运河自古至今的管理适应过程，以促进国内的大运河文化带建设和国际运河管理经验的相互学习与借鉴。

一、有关大运河变迁及其管理的研究与反思

作为活态遗产，大运河被誉为“文化之河”“中华文脉”“中华民族的象征”。因此，大运河的有效国际化管理成为学术界近期备受关注的焦点之一。所谓管理就是“创造和保持一种环境，使置身于其中的人们能够在集体中一道工作，以完成预定的使命和计划”[④]。而此处的大运河国际化管理指中国依据国内实际、按照联合国教科文组织的相关法规标准，营造大运河保护、传承、利用的氛围，实现既具中国特色又同时兼备现代国际水准的大运河管理体系。根据研究目的，本节的文献综述分为申遗前大运河变迁及其管理研究和申遗后大运河的管理措施与反思两个部分。

（一）申遗前大运河变迁及其管理研究

总体而言，水上运输一直是中国古代运输的中流砥柱和古代经济的重要组成。作为人工河道，大运河是其中难以取代的重要组成部分。始于秦汉时

---

① 联合国教科文组织世界遗产中心：《国际文化遗产保护文件选编》，文物出版社，2007，第 15 页。

② 刘庆余：《京杭大运河遗产活态保护与适应性管理》，《江苏师范大学学报》(哲学社会科学版)2018 年第 2 期，第 83 页。

③ 张佳：《大运河文化“申遗”成功之后对文化治理与规划研究》，博士学位论文，浙江大学建筑工程学院，2014，第 6 页。

④ 罗德·孔茨：《管理学》，经济科学出版社，1993，第 2 页。

期的漕运制度，为历代朝廷和军队提供了漕粮和物资，构成其经济体系的重心。唐宋时期的有效管理模式成为后世学习的典范。尤其是两宋时设立的漕运与河道发运司、转运司、排岸司及催纲司等机构，确保了全国漕粮的安全运输，河道也得到了有效维护。元明清时期的河兵看守制度，河道总督、漕运枢纽总兵官等管理机制使得当时的漕运运作也相当完善。葛剑雄指出，“没有大运河保证漕运，北京就不可能成为元、明、清三朝的首都；没有大运河，元、明、清的统一就无法维持和巩固①”。

1949 年以来，大运河得到了全面治理。特别是我国有史以来最大的水利工程——南水北调工程，更是将大运河的功能发挥得淋漓尽致。该工程的东线，正是将京杭大运河作为输水通道而展开施工的。东线输水主干线长1,135 公里，沿线建设 13 级泵站，主要补充沿线城市生活环境、工业、农业及其他用水。

中国几千年的漕运管理制度既是历朝经济命脉的最重要内容，也是历代朝政的坚实基础。可以说，大运河的运营管理从春秋战国的相对缺失到秦汉的中央负责制，从隋唐两宋建立专职司到元明清建立河兵与总督制度，再到如今重点分段治理与新型水利工程的实施，无不体现着从零散到纷繁的系统调整与适应。有关大运河的历史变迁及其管理状况，可参照表 3－1。

表 3－1　申遗前大运河变迁及其管理

年代	涉及运河	主要功能	管理状况
公元前 770 年至公元前 221 年	楚运河：杨水运河、鸿沟	运兵、运粮	缺乏细致的维护与管理
	吴运河：胥河、胥浦、子胥渎、荷水、邗沟		
	齐运河：淄济运河		
公元前 221 年至公元 220 年	灵渠、郑国渠、都江堰	造就关中和天府之国的千里沃野	建造最早的越岭有闸运河
	白渠、六辅渠、龙首渠、阳渠、褒斜水道、三门峡水利工程；白沟、平虏渠、泉州渠、淮阳渠、百尺渠、白马渠、鲁口渠、成国渠	京城供给、边疆军需、农业灌溉、人员物资交流	朝廷负责维护和管理，基本保障所需费用；汉末战乱导致“秦汉漕渠多悉数毁灭，国家漕运不通”

① 葛剑雄：《大运河历史与大运河文化带建设刍议》，《江苏社会科学》2018 年第 2 期，第 127 页。

续表

年代	涉及运河	主要功能	管理状况
581年至1279年	广通渠、永济渠、通济渠、山阳渎及江南河；设置沿岸漕仓	漕粮运输、军队与辎重运输、商业运输及运河区域的交流与沟通	朝廷进行泥沙疏浚、堤坝加固、闸座建造；设立发运司、转运司、排岸司及催纲司
	汴河、惠民河、广济河及金水河；整治浙东运河		
1271年至1912年	济州河、会通河与通惠河，(取直)京杭大运河	漕粮的供给、农业灌溉、人员物资交流、文化传播	花百万两白银疏浚河道，维持漕运畅通；设立河兵看守制度；设置直隶、河东、江南河道总督
	疏浚会通河、开挖清江浦、建造南旺分水枢纽		
1912年至2014年	局部修整大运河进行	运输与供给、农业灌溉、人员物资交流、文化传播	忙于战乱，无暇顾及水源缺乏和黄河侵害
	疏浚整修苏北段运河、鲁运河与南运河，实现渠道化通航，改善排洪和灌溉条件	运输与供给、农业灌溉、人员物资交流、文化传播	疏通与拓宽大运河部分河段，部分航道截弯取直，另辟新线；兴建新型水利工程
	续建苏北运河和江南运河，兴建船闸与水利工程	运输与供给、农业灌溉、文化传播	疏通与拓宽大运河部分河段，兴建新型水利工程
	疏通二级、三级河道；提高船舶吨级标准	运输与供给、农业灌溉、文化传播	履行内河航运"两横一纵两网"的发展规划
	逐步完成三期南水北调工程	运输与供给、农业灌溉、人员物资交流、文化传播	构成"四横三纵、南北调配、东西互济"为主体的总体布局

从古至今，大运河除了发挥军事和农业灌溉的功能外，还是"世界唯一一

个为确保粮食运输安全，以达到稳定政权、维持统一的目的，由国家投资开凿、国家管理的巨大运河工程体系”①。今天，特别是大运河成功申遗后，“大运河仍然是中国内陆沟通的重要手段，在确保中国经济长期繁荣稳定方面发挥着重要作用”②。从管理学的角度而言，比照联合国教科文组织世界遗产中心在其《实施〈保护世界遗产公约〉操作指南》中的相关规定，大运河管理还存在管理权隶属多重性、各部门权限重叠、各层级责任不清等亟待解决的问题。因此，王元和朱光亚建议：第一，应建立健全多部门协调合作、共同管理的机制；第二，应出台有关中国大运河遗产保护的专项法律法规；第三，各地方政府部门和广大公众应各负其责③。

(二)申遗后大运河的管理措施与反思

虽然大运河于 2014 年 6 月 22 日被正式列入《世界遗产名录》，而对其管理措施的探讨与反思实际贯穿于申遗前后的整个过程。张峰发现，早在 2005 年 12 月，“运河三老”——罗哲文、郑孝燮、朱炳仁就联名致信 18 个城市市长，呼吁大运河申遗④。2006 年的两会期间，58 位政协委员联合提交了“关于加强对大运河申遗保护”的提案。同年 5 月，大运河整体成为国务院公布的第六批全国重点文物保护单位，并先后通过了《京杭大运河保护与申遗杭州宣言》和《京杭大运河遗产保护与可持续发展通州宣言》。同年 12 月，国家文物局将大运河列入申请《中国世界文化遗产预备名单》，标志大运河申遗工作正式拉开帷幕。2008 年 3 月，由国家文物局主导，联合大运河沿岸的省市代表在扬州召开了大运河保护与申遗工作会议，并发表了联合申遗的“扬州共识”。2009 年 3 月，大运河保护和申遗省部级会商小组在京成立。与此同时，大运河申遗工作在国务院推动下，上升为国家行为。2011 年 4 月，扬州会议明确了 8 个省(直辖市)中 35 个城市的 132 个遗产点和 43 段河道参与申遗。2012 年 6 月，由申遗办公室牵头，大运河首批申遗的范围和申遗文本的核心内容初步确定。2012 年 8 月 14 日，文化部公布了《大运河遗产保护管理办法》的

① 姜师立：《运河学的概念、内涵、研究方法及路径》，《北京大学学报》(哲学社会科学版)2018 年第 9 期，第 74 页。

② World Heritage Center of the UNESCO, “Outstanding Universal Value of the Grand Canal of China, 1992 - 2022,” accessed September 15, 2022, http://whc.unesco.org/en/list/1443/.

③ 王元、朱光亚：《试论申遗背景下中国大运河遗产保护管理对策》，《建筑与文化》2010 年第 12 期，第 77 页。

④ 张峰：《大运河文化遗产保护利用传承的历史考察》，《农业考古》2018 年第 4 期，第 238 页。

54号文件。同年9月，35个大运河沿线城市在扬州共同签署了《大运河遗产联合保护协定》。2013年1月，京杭大运河、隋唐大运河、浙东运河被合并列入第七批全国重点文物保护单位，申报文本初稿也同期形成。同年年底，大运河沿线的所有遗产点接受了联合国专家进行的现场考察评估。2014年6月22日，中国大运河成功列入《世界遗产名录》，标志着中国大运河正式成为世界文化遗产。上述大运河申遗的历程与轨迹参见表3-2：

表3-2　大运河申遗的历程与轨迹[①]

时间	参与组织或参与人	地点	工作进程
2005年12月	罗哲文、郑孝燮、朱炳仁	北京	联名致信18个城市市长，呼吁申遗
2006年3月	58位政协委员	北京	提交提案，建议大运河申遗
2006年5月	国务院	北京	公布大运河成为第六批全国重点文物保护单位
2006年12月	国家文物局	北京	大运河列入申请《中国世界文化遗产预备名单》，启动申遗
2007年9月	申遗办公室	扬州	大运河联合申报世界文化遗产办公室挂牌成立
2008年3月	国家文物局	扬州	召开大运河保护与申遗工作会议，宣布成立“大运河申遗城市联盟”，并发表“扬州共识”
2009年3月	运河保护和申遗省部级会商小组	北京	成立大运河保护和申遗省部级会商小组，申遗成为国家行为
2011年4月	国家文物局	北京	公布大运河申遗预备名单
2012年6月	申遗办公室	扬州	确定大运河首批申遗的范围和申遗文本的核心内容
2013年9月	申遗办公室	扬州	申报文本初稿形成
2013年1月	国家文物局	北京	正式确定首批申遗的点段
2013年9月	沿线城市		大运河沿线的遗产点接受联合国专家现场考察评估
2014年6月	世界遗产大会	多哈	大运河成功列入《世界遗产名录》

① 张峰：《大运河文化遗产保护利用传承的历史考察》，《农业考古》2018年第4期，第239页。

大运河申遗成功的意义在于“肯定了大运河遗产价值的统领性……使得大运河保护工作呈现出共识化、专业化、系统化和战略化的发展趋势”①。2017年2月24日习近平总书记在北京通州区调研时指出，保护大运河是运河沿线所有地区的共同责任。2019年6月9日习近平总书记强调“大运河是祖先留给我们的宝贵遗产，是流动的文化，要统筹保护好、传承好、利用好”②。2019年2月，中共中央办公厅、国务院办公厅印发了《大运河文化保护传承利用规划纲要》，从国家战略层面对大运河文化代建设的方向、目标和任务进行了顶层设计，为申遗后大运河文化的保护、传承、利用描绘了一幅宏伟蓝图。2019年6月，国务院办公厅同意建立由国家发展改革委牵头的大运河文化保护传承利用工作省部级联席会议制度，通过“协调解决跨地区、跨部门的重大问题……着力将大运河打造成为宣传中国形象、展示中华文明、彰显文化自信的亮丽名片”，以贯彻落实上述规划纲要③。

同时，沿线省市在明确了“保护为主、抢救第一、合理利用、加强管理”的文化遗产管理共识后，分别加强了各自大运河段点的具体顶层设计与实施规划。譬如，在规划管理方面，大运河沿线省市按照2012年文化部审议通过的《大运河遗产保护管理办法》，设立了由国家、省级、市级组成的大运河三级规划管理机构。其中，国家负责总体规划，包括汇总各省规划并进行评估，提出保护、管理和监测的宏观要求；省级规划管理的重点是进行成功案例汇总与评估，并提出具体实施和改进的建议；市级规划管理的重点是进行本地运河价值和现状的评估，并制定保护管理的具体措施④。

作为深层反思，朱光亚敏锐地指出，宋代张择端的《清明上河图》和清代徐扬的《姑苏繁华图》形象地描绘了大运河给宋都汴梁和江南姑苏所带来的繁华景象。若要昔日繁华重现并延伸至大运河两岸，应处理好申遗与保护的关系：“申遗只是一种推动保护的方式，保护好大运河遗产，揭示和展示大运河

---

① 张佳：《大运河文化“申遗”成功之后对文化治理与规划研究》，博士学位论文，浙江大学建筑工程学院，2014，第30页。

② 政协全国委员会文化文史和学习委员会调研组：《让古老的大运河向世界亮出金名片》，访问日期：http://www.qstheory.cn/dukan/qs/2019-08/01/c_1124819494.htm，2022年9月19日。

③ 中共中央办公厅、国务院办公厅：《大运河文化保护传承利用规划纲要》，http://www.xinhuanet.com//2019-05/09/c_1124473457.htm，访问日期：2022年10月2日。

④ 张峰：《大运河文化遗产保护利用传承的历史考察》，《农业考古》2018年第4期，第240页。

遗产所蕴含的杰出普遍价值以及深层次的中国文化特色，并将之传承后代是这一运动的基本宗旨。”[①]他进一步指出，西方的运河多为工业文明的产物，因而相关研究与现代科学的学术规范基本一致。而大运河是农业文明的产物，相关研究和申遗材料在路径和规范方面就与体现西方文化价值标准的“全球价值等级”或“权威式遗产话语”即便不是完全格格不入，至少也是差异甚多甚大[②]。“全球价值等级”(global hierarchy of value)由赫茨费尔德提出，指《世界遗产名录》体系下的世界遗产筛选导致不同层级和不同价值的遗产类型[③]。“权威式遗产话语”(authorized heritage discourse)由史密斯提出，它表示现有的遗产保护理念主要以西方文化价值观为基础，通过强调遗产的真实性、物质性、纪念碑性，来体现西方启蒙运动以来的现代历史观和文化思维逻辑[④]。

因此，当联合国教科文组织2003年新增的《保护非物质遗产公约》发布后，拉格尔斯和西尔弗曼指出，这代表了联合国教科文组织的遗产保护理念发生了从强调“客观性”的物质文化遗产向突出“主观性”的非物质文化遗产的转变，确切说是“一种保护范式的转变”[⑤]。因此，朱光亚强调，大运河的保护和管理一方面应加强对大运河深层文化内涵的理解，即(1)开凿和治理大运河的基本思路是以变应变，(2)基本原则是实践中检验，实践中调整，(3)基本路径是天人合一，和谐自然。另一方面，朱光亚认为，还应充分认识申遗对大运河遗产保护和管理规划的深远影响，即(1)对大运河遗产的价值评估要内外兼顾，(2)对相关史料的掌握和引用要科学规范，(3)古今中外纵横比较，全面深刻交流借鉴[⑥]。

---

① 朱光亚：《大运河文化积淀及其在新世纪的命运：大运河遗产保护规划和申遗工作回顾与体会》，《东南论坛》2012年第5期，第14页。

② 朱煜杰：《中西遗产保护比较的几点思考：一个跨文化的视角》，《东南文化》2011年第3期，第120页。

③ Denis Byrne, “Archaeological Heritage and Cultural Intimacy: An Interview with Michael Herzfeld,” *Journal of Social Archaeology*, vol. 11, no. 2 (2011): 144.

④ Laurajane Smit, *Uses of Heritage* (London: Routledge, 2006), p. 5.

⑤ Fairfield D. Ruggles and Helanine Silverman, “From Tangible to Intangible Heritage,” in D. F. Ruggles & H. Silverman (eds.), *Intangible Heritage Embodied* (New York: Springer, 2003): 3.

⑥ 朱光亚：《大运河文化积淀及其在新世纪的命运：大运河遗产保护规划和申遗工作回顾与体会》，《东南论坛》2012年第5期，第14页。

二、联合国教科文组织相关法规与适应性管理理论

(一)联合国教科文组织有关世界遗产管理的相关法律

联合国教科文组织(United Nations Educational，Scientific and Cultural Organization，UNESCO)成立于1946年，总部设立于法国巴黎。作为世界遗产事务的最高主管机关，1954年，该组织在海牙通过《武装冲突情况下保护文化财产公约》，其中规定文化遗产除了不可移动的文化遗产外，还包括可移动的文化遗产及其建筑物和纪念中心。1972年，该组织通过了《保护世界文化和自然遗产公约》的纲领性文件，对世界遗产的认定、保护、管理和展示进行指导。1977年，该组织发布了《实施〈世界遗产公约〉操作指南》，通过定期更新和补充公约内容，加强对公约具体实施的指导，成为世界遗产申报、遴选与监控的规范性文件。2003年，该组织出台了《非物质文化遗产公约》，补充了保护无形文化遗产的内容。2005年，该组织又通过了《保护和促进文化表现形式多样性公约》，向全世界庄严宣告，世界所有文化无优劣之分，“文化多样性”对国际、国家和地方层面的和平与安全不可或缺。

(二)联合国教科文组织有关世界遗产管理的体系与相关法规

为推动文化遗产保护国际法体系的建立与有效运行，世界遗产委员会(World Heritage Committee)于1976年宣告成立。它隶属联合国教科文组织，其中包含国际遗产遗址理事会(International Council on Monuments and Sites，ICOMOS)、保护和恢复文化遗产国际研究中心(International Center for the Study of the Preservation and Restoration of Cultural Property，ICCROM)和世界自然保护联盟(The World Conservation Union，IUCN)三个独立的国际组织顾问团。自1979年以来，委员会每年召开一次会议，决定哪些遗产可以被列入《世界遗产名录》。该委员会通过保护框架、保护模式和保护原则的国际法体系，对已列入名录的世界遗产的保护和管理进行监督指导。

首先，保护框架以联合国教科文组织的公约为主体，同时包含其他宪章、宣言及法规文件。其保护对象有：一般文化遗产、考古遗产、水下文化遗产、非物质文化遗产、文物建筑与博物馆。适用法规主要包括：《保护世界文化与自然遗产公约》(1972年)、《考古遗产保护和管理宪章》(1990年)、《国际古迹保护与修复宪章》(1964年)、《国际博物馆协会章程》(1989年)、《关于禁止和防止非法进出口文化遗产和非法转让其所有权方法公约》(1970年)、《保护水下文化遗产公约》(2001年)及《保护非物质文化遗产公约》(2003年)等。

其次，保护模式包括财产法保护、环境法保护、知识产权法保护、刑法

保护及人权法保护，即国际法从财产法、环境法、知识产权法、刑法，以及人权法的角度保护文化和自然遗产。现有适用财产法的法规有《武装冲突情况下保护文化遗产公约》和《关于禁止和防止非法进出口文化遗产和非法转让其所有权的方法的公约》，适用环境法的有《保护世界文化和自然遗产公约》和《保护非物质文化遗产公约》，适用知识产权法的有保护文学和艺术作品的《伯尔尼公约》，适用刑法的有《关于发生武装冲突时保护文化遗产公约第二议定书》，适用人权法的有《世界人权宣言》和《保护非物质文化遗产公约》等。

最后，保护原则指保护文化遗产的国际立法及其实施过程中的要求和标准。第一，真实性原则指文化遗产具有原始的、原创的和非复制的特性，体现在外形和设计、材料和材质、用途和功能、位置和环境、传统与技术以及精神和感觉诸多方面。第二，完整性原则指文化和自然遗产符合以下特征：(1)包括所有具备普遍价值的必要因素；(2)面积足够大，能够完整体现遗产价值的特色和过程；(3)关注发展的负面影响和/或缺乏维护状况。第三，保护有限原则指确立立法保护的绝对优先地位，把文化遗产的保护放在第一位，而将其利用降到最低程度。第四，文化多样性原则指不同的文化特性和谐共存，每一种文化特性都以独立的品格与其他文化对话共处。第五，可持续发展原则指既满足当代人的需要，又不危害后代人的需求，其中包含代际公平、代内公平、可持续利用和环境与发展一体化四个核心要素。第六，国际合作原则指文化遗产具有普遍推广价值的特性和不可替代性，只有各国在国际范围内进行合作，才能得到有效保护。

上述联合国教科文组织于1972年、1977年、2003年和2005年先后制定的《保护世界文化和自然遗产公约》《实施〈世界遗产公约〉操作指南》《非物质文化遗产公约》，以及突出体现文化多样性和重点强调所有文化无优劣之分的《保护和促进文化表现形式多样性公约》，还有由保护框架、保护原则和保护模式共同构成的世界文化遗产保护国际法体系，一起作为理论框架的一部分形成本节的宏观法规指导。

(三)适应性管理理论

适应性一词起源于生态学，泛指组织或系统为了生存、繁殖而增强应对环境变化的基因和行动特征[①]。美国生态学家霍林于1978年首先提出适应性管理的理念，他认为生态系统存在不确定性，人们对其的理解也是不完全的。

① Hiroaki Kitano, "Systems Biology: A Brief Overview," *Science*, no. 295 (2002): 1662.

因此，他把生态系统的利用和管理看作一种实验的过程，强调人们应从实验中不断学习、不断完善。适应性管理是一个连续的过程，包括基础规划、监测、研究和调控等，并以此获得较理想的目标和结果①。郑景明、罗菊春、曾德慧进一步指出，所谓适应性管理是将民主原则、科学分析、教育和法规学习结合起来，在不确定的环境中可持续地管理资源的过程，包括连续的调查、规划、实施、评估及调控等一系列行动②。

作为理论指导框架，王文杰、潘英姿、王明翠等认为，适应性管理包括以下七个环节：(1)确定管理目标；(2)系统适应循环阶段和恢复力辨识与模拟；(3)制定与总体目标一致的具体目标；(4)分析管理方案的可行性并进行相应调整；(5)提交决策部门相关决策方案；(6)实施审批方案；(7)监测与评估管理和调控系统③。基于前人的研究结果，刘庆余提出了“目标—问题—方案—检测—反馈”五环节的适应性管理模式，并认为该模式“可以逐渐降低大运河管理中的不确定性，并最终解决大运河管理中的复杂问题”④。根据本节的研究目的，我们将把霍林于1978年提出的适应性管理的理念和刘庆余提出的五环节的适应性管理模式，作为本节另一部分的理论指导框架。最后需要说明的是，为了进行上述主要环节的比较，本节选用的第一手资料包括联合国教科文组织世界遗产中心于1972年、1977年和2003年先后发布的《保护世界文化和自然遗产公约》《实施〈世界遗产公约〉操作指南》和《非物质文化遗产公约》，国际遗产遗址理事会于2014年和2016年发行的咨询机构评估报告，中华人民共和国文化部于2012年发布的《大运河遗产保护管理办法》，以及中共中央办公厅、国务院办公厅于2019年印发的《大运河文化保护传承利用规划纲要》。

三、大运河的适应性管理案例

如前所述，在世界遗产运河的管理中，标示过去辉煌的是“突出价值”，

① Crawford Stanley Holling, *Adaptive Environmental Assessment and Management* (New York: John Wiley & Sons, 1978), p. 6.

② 郑景明、罗菊春、曾德慧：《森林生态系统管理的研究进展》，《北京林业大学学报》2002年第5期，第104页。

③ 王文杰、潘英姿、王明翠、罗海江、张峰、申文明、刘晓曼：《区域生态系统适应性管理概念、理论框架及其应用研究》，《中国环境监测》2007年第2期，第3页。

④ 刘庆余：《京杭大运河遗产活态保护与适应性管理》，《江苏师范大学学报》(哲学社会科学版)2018年第2期，第82页。

代表现实现状的是“真实性”和“完整性”，而意味未来发展的是“可持续遗产价值”①。以下，我们就这几个方面选取案例，讨论中国在管理上应对大运河变迁和逐渐达到与满足联合国教科文组织相关标准和要求的适应过程。

(一)关于“突出普遍价值”的认知偏差及其对大运河遗产管理的影响

2014 年 6 月 22 日大运河被列入《世界遗产名录》时，联合国教科文组织认为大运河符合其世界文化遗产“突出价值”的标准。联合国教科文组织对大运河“突出价值”的总体描述是：

> 大运河在中国华北和东部平原形成了一个巨大的内陆水道系统，流经中国当今的 8 个省份。它北起首都北京，南至浙江省的三江口。它从公元前 5 世纪开始分段建造，在公元 7 世纪(隋朝)第一次成为维护国家统一的连通方式。为建造大运河，这里形成了一系列庞大工地，创造了工业革命前世界上最大和最广泛的土木工程项目群。大运河由历代朝廷承建和维护，成为内陆交通系统的支柱。其管理能在很长一段时间内得以延续，主要得益于漕运制度，如粮草和战略物资的运输，以及税收和交通管制。基于这一制度，人民满足了对稻米等粮食的需求，国家实现了对领土的统一管理和对军队的布防转移。大运河在 13 世纪达到了一个新的鼎盛时期：由 2000 多公里人工水道组成的统一内陆航运水网将包括黄河和长江在内的中国最重要的五个水系连接在一起。当今的大运河仍然是中国内陆交通运输的重要渠道，它在确保中国经济长期繁荣稳定方面发挥了重要作用②。

针对上述标准和描述，刘朝晖认为，世界文化遗产的标准和遗产价值是“权威遗产话语”的两大条件。在强调遗产标准的“物质性”和遗产价值的“超越国家性”这两大条件背后，实际隐匿着西方的话语霸权③。张廷皓表示赞同并指出，联合国教科文组织世界遗产中心的标准过多强调了客观的物质文化遗产的技术功能，而“基本未涉及中国乃至人类文明发展史中的文化价值”。因此，

---

① 张佳：《大运河文化“申遗”成功之后对文化治理与规划研究》，博士学位论文，浙江大学建筑工程学院，2014，第 6 页。

② World Heritage Center of the UNESCO, “Outstanding Universal Value of the Grand Canal of China, 1992 - 2022,” accessed October 23, 2022, http: //whc. unesco. org/en/list/1443/.

③ 刘朝晖：《“被再造的”中国大运河：遗产话语背景下的地方历史、文化符号与国家权力》，《文化遗产》2016 年第 6 期，第 61 页。

他认为大运河遗产的价值陈述应该是：

> 它是春秋以降在我国中东部跨越若干领域、沟通南北若干经济文化区域的水路交通大动脉；它是古代中国中央集权国家重要经济制度漕运的见证；它是超大型的系统性、综合性、组群性文物；它是具有突出文化价值的遗产运河；它是凸显水利工程和技术价值的文化线路；它是人类和自然的大型联合工程，形成独特的线性文化景观；它具有超强的历史活力和适应性，至今在相当区段还保存着运河的初始功能①。

可以看出，世界遗产中心的总体描述更加细致和具体，凸显了客观和理性的特点；而张廷皓的陈述更加全面和深刻，散发出一股浓烈的人文情怀和力透纸背的文化情愫。然而，上述比较不仅揭示出双方关于"突出价值"的认知偏差，而且让我们充分意识到《世界遗产名录》体系下的"全球价值等级"和"权威式遗产话语"对大运河遗产管理产生的影响。正如刘朝晖所言，"全球价值等级"和"权威式遗产话语"概念"所秉承的价值理念也在影响和指导中国文化遗产保护的政策和实践"②。中国起初所建立的文化遗产保护体系是以"看得见的物质文化遗产"为基础的。该体系包括以文物、建筑物、遗址为客体的保护形态、以博物馆为载体的文物保护模式、以文物主管部门为保护主体的垂直管理架构、以基于考古学和历史学为学理基础的文物遗产保护理论。这样的文化遗产保护体系实际上忽略了对非物质文化遗产所承载的中国文化内核和文明元素挖掘、梳理、研究等环节的系统管理。因此，基于《大运河文化保护传承利用规划纲要》的大运河文化带建设，从根本上体现了中国自身在大运河遗产保护、传承、利用方面独立自主的管理理念。

（二）关于大运河遗产"真实性"和"完整性"的适应性管理

联合国教科文组织的《实施〈世界遗产公约〉操作指南》对世界文化遗产的真实性和完整性定义如下：

> "真实性"指文化遗产具有原始的、原创的和非复制的特性，体现在外形和设计、材料和材质、用途和功能、位置和环境、传统与技术以及精神和感觉诸多方面。"完整性"指文化和自然遗产符合以下特征：(1)包括所有具备普遍价值的必要因素；(2)面积足够大，

① 张廷皓：《大运河保护和申遗过程中的一些思考》，《华夏文化》2015 年第 2 期，第 11 页。

② 刘朝晖：《"被再造的"中国大运河：遗产话语背景下的地方历史、文化符号与国家权力》，《文化遗产》2016 年第 6 期，第 61 页。

能够完整体现遗产价值的特色和过程；(3)关注发展的负面影响和/或缺乏维护状况①。

关于大运河的“真实性”和“完整性”，联合国教科文组织下属的国际遗产遗址理事会(International Council on Monuments and Sites，ICOMOS)在其咨询机构的评估报告中指出，在与其他五条世界遗产运河比较之后，可以得出以下结论：

第一，在规模上，任何其他人工水道都无法与大运河比拟。

第二，大运河上的粮食漕运体系独一无二，在其运行的历史长河中，它的存在对于自古以农业为主的中国来说，无疑是有着十分明显的作用的。

第三，大运河是一个标杆，稳居工业革命前水利工程技术的制高点。它也是人类文明各个阶段推广人工河道技术的训练场。

第四，大运河的起源可以追溯到公元前2000多年，而欧洲的水利工程全部都是现代或当代的产物②。

然而，在对大运河大加赞赏之余，ICOMOS也指出，中国一方面以大运河久远的起源为荣，另一方面却对大运河原来的河床进行了明显的疏浚、加深和拓宽，或在有些大运河沿线邻近的地方重修河道③。这无疑让专家对古老大运河遗产的“真实性”产生疑虑。对大运河遗产“真实性”产生疑虑的第二点是，在上千公里的大运河景观带上，出现了有碍大运河遗产、景观及缓冲区保护的住房和基础设施项目。这一点也与联合国遗产“真实性”的标准相左。至于大运河的“完整性”，ICOMOS指出，连续性是大运河遗产价值的根本特性，但是，中国提供的考古发现很难判断“它们对大运河完整性，特别是在技术操作方面的认可有什么贡献”，还有“大运河在其历史上的多次变道对其航运路线的连续性确认也有所不利”。因此，ICOMOS建议：

第一，根据地域类型定义，继续做好改善大运河缓冲区的系统工作。积极与当地政府协商，开始实施因地制宜的保护措施，配套拓宽大运河堤岸和加强维护包括人行道、树木及周围房屋的大运河景观。

---

① World Heritage Center of the UNESCO, “Outstanding Universal Value of the Grand Canal of China, 1992 - 2022,” accessed October 23, 2022, http://whc.unesco.org/en/list/1443/.

② ICOMOS, “Advisory Body Evaluation of the Grand Canal of China, 1992 - 2022,” accessed October 14, 2022, http://whc.unesco.org/en/list/1443/documents/.

③ 同上。

第二，完成大运河遗产监测和档案中心的建设。这样可以更好地解释构成大运河遗产部分的技术要素，特别是有关大河运水利功能的考古发现，从而实现对考古发现更为全面、深刻和批判性的分析①。

两年后，在ICOMOS咨询机构的评估报告中，我们看到，除大运河沿线所涉及的缓冲区还存在少量问题外，中国基本履行和满足了ICOMOS于2014年所提出的所有要求和建议，同时得到了对方的积极认可与赞赏。以上叙述和分析表明，一方面联合国教科文组织旗下的相关机构在履行世界文化遗产“真实性”和“完整性”的标准时，严格照章办事。但其所遵循的章程和标准是基于西方工业化以后的现代运河管理理念，对于作为农业文明产物、具有两千五百多年历史、历经不同朝代更迭和自然环境变化而深受影响的大运河来说，似乎有些偏颇且不切实际。另一方面，中国并未倚老卖老，孤芳自赏，而是积极响应与配合联合国教科文组织在大运河管理目标、管理方案及现场监测方面的各项要求与具体工作。同时，中方也认真听取和积极履行了国际遗产遗址理事会针对大运河所提出的评估意见和改进建议，并得到了相当肯定的反馈。

(三)关于大运河遗产管理的国际经验适应与借鉴

如前所述，联合国教科文组织世界遗产中心在其《实施〈世界遗产公约〉操作指南》中明文规定，“每一处申报遗产都应有适宜的管理规划或其他有文可依的管理体制”。该《指南》在19至22页的“保护和管理”部分涉及有关“立法、规范和契约性的保护措施”“确保有效保护的边界”“缓冲区”“管理体制”及“可持续使用”内容的具体要求和标准②。ICOMOS指出，大运河的管理系统由各负其责的国家、省市和地方几个层级组成。在国家层面，由国务院牵头，与相关省、部级部门形成大运河保护协调小组。该小组由省级政府部门、国家文物局、供水办公室、水利部和其他有关部级单位组成，负责和协调各相关省、市和地区大运河保护和管理的事宜。为此，中国制定了“2012－2030的管理总规划”和“2013－2015的具体管理规划”。ICOMOS经过实地考察，并结合对过去四五年中大运河实际管理的评估，认为大运河的管理体系总体令人满意，希望中国政府再接再厉，但特别要“高度关注水质量的管理，改进大

---

① ICOMOS, “Advisory Body Evaluation of the Grand Canal of China, 1992－2022,” accessed October 14, 2022, http: //whc. unesco. org/en/list/1443/documents/.

② 联合国教科文组织世界遗产中心：《实施〈世界遗产公约〉操作指南》，https: //whc. unesco. org/archive/convention－ch. pdf，访问日期：2022年9月15日。

运河沿线新设景观区包括讲解中心游客接待计划的实质内容，提高有关大运河价值内容人员培训的工作效率"①。

国内部分学者不能完全认同联合国教科文组织在大运河文化遗产的管理理念和工作重点。例如，针对上文提到有关物质文化遗产的"客观性"与非物质文化遗产的"主观性"孰重孰轻的问题，张廷皓坚持，大运河遗产至少有三种形态：一是仍然延续初始航运功能的在用河段，二是尚保留完整的断流河段，三是淹埋或半淹埋于地下的大运河遗址。如果按部就班、照章办事只考虑具有客观性的物质文化遗产，那么大运河三分之二的非物质文化遗产将会永远被尘封地下，难见天日，失去其应有的光彩②。尽管如此，中国各级政府，在坚持自主权的前提下，仍在积极开展各种国际交流，通过各种形式与不同渠道学习和借鉴世界各地的先进经验。

从政府管理的角度，我们以扬州为例。作为南水北调东线的源头城市、中国大运河的原点城市及申遗牵头城市，扬州市以其 6 条河段与 10 个遗产点，成为全国拥有大运河遗产点最多的城市。自 2007 年以来，每年扬州市政府都与"世界运河历史文化城市合作组织"(World Historic and Cultural Canal Cities Cooperation Organization，WCCO)举办"中国·扬州世界运河名城博览会"(简称"世界运河名城博览会")，为来自世界 30 多个国家、80 多座运河名城和数以千计的世界运河名城市长或代表、相关机构及企业，搭建了经贸合作与发展的平台和文化接触与人员交流的桥梁，这样的博览会也成为各方相互学习、取长补短的最佳机遇③。另外，从学术研究的角度看，扬州市所在的江苏省成立了大运河文化带建设研究院及其分院。作为大运河文化带建设研究院扬州分院的成员，本书作者参与了有关世界遗产运河管理经验学习与借鉴丛书的编写和论文的撰写。上述努力与贡献仅展示了大运河遗产国际化管理的一个侧面，但足以说明刘庆余的"目标—问题—方案—检测—反馈"五环节适应性管理模式是行之有效的。刘庆余发现，虽然大运河的管理还存

---

① ICOMOS，"Advisory Body Evaluation of the Grand Canal of China，1992 - 2022，" accessed October 14，2022，http：//whc. unesco. org/en/list/1443/documents/.

② 张廷皓：《大运河保护和申遗过程中的一些思考》，《华夏文化》2015 年第 2 期，第 11 页。

③ 张爱军：《扬州运河发展"绿色＋文化"的实践与思考》，《世界运河城市简报》，http：//ydyl. china. com. cn/2017 - 09/08/content _ 41555435. htm，访问日期：2022 年 10 月 6 日。

在管理目标、管理行为和管理依据的不确定性①，但是，中国人已经用实践证明了自身的适应性，比较圆满地履行了上述适应性管理模式的各个环节。

四、结论

本节旨在系统探究大运河自古至今的管理适应过程，以促进国内的大运河文化带建设和国际运河管理经验的相互学习与借鉴。在联合国教科文组织相关法规和适应性管理理论指导下，本节运用横向与纵向比较的研究方法，在详尽地分析联合国教科文组织的相关法规和审核建议、大运河的申遗文本和改进报告，以及作者参与的实际案例之后，取得以下研究发现：

第一，大运河有两千五百多年历史，全长 3,200 公里，连通中国的五大水系、8 省(直辖市)中的 35 座城市，沟通海陆丝绸之路。其物质和非物质遗产点总计 58 处，汇聚了京津、燕赵、中原、齐鲁、淮扬、吴越六种文化形态，涵盖文物、景观、遗址、民间文学、表演艺术、传统手工艺、传统节庆活动及生产生活经验。作为中国古代最伟大的水利工程和活态遗产，大运河最突出的是其在世界运河中时空跨度最大、技术含量最高、内容最为丰富多彩的大型线性多功能文化生态②。基于此，在大运河的管理目标上，联合国教科文组织要求世界遗产运河必须达到并维持其关于“突出价值”“真实性”“完整性”及“可持续遗产价值”的客观标准。而中国的“大运河文化带建设”目标更强调大运河文化内涵的挖掘，不但涉及包括物质、非物质及制度文化的大运河本体文化，而且囊括在大运河区域衍生的哲学、史学、文学、风俗、节庆等文化现象。这就出现了大运河管理目标上的差异。

第二，上述差异形成一个问题，即在世界文化遗产的筛选、保护和管理上，是偏重“客观性”的物质文化遗产，看重“主观性”的非物质文化遗产，还是一视同仁，从骨子里认为二者同等重要？在给出答案之前，我们先来讨论形成上述问题的缘由。首先，联合国教科文组织专门涉及非物质文化遗产的《保护非物质遗产公约》于 2003 年发布，强调世界文化无优劣之分的《保护和促进文化表现形式多样性公约》于 2005 年发布，这两份公约的发布时间比 1977 年面世的《实施〈世界遗产公约〉操作指南》分别晚 26 年和 28 年，比 1972 年通过的《保护世界文化和自然遗产公约》分别晚 31 和 33 年。另外，联合国

---

① 刘庆余：《京杭大运河遗产活态保护与适应性管理》，《江苏师范大学学报》(哲学社会科学版)2018 年第 2 期，第 83 页。

② 康武刚：《大运河世界历史文化遗产的三个纬度系统研究》，《开发研究》2015 年第 1 期，第 98－101 页。

教科文组织的国际遗产遗址理事会(ICOMOS)针对大运河的疏通和拓宽及重修新线有损其“真实性”和大运河多次改道与技术上的考古发现有损其“完整性”的评判结论，明显带有偏重“客观性”物质文化遗产的倾向。这样，我们有理由相信，体现西方社会主流文化价值标准的“全球价值等级”和“权威式遗产话语”就是上述问题产生的根源。

第三，关于问题解决的方案及其所得到的现场监测结论和反馈意见，我们认为中国人民是一个充满智慧的民族，其独立性、包容度与灵活性淋漓尽致地展现在大运河遗产国际化管理的适应过程之中。在西方主导的遗产话语背景下，中国一方面采纳并尽全力达到联合国教科文组织旗下的世界遗产中心和国际遗产遗址理事会对大运河申遗与申遗后审核与复查时所列出的全部要求和建议。另一方面，从中央政府到省市和地方政府，包括有关学术团体和智库、非政府组织、民间团体及个人均遵循全国一盘棋、以我为主、取长补短的指导原则，按照诸如中共中央办公厅、国务院办公厅的《大运河文化保护传承利用规划纲要》顶层设计蓝图，创造性地为大运河文化遗产国际化管理体制的建立、健全及有效运行贡献着各自的努力和智慧。

本章小结

本章包括两个小节，第一节题为“大运河名称变迁及其文化的开放性”。研究发现，大运河文化及其研究的开放性一方面表现在大运河文化遗产的形态上，具体涵盖(1)仍在沿用的浙东运河与京杭大运河的里运河和江南运河；(2)尚保留完整的断流河段如京杭大运河的北运河、南运河、鲁南运河及中运河；(3)淹没或半淹没的大运河遗址如隋唐大运河、京杭大运河的通惠河以及隋唐以前的邗沟、灵渠和汴河。另一方面，此开放性也表现在其文化内涵上，具体包含(1)技术上体现在秦朝“越岭有闸”运河、宋朝的“爬坡”“过河”及“堵船”等运河运营和管理难题，以及后代令世人赞叹的水利枢纽和关键技术工程上；(2)制度上，“漕渠”代替“沟”“渠”“溪”等，标志着漕运已经成为当时国家制度体系的一部分。最后，因为动态的大运河文化及其内涵具有不断演变、拓展和扩充的开放特性，因此，有关大运河的科学研究不应该受到任何“规划范围”的局限。

第二节题为“比较视域下中国大运河适应性管理”，在系统地探究中国大运河自古至今的管理适应过程。研究发现，首先，联合国教科文组织与中国在大运河的管理目标上存在差异，前者偏重文化遗产的客观性标准，而后者更加强调对大运河文化内涵的挖掘。其次，产生此差异的根源，应该是体现西方主流文化价值标准的“全球价值等级”和“权威式遗产话语”。再次，大运河的运营管理从春秋战国的相对缺失到秦汉的中央负责制，从隋唐两宋建立专职司到元、明、清建立河兵与总督制度，再到如今重点分段治理与新型水利工程的实施，无不体现从零散到纷繁的系统调整与适应。最后，我国在努力适应联合国教科文组织有关大运河遗产国际化管理的现代法规的同时，坚持在跨文化交流中以我为主、取长补短，鼓励举国上下为大运河文化遗产国际化管理体制的建立、健全及有效运行贡献各自的努力与智慧。

对于本章的研究问题，本章也给出了答案：大运河文化的内核要素主要体现在技术文化、制度文化与社会文化中，具体包含(1)技术文化上，有秦朝的“越岭有闸”运河、宋朝的“爬坡”“过河”及“堵船”等运河运营和管理难题，以及后代令世人赞叹的水利枢纽和关键技术工程；(2)制度文化上，“漕渠”代替“沟”“渠”“溪”等，标志着漕运已经成为当时国家制度体系的一部分；(3)社会文化上，大运河文化及其内涵具有不断演变、拓展和扩充的开放特性。换言之，大运河文化内核要素包含有三种形态：(1)仍然延续初始航运功能的在用河段，如浙东运河与京杭大运河的里运河和江南运河；(2)尚保留完整的断流河段，如京杭大运河的北运河、南运河、鲁南运河及中运河等断流河段；(3)已经淹没或半淹没于地下的大运河遗址，如隋唐大运河、京杭大运河的通惠河以及隋唐以前的邗沟、灵渠和汴河大运河遗址。以上为大运河物质和非物质文化遗产的家底，也是符合中国国际形象提升的大运河文化内核要素。

总之，本章首先从大运河整体名称及其分段汴河名称的历史变迁切入，论证了大运河文化及其研究的开放性。既然大运河文化及其内涵具有不断演变、拓展和扩充的开放特性，那么，有关大运河物质和非物质文化遗产的学术研究，不应受到任何“规划范围”的局限。本章随后从两千五百多年来大运河适应性管理的视角，进一步探究了大运河文化基因中的动态发展本质或适应性。既然中国的国家形象或国际形象是一个持续丰富的、不断拓展的动态概念，那么，探究大运河文化及其内涵的开放性和大运河文化遗产保护管理的适应性，有助于无缝对接大运河文化研究与中国国际形象提升路径探索。另外，针对联合国教科文组织有关世界遗产法规中体现西方主流文化价值标准的“全球价值等级”和“权威式遗产话语”现象，只要坚持“古为今用，洋为中用”的总原则，问题就会迎刃而解。打铁还需自身硬，我们通过对大运河整体名称及其分段汴河名称历史变迁的探究，对大运河文化及其研究开放性的论证，实际上就是首先摸清大运河的丰富文化内涵，然后再进一步探索提升以大运河文化为代表的中国国际形象路径的过程。

第四章　大运河国内外经典作品的外部印象与国内内部认知的延伸比较

本章通过对有关大运河的国内外经典作品外部印象与内部认知的比照，从不同的叙事视角和研究维度来深刻理解和全面领会大运河文化的内涵与精髓，以及基于此而构建的中国国家形象。本章提出并尝试解答的研究问题是：结合国际化进程中大运河所扮演的重大社会角色变迁，通过对国内外相关经典作品外部印象与内部认知的延伸比较，可以在哪些层面甄别其中符合中国国家形象的论述？为此，本章第一节以费希尔的“叙事范式”为理论框架，从材料、结构和角色三个维度，对比和探究所选 6 部国内外大运河文学作品的叙事连贯性；第二节在罗兰·巴特符号学理论的指导下，探究《红楼梦》中的京杭大运河蕴含的多元而复杂的符号象征意义，揭示所选国内外经典与作为世界文化遗产的大运河文化之间的内在逻辑关系和相互映衬作用与价值。

第一节　大运河文化的国内外文学书写

一部大运河的历史，就是半部中华文明史。在现有的 8 条世界遗产运河中，大运河是时空跨度最大、技术含量最高、内容最为丰富多彩的大型活态文化遗产。因此，刘勇和陶梦真认为，大运河“是一条历史的河，更是一条文化的河……在文学与文化的互动中，运河文化的历史品格及其文学书写交相辉映、互为建构，阐释空间更为广阔”①。实际上，大运河的品格和魅力不但为无数的国内作家提供了文学创作的源泉，而且也给数不清的国外人士带来了文学书写的灵感。现有研究从国内或国外的视角，对有关大运河文学作品已经进行了详尽的探究，但是鲜有学者从叙事学的角度将二者进行比较研究。因此，本节通过探究和对比所选 6 部国内外大运河文学作品的叙述连贯性，从不同的叙事视角理解大运河文化的深刻含义，以及基于此而构建的中国国家形象。

---

① 刘勇、陶梦真：《运河文化的历史品格及其文学书写》，《北京联合大学学报》（人文社会科学版）2018 年第 1 期，第 19 页。

一、国内外运河文学及其研究

根据研究目的，本节的文献综述包含国内运河文学作品及其研究和国外运河文学作品及其研究两个方面。此处的运河仅指大运河。

(一)国内运河文学作品及其研究

1. 运河文学研究的知网检索报告

截至 2023 年 5 月 10 日，以“运河文学”为关键词，在 CNKI 进行主题检索，结果 * 如下(图 4－1 和图 4－2)。

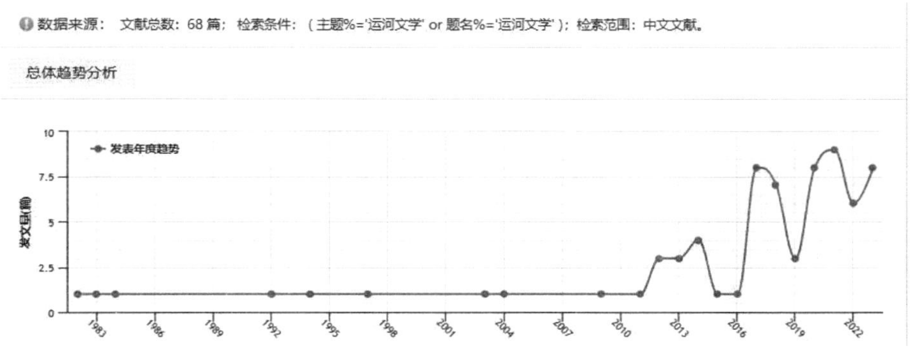

图 4－1 以“运河文学”为关键词在 CNKI 检索的总体趋势情况

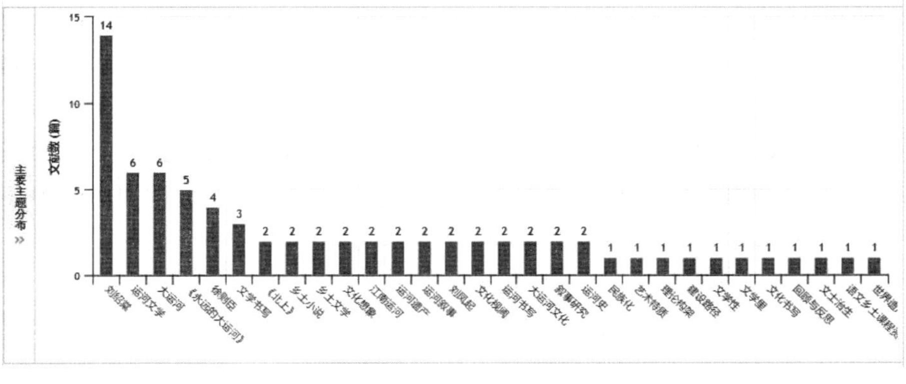

图 4－2 以“运河文学”为关键词在 CNKI 检索的主要主题分布情况

从图 4－1 可以看出，在检索时间范围内，国内有关“运河文学”研究的发

* 此结果中仅有国内学者的相关研究，因为没有搜集到相关的国外信息。另外，在科学网(Web of Science，WOS)以“literary works on the Grand Canal of China”(中国大运河文学作品)为关键词检索，亦无相关信息。

文数量总共为68篇。2012年之前，尚不能达到年均1篇的发文量；2012年起，除了2015年和2016年发文量仍为1篇外，其余年份发文量基本呈上升趋势，平均每年5篇，2021年达到顶峰，发文9篇。从图4-2可知，发文主题关键词主要有“刘绍棠”“运河文学”“大运河”“《永远的大运河》”“徐则臣”“文学书写”“《北上》”“乡土文学”“江南运河”，以及“运河叙事”等。发文量在2篇以上的作者有上海大学的郝雨和殷一冉、淮阴师范学院的周微和扬州大学的锁天文。发文量在2篇以上的机构有扬州大学(4篇)、淮阴师范学院(3篇)、东北师范大学(3篇)及潍坊师范学院、河北师范大学、河南大学、南京师范大学、浙江师范大学和上海大学(均为2篇)。虽然量少，但是上述研究筚路蓝褛，为运河文学研究的深入和繁荣打下了坚实的基础。

2. 传统运河文学作品及其研究

首先，运河文学指“以运河为题材的文学作品”①。因此，运河文学，古已有之，至今方兴未艾。苟德麟指出，“自隋炀帝开凿连通南北的大运河以后，中国便进入了历时一千四百余年的‘运河时代’”，而“唐诗、宋词、元曲、明清小说，可以说无一例外地得益于大运河的哺育和滋养”②。唐朝诗人白居易《隋堤柳》的“隋堤柳，岁久年深尽衰朽……二百年来汴河路，沙草和烟朝复暮。后王何以鉴前王，请看隋堤亡国树。”③中，借“隋堤烟柳”的运河风情，揭示隋炀帝耗费人力物力赶修大运河而导致亡国的悲惨结局，从而表露出诗人对隋炀帝开凿大运河所持的彻底的否定态度。唐朝诗人皮日休在《汴河怀古》中也写道：“尽道隋亡为此河，至今千里赖通波。若无水殿龙舟事，共禹论功不较多。”④诗人独具慧眼，指出虽然隋炀帝开凿大运河劳民伤财，导致国破家亡，但是从大运河给后世带来许多重大利好来看，隋炀帝的功绩可与大禹治水相提并论。在宋词中，柳永写有著名离别词《雨霖铃》：“寒蝉凄切，对长亭晚，骤雨初歇……念去去，千里烟波，暮霭沉沉楚天阔……杨柳岸，晓风残月。此去经年，应是良辰好景虚设。便纵有千种风情，更与何人说?”⑤很明显，词中所写的送别地点为汴京都门外的汴河之畔，客人登舟远行，漫漫长路的方向是“楚天”，船边流淌的是大运河之水。总体而言，大运河的开凿与通航对唐宋诗词的创作，产生了如下影响：第一，反思和总结大

① 锁天文：《中国当代运河文学书写研究》，硕士学位论文，扬州大学，2020，第6页。

② 苟德麟：《大运河与中国古典小说名著》，《淮阴师范学院学报》2016年第6期，第800页。

③ 《全唐诗》，上海古籍出版社，1986，第1049页。

④ 同上书，第1558页。

⑤ 《全宋词》，中华书局，1980，第21页。

运河开凿的功过；第二，描写和吟咏与大运河相关的感受与心绪；最后，拓展与改进了诗词的体例与表达方式①。

赵维平指出，在“明清时期的1,195部文言文小说中，能够断定作者籍贯或小说地域背景的有930部，而其中的667部是出自运河流域文人之手或反映了运河文化的，约占71%”②。据考证，《三国演义》《红楼梦》《水浒传》《西游记》《金瓶梅》《儒林外史》《聊斋志异》以及“三言”“两拍”等作品的作者或作品内容均与大运河有关。其中《红楼梦》的作者曹雪芹先后在南京和北京居住。小说中的甄士隐家住阊门外葫芦庙旁，林如海在维扬做巡盐御史，贾家的兴衰荣辱和大观园的建造风格与其中人物的起居生活，无不映衬当时的自然景观和社会风情，可谓“整体上反映运河流域生活无疑”③。《水浒传》的作者施耐庵是明初扬州兴化人。作品中描述的鲁智深倒拔垂杨柳、林冲得罪高太尉、杨志押运花石纲、李逵元夜闹东京等情节均体现了北宋运河沿岸重镇的浓重生活气息。《西游记》作者吴承恩是江苏淮安人。作品中的孙悟空、二郎真君等形象与花果山、水帘洞等景观，均以作者家乡淮安一带的民间传说为基础，以海州境内山水为原型。《金瓶梅》的作者兰陵笑笑生，其籍贯虽无定论，但其作品所写的清河是运河商埠，主要人物西门庆的商业活动也是以运河流域为背景的。可见，明清小说的代表作品“多诞生在运河流域并与运河文化密不可分。运河文化哺育了明清小说，明清小说光大了运河文化”④。通过明清小说，我们可以“获知以大运河为基础的京津衙署、街市、码头等建筑群的风光、规模、方位和商业、交通、人口等生活环境的细节，并得以窥探其别样的社会轮廓、运河状态、地域风气等诸多内情”⑤。这正是文学作品，除了其文学的审美价值外，还能发挥的社会文化功效。

3. 现当代运河文学作品及其研究

现代文学中关于运河的书写，表现出强烈的时代特征和现实批判精神。现代文学中诸多作家本身来自大运河流域，作为故乡的大运河自然也成为其创作的源泉。小说方面以叶圣陶的《多收了三五斗》、丁玲的《水》、李辉英的《北运河上》、张天虚创作的战争主题报告文学《运河的血流》等为代表。诗歌

① 苗青：《唐宋诗词与大运河》，《聊城大学学报》（社会科学版）2014年第5期，第30页。

② 赵维平：《明清小说与运河文学》，上海三联书店，2007，第180页。

③ 同上书，第181页。

④ 同上书，第180页。

⑤ 丁涵：《试析明清小说中的大运河京津段沿线城市书写》，《明清小说研究》2023年第2期，第119页。

方面则有朱自清的新诗《我的南方》、郁达夫的七言诗《怀扬州》、田汉的七言诗《游扬州》《瓜洲》，还有爱国将领冯玉祥的《台儿庄大战》、臧克家的新诗《死灰里萌出了新生的嫩芽》、反映运河的诗歌集《运河》、陈衡哲的诗歌《运河与扬子江》、漠洛的诗集《渡运河》等。散文方面则有周作人的《乌篷船》、朱自清的《航船中的文明》、郁达夫的《扬州旧梦寄语堂》等。这些作品“无一不是对当时时代和社会状况的呈现，流动着的运河既承载着运河边人们的生计，更是充当了历史亲历者和见证者”①。

进入当代以后，刘绍棠成为50年代运河题材小说创作的主要作家，其小说《摆渡口》聚焦当时农村的合作社和生产互助组，表现青年人对合作社的发展前景充满期望。《蒲柳人家》描写30年代京郊大运河边的乡村生活，其中的“人和事，风光和景色，生活原型都来自我的乡亲和乡土”②。周祥的《运河滩上儿女情》延续了刘绍棠的书写，刻画了一批抵御外侮奋力抗战的运河儿女形象。徐则臣的运河书写围绕着其家乡淮安的“花街”展开，其作品《花街》《失声》《水边书》等作品都将故事背景放置在小小的花街上。

“大运河”申遗也带动不少作家进入了运河书写的行列，其中包括萧芝翔的《运河龙》、刘凤起的《永远的大运河》，蒋海珠的《运河女》等。可见，当代作家在书写大运河时，视域更为开阔，题材更为丰富，内容更为饱满，“从书写运河人民的生活和歌颂运河人民的品格，到追寻运河发展的历史和探讨运河发展的趋势，运河题材小说已形成了较为完善的体系”③。

（二）国外运河文学作品及其研究

中国有五千年文明史，因此国外关于中国的研究，包括文学作品，可谓琳琅满目。但是，具体到有关大运河的国外文学作品及其研究，能够搜集到的材料就比较有限了。其中，罗马天主教传教士鄂多立克于1314年从意大利来到中国，其口述的《鄂多立克东游记》为中西文化交流发挥了重要的桥梁作用。米列斯库作为沙皇俄国使节于1675年出使中国，回国后著有《中国漫记》一书。书中对浙江嘉兴的描述，对后人了解当时此地的社会风貌大有裨益。朝鲜官员崔溥在中国沿大运河旅行了四个半月，回国后写下5.4万字的“内参报告”，又名《漂海录》。书中记载了杭州、苏州、扬州、天津等大运河沿岸城市的海防、政制、商贸、司法、运河、地志、民俗等详情，是重要的历史文

① 锁天文：《中国当代运河文学书写研究》，硕士学位论文，扬州大学，2020，第13页。

② 刘绍棠：《痴情》，转引自王培洁《刘绍棠年谱》，文化艺术出版社，2012，第115页。

③ 向明媚：《中国现当代小说中的运河书写》，硕士学位论文，南京师范大学，2020，第16页。

化文献。

总体而言，外国人对大运河的研究始于13世纪的欧洲，至今经历了三个时间段：(1)13至14世纪后半叶，《马可·波罗游记》是该阶段的外国人研究大运河的代表作；(2)18世纪后期至20世纪初，英国人马戛尔尼率领使团访华，回英后其出版的《英使谒见乾隆纪实》为这一时期的代表作；(3)20世纪上半叶至今，尤其是2014年大运河成功申遗，标志着世界遗产专业专家们对中国的大运河研究迈向了一个新阶段①。

根据研究目的，我们仅对以下3部国外运河文学作品及其研究，进行综述。

1.《马可·波罗游记》及其研究

《马可·波罗游记》是欧洲人撰写的第一部关于中国历史、社会、文化、商业和艺术的口述游记笔录。根据《外国人眼中的大运河》中的介绍，在外国人书写中国大运河的文学作品中，最为出名的是《马可·波罗游记》②。该书记述了意大利人马可·波罗在中国的见闻。全书共分四卷：第一卷记录了马可·波罗等人东行至皇城上都的沿途见闻；第二卷描绘了大汗忽必烈及元上都的宫殿、都城等城市风光及大汗游猎、节庆等场面，同时，对从大都南行至江浙福建一带的旅途也有所记载；第三卷简略记录了日本、越南、东印度、南印度、印度洋沿岸及岛屿、非洲东部的风土人情；第四卷讲述了成吉思汗后裔之间的纷争。自13世纪《马可·波罗游记》在欧洲问世，以及1582年意大利耶稣会传教士利玛窦来华，此后大批传教士、商人和旅行家来到中国，留下了为数不菲的有关中国，包括大运河的文字纪录。

关于马可·波罗及其《马可·波罗游记》，不少人对其真伪一直争论不断，但是姬庆红基于游记中至少三次对中国麝与麝香的精准表述，推论得知"马可·波罗极有可能来过中国"③。蔡美彪认为，马可·波罗既不是旅行家和传教士，也不是元朝的官员，而是"一名在中国各地以至南海诸国从事商业贸易的色目商人"④。正如李影影所指出的，《马可·波罗游记》为欧洲民众提供了了解中华诸物的知识谱系，创生了古老中国的他者想象及其话语体系，开启了地中海文明与中华文明的交往和对话之门……激发了欧洲国家殖民扩张的

---

① 罗衍军：《"第五届运河学论坛：文化视野下的大运河研究"学术研讨会综述》，《运河学研究》2018年第2期，第241页。

② 张环宙、沈旭炜：《外国人眼中的大运河》，杭州出版社，2013，第59－71页。

③ 姬庆红：《马可·波罗与麝香：兼论马可·波罗来华的真实性》，《中国藏学》2020年第1期，第60页。

④ 蔡美彪：《试论马可波罗在中国》，《中国社会科学》1992年第2期，第177页。

野心，加速了欧洲航海事业以及海上丝路贸易的进程[①]。可以说，此书的问世，激起了欧洲人对东方大国中国的狂热向往，也对哥伦布发现新大陆产生了直接的影响。

2.《英使谒见乾隆纪实》及其研究

1793 年，英国“史上最大来华使团”来华，意欲谒见乾隆皇帝，希望与中国通商开埠。通商的愿望虽未能实现，但英国来华使团得到乾隆的许可，可以沿大运河南下考察。1797 年，《英使谒见乾隆纪实》由牛津大学名誉法学博士乔治·斯当东依据马戛尔尼英国访华使团主要成员的个人文件整理成书。此书详细记载了英国使团在中国的各种见闻。书中对中国的人口、土地、资源、矿藏、税收、军队、风土民情、道德观念及自然景观，均有详尽的描述。该书对壮丽雄伟的长城、仙境一般的圆明园、外国传教士在华的分布情况等，也有栩栩如生的描绘。英国使团南下途中，有专职画师绘制了船队通过船闸、弯道、城镇的景象，成为弥足珍贵的历史文献，至今仍保存在大不列颠图书馆之中[②]。

关于 1793 年马戛尔尼率领的英国来华使团，陈娟娟和鲁婷尖锐地指出，该使团的来华目的“并非只是开埠通商、增加贸易那么简单，而是带有明显的殖民意味……他们看到了一个华而不实并正日益落后的中国，此次使华对此后的世界和历史产生了一系列影响”[③]。马晓丹认为，当时的“乾隆皇帝和满朝臣工的首要任务是守成基业而不是开疆拓土，是保境安民而不是结交外夷”，“‘天朝’意识在这时已深入清廷君臣之思维意识，并不会因英国马戛尔尼使团的来华访问而加以改变”。反思上述内在因素，无论中国发展到哪个阶段，都应随时吸收世界历史发展进程中一切人类文明所创造的先进成果，因为“多元文化的碰撞才能产生出更璀璨的人类文明之光。”[④]

3.《中国新史》及其研究

加布里埃尔·德·麦哲伦，中文名安文思，葡萄牙传教士，于 1634 年来到中国，1640 年开始定居北京。《中国新史》，亦称《中国十二绝》或《中国新志》，介绍了作者安文思对中国感兴趣的 12 个主题：中国的版图、中国的历

---

① 李影影：《〈马可·波罗游记〉：物的跨文化想象与启蒙》，《民族艺术》2023 年第 3 期，第 45 页。

② 张环宙、沈旭炜：《外国人眼中的大运河》，杭州出版社，2013，第 127－133 页。

③ 陈娟娟、鲁婷：《简析马戛尔尼使团使华的背景、原因、影响及其现代意义》，《传承》2009 年第 6 期，第 102 页。

④ 马晓丹：《马戛尔尼使团使华任务失败之再思考》，《今日中国论坛》2013 年第 7 期，第 142－143 页。

史、中国的语言、中国的典籍、中国的礼仪和教养、中国的水运和公共工程、中国的工艺制作、中国的物产、中国的儒学、中国的政治、中国的君主，以及北京城。作者对上述 12 个主题一一做了介绍，给西方人呈现出了一幅中国的全景式图案①。

关于《中国新史》的研究，李真指出，该书"不仅留下了当时西方人观察北京的亲历经验，成为当时世界了解北京的第一手珍贵材料，而且为考察明末清初的北京形象提供了在中文文献中不易见到的另一面"②。因此，该书对于北京史、北京地方志及明清中西文化交流等研究主题来说，都具有弥足珍贵的历史参考价值。潘天波认为，该书"既回应了 17 世纪欧洲社会和民众对中华知识的渴求与追捧，也为中西技术文化交流提供了纽带"③。可见，《中国新史》对京城北京的描写，内容丰富、资料翔实，并以大量的实地调查结果为支撑，因而增强了作品的研究性和学术性。也可以说，该书将一个"直观、具体和鲜活的北京形象展示给 17 世纪的欧洲，也多少影响到了当时欧洲人的中国观的形成"④。

总之，有关运河文学的描述和研究，国内外均有不少重大成果。但是，现有研究多是从单向的国内或国外视角对相关的大运河文学作品进行探究，鲜有学者从叙事学的角度将二者进行比较研究，本节是对这一缺陷的回应。

二、费希尔的叙事范式

叙事范式是由美国传播学者沃尔特·费希尔于 1984 年首先提出的，1987 年又对其进行了进一步的完善。费希尔指出，"叙事不仅仅是讲述一个具有情节的故事，而是包含一系列事件的语言或非语言叙述，聆听者会赋予这些事件一定的意义"⑤。自从柏拉图和亚里士多德将理性与神话（mythos）截然二分，理性开始统管哲学、辩论与说服性的话语，随之出现了世人所熟悉的理性世界范式（rational world paradigm）。理性世界范式以认识论为基础，极力

---

① 张环宙、沈旭炜：《外国人眼中的大运河》，杭州出版社，2013，第 121 页。

② 李真：《清初耶稣会士笔下的东方帝都：以〈中国新志〉为中心》，《贵州社会科学》2013 年第 7 期，第 136 页。

③ 潘天波：《察物与想象：1688 年的〈中国新志〉》，《全球史评论》2021 年第 1 期，第 82 页。

④ 李真：《清初耶稣会士笔下的东方帝都：以〈中国新志〉为中心》，《贵州社会科学》2013 年第 7 期，第 139 - 140 页。

⑤ Walter R. Fisher, *Human Communication as Narration: Toward a Philosophy of Reason, Value, and Action* (Columbia: University of South Carolina Press, 1987), pp. 58 - 59.

主张人是理性动物，人类使用语言是为了进行符合严密逻辑的推理和辩论。相反，费希尔的叙事范式以本体论为基础，强调讲故事是人类的本性，并指出“任何说理……所运用的方式都是叙事”①。于是，他以符号、意义、话语及行动为建筑材料，构建了可以揭示人类传播意义的叙事理性分析原则。

叙事的普遍性原则表现在它无处不在，无时不有，且人人具备叙事的能力。首先，叙事存在于任何民族的社会、政治、经济、法律、教育等方方面面之中。其次，叙事遍布于小说、神话、传说、史诗、历史、绘画及影视作品之中。最后，讲故事是人的本性，每个人都是故事的讲述者和倾听者。叙事理性原则是衡量故事合理性的标准或尺度，包括故事的连贯性(coherence)和逼真性(fidelity)。前者表示故事连贯一致的程度，取决于人们对故事中人物可靠性的判断；后者表示故事真实可信的程度，取决于故事是否违反正当理由的逻辑(the logic of good reason)或者与听众的常规经历是否相符②。根据研究目的，本节选取叙事的连贯性作为理论指导框架。叙事的连贯性包括材料、结构和角色三个方面的连贯。材料连贯性指一个故事和其他有关系的故事之间的吻合程度，同一故事不能出现相互矛盾的不同版本。结构连贯性指故事基本元素流动的顺利程度，讲故事时无突然跳跃、重要信息遗漏和让人陷入迷惑不解的现象。角色连贯性指故事中人物的可信度，故事中的人物没有前后言行不一，令人生疑的现象③。

总之，费希尔的叙事范式强调讲述者与倾听者，特别是具有不同文化背景的说者与听者，凭借语言或非语言的符号系统和投入情感的叙事功能，跨越多重隔阂，推动双向互动，实现彼此之间的共情和义与心灵沟通，从而使修辞、审美和文学与哲学、推理和辩论并驾齐驱，不分伯仲。

三、Voyant 工具与阐释学

依据研究目的，本节所选用的第一手资料为中外与大运河有关的 6 部文学作品中的相关章节。其中国外的是《马可·波罗游记》(前言、第 68 至 69 章和第 72 章)、《英使谒见乾隆纪实》(第 10 章)和《中国新史》(第 1 章和第 7 章)。国内的是《红楼梦》(第 49 章、第 118 至 120 章)、《西游记》(第 29 至 30

---

① Walter R. Fisher, “Narration as a Human Communication Paradigm: The Case for Public Moral Argument,” *Communication Monographs*, 51 (1984): 4.

② 同上书，第 6－15 页。

③ Walter R. Fisher, *Human Communication as Narration: Toward a Philosophy of Reason, Value, and Action* (Columbia: University of South Carolina Press, 1987), pp. 105－123.

章)和《金瓶梅》(第 1 至 2 章和第 9 至 10 章)。选择第一手资料的步骤为:第一,在 6 部全英文的运河文学作品(PDF 格式)中,以"canal"(运河)为关键词搜寻相关章节;第二,将搜寻到的章节分离出来,以供分析。分析第一手资料的方法亦遵循两个步骤:一是运用 Voyant 平台获取文本主题与其关键词的内在关系和发展趋势的可视化结果,二是运用阐释学获取基于历史文化背景的文本主题的深刻含义。

换言之,Voyant 平台"将基于大数据的'大分析'与传统细读文本的'小阅读'相结合",通过计算、聚类和分析,实现从"计算思维"向"人文思维"的过渡,以便"从'人'出发,去理解和思考各种'数字'及其可视图表背后的人文意义和直觉与美感等深层问题"①。此外,阐释学假定"人类通过语言体验世界,语言给人类提供理解世界和获取知识的媒介"②。它在解释文本的外延和内涵的同时,非常强调历史和社会文化对解释的影响。为此,研究者一般根据相关背景对文本进行仔细审读,以产生作为研究发现的文本主题或叙事模式,从而反映对所研究现象的认识与解释。以下是本节的研究发现与讨论。

四、国内外大运河文学作品的叙事连贯性

在费希尔叙事范式指导下,下文基于 Voyant 平台和阐释学对上述 6 部中外文学作品的叙事连贯性,进行探究。将所选的 6 部国内外大运河文学作品逐一上传 Voyant 平台,得出各自的词云图(图 4-3 至图 4-8)和曼陀罗词文关系图(图 4-9 至图 4-14)。在以下 12 幅图中,图 4-3 至图 4-8 展示所选 6 部中外文学作品相关章节的词云图,词云图表示关键词在文中出现的频率;而图 4-9 至图 4-14 展示所选 6 部中外文学作品相关章节的曼陀罗词文关系图,曼陀罗词文关系图表示基于词频的关键词与文本之间的关系。

---

① 邱伟云、严程:《数字人文方法论的有机建构与动态实践》,《南京社会科学》2023 年第 3 期,第 137 页。

② Michelle Byrne, "Hermeneutics as a Methodology for Textual Analysis: Nursing Applications," *AORN Journal*, no. 5 (2001): 968.

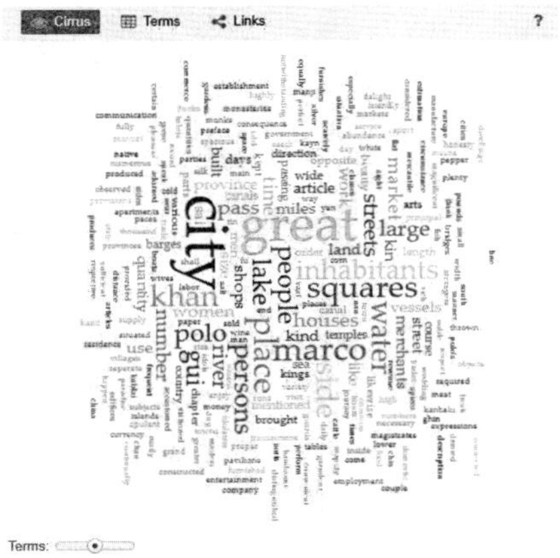

图 4－3 《马可·波罗游记》第 68 至 69 章、第 72 章词云图

图 4－4 《英使谒见乾隆纪实》第 10 章词云图

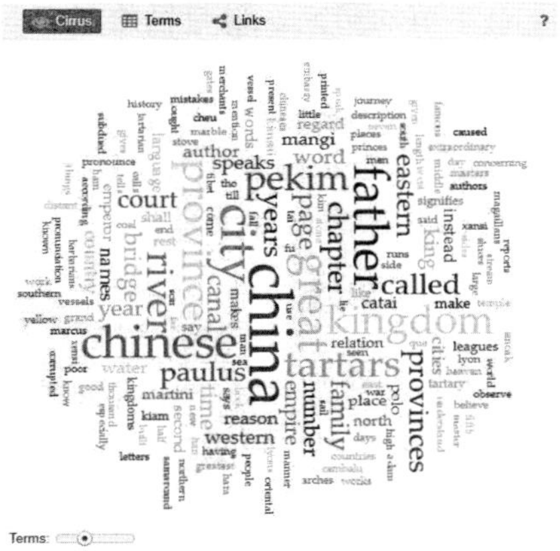

图 4－5 《中国新史》第 1 章、第 7 章词云图

图 4－6 《红楼梦》第 49 章、第 118 至 120 章词云图

图 4－7 《西游记》第 29 章词云图

图 4－8 《金瓶梅》第 1 至 2 章、第 9 章词云图

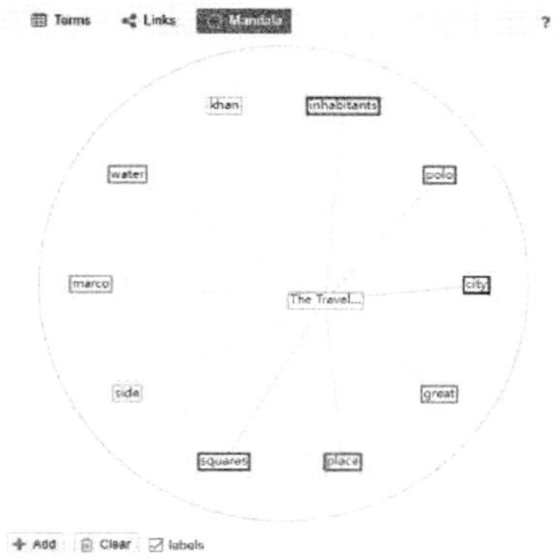

图 4－9　《马可·波罗游记》第 68 至 69 章、第 72 章曼陀罗词文关系图

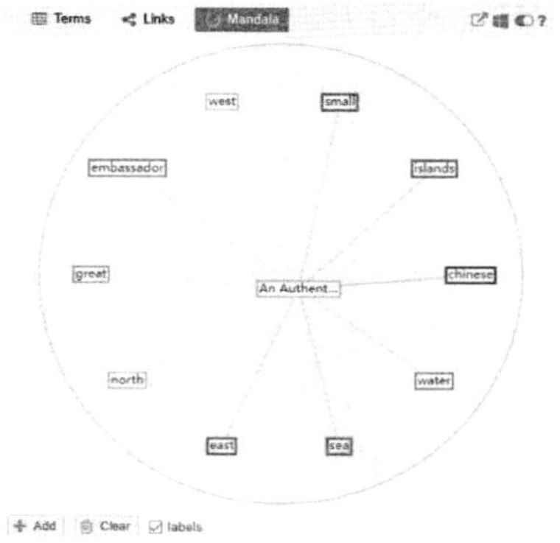

图 4－10　《英使谒见乾隆纪实》第 10 章曼陀罗词文关系图

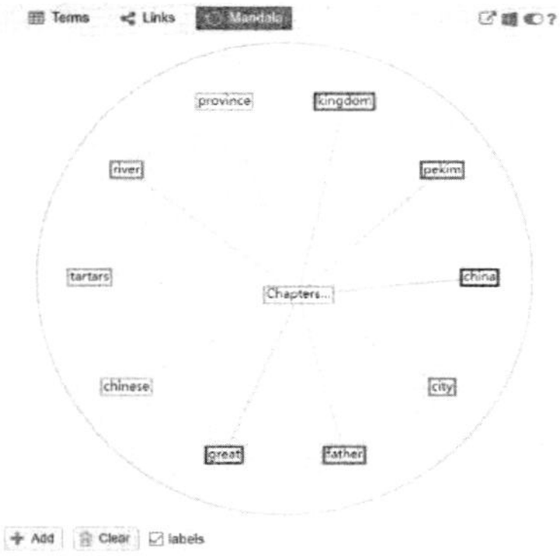

图 4－11　《中国新史》第 1 章、第 7 章曼陀罗词文关系图

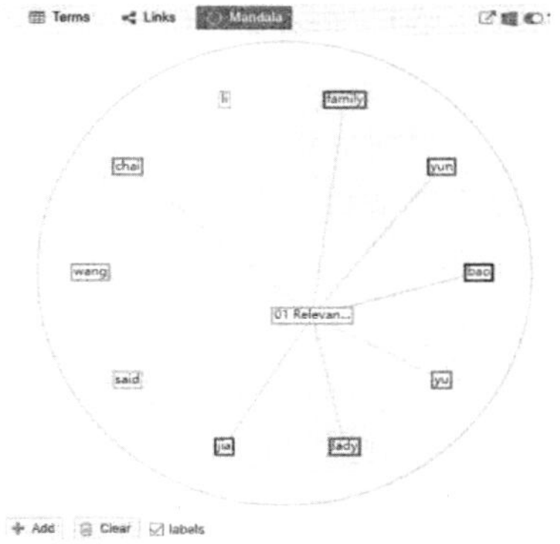

图 4－12　《红楼梦》第 49 章、第 118 至 120 章曼陀罗词文关系图

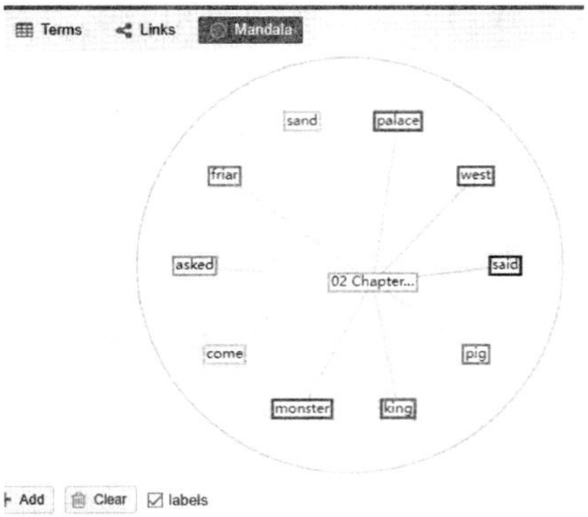

图 4－13　《西游记》第 29 章曼陀罗词文关系图

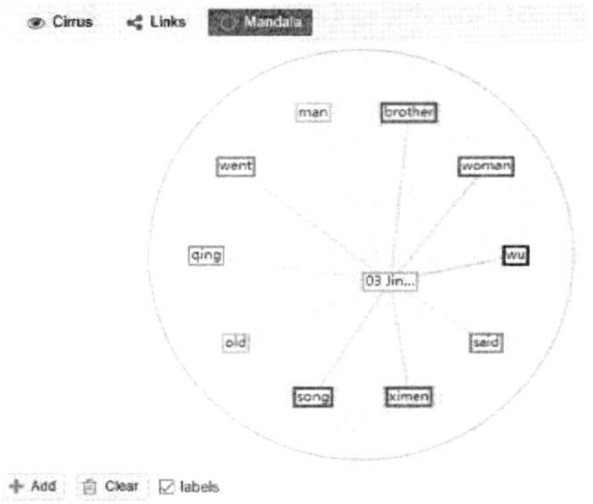

图 4－14　《金瓶梅》第 1 至 2 章、第 9 章曼陀罗词文关系图

(一)国外作品

1.《马可·波罗游记》

如图4-3所示，《马可·波罗游记》①第68至69章和第72章共有3,634个词，每句平均29.5个单词。其中，使用频率最高的前10个词，依其频次由高到低分别为“城市”(29次)、“伟大的”(21次)、“地方”(11次)、“广场”(10次)、“旁边”(10次)、“马可”(10次)、“水”(9次)、“大汗”(9次)、“居民”(9次)和“波罗”(8次)。在这部游记中，马可·波罗讲述了他来到中国并在此居住的故事。马可·波罗来自意大利，自小便随父亲和叔叔，沿着丝绸之路，历经四年多到达元上都。年轻的马可·波罗聪明好学，做事认真，很快学会了蒙古语和元朝的礼仪。在取得忽必烈的赏识和信任后，他被委以重任，还曾出使越南、爪哇和苏门答腊等国。从上述关键词的含义及其在文中出现的频次，可以看出马可·波罗与忽必烈大汗的关系紧密，他曾受命赴任、游历和观察过许许多多的城市、广场以及偏远的地方。所到之处的所见所闻，以及他与当地居民的交往经历，均成为这部游记的珍贵素材。游记中关于大运河的故事是整本书中的一个有机组成部分，与其他部分吻合度高，没有矛盾冲突。

基于上述10个词的使用频次，图4-9按顺时针的方向，展示出文本《马可·波罗游记》与其关键词由强至弱关系的曼陀罗词文关系图。其中“城市”与文本之间的关系最强，因为马可·波罗当年所到之处，基本为城镇；“居民”与文本之间的关系为倒数第二，很有可能是当时森严的社会等级制度，使马可·波罗很难如鱼得水地深入了解旅途中遇见的老百姓。总之，游记记载了马可·波罗在中国十七年的广泛游历与所见所闻。四卷内容在结构上散而不乱，相互之间，按时间顺序，衔接顺畅。整体内容上，该书可谓包罗万象、丰富多彩、引人入胜。上述曼陀罗词文关系图进一步表明，该书重点突出、细节逼真，“让人陷入迷惑不解的现象”②极少发生。自问世以来，《马可·波罗游记》被当作“世界一大奇书”，在欧洲被翻译成多种文字，出版了上百个版本，对欧洲人向往中国，乃至对哥伦布发现新大陆，均产生了直接或间接的

---

① Marco Polo, *The Travels of Marco Polo* (New York: Horace Liveright, Inc., 1926).

② Walter R. Fisher, *Human Communication as Narration: Toward a Philosophy of Reason, Value, and Action* (Columbia: University of South Carolina Press, 1987), pp. 105-123.

作用①。

对《马可·波罗游记》的文本在可携带文件格式(portable document format,以下简称 PDF)中,依据关键词"canal"(运河)搜索可以发现,与大运河关系最密切的文本是第 72 章,其主要内容如下:

> 瓜洲是长江南岸的一个小市镇,每年有大批的玉米和大米集中到这里,其中大部分是运往坎巴鲁市向大汗进贡的。此地是大汗国的一条主要交通线,包括许多河流、湖泊,还有一条又宽又深的运河。这条运河由大汗下令开凿,以便船舶可在城镇之间穿梭而行,可从南方直达坎巴鲁市,而不必沿海航行。这条运河将许多河道彼此连通,从而给沿岸城镇带来巨大便利,造福于民,堪称一个伟大的水利工程。运河两岸还筑有坚固而宽敞的河堤,使得陆路交通亦变得十分便利……②。

马可·波罗在中国长达十七年之久,其间足迹遍及新疆、宁夏、甘肃、内蒙古、河北、山西、陕西、西藏、河南、山东、湖北、江西、浙江和福建等地。在《马可·波罗游记》中,他亲自游历了与大运河紧密相关的涿州、济宁、淮安、宝应、高邮、泰州、扬州、镇江、瓜洲、苏州和杭州等地,并将其所闻所见详细记录,最后形成举世闻名的《马可·波罗游记》。书中的前言、第 68 至 69 章的相关内容,特别是第 72 章对瓜洲的描述,从大运河并不起眼的地理位置到其担负大江南北交通枢纽的重要性,比较客观地描绘出大运河作为元朝时期南粮北运、文化交流、国泰民安的水陆交通线与国家和民众生命线,所发挥的多重社会功能和弥足珍贵的文化景观价值。可见,《马可·波罗游记》基于马可·波罗在中国的所见所闻,书中记载的人物、事务与景物,细致入微、可考可查、可信度高,因而也建构了马可·波罗作为作者和游记中主人公的角色连贯性。

2.《英使谒见乾隆纪实》

如图 4-4 所示,《英使谒见乾隆纪实》③第 10 章共有 19,952 个词,每句平均 38.0 个词。其中,使用频率最高的前 10 个词,依其频次由高到低分别为"中国人"(74 次)、"水"(54 次)、"大海"(49 次)、"东"(46 次)、"北"(45

① 孙萍:《<马可·波罗游记>及其影响》,《时代文学》2012 年第 2 期,第 155 页。

② Marco Polo, *The Travels of Marco Polo* (New York: Horace Liveright, Inc., 1926).

③ George Staunton, *An Authentic Account of an Embassy from the King of Great Britain to the Emperor of China* (London: Bulmer and Co., 1797).

次)、“伟大的”(38次)、“使节”(38次)、“西”(37次)、“小”(36次)、“岛屿”(36次)。从上述关键词的含义及其在文中出现的频次，可以看出马戛尔尼率领的英国使团先由西向东，再由北向南的路线。虽然英国想与中国通商的提议惨遭乾隆皇帝断然拒绝，但乾隆却允许他们沿大运河一路向南考察。于是，英国使团启程考察大运河，除了时不时将大运河与欧洲运河进行比较外，还讨论到大清从海运转向漕运的国策，以及中国国土面积之大与自己国土面积之小的话题。无论怎样，中国人建造的大运河工程是无与伦比的伟大工程。实际上，马戛尔尼英国使团的大运河考察，是出于勘察中国情报的目的，对大运河伟大工程的观察细致客观，对岸边社会的了解肤浅主观。剔除掉基于肤浅和主观的内容，《英使谒见乾隆纪实》所选章节各部分之间衔接顺畅、自然、吻合度高，总体符合材料连贯性的要求。

基于上述10个词的使用频次，图4-10按顺时针的方向，展示出文本《英使谒见乾隆纪实》与其关键词由强至弱关系的曼陀罗词文关系图。其中“中国人”与文本之间的关系最强，因为踏上中国国土的英国使团，所见所闻基本都与中国或中国人有关；“岛屿”和“小”与文本之间的关系最弱，分列倒数第一和第二，因为清朝的版图规模和乾隆年间的社会繁荣程度令英国使团自惭形秽，他们选择暂时将自己的国家抛至脑后。总之，本节所选章节的基本元素衔接顺畅，纪实内容详尽，表述清晰，无理解大碍。英国使团对大运河的赞许是客观的、积极的，但对偶然事件的反应是主观的、过激的，在一定程度上令人费解。

依据关键词“canal”(运河)对PDF文本搜索可以发现，所选文本内容与大运河最密切的是第10章，其中有如下相关内容：

> 使团所乘船只在临清州改道运河，一路南行。此运河是中国最大的运河，也是最古老的一条运河。从临清州到杭州弯弯曲曲，长约500华里。其间，运河穿过高山，流经峡谷，穿越无数河流与湖泊……欧洲的运河一般笔直窄小，水流缓慢，而这条运河，蜿蜒前行，且河道宽敞，水流湍急。……与欧洲的水闸不同，运河水闸没有高低水门，仅用几块大木板，易于控制，便于修理。由于水位落差，运河航线上的有些水闸，主要用于调节水量。船只通过水闸时，需要高超技巧。届时，一个水手双手紧握一只巨大船桨，站在船头指挥，船上客人均站立在船的两侧紧靠船旁护板。护板一般用兽皮制作，中间用毛发塞实，以避免船只碰撞……船只离开临清州不远处，不幸发生事故。附近村镇一下涌来数千人，到运河两岸观看外国人经过。为了看得清楚，许多人冒险站立到河边的驳船之上。由于人多船少，一个船尾被人压垮，导致数人落水，其中不会游泳的，

大喊救命①。

《英使谒见乾隆纪实》全书共19章，第10章开头部分描写英国使团乘船沿大运河从临清州(今山东省临清市)前往杭州途中的见闻。首先是大运河的规模、弯曲走向、木板水闸、湍急水流及水手的高超技艺，给使团留下了深刻印象，再与其熟悉的欧洲运河相比，更使其对眼前的大运河赞叹不已。然而，在一次偶然事件中，当地老百姓为了争相观望外国人，有人落水高喊救命，不但无人相助，反而有人抢走溺水之人衣物，英国使团因此得出中国人“为了贪图小利，居然不愿搭救垂死之人的性命”，“缺乏一般的伦理观念和恻隐之心”②的结论。此论断表明英国使团以点带面、无限上纲、居高临下的心态。《英使谒见乾隆纪实》由牛津大学名誉法学博士乔治·斯当东依据马戛尔尼英国访华使团主要成员的个人文件整理成书，主要记录该使团为谒见乾隆皇帝往返途中的所见所闻，在一定程度上确保了书中主要角色的连贯性。此书的撰写目的之一是“窥探中国的虚实，伺机撬开铁幕封闭的中国大门”③，因为18世纪末，作为资本主义霸主，英国已经开始觊觎中国。当然，该书亦有助于从侧面了解清王朝的封闭落后状态和英国资产阶级的狼子野心，对研究中西文化博弈的国际关系史具有重大的参考价值。

3.《中国新史》

如图4－5所示，《中国新史》第1章和第7章共有11,118个词，每句平均33个词。其中，使用频率最高的前10个词，依其频次由高到低分别为“中国”(70次)、“城市”(57次)、“父亲”(53次)、“伟大的”(45次)、“中国人”(44次)、“鞑靼人”(39次)、“河流”(40次)、“省份”(39次)、“王国”(34次)和“北京”(29次)。从上述关键词的含义及其在文中出现的频次，可以看出葡萄牙传教士安文思的《中国新史》中对中国、中国的城市以及中国人充满深情厚谊。他对包括京城北京在内的其他省份、河流等方方面面，兴趣十足，均有详述。总之，该书中所讲述的故事与故事之间，紧密相连，自成一体，具有较高的叙事连贯性。

基于上述10个词的使用频次，图4－11按顺时针的方向，展示出文本《中国新史》与其关键词由强至弱关系的曼陀罗词文关系图。其中“中国”与文

① George Staunton, *An Authentic Account of an Embassy from the King of Great Britain to the Emperor of China* (London: Bulmer and Co., 1797).

② 同上。

③ 曾永玲：《十八世纪英国人眼中的中国：评介〈英使谒见乾隆纪实〉》，《松辽学刊》1987年第3期，第85页。

本之间的关系最强，因为安文思长期在中国居住和传教，这也与该书书名关键词相符；“北京”为关系最弱的，安文思在北京居住了29年，北京已经成为其见惯不怪的第二故乡。从以上内容可以看出，安文思对中国已有了较为深入的认识。书中的12个故事之间，环环相扣，连接顺畅，作者也对“中国的文明给予了高度的评价”①。

依据关键词“canal”(运河)对PDF文本搜索可以发现，所选文本内容与大运河最密切的是第1章和第7章，其中部分内容如下：

> 为了保障北方的粮食供应，维持日常生活，朝廷下令建造大批船只，从南方诸省向京城运输粮食、香料和各种商品。由于海运风险较大，运输船只遇到无风天气或大风大浪，都会遭受巨大损失。于是，朝廷便征用无数劳工，付出无比艰辛的劳动，开通连接北京与南方的运河。此运河，时而穿越城镇，时而流经城镇旁边，从北京起始，流向山东，再进入南直隶省，最后汇入奔腾不息的黄河。航行两天后，船只经过淮安城及许多其他城镇，到达闻名遐迩的海港城——扬州。接着，大运河流入长江，此处离南京仅剩几天行程。毫无疑问，这是一项十分伟大的水利工程②。

《中国新史》的作者是葡萄牙来华传教士，中文名是安文思。1640年他来到杭州，1649年定居北京，并在此居住了29年，因而自认为中国是其第二故乡。《中国新史》全书21章，上述例文选自第7章，为确保京城和北方其他地区的粮食供应与运输安全，朝廷下令开挖大运河，从而形成了大运河漕运，并将风险性过大的海运取而代之。在选文中，作者扮演导游的角色，带领读者沿大运河从北京启航，一路南行，途经山东、南直隶省(今安徽、江苏一带)、淮安、扬州、镇江、南京……其间，大运河时而穿越城镇，时而流经城旁，大运河上繁忙的漕运船队、两岸如画的景观以及沿途城乡丰富多彩的风土人情，尽在“毫无疑问，这是一项十分伟大的水利工程”的结论中。总之，视中国为第二故乡的安文思，运用简笔素描的方式，将其所熟知的大运河、大运河上的漕运以及两岸百姓生活直白地描绘出来，于简单、淳朴的文字之中，流露出丰富、深妙的蕴意，在不经意间，不露斧凿地刻画出了故事人物

① 张西平：《〈中国新史〉中文版序言》，载《中国新史》，大象出版社，2004，第1页。

② Gabriel de Magaillans, *A New History of China, Containing a Description of the Most Considerable Particulars of That Vast Empire* (London: Thomas Newborough, 1688).

之间的连贯性。正因为“安文思长期生活在北京，他的这些报道和描写不仅推动了当时西方对中国的认识，也给我们提供了许多了解和认识清代历史的细节及珍贵文字材料”①。

以上是对国外作品的分析，下文继续分析国内作品。

（二）国内作品

1.《红楼梦》

如图 4－6 所示，《红楼梦》②（选用英文版，以确保文本分析语言的一致性，下同）第 49 章、第 118 至 120 章共有 31,392 个词，每句平均 16.5 个词。其中，使用频率最高的前 10 个词，依其频次由高到低分别为“宝”（309 次）、“玉”（211 次）、“夫人”（194 次）、“贾”（178 次）、“说”（151 次）、“王”（129 次）、“钗”（91 次）、“李”（71 次）、“家”（68 次）和“云”（61 次）。从上述关键词的含义及其在文中出现的频次可以看出，仅在本节所选章节中，主要人物宝玉、黛玉、宝钗、贾母、王夫人及史湘云不但出场，而且出现频次少则数十次，多则上百次，可见其角色重要。当然，这些重要人物活动的场所主要是贾府，所关注的主题基本为贾家以及史家、王家和薛家等四大家族兴衰史，其中从一个故事到另一故事之间自然衔接、无缝对接、吻合度极高。

《红楼梦》的整体结构体现了一个多重对称的关系。首先，以“甄”家为假，以“贾”家为真，因为后者是全书故事发生和演绎的真实场所。其次，以木石前盟对应金玉良缘，在贾宝玉的婚恋故事情节中，木石前盟指宝玉与黛玉之间的恋情，而金玉良缘指宝玉与宝钗之间的婚配。最后，以虚幻神奇映衬现实故事，《红楼梦》中，太虚环境为虚幻，大观园为人间现实世界。基于上述 10 个词的使用频次，图 4－12 按顺时针的方向，展示出文本《红楼梦》与其关键词由强至弱关系的曼陀罗词文关系图。其中“宝玉”与文本之间的关系最强，因为贾宝玉是《红楼梦》中的男一号或第一重要的角色；“云”与文本之间的关系最弱，因为史湘云并不是书中主角，书中还有许多更为重要的人物。总之，小说的整体结构包括北京和南京两个中心，前者为政治中心，后者为文化中心，而将两个中心连接起来，带动南北经济繁荣和文化交融的正是作为运输动脉的大运河。整部小说通过“盛、聚、欢、荣”应对“衰、散、悲、辱”，实现了高超的小说结构布局与前后内容连贯顺畅的效果，传达了“假作真时真亦

---

① 张西平：《〈中国新史〉中文版序言》，载《中国新史》，大象出版社，2004，第 1 页。

② David Hawkes trans.，*The Story of the Stone*（London：John Minford，1986），pp. 118－120.

假，无为有处有还无”的深刻寓意①。

依据关键词“canal”(运河)对PDF文本搜索可以发现，所选文本内容与大运河最密切的是第49章，其中部分内容如下：

原来邢夫人之兄嫂带了女儿岫烟进京来投邢夫人的，可巧凤姐之兄王仁也正进京，两亲家一处打帮来了。走至半路泊船时，正遇李纨之寡婶带着两个女儿，大名李纹，次名李绮，也上京。大家叙起来又是亲戚，因此三家一路同行。后有薛蟠之从弟薛蝌，因当年父亲在京时已将胞妹薛宝琴许配都中梅翰林之子为婚，正欲进京发嫁，闻得王仁进京，他也带了妹子随后赶来。所以今日会齐了，来访投各人亲戚②。

从例文中可知，有几拨人一起乘船沿水路北上进京投亲。在几拨人中，邢夫人之兄嫂及其女儿的邢家家住姑苏(今苏州)，凤姐之兄王仁的王家和李纨之寡婶及其女儿均来自金陵(今南京)。无论是苏州还是南京，均离大运河并不十分遥远。而大家选择北上进京的水路即是大运河。结合作者背景和小说内容，《红楼梦》与大运河的关系密不可分。一方面，作者曹雪芹的曾祖、祖父、父辈三代有四人相继担任江宁或苏州织造长达六十五年之久。其间，他们以江苏为中心，通过大运河保持与京城皇家和沿岸城市的往来。因此，曹雪芹也被称为“运河之子”③。另一方面，大运河提供了小说中主要人物的动迁轨迹，将小说人物的连贯性发挥到了极致。书中的贾雨村籍贯湖州，其一生就活动在以金陵为代表的南方和以京都为代表的北方，而其往来期间的旅行多在大运河之上。再如金陵十二钗，大多来自南京及周边的苏州、杭州和扬州等地，也大多借道大运河前往北方的京城，上演各自非同凡响的戏码，实现了无与伦比的小说人物连贯性。

2.《西游记》

如图4-7所示，《西游记》④第29章和第30章共有12,376个词，每句平均17.1个词。其中，使用频率最高的前10个词，依其频次由高到低分别为“说”(96次)、“猪八戒”(69次)、“国王”(61次)、“妖怪”(50次)、“来”(43次)、“和尚”(40次)、“沙和尚”(38次)、“西天”(35次)、“通关文牒”(33次)

① 黎文丽：《论〈红楼梦〉结构的对称艺术》，《宝鸡文理学院学报》(社会科学版)2013年第4期，第36页。

② 曹雪芹：《红楼梦》，人民文学出版社，2008，第654页。

③ 荀德麟：《大运河与中国古典小说名著》，《淮阴师范学院学报》2016年第6期，第803页。

④ W. J. F. Jenner trans., *Journey to the West* (Beijing: Collinson Fair, 2005).

和“三藏”(32次)。从上述关键词的含义及其在文中出现的频次，不难看出仅在本节所选的第29至30章，小说的主要人物唐三藏、猪八戒、沙和尚等和他们的死对头妖怪，均已粉墨登场。虽然此章没有提及孙悟空，但是来自东土大唐的唐僧师徒几人，身揣通关文牒，征得沿途国王许可后，前往西天取经的主要故事情节，以及师徒们要与各种妖魔鬼怪和魑魅魍魉抗争，历经九九八十一难的内容梗概，已然清晰可见。每一难，即一故事，各个故事之间，自然衔接、环环相扣，在材料的连贯性上达到高度的吻合。

《西游记》作者吴承恩的生平中曾宦海沉浮，其胸中的远大抱负和似海积怨，很难按常规与常理宣泄。于是，他将“结存实录，匪敢雕华”的《大唐西域记》等相关材料，通过孙悟空大闹天宫、被压五行山下和西行取经三大部分，隐喻了放心、定心和修心的全过程。基于上述10个词的使用频次，图4-13按顺时针的方向，展示出文本《西游记》与其关键词由强至弱关系的曼陀罗词文关系图。其中“猪八戒”与文本之间的关系最强，因为融合了猪性(好吃懒做、贪心自私、贪财好色)、人性(吃苦耐劳、勇敢憨厚)和神性(稍有缺点、未能成佛)，猪八戒是作者塑造的最成功的人物之一①；“唐三藏”与文本之间的关系最弱，可见去西天取经的师傅，未必比其徒弟，乃至其他人物更为重要。总之，《西游记》作者运用浪漫主义章回体长篇神魔小说的形式，表现了小说的结构连贯性，取得了淋漓尽致的艺术功效。大闹天宫和西天取经所经历的九九八十一难“不过是一场接一场似真非真，如假非假，真真假假，假假真真的闹剧和滑稽戏而已。它为作家提供了摆脱世俗的拘谨和因循守旧思想束缚的机会，天马行空般地飞驰在自己的想象王国”②。

依据关键词“canal”(运河)对PDF文本搜索可以发现，所选文本内容与大运河最密切的是第29章，其中部分内容如下：

> 正行之际，忽闻得有人言语。八戒仔细看时，原来是行者在山坳里，聚集群妖。他坐在一块石头崖上，面前有一千二百多猴子，分序排班，口称“万岁！大圣爷爷！”八戒道：“且是好受用！且是好受用！怪道他不肯做和尚，只要来家哩！原来有这些好处，许大的家业，又有这许多的小猴扶持！若是老猪有这一座山场，也不做什么和尚了。如今既到这里，却怎么好？毕竟要见他一见。”那呆子有些怕他，又不敢明明地见他；却往草崖边，溜阿溜的，溜在那一千

① 冯宇婷：《〈西游记〉中猪八戒形象研究》，硕士学位论文，渤海大学，2019，第1页。

② 方胜：《〈西游记〉是一部游戏之作》，《文学评论》1988年第2期，第126页。

二百猴子当中挤着，也跟那些猴子磕头[①]。

孙大圣与师父唐僧不和，负气离开，直奔其安乐窝花果山。但是，师父受难，八戒只好硬着头皮，求他回去搭救师父。虽然此段明面上与大运河没有关系，实则关系紧密。第一，作者吴承恩祖籍江苏淮安。公元486年，吴王夫差所开的邗沟，南起长江北岸，一路北上，直达淮安，淮安由此开启了与大运河的不解之缘。由于淮安连接山东、江苏、浙江三省，沟通淮河、长江、太湖和钱塘江水系，大运河漕运的米粮及其他物资，都要经过这里。因此，明、清二代均在淮安设漕运总督，淮安还建有清口枢纽、双金闸、清江大闸、洪泽湖大堤。可见，“在大运河漕运历史上，淮安厥功伟矣”[②]！作为“运河之子”，吴承恩生活的明代是这淮安段运河漕运最繁忙的时期，因此，家乡繁荣的商贸、优美的自然风貌及社会习俗，无不成为其创造《西游记》的艺术源泉。美猴王占据的花果山即在今天江苏省的连云港市，通过盐河与大运河连接。总之，《西游记》寓人生哲理于游戏之作，在神幻、诙谐之中明心见性。正如李卓吾所言：“《西游记》是‘游戏之中暗传密谛’。”[③]正是这游戏的笔墨，将小说人物及其故事连贯且惟妙惟肖地刻画出来，为小说的整体艺术性增色添彩。

3.《金瓶梅》

如图4-8所示，《金瓶梅》[④]第29至30章共有25,644个词，每句平均15.2个词。其中，使用频率最高的前10个词，依其频次由高到低分别为“武松”(240次)、“说”(240次)、“西门”(174次)、“宋朝”(157次)、“老”(97次)、“庆”(96次)、“走”(90次)、“男人”(90次)、“兄弟”(87次)和“妇女”(83次)。从上述关键词的含义及其在文中出现的频次可以看出，在本节所选的第1至2章和第9至10章中，交代了故事发生的时间为宋朝，地点为大运河旁边的清河镇，其中的主要人物武松要为哥哥武大郎报仇，因为当地一霸西门庆与其兄嫂潘金莲有染，致使武大郎被毒丧命。作为一部伟大的明清文人小说，武松、西门庆和潘金莲等主要人物丰富多彩的故事都在运河一带展开，小说故事之间，无缝对接、前呼后应，具有极高的叙事材料连贯性。

基于上述10个词的使用频次，图4-14按顺时针的方向，展示出文本

---

① 吴承恩：《西游记》，人民文学出版社，2017，第330-331页。

② 尹钧科：《从大运河漕运与北京的关系看淮安城的历史地位》，《学海》2007年第2期，第55页。

③ 方胜：《〈西游记〉是一部游戏之作》，《文学评论》1988年第2期，第125页。

④ Clement Egerton trans., *The Golden Lotus* (Hong Kong: Tuttle Publishing, 2011).

《金瓶梅》与其关键词由强至弱关系的曼陀罗词文关系图。其中“武松”与文本之间的关系最强，“妇女”最弱。《金瓶梅》是一部带有浓厚市井色彩的中国古典名著，它“以清河（运河沿岸的一个小镇）中的恶霸豪绅西门庆一家的兴衰荣枯罪恶史为主轴，借宋之名写明之实，直斥时事，真实地暴露了明代后期中上层社会的黑暗、腐朽”①。换言之，《金瓶梅》“名写清河，实写徐州，蕴含了运河沿线城镇的丰富民俗和社会风貌”②，在小说结构的连贯性方面，亦取得了理想的效果。

依据关键词“qinghe”（清河）对 PDF 文本搜索可以发现，所选文本内容与大运河最密切的是第 10 章，其中部分内容如下：

> 武松道：“小的本为哥哥报仇，因寻西门庆厮打，不料误打死此人。委是小的负屈含冤，奈西门庆钱大，禁他不得。小人死不足惜，但只是小人哥哥武大含冤地下，枉了性命。”府尹道：“你不消多言，我已尽知了。”因把司吏钱劳叫来，痛责二十板，说道：“你那知县也不待做官，何故这等任情卖法？”于是将一干人众，一一审录过，用笔将武松供招都改了，因向佐二官说道：“此人为兄报仇，误打死这李外传，也是个有义的烈汉，比故杀平人不同。”一面打开他长枷，换了一面轻罪枷枷了，下在牢里。一干人等都发回本县听候。一面行文着落清河县，添提豪恶西门庆，并嫂潘氏、王婆、小厮郓哥、仵作何九，一同从公根勘明白，奏请施行。武松在东平府监中，人都知道他是条好汉，因此押牢禁子都不要他一文钱，到把酒食与他吃③。

例文中的武松为兄报仇，误将人致死，从清河县押送至东平府。府尹知情后，有意从轻发落武松，法外开恩，甚至为其更改供招记录，以减轻其罪责。牢卒知晓武松摊的是屈案后，也不为难他，反给他酒食吃。更难能可贵的是府尹行文至清河县，“要添提恶豪西门庆，并嫂潘氏、王婆、小厮郓哥、仵作何九，一同从公根勘明白，奏请施行”④。以上表明清河县县令贪赃枉法，收受贿赂，致使元凶逍遥法外；而东平府府尹敢于秉公执法，在纠正屈案的同时，为武松法外开恩，尽力减轻其罪责。正如于祯所指出的：“情、

---

① 兰陵笑笑生：《金瓶梅词话》，人民文学出版社，2008，第 3 页。

② 汤孟孟、曾景婷：《〈金瓶梅〉中徐州运河文化的西行之旅》，《江苏外语教学研究》2020 年第 4 期，第 66 页。

③ 兰陵笑笑生：《金瓶梅词话》，人民文学出版社，2008，第 103－104 页。

④ 同上书，第 104 页。

理、法作为中国传统文化的主要特色，在五千多年的中华文明史中发挥着愈发厚重和持久的影响力。三者的结合无论是在中国古代还是现代都是国家解决社会纠纷的重要方式。”①尽管书中的人物、事件及其场景很难找到经过考证的历史事实，但这些不影响《金瓶梅》作为一部百科全书式的小说、作为取得无可挑剔人物连贯性的市井文学经典，有助于读者深刻理解当时的社会生活状态或民族文化风俗。

五、结语与反思

本节在费希尔的叙事范式理论指导下，在 Voyant 平台形成所选国内外 6 部运河文学作品的词云图和曼陀罗词文关系图，然后运用阐释学分析方法，从材料、结构和角色三个维度，探究和对比所选作品的叙述连贯性，旨在从不同的叙事视角理解大运河文化的深刻含义和基于此的国家形象。以下是本节的研究发现和反思。

(一)叙事材料的连贯性

首先，马可·波罗深受忽必烈大汗信任，曾受命赴任、游历和观察过许多城市、广场以及偏远的地方，其所到之处和所见所闻均成为《马可·波罗》游记中的珍贵素材。游记中关于大运河的故事是整本游记的有机组成部分，与其他部分吻合度高，没有矛盾冲突。其次，马戛尔尼英国使团的大运河考察，虽出于搜集情报的目的，对沿岸社会的探讨相对肤浅主观，但对大运河本身的观察细致客观。所选章节之间衔接顺畅、自然，总体符合材料连贯性的要求。最后，安文思的《中国新史》中对中国、中国的城市以及中国人充满深情厚谊。他对包括京城北京在内的其他省份、河流等方面兴趣十足，书中均有详述。所选章节的故事与故事之间，紧密相连，自成一体，具有较高的叙事材料连贯性。

国内作品中，首先，《红楼梦》所选章节中主要人物宝玉、黛玉、宝钗、贾母、王夫人及史湘云不但出场，而且出现频次少则数十次，多则上百次，可见其角色重要。当然，这些重要人物活动的场所主要是贾府，所关注的主题基本为贾家以及史家、王家和薛家等四大家族兴衰史，其中从一个故事到另一故事之间自然衔接，连贯度极高。其次，《西游记》所选章节的主要人物唐三藏、猪八戒、沙和尚等和他们的死对头妖怪，均已粉墨登场。虽然所选章节里没有提及孙悟空，但是唐僧师徒几人，身揣通关文牒，前往西天取经

① 于祯：《情、理、法在中国传统法律文化中的价值研究》，《法制与社会》2016 年第 5 期，第 13 页。

的主要故事情节，以及师徒们要与各路妖魔鬼怪抗争，历经九九八十一难的内容梗概，已然清晰可见。每一难，即一故事，各个故事之间，自然衔接、环环相扣，在材料的连贯性上达到高度吻合。最后，《金瓶梅》所选章节的故事发生在宋朝，地点位于大运河边上的清河镇。其中，武松要为哥哥武大郎报仇，因为当地一霸西门庆与其兄嫂潘金莲有染，致使武大郎被毒丧命。作为一部明清文人小说，武松、西门庆和潘金莲等人物及其丰富多彩的故事都在大运河一带展开，小说故事之间，衔接顺畅、前呼后应，取得了极高的叙事材料连贯性。

很显然，在叙述材料的连贯性方面，国外作品多基于细致入微的现场考察或常年的生活经历，善于运用句式较长、关键词出现频率较低的语句，而国内作品内容多出于已有素材的整合与再创造。所选章节的词云图和曼陀罗词文关系图显示，国外 3 部作品的平均句长为 33.5 词，关键词的词频为 31.5，而国内 3 部作品的平均句长为 16 词，关键词的词频为 115。可见，在语义表达方式上，国内作品在句长上比国外作品短小，但关键词的词频却要超出许多。这也说明，与西方国家相比，中国人善于运用短小而重复率高的语句，来表达自己的思想。

大运河文化由物质和非物文化遗产构成。从以上国内外运河文学作品的叙事材料连贯性来看，国外 3 部作品分别关注的是“城市、广场和居民”“中国、大海和水”“中国人、城市和河流”。而国内作品分别描绘的是“身居贾府的宝玉、黛玉及宝钗之间的木石和金玉姻缘”“唐三藏师徒西天取经途中的八十一难”“武松替兄报仇斩杀恶霸西门庆的遭遇”。显然，国外作品，基于作者对当时中国的感知和认知，侧重展现和传播的是显性的大运河物质文化遗产，而国内作品，基于作者，严格地说是基于与小说有关的作者集群的生活阅历、真情实感与艺术感悟，着重反映和揭示的是隐形的大运河非物质文化遗产。无论是前者还是后者，均在凭借充分体现材料连贯性的中国书写，实现着跨文化传播的心灵解读与心灵沟通。

（二）叙事结构的连贯性

首先，《马可·波罗游记》分四卷记载了作者在中国十七年的广泛游历与所见所闻。四个部分在结构上散而不乱，衔接顺畅，整体内容可谓包罗万象，引人入胜。其曼陀罗词文关系图进一步表明，该游记重点突出、细节逼真。其次，《英使谒见乾隆纪实》所选章节的基本元素衔接顺畅，纪实内容详尽，表述清晰，无理解障碍。英国使团对大运河的赞许是客观的、积极的，但对偶然事件的反应是主观的、过激的，在一定程度上令人费解。最后，安文思在写《中国新史》时已在中国生活了近三十年，对中国已经十分了解。书中的12个故事讲述了作者对中国社会文化极感兴趣的12个方面，各个故事之间，环环相扣，连接顺畅，对中国文明评价极高。

至于国内的作品，首先，《红楼梦》的整体结构包括北京和南京两个中心，而连接两个中心，带动南北经济繁荣和文化交融的正是大运河。整部小说通过"盛、聚、欢、荣"应对"衰、散、悲、辱"，实现了高超的小说结构布局与前后内容连贯顺畅的效果，传达了"假作真时真亦假，无为有处有还无"的深刻寓意①。其次，《西游记》作者运用浪漫主义章回体长篇神魔小说的形式，表现出小说的结构连贯性。作者天马行空的想象力，得到了淋漓尽致的艺术展现。最后，《金瓶梅》是一部带有浓厚市井色彩的中国古典名著，以恶霸豪绅西门庆一家的兴衰荣枯为主轴，借宋之名写明之实，直斥时事，在入木三分地暴露明代后期中上层社会黑暗面的同时，逼真传神地描绘了运河沿线城镇的丰富民俗和社会风貌，因此在小说结构的连贯性方面，具有理想的效果。

对比之下，西方的3部作品，基本为游记、纪实和记录。其结构上基本按时间顺序，对作者的游历、观察和见闻，进行平铺直叙、全面客观、细致入微的描述。其客观效果是3部作品出版后，均在欧洲引起强烈反响，并在很大程度上催生了欧洲对东方神秘大国的浓厚兴趣、疯狂向往，乃至动用武力。国内3部作品，全部为经典文学名著。作为各自社会现实的艺术表现，3部作品对清王朝的上层社会、明王朝的政治抗争以及宋明底层市井民俗进行了难出其右的独特叙事、浓厚抒情与深度刻画。因此，国内的3部作品不但在国内，而且在世界范围，都产生了持续不断的追捧和热议。

吴欣指出，大运河"既是一条河，更代表了一种制度、一个知识体系和一种生活方式……由于其人工开挖的水利属性，国家航运命脉的制度属性以及连接华南华北的社会属性，大运河文化的特殊内涵包括技术文化、制度文化与社会文化三大类"②。实际上，本节所选的国内外运河文学作品都涉及上述三类文化，此处仅聚焦其中的制度文化展开叙述。一方面，国外作品中，元朝的等级制度森严，朝廷重用外国人，打压汉人，社会进步缓慢，最终导致改朝换代的结局。马戛尔尼率领的英国来华使团，实际带来的是工业社会与农业社会的较量。由于双方对社会制度和文明进步的认知差异太大，因此埋

① 黎文丽：《论〈红楼梦〉结构的对称艺术》，《宝鸡文理学院学报》(社会科学版)2013年第4期，第36页。

② 吴欣：《大运河文化的内涵与价值》，https://news.gmw.cn/2018-02/05/content_27578157.htm，访问日期：2023年5月14日。

下了谈判失败的种子。安文思笔下的城市与乡村、宗教与世俗等，都是当时社会制度中最为关键的因素。另一方面，国内作品中，《红楼梦》描写的贾、史、王、薛四大家族的衰落史，实际上是清朝上层社会腐朽不堪、摇摇欲坠的写照；《西游记》中的天宫与人间、人与妖的争斗、现实与想象的对比，无不是对当时社会制度中的问题所进行的入木三分的剖析；《金瓶梅》聚焦市井民间，恶豪西门庆的兴衰，反映的是当时社会底层的制度矛盾。正是这些将国家叙事、群体叙事与个人叙事彼此打通，使得你中有我，我中有你，才使对大运河文化内涵以及基于此的国家形象的描绘，得以"囊括最大范围的国民情绪、支撑国民荣耀与价值观、保持最大限度的一致性以及尽可能得到国际社会的认可"①。

(三)叙事角色的连贯性

首先，《马可·波罗游记》所选章节中，作者从瓜洲并不起眼的地理位置到其担负大江南北交通的重要枢纽的角度，比较客观地描绘出大运河作为元朝南粮北运、文化交流、国泰民安的水陆交通线与国家和民众生命线，所发挥的多重社会功能和弥足珍贵的文化景观。《马可·波罗游记》是基于作者本人在中国的所见所闻，书中所记载的人物、事物与景物，细致入微、可靠可查、可信度高，因而也建构了马可·波罗作为作者和游记中主人公的角色连贯性。其次，《英使谒见乾隆纪实》由牛津大学名誉法学博士乔治·斯当东依据马戛尔尼英国访华使团主要成员的个人文件整理成书，主要记录该使团为谒见乾隆皇帝往返途中的所见所闻，在一定程度上确保了书中主要角色的连贯性。此书的撰写目的之一是为了窥探中国的虚实，因而有助于从侧面了解清王朝的封闭落后状态和英国资产阶级的不怀好意，对研究中西文化博弈的国际关系史具有重大的参考价值。最后，视中国为第二故乡的安文思，运用简笔素描的方式，将其所熟知的大运河、大运河上的漕运以及两岸百姓生活直白地描绘出来，于简单、淳朴的文字之中，流露出丰富、深妙的蕴意，并在不经意间不露斧凿地刻画出了故事人物之间的连贯性。

至于国内的作品，首先，《红楼梦》与大运河的关系密不可分。曹雪芹家族三代有四人相继担任江宁或苏州织造，因此曹雪芹被称为"运河之子"。大运河提供了小说中主要人物的动迁轨迹。金陵十二钗，大多来自南京及周边的苏州、杭州和扬州等地，也大多借道大运河前往北方的京城，上演各自非同凡响的戏码，这将小说人物的连贯性发挥到了极致。其次，《西游记》作者

① 岸田秀，『ものぐさ精神分析』(東京：青土社，1977)，第 27 頁.

吴承恩祖籍江苏淮安，亦为“运河之子”。小说寓人生哲理于游戏之作，在神幻、诙谐之中明心见性。正是这游戏的笔墨，将小说人物的连贯性，惟妙惟肖地刻画出来，为小说的整体艺术性增色添彩。最后，情、理、法的有机结合，历来在中国传统文化和中华文明史中发挥着持久的影响力。尽管《金瓶梅》书中的人物、事件及其场景很难找到经过考证的历史事实或证据，但这些不影响该小说在人物连贯性的塑造上所取得的举世公认的辉煌成就。

比照之下，在角色连贯性上，国外作品倾向依赖个人信件、私人文件和现场调查的研究者角色，而国内作品善于在毕生唯一精品中书写充满丰富想象、奇幻色彩和深邃哲理的文学巨匠角色。国外3部作品均为游记、纪实与记录，因此，作品本身的角色连贯性，就无须再提。但是，国内3部作品，皆为经典，其中每一个主要角色的连贯性，都值得深挖细究。限于篇幅，此处仅提及3人。首先，《红楼梦》中的王熙凤这一角色乍一看具有“强烈的民主平等思想与反传统的进步倾向”，而实际上她“既有对传统价值观念的失落裂变又有认同和顺从的一面”①。实际上，其姓名中的“凤”字、服饰中的“百蝶穿花”、形象气质中的民间“巧媳妇”等意象原型，既展现了王熙凤这个角色浓厚的“民间味”，也体现了作者深厚的民间文化修养②。其次，《西游记》中的孙悟空也是“经历了完美之神、迷失之人、暗黑之妖三个阶段的演变，这种演变之路是一条但丁《神曲》式的从天堂到地狱的道路，而理想主义宏大叙事、世俗化转型、后现代魔幻则是其背后相对应的社会文化生态动因”③。最后，《金瓶梅》中的武松既有英雄的一面，也有痞子的一面。作为英雄，他威猛、刚正、义气、敢作敢当；作为痞子，他嗜酒如命，仗酒使性，不分善恶，盲目砍杀，既反邪恶，又卫道统。因此，完整的武松形象是英雄加痞子，这是其“中国古代农业文明所孕育出来的‘英雄’的代表，是一种特殊的文化符号，也是其最原始的、最本真的形象内核”④。文学作品中的人物及其角色，来源于丰富多彩的现实生活和复杂多变的人类社会，因而具有叙事连贯性的角色，是在最大程度上反映现实生活和人类社会的角色。只有这样的角色，才有可

① 余皓明：《王熙凤形象的独特文化内涵初探》，《红楼梦学刊》1995年第3期，第242页。

② 赵云芳：《王熙凤形象中民俗意象原型的营构》，《文艺评论》2015年第2期，第44页。

③ 周兰、周文：《神·人·妖：论孙悟空的影视形象演变及其社会文化动因》，《现代传播》2018年第11期，第98页。

④ 范丽敏：《武松的形象、来源及社会学解读》，《明清小说研究》2011年第3期，第63页。

能“超越生搬硬套的强为讲述，超越缺乏互动的单向讲述，以及超越没有共鸣、缺乏沟通的个案分享”①。

总而言之，本节所选的6部国内外运河文学作品，基本符合叙事理性的材料、结构和角色连贯性的不同要求，从不同叙事角度拓展了受众对大运河文化内涵的理解。当然，中外作品各有所长，只有彼此取长补短，方能相得益彰。本节的发现有助于对当时社会生活状态和民族文化风俗的深刻理解，有利于在历史的长河中和跨越时空的大运河文化里，验证和夯实对中国国家形象的正确认知。

第二节　罗兰·巴特符号学视域下京杭大运河在《红楼梦》中的象征意义研究

京杭大运河是中国大运河最重要的组成部分和最繁忙的交通要道，北起北京通州，南至杭州，全长1,794公里。2014年，京杭大运河作为中国大运河（以下简称“大运河”）的一部分，被列入《世界遗产名录》，从此也成为世界遗产运河的一个重要航运干线。京杭大运河不仅是重要的水运通道，同时也是一个丰富的文化象征。在中国古典四大名著之一的《红楼梦》中，大运河在故事情节和主题表达中均起到了非常重要的象征作用。京杭大运河以其多元的象征文化符号，既发挥着显性的物质和功能性作用，也扮演着隐性的社会历史文化角色。虽然早期的《红楼梦》研究中有许多学者已经认识到了京杭大运河的象征性，并进行了一些初步的探讨，但这些研究大多停留在对大运河在文学作品中体现出的各方面功能的总结，而没有深入探索大运河表达其深刻文化含义的具体产生过程。此外，现有研究多将大运河与小说的情节或人物进行直接关联，而缺乏对大运河整体符号本身的深入剖析，对其中京杭大运河部分的象征意义，尚未给予足够的关注。

因此，本节在罗兰·巴特符号学理论的指导下，探究《红楼梦》中多元而复杂的京杭大运河符号象征意义。具体而言，本节首先解析大运河作为符号所承载的显性和隐性角色；其次，探讨大运河在小说中角色的演变过程；再次，探究大运河与小说中的各种符号之间的相互关系，揭示其在小说情节发展和主题表达中的重要作用；最后，深入讨论大运河的象征意义和大运河与社会文化背景的关联。

---

① 王义桅：《讲好中国故事要实现“三个超越”：以如何讲好“一带一路”故事为例》，《对外传播》2015年第9期，第24页。

一、京杭大运河相关文学作品的研究

在探究大运河与文学的融合关系方面，董宇婷统计发现，在冯梦龙“三言”(《喻世明言》《警世通言》《醒世恒言》)中的120篇故事里，与大运河相关的有20篇，占总数的16.7%。在凌濛初“二拍”(《初刻拍案惊奇》《二刻拍案惊奇》)中的80篇故事中，与京杭大运河有关的故事有14篇，占总数的17.5%。明代短篇白话小说“三言”“二拍”与京杭大运河密不可分的紧密关系，由此可见一斑。这些小说在人物活动的空间上、情节发展的过程中，都出现了京杭大运河的身影，这足以看出当时的京杭大运河在政治、经济、文化等诸多方面的巨大作用，“对明清中国小说的发展与繁荣产生了不可低估的影响”①。张强指出，运河城市的繁荣为明清时期话本创作，提供了丰富的社会背景和题材。这种小说形式，通过细致入微地描绘运河城市的生活与风景，成功地向世人展示了大运河所承载的历史、社会与文化元素。同时，大运河的航运功能与两岸的社会与自然景观也加速了话本在明清时期的繁荣与发展②。

此后，越来越多的学者将研究目标聚焦在明清时期的文学创作与大运河文化之间的深层次联系。赵维平发现，在明清文言和白话文小说中，作者籍贯或小说地域背景出自大运河流域的，约占71%。他通过对《三国演义》《西游记》《金瓶梅》等经典长篇章回体小说的案例分析后指出，明清小说的主体和代表作品与大运河流文化密不可分的主要原因包括“政治中心效应、经济重心效应、出版拉动效应、文化辐辏和人才集群效应”③。可见，大运河文化的繁荣与明清小说的发展相辅相成，前者哺育了后者，后者又光大了前者。换言之，京杭大运河成为文学作品中丰富的素材，同步负载着深厚的符号象征意义。符号学的研究现已融汇了语言学、逻辑学、哲学、人类学、心理学、社会学等多学科的内容，其方法论已被广泛应用到各种文本的分析之中。但在《红楼梦》的研究中，符号学的应用却相对较少。

2014年，包括京杭大运河在内的中国大运河被列入《世界遗产名录》，相关学术研究逐渐增加。研究领域从京杭大运河的整体研究拓展到大运河具体的某个河段或城市与明清文学之间相互形象的深度挖掘。部分学者甚至开始

① 董宇婷：《明清小说中的“大运河书写”及其文化的传承》，天津师范大学，硕士学位论文，2021，第8页。

② 张强：《运河城市是话本走向成熟的摇篮》，《淮阴师范学院学报》(哲学社会科学版)2008年第3期，第331页。

③ 赵维平：《明清小说与运河文化》，上海三联书店，2007，第180页。

将研究目光定位到具体的文学作品，聚焦分析大运河文化在其中的影响和意义。张美琪发现，大运河的贯通为明清小说提供了丰富的素材，同时明清小说也在一定程度上保存了珍贵的史料。大运河对小说刊刻的促进、官员在运河流域的往来、中央与地方之间的关系及科举的繁盛等都影响很大，而这些因素也都是影响小说发展的运河文化因素。这样的研究发现，“对挖掘大运河丰富的历史文化资源，理解和弘扬大运河文化，坚定文化自信都具有重要意义”①。郑民德在其题为“明清小说中运河城市临清与淮安的比较研究”一文中，以大运河城市中故事情节的展开及人物情感的变化为主题，对大运河城市自身的历史变迁进行深入探讨，为明清小说中大运河沿线文化的研究开辟了新思路②。邹晓华进一步指出，明清小说中的大运河带有特定的文化含义，“形成独特的文化意象，如历史意象、英雄意象和商贾意象等”，正是“这些意象构成运河文化的重要内容，承载着民族记忆，反映着民族精神”③。

在古典四大名著之首的《红楼梦》中，大运河的文学作用和现实意义也得到了学者们的关注和研究。潘迪通过对女性形象、日常饮食、出行工具等方面的分析，展示了《红楼梦》中南北文化的差异与交融，揭示了大运河在文学中承载的地域文化特色的连接作用④。苗菁阐释了大运河与《红楼梦》之间的文化内涵。她并未将大运河的描绘局限于其作为运输通道、人物迁移途径等的功能性描述，而是通过深入分析小说情节设定，挖掘大运河重要的结构性要素，进一步揭示了大运河深邃细腻的文化内涵⑤。董宇婷则将视角转向了作者曹雪芹及其家族与大运河的深厚渊源，丰富了大运河在现实环境中对《红楼梦》作品的历史文化凿刻作用。以上研究不仅增加了对《红楼梦》中大运河象征意义的理解，也更加深入地揭示了大运河对曹雪芹及其作品的深刻影响⑥。但是，这些研究在揭示和分析大运河在《红楼梦》中的象征意义方面，仍存在一些局限性。

---

① 张美琪：《明清小说与运河文化考略》，《明清小说研究》2022年第3期，第107页。

② 郑民德：《明清小说中运河城市临清与淮安的比较研究》，《明清小说研究》2021年第2期，第4页。

③ 邹晓华：《论明清小说中的运河文化审美意象》，《文化创新比较研究》2021年第5期，第42页。

④ 潘迪：《〈红楼梦〉与南北文化差异》，硕士学位论文，中南民族大学，2008，第6页。

⑤ 苗菁：《〈红楼梦〉与京杭大运河》，《红楼梦学刊》2021年第1期，第193页。

⑥ 董宇婷：《〈红楼梦〉中大运河书写及对南北文化融汇的意义》，《明清小说研究》2021年第2期，第18页。

首先，虽然现有研究对大运河的象征意义进行了一定的解读，但对于这种象征意义在文本中的形成方式及传达机制的分析相对较少。这就需要我们运用符号学分析、结构主义分析，以及叙事分析等多角度的方法进行深入研究，探究大运河在《红楼梦》中如何被赋予特定的象征意义，以及这些意义如何在作品的整体结构和叙事过程中发挥作用，最终影响读者的理解和接受。其次，尽管现有研究涉及大运河的象征意义，但并未全面探讨其在小说整体主题、结构、人物发展和命运变化过程中的作用。最后，虽然大运河在《红楼梦》中具有重要的象征意义，但这并不是《红楼梦》中唯一的符号象征元素。现有研究未能充分关注大运河与其他象征元素之间的互动关系，这就需要我们从更宏观的角度去看待《红楼梦》中的象征系统，理解大运河如何与其他元素共同构建这部作品的复杂象征体系。深度挖掘大运河在《红楼梦》中的象征性角色，有助于更加全面和深刻地认识中国末代封建王朝的社会经济、文化环境、国民精神面貌及其所展现的内在国家形象。

二、罗兰·巴特符号学理论框架

本节将借鉴并应用罗兰·巴特的符号学作为理论指导框架。

(一)符号学的界定

“符号”一词源于拉丁语 *symbolum*，它包括了标签、象征、信号、标志、肖像等多种含义。它起源于瑞士语言学家索绪尔的《普通语言学教程》。在这本书中，符号由能指(signifier)和所指(signified)共同构建，前者是符号的物质存在，后者则是这个符号所引用或表示的概念或意象①。基于对前人的研究总结，赵毅衡将其界定为“被认为携带意义的感知”，并进一步对符号与意义之间的关系做了解释：“意义必须用符号才能表达，符号的用途是表达意义。反过来说，没有意义可以不用符号表达，也没有不表达意义的符号”②。那么，什么是符号学(semiology)呢？简单地说，符号学是“研究符号的学说”③，符号学的研究对象是“社会生活中符号的生命”④。换言之，符号学的研究对象是所有可以符号化的社会文化现象，而最典型的就是语言符号。福

① Ferdinand de Saussure, *Course in General Linguistics* (London: Bloomsbury Academic. 1966), p. 14.

② 赵毅衡：《重新定义符号与符号学》，《国际新闻界》2013年第6期，第7页。

③ Paul Cobley, *The Routledge Companion to Semiotics* (New York: Routledge, 2010), p. 3.

④ 吴晓峰：《符号与意义：巴特符号学与现代语言学的比较研究》，《学术研究》2001年第3期，第120页。

柯在其《知识考古学》中说："我们可以把使符号说话、发展其意义的全部知识称为阐释学；把鉴别符号、了解连接规律的全部知识称为符号学。"①对福柯来说，符号学与阐释学各据意义活动的一半，二者相辅相成。赵毅衡认为：符号学是"关于意义活动的学说"。此界定与赵毅衡给"符号"所下的定义一脉相承，既简明扼要，又言之有理。当今，基于符号学的研究枝繁叶茂，它被广泛地应用于语言学、文学、语义学、逻辑学、现象学、解释学、心理学等学科领域。

(二)一级和二级符号系统

巴特继承并发展了索绪尔的语言符号理论，构建了他自己的符号学体系。他的符号学并未局限于理论探讨，而是广泛应用于文学、电影、服装设计、摄影以及各种社会文化现象的分析，紧密地与艺术和文学的讨论及研究相连。他通过研究这些领域的符号，利用符号学的理论和方法，揭示了相关符号背后的文化含义和价值，从而将符号学与文化研究紧密结合起来②。索绪尔认为，"能指和所指联系是任意的，因为我们所说的符号是能指和所指相联结所产生的整体"③。可见，语言符号是任意的，任意性是语言符号的第一原则，强调非理据性。

但是，巴特认为，在人类学的层次上，完全任意的符号是极少数的。文学中的符号，强调类比性，在使非理据性自然化和使理据性合理化时具有双重的互补的倾向。因此，巴特的符号学注重意义的产生过程，即意指过程，由此建立了符号的二级意指系统。巴特把文学称为"文学神话"，而神话的根本原则是将历史转化为自然。神话是一个含蓄意指的系统，即在神话系统内部包含着一个语言符号系统，它是由两层符号系统构成的结构：一级符号系统和二级符号系统④。

在一级符号系统中，物理的符号(能指)与其实际含义(所指)构成一个完整的符号。这个层次被称为"直接意指"或者"外延"，表达显而易见的字面含义，符号在其直接的文本上具有明确的字面意义，并与特定的对象或概念相

① Michael Foucault, *The Order of Things: An Archeology of the Human Sciences* (London: Routledge, 2002), p. 33.

② 罗兰·巴特:《符号学原理》，李幼蒸译，中国人民大学出版社，2008，第 3－8 页。

③ 费尔迪南·德·索绪尔，《普通语言学教程》，高名凯译，商务印书馆，1980，第 38 页。

④ 罗兰·巴特，《神话：大众文化诠释》，许蔷蔷、许绮玲译，上海人民出版社，1999，第 6 页。

对应。这种“能指＋所指＝符号”的公式是符号表意的第一层次。然而，这个符号不是仅在一级符号系统中存在，当它进入二级系统时，又作为新的能指出现。这个新能指和新所指相结合，形成了二级系统中的符号。二级符号系统又被称为“含蓄意指”或“内涵”，充满了文化和象征性的意义，是意识形态的一部分，是隐而不彰的附加含义。通过这个方式，文学符号获得了更深层次的文化和象征意义，使得符号不仅仅是它直接表示的那个对象，也成为一种社会和文化的表述（见图 4－15）。

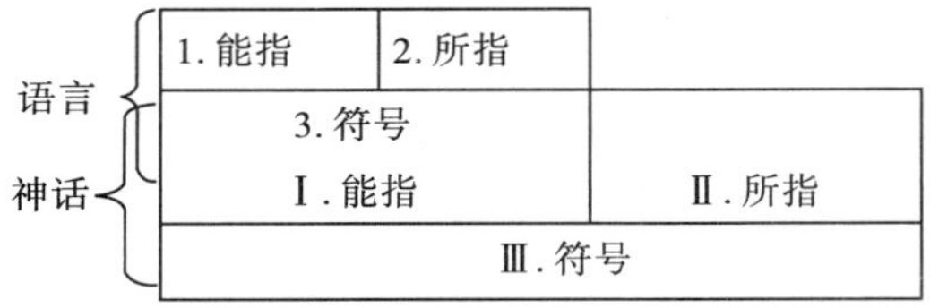

图 4－15　文学符号学系统图[①]

巴特认为，包括叙事文学、影视等在内的各种表达形式，都是以语言符号为基础的二级符号系统。因此，《红楼梦》中所承载的大运河叙事，也可视作一种符号系统，通过大运河实际功能（一级系统的能指）来表达一定的外延意义，即直接意指（一级系统的所指），所构成的符号又变成了新的能指（二级系统），并衍生出了大运河符号的内涵意义（二级系统的所指）。通过大运河实际功能及其对应的直接意指，我们可以进一步挖掘其在《红楼梦》中作为二级符号系统所承载的深层文化象征意义。

（三）组合段和系统

巴特的符号学中还包含两个主要的概念：组合段（syntagm）和系统（paradigm）。组合段是指符号在特定时间和空间中的特定排列，就像语句中词语的语法顺序，它关注的是符号如何在实际环境中进行结构化和被运用。巴特把“裙子”“衬衣”“背心”等同一套服装中不同部分的并列看作是组合段（组合平面）[②]。系统涉及一组共享相同功能或特征、能互相替换的符号。例如，一种语言的所有名词形成一个系统，因为它们在句子中可以互换，并有着表达事物的功能。这主要与符号的分类及其相互关系有关。比如同一类服装构成系统，包括衣片和零件的集合、身体的同一部位的零件选择，以及零件的

① 吴晓峰：《符号与意义：巴特符号学与现代语言学的比较研究》，《学术研究》2001年第 3 期，第 122 页。

② 罗兰·巴特：《符号学原理》，李幼蒸译，中国人民大学出版社，2008，第 152 页。

变动与服饰意义的改变①。

巴特强调，符号的意义既取决于它在组合段中的位置(即与其他符号的关系)，也取决于它在系统中的位置(即与其他功能相似的符号的关系)。因此，理解一个符号需要既看它在语境中的应用和排列(即组合段)，又看它在所有可能符号中的位置和功能(即系统)。在文学研究中，试图深入理解作者的创作动机，以及揭示作品中隐含的深层次象征符号，往往充满挑战。这也是我们在研究诸如《红楼梦》等文学作品时容易面临的困难，作者的创作背景和真实意图往往非常复杂，难以捉摸。然而，罗兰·巴特的符号分析方法提供了一个包容的解释框架，使我们能在多个社会文化层面上讨论作品，为我们提供了多元化和深入的思考路径。

三、《红楼梦》象征意义的研究方法

本研究以《红楼梦》②原文为第一手资料，对其中与京杭大运河相关的段落，给予特别关注。具体的研究包括两个步骤。一方面，我们在罗兰·巴特的符号学理论框架指导下，对《红楼梦》中有关京杭大运河的章节进行筛选，然后就其中典型例文的象征意义展开细致的剖析，其中涵盖了对其物质和功能性角色的理解和对其深层次的社会、历史文化寓言的阐释。另一方面，我们采用数字文本分析工具(Voyant 平台)，以准确捕获和理解大运河在文本中的描绘及其变迁。利用分析工具，我们能迅速定位《红楼梦》中所有与大运河有关的片段和描述，并将其在全文中的出现频率进行可视化处理，以显示出它作为符号的演变过程。这种量化的分析视角能够助我们深度洞察大运河作为符号意义在不同语境下的变化。

通过以上的混合研究方法，我们试图挖掘和揭示京杭大运河在《红楼梦》中作为一个复杂符号系统的象征意义。

四、京杭大运河在《红楼梦》中的象征意义

(一)符号意指系统和大运河的象征意义

为了明确大运河在《红楼梦》这部经典名著中所代表的符号意义，我们利用统计软件 Voyant 平台，运用其关键词频率分析的方法，选取了一系列与大运河直接或间接相关的特定关键词，包括“河”“船”“舟”“驿”“漕”“水陆”“江

① 罗兰·巴特：《符号学原理》，李幼燕译，中国人民大学出版社，2008，第 156 - 158 页。

② 曹雪芹：《红楼梦》，人民文学出版社，2012。

南”“扬州”“金陵”“苏州/姑苏”和“货物”等，进行关键词使用频率的统计。这些关键词的使用，有助于我们捕捉到与大运河相关的各种象征含义。

具体来看，“河”这个词在大运河相关章节中出现3次，“船”出现18次，“舟”出现4次，“河”出现3次，“漕”出现2次，“驿”出现1次，“水陆”出现1次。与地名有关的关键词中，“江南”出现3次，“扬州”出现4次，“金陵”出现4次，“苏州/姑苏”出现4次，“货物”出现4次。这些关键词的频率分布暗示了大运河在小说中的重要性，而且它是以一种多元的方式呈现的：它不仅是地理位置和交通线路的象征，还是人物活动的场所和与物资运输及贸易相关的重要符号。高频出现的“船”正是揭示大运河作为连接不同地理和文化区域的交通方面的功能。

以下我们将深入探索这些关键词在小说文本中的具体呈现方式和含义，以便更加深入地理解大运河作为一个复杂符号体系在《红楼梦》中的象征意义。

1. 一级符号形象阐释

“运河”中的“运”字原本指的是运输，然而在社会体系中，通过水的流动，“运河”被赋予了更多的含义，例如漕粮运输、文化传播、市场构建和社会平衡的载体。在元明清时期，“运河”开始被用来指贯通南北的京杭大运河，元代便有“运河二千余里，漕公私物货，为利甚大”的记载①。在中国社会发展的进程中，大运河的附属功能逐渐增多，社会交流也日益频繁。京杭大运河在《红楼梦》中，首先以一级符号的形象出现，象征着显著的客运和物流功能。这个实际功能在小说的整体结构中十分直观和丰富，不仅紧密关联了一系列人物的行动路径，而且通过与大运河相关的关键词的出现，进一步强化了这一功能的象征意义。

在《红楼梦》开篇，“地陷东南，这东南一隅有处曰姑苏，有城曰阊门者……”②，作者便迅速引领读者的视线聚焦在苏州，这个坐落在运河岸边的城市。这样的设定为我们理解大运河的交通客运功能提供了直观的背景。在这个背景下，阊门的存在成为象征运河交通便利的重要标识，揭示了它对苏州以及沿线城市的繁荣昌盛产生的深远影响。实际上，大运河将北京、南京、苏州等几大文化中心串联为一体，极大地促进了南方与北方的文化交流与繁荣。其中的北京是当时的政治中心，金陵（今南京）是文化中心和北运物资的重要中转站。在《红楼梦》的第二十六回中，金陵的出现频次为42次，足以说

① 宋濂等：《元史·卷九十一·志第四十一上·百官七》，http：//www.guoxue123.com/shibu/0101/00ys/090.htm，访问日期：2023年6月3日。

② 曹雪芹：《红楼梦》，人民文学出版社，2012，第7页。

明其重要性。两座城市的通航，从地理上连通了南北两大都市，在创作上也使“曹雪芹将运河记忆转化为艺术形象”，并使其“成为《红楼梦》小说的一种质地和内在构成”①。

大运河在人物出行上的功能得到了明显的体现。比如，“从扬州出发，贾府‘打发了男女船只来接’，黛玉登舟而去时，贾雨村也是坐着另外一只船‘依附而行’的，到了京城后便‘弃舟登岸’了”②。这一描述清晰地展现了大运河在交通运输中的角色。这一角色以象征性的方式，强化了大运河在人物动线中的重要地位，体现了它在交通客运功能上的意义。此外，香菱在《红楼梦》第四十八回中的描述“日下晚便湾住船”③，进一步揭示了大运河的客运功能。长江以北的运河沿岸就有很多以“湾”字来命名的地方，比如扬州的三湾，再比如北京的张家湾。很多行人便会在“湾”处停留休息，翌日启程。这一描述显现了大运河作为交通要道，为旅人提供了便捷的通行条件，同时，揭示了大运河在小说中的独特位置。作者曹雪芹就以通州张家湾为来往码头，多次于运河南北穿梭，最后在京郊完成这本巨著。此外，大运河与《红楼梦》中多个角色的命运紧密相连。例如，薛宝琴、李纹、李绮、邢岫烟四人在运河上“泊船相遇”④，并因此结伴前往贾府。尤其是金陵十二钗中的大部分女性角色都来自南方，她们依赖大运河的便利，来到京城，这无疑进一步凸显了大运河在一级符号系统中承担的交通客运功能。

除了人物出行，京杭大运河在物资运输方面，亦发挥着举足轻重的作用。在大观园建设过程中，大量的物品需要从苏州统一采购。这些物品的数量庞大，种类繁多，材料和工艺要求高，价格昂贵，这都使得采购和运输工作成为一项巨大的挑战。而贾蔷选择去苏州采购，而不是京城，这一决定直接揭示了京杭大运河的物资运输功能。这些物品从苏州出发，通过京杭大运河运到京城，这个过程耗时长久，但对于当时的条件来说，这是最有效的物流方式。另外，贾府中有大量南方物品，包括各种水果、食品等，如大佛手、鲜荔枝等，以及红稻米、大芋头、新鲜鲟鱼等，饮食上有贾府人钟爱的惠泉酒、酸笋鸡皮汤、酒酿清蒸鸭子、鸡髓笋、菱藕鸡头、玫瑰露、椒油莼齑酱、桂花露等江南名酒、名菜、名小吃，还有芭蕉、梧桐、荼靡、桂花等南方植物，

---

① 董宇婷：《〈红楼梦〉中大运河书写及对南北文化融汇的意义》，《明清小说研究》2021 年第 2 期，第 22、24 页。

② 曹雪芹：《红楼梦》，人民文学出版社，2012，第 36 页。

③ 同上书，第 648 页

④ 同上书，第 654 页。

亦有荷、柳、桃、杏、松等产地遍布南北的植物频繁出现。其中，竹出现38次，荷出现38次，柳出现37次，桃出现26次，梅出现24次，桂出现22次，杏出现17次，松出现15次①。上述种种水果、食品、饮食与植物，若无便捷的大运河运输途径，北方的贾府便无法得到那些南方特有的物品，这足以说明繁荣鼎盛的南北文化交汇之广，交融之深。

贾府中的日常用品如玫瑰露、鼻烟壶等舶来品，在清代多来自海外，大部分在广东福建入境，然后经由水路进入京杭大运河北上。王熙凤曾表述："那时我爷爷单管各国进贡朝贺的事，凡有的外国人来，都是我们家养活。粤、闽、滇、浙所有的洋船货物都是我家的。"②这亦是一个证据。此外，曹雪芹的祖父曹寅在江宁织造任上，有机会接触到各种舶来品，如玻璃杯，他的诗文集《楝亭集》中就有《玻璃杯赋》③。这些都显示了京杭大运河作为物流通道对文化交流的重要性。它不仅将南方的物品运至京城，也将外国的物品带入内地，让人们接触到了更多新颖的物品和观念，扩大了人们的视野。

交易带来财富的流动和积累。在红楼梦中，薛蟠来自以经商为业的薛家，薛家经营着各省的买卖，对于薛家的财富积累，京杭大运河发挥了重要作用。同时，贾家的财富积累，除了官位俸禄和土地收入之外，他们还与江南甄家，以及金陵的薛、史、王三大家族之间有一些生意往来或权力交换，创造了一些额外的收入。于是，在《红楼梦》中，南方与北方好似咫尺之遥，并不多么遥远。贾府"来来往往的亲眷，日常使用的物品，南北互走互通。为了购置大观园的摆设、物品要往南方去采购，家班里的十二个优伶芳官们也全从苏州买来"④。其中，京杭大运河扮演着密不可分的重要角色，因为它提供了一条便利的运输通道，使这些家族得以轻易进行物资的运输和交换。

可见，京杭大运河作为一级符号，其实际功能贯穿始终。这些功能可以概括为：提供了人员流动的通道，从而塑造了小说人物行动路径；承担了南北物资运输的职能，进一步揭示了其在南北物资交流和财富积累中的重要角色。这些具体的功能构成了京杭大运河在一级符号系统中所代表的实际内容和概念。

2. 二级符号隐喻分析

在《红楼梦》的符号体系中，众多的能指和所指构成的初级系统通过场景

① 潘富俊：《草木缘情：中国古典文学中的植物世界》，商务印书馆，2015，第95页。

② 曹雪芹：《红楼梦》，人民文学出版社，2012，第210页。

③ 胡晴：《烟云模糊中，大运河浸染了〈红楼梦〉》，https://www.sohu.com/a/526215954_120244154，访问日期：2023年2月12日。

④ 张云：《〈红楼梦〉与大运河之渊源》，《明清小说研究》2020年第2期，第48页。

描述、情节发展、关键词的突出等手法，进一步展现出深层次的含义，这些二级意指包括了繁华富贵的象征、多元文化的美好融合，以及社会历史的波动。首先，在小说《红楼梦》中，大运河被赋予了繁华富饶的象征意义。大运河在物质层面上的功能，包括客运、货运、漕运与兵运，将南方与北方相互连接。粮食、生鲜、丝制品、工艺品，甚至国外进口物品等通过京杭大运河源源不断地输送进京，使京城成为一座名副其实的"水上漂来的北京城"。大运河的物质承载功能使得作者"以南写北"和"以北隐南"的写作手法得以实现①，承载起了细节丰富、体量庞大的故事架构。这条千年流淌的运河，曾是明清时期的经济命脉，也是南北文化交融的纽带。苏州、杭州、扬州等重要的沿线运河城市，在小说中也均有关键词提及，被串联为一体，在地理位置上以及情节上衔接起重要的故事篇章。因此，《红楼梦》所呈现的繁荣富饶世界，从饮食习惯、风物风情、戏曲形式、器物植物、园林建筑无不体现南北交融。正是"南北不同的文化由于大运河得以齐聚贾府，出行上的南船北马，建筑上的南敞北封，习性上的南细北爽，饮食的南甜北咸，浑然融于《红楼梦》的细节中"②。南北文化的交融，南北都市的繁荣，曹雪芹用如椽巨笔在《红楼梦》中给予了淋漓尽致的书写。

在商品和贸易的自由流动中，无论是南方常见的茶叶、瓷器，或者是那些诸如"天下虽知，得者甚少"③的顶级慧纹刺绣工艺品等各类珍贵商品，大运河都为其提供了一个流通的通道。这使得贾家这样的"钟鸣鼎食人家，诗礼簪缨之族"有机会获得顶级的物质享受。同时，他们也能巧妙地在运河两端的利益旋涡中游刃有余地积累财富，从而展示了贾府在经济和社会地位方面的显著实力，赋予了其更深的象征意义。大运河代表着那个时代的经济生命线，它也让薛蟠这样的商人能够借助运河的便利获取利益，从多个方面展示了一个微观的社会经济景象。通过各种各样的直接或间接的描绘手法，繁忙的大运河作为重要的物流渠道，其一级符号的含义进一步延伸，变成了繁华富庶和权势阶层的象征。然而，在符号学研究中，我们不能以固定的视角来看待一对能指和所指关系。当小说情节进展到后期，"贾府有大厦将倾之相"得到证实，以及"树倒猢狲散"④之时，大运河的意指过程也随之改变。在这个纵

① 张云：《〈红楼梦〉与大运河之渊源》，《明清小说研究》2020年第2期，第48页。

② 董宇婷：《〈红楼梦〉中大运河书写及对南北文化融汇的意义》，《明清小说研究》2021年第2期，第30页。

③ 曹雪芹：《红楼梦》，人民文学出版社，2012，第728页。

④ 曹雪芹：《红楼梦》，人民文学出版社，2012，第169页。

向的演变过程中，大运河的象征也由兴盛滑向衰败，符号产生了位移，变成了一种充满了不可避免的社会历史变迁的悲剧色彩的符号。

物质流动在酝酿文化融合的过程中起到了重要作用。大运河，作为一个多元复杂的系统，其所连接的不仅仅是南北的地域、水系的地理、市场的经济，更承载着艺术、风俗等文化内容的交融与传播。具体而言，大运河改变了中国文化的延伸空间，孕育并繁衍了各美其美的多元文化。南北文化、多民族文化等在大运河的荡漾中汇聚并互通，被注入了生机与活力。正是由于大运河所促成的这种广阔的文化交流，南北各地的文化、语言、历史、风俗才能够在曹雪芹的笔下汇聚一堂，共同写就了怀金悼玉的《红楼梦》。在小说中，金陵十二钗的南方女子带去了慧智内秀的气质，由南方物资渠道流过来的珍奇宝物带来了高雅的艺术审美，音乐以及其他艺术的交融更是深深地浸染了红楼梦朦胧细腻的画面感。

得益于文化的交融，“琉璃世界白雪红梅”一回中，北方“天上仍是搓棉扯絮一般”①的大雪中出现了南方冬天才有的红梅，妙玉门前拢翠庵中有十数株红梅如胭脂一般，南北文化意象的融合展示了独特的审美境界。有人认为大观园“是一个南北名园的综合”②，作为故事发生的小舞台，北方豪放性格的代表探春和南方阴柔气质的代表林黛玉互相交流学习，这都深深地赋予了小说丰富多彩的文化底色，用充满诗情画意的文化感染力给读者带来了心灵的震撼。因此，在这个层面上，大运河的象征意涵被提升到更高的层次，成为文化艺术的传播者、丰富多彩的文化万花筒，也象征着多元文化的包容和对高阶美学境界的追求。

最后，大运河被塑造为人生和社会历史变迁的舞台。大运河承载着物质的厚重和文化的象征，这种充满情感的符号便如同一个历史的舞台。大运河的历史变迁与《红楼梦》主要人物命运的兴衰起伏形成了鲜明的对照，贾宝玉与林黛玉青梅竹马的爱情故事、木石前盟被迫让位金石良缘的姻缘变故与黛玉含恨而死和宝玉依然出家的悲惨结局，既演绎出贾、史、王、薛四大四大家族的兴衰史，也反映出清朝由盛及衰的颓势，甚至折射出整个大时代的变迁，表达了生命无常和历史波折前行的人生哲理。在《红楼梦》中，曹雪芹将其所有的江南记忆、姑苏情结和金陵旧梦，幻化为艺术的书写符号，“从客观上反映了京杭大运河这个大动脉在南北两种文化的联结、沟通、撞击、互动

① 曹雪芹：《红楼梦》，人民文学出版社，2012，第663页。

② 张引娣：《从〈红楼梦〉里的大观园看中国古典园林》，https：//www.163.com/dy/article/E3GBFTKU0523AQHE.html，访问日期：2023年6月3日。

中所起的作用：它改变着中华文化的内涵，消融着南北的差异，也整合着中华文化的结构和格局”①。

3. 大运河符号组合和系统化

结合符号学的组合段与系统理论，我们可以从双重角度考察京杭大运河作为符号的地位：既可视其为一个独立的符号，与其他符号彼此相互形成一个庞大而复杂的符号集合；又可以通过审视大运河在当时社会交通系统中的无可比拟的重要性，定位其象征功能，深化理解其背后的隐喻含义。首先，大运河，与其上行驶的船只，以及其沿线的城市和漕运码头一道，构建了一个有机的符号组合。其中，运河沿岸的城市象征着人类的集聚与生活，漕运码头则标示着物资交流的重要节点。船只作为连接各城市和码头的载体，成为人员与物资流动的工具，而人们选择乘船的行为进一步强化了城市和码头的作用。此种符号组合构建了一个复杂而有机的运河符号体系，塑造了一个反映人类社会、经济发展和文化交流的独特视角。

在与大运河相关的符号中，“船”在《红楼梦》中出现的频次最高，因此，在符号组合段中，我们有更大的空间来探讨其与运河符号之间的深层联系与趋势（见图 4 - 16）。

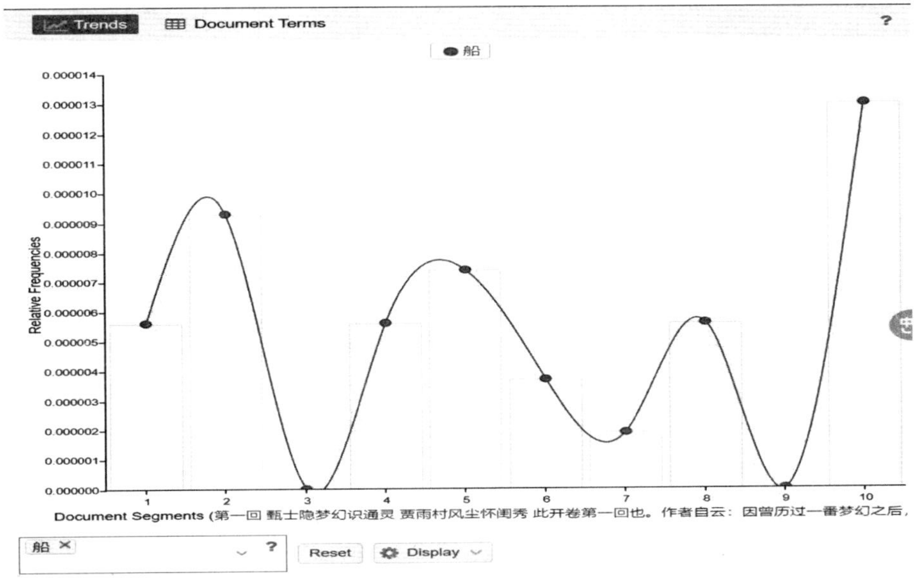

图 4 - 16　“船”在《红楼梦》中的出现频率趋势图

① 张云：《〈红楼梦〉与大运河之渊源》，《明清小说研究》2020 年第 2 期，第 44 - 45 页。

从图 4 - 16 可以看出，船只与大运河的联系贯穿了整部小说，比如人物通过大运河进入京城的贾府，至故事结束时再次借助大运河返回南方祖坟安葬，船只作为交通工具在小说的结构中扮演了至关重要的角色。在小说后期情节中，“船”的出现频率达到顶峰，命运的船也最终驶向终点靠岸，为大运河的象征功能得到进一步的巩固和加强，为小说高潮后的落幕做铺垫。在此期间，大运河符号的涵指随着情节的变化而变化，进一步证实了大运河在二级符号系统中的重要作用。

除此之外，鉴于船作为无主观能动性的物质实体无法与运河形成具有主观性的交互，这在某种程度上限制了对其深入研究的可能性。为了弥补这一点，我们可以将乘船的人视为独立的符号代表，对那些在小说中与大运河有着紧密联系的角色，如林黛玉、贾雨村等进行深度分析，以此为本研究带来更多维度的视角。首先，林黛玉的命运与大运河的存在形成了深度的呼应。林黛玉作为《红楼梦》小说主要角色之一，她的命运经历了从峰回路转到命运多舛的变迁。她从大运河进京，父亲逝世后又护送其灵柩沿河返回故乡。在小说第十九回中，黛玉与宝玉对话时，提及了大运河沿岸扬州的“景致古迹”和“土俗民风”，流露出她对故乡的深深眷恋。最终，在林黛玉离世后，她的灵柩也沿着大运河被送回了故乡苏州。这种呼应关系加深了大运河在小说中对人生命运变迁和宿命的象征意涵，将人物的命运与运河的存在紧密相连，凸显出大运河在人物命运中的重要象征意义。

其次，在金陵十二钗中，所有角色虽各有各的命运轨迹和结局，但从亮相贾府到其最后归宿，大运河都以符号的形式体现出了其与人物命运的互动关系。其中，京杭大运河还见证了宝黛之间爱情的发展历程。黛玉初次进京是两人姻缘的起始，其父林如海病亡后，黛玉的短暂离别加深了宝黛二人的感情。黛玉离世后，其灵柩沿大运河返回苏州，宣告了二人之间刻骨铭心的恋情的结束。之后，宝玉在常州毗陵驿渡口，剃发出家，断然放弃了家人按世俗给他安排的所谓金玉良缘，毅然决然地选择了出世的人生道路。在这种萧瑟荒凉的氛围中，大运河静静地象征着所有人物命运的终结，为故事拉下了帷幕。

最后，《红楼梦》用大运河生动地描绘了贾雨村等角色各自人生的浮沉起伏。他们通过与大运河的互动，展示出了鲜活但同时又充满戏剧性的命运轨迹。贾雨村因甄士隐的赞助而能进京赶考，成为林黛玉的老师，陪同她乘船前往贾府，如愿以偿地得到贾府的鼎力相助。然而，他的仕途波折重重，最终因贪图财富而再次被革职，并因此被囚禁。这种命运的起伏与大运河的浮沉形成了鲜明的对比，因为贾雨村的贪婪，早在最初的船头就注定了他的悲剧命运，而大运河则在这一过程中充当了冷静且庄严的旁观者和审判者。

通过对《红楼梦》几个代表人物与大运河互动关系的分析，我们可以深化对于符号与人物命运之间复杂关系的理解。小说人物的命运与大运河的存在交织在一起，共同构成了《红楼梦》中的符号互动的重要组成部分，同时也揭示其蕴含着更加深层的文化寓意。大运河是南北漕运的重要通道，它是物资运输和人员流动的主要途径。与之相对，陆地运输主要依赖于人力和牲畜力量。在平原地区，陆地运输或许还能应付，但是在丘陵、山地等地形复杂的区域，或者在长距离运输中，陆地运输的损耗较大，成本较高，运输量有限，且效率低下。大运河水路航运的优势使其在庞大的物流体系中占据了至关重要和不可替代的地位，从而进一步增强了大运河对各个方面的象征意义。其重要性，不仅体现在它的物质载体属性，也体现在它的文化意指属性。这两方面的属性共同决定了大运河在《红楼梦》中如此重要的符号地位、强大的象征功能和复杂的隐喻意义。

五、结语

此节采用罗兰·巴特的符号学理论深入地解析了《红楼梦》中京杭大运河的显性和隐性意义。大运河在小说中呈现了丰富的层次，揭示了其多元的象征性及其与社会文化背景的紧密联系。首先，在巴特的一级意指系统中，大运河作为一条主要的交通线路，是物资运输的通道，为经济社会的发展、繁荣和富庶奠定了基础。具体而言，大运河不仅提供了人员流动的通道，从而塑造了小说人物行动路径，也承担了南北物资运输的职能，进一步揭示了其在南北物资交流和财富积累中的重要角色。

其次，在巴特的二级意指系统中，大运河不仅是贾府财富积累、荣华富贵和由盛而衰的象征，同时也演示了清朝社会的动荡不安，或末代封建王朝的风雨飘摇。随着贾府的衰落，大运河的象征意义也发生了变化，反映出清朝社会的矛盾冲突与社会变迁。作为符号的隐喻意义，大运河的历史变迁与《红楼梦》主要人物命运的兴衰起伏形成了鲜明的对照，贾宝玉与林黛玉青梅竹马的爱情故事、木石前盟被迫让位金石良缘的姻缘变故与黛玉含恨而死和宝玉依然出家的悲惨结局，既演绎出贾、史、王、薛四大家族的兴衰史，也反映出清朝由盛及衰的颓势，甚至折射出整个大时代的变迁，从而表达了生命无常、世事如梦和历史总是在悲喜剧中波折前行的人生哲理。毋庸置疑，在南北两种文化的互动中，京杭大运河扮演着“改变中华文化的内涵，消融南北的差异，也整合中华文化结构和格局”[①]的角色。

最后，大运河的象征意义不仅深深嵌入在小说的情节中，而且与清代的社会文化环境紧密相连。它作为一个复杂的文化符号，在反映和批判社会现实的过程中，揭示了小说作者对清朝社会的深刻洞察和敏锐批判。《红楼梦》是一部从各个角度展现中国古代社会世态百相的史诗性著作，而大运河在其中扮演的角色无疑加深了这一点。总之，大运河水路航运的优势使其在庞大的物流体系中占据了至关重要和不可替代的地位，从而进一步增强了大运河对各个方面的象征意义。其重要性，不仅体现在它的物质载体属性，也体现在它的文化意旨属性。这两方面的属性共同决定了大运河在《红楼梦》中如此重要的符号地位、强大的象征功能和复杂的隐喻意义。《红楼梦》开篇第一回中有：“满纸荒唐言，一把辛酸泪。都云作者痴，谁解其中味！”[②]希望本节的研究可以对领会《红楼梦》这部古典文学名著的真谛，对理解大运河文化的功效及其所揭示的末代封建王朝的没落本质和华夏文明的强大生命力，提供一个具有参考价值的视角。

本章小结

本章第一节题为“大运河文化的国内外文学书写”，以费希尔叙事范式理论为指导，使用 Voyant 平台生成所选国内外 6 部运河文学作品的词云图和曼陀罗词文关系图，再运用阐释学分析方法，得出了两个方面的研究发现。相同之处是，国内外 6 部文学作品在材料、结构和角色三个维度的叙事连贯性方面，均达到相当理想的结果。不同方面有以下三处。第一，在材料连贯性上，国外 3 部作品的内容，多基于作者细致入微的现场考察或常年的人生经历，语句较长、关键词出现频率较低，而国内作品内容多出于对已有素材的整合与再创造，语句较短、关键词出现频率较高。第二，在结构连贯性上，前者多按时间顺序，进行平铺直叙、全面客观、细致入微的描述，反响强烈而持久，而后者则对清王朝的上层社会、明王朝的政治抗争以及宋明底层市井民俗，进行了独特叙事、浓厚抒情与深度刻画，多年来在海内外均掀起了持续不断的追捧和热议。第三，在角色连贯性上，国外作品倾向追求个人信件、私人文件和现场调查的研究者角色，而国内作品善于在作者毕生唯一精

① 张云：《〈红楼梦〉与大运河之渊源》，《明清小说研究》2020 年第 2 期，第 44－45 页。

② 曹雪芹：《红楼梦》，人民文学出版社，2012，第 7 页。

品中展现充满丰富想象、奇幻色彩和深邃哲理的文学巨匠角色。文学作品来源于丰富多彩的现实生活和复杂多变的人类社会，能够通过叙事连贯性等艺术升华手段，在最大程度上反映现实生活中的人物角色和人类社会的真谛。只有这样的文学作品，才能超越生搬硬套的强为讲述，超越缺乏互动的单向讲述，超越没有共鸣、缺乏沟通的个案分享。本节的发现有助于对当时的社会生活状态和民族文化风俗的深刻理解，有利于在历史长河中和跨越时空的大运河文化里，验证和夯实对中国国家形象的正确认知。

第二节题为“罗兰·巴特符号学视域下京杭大运河在《红楼梦》中的象征意义研究”。在罗兰·巴特符号学理论的指导下，本节探究了《红楼梦》中多元而复杂的京杭大运河符号象征意义。首先，在巴特的一级意指系统中，大运河的物质和功能性角色在小说中，均得到了明确的体现。大运河不仅提供了人员流动的通道，从而塑造了小说人物的行动路径，也承担了南北航运的职能，进一步揭示了大运河在南北物资交流和财富积累中的重要角色。其次，在巴特的二级意指系统中，大运河不但是贾府财富积累、荣华富贵和由盛而衰的象征，而且演示了清朝社会的风雨飘摇，从而表达了生命无常、世事如梦和历史总是在悲喜剧中波折前行的人生哲理。最后，作为大运河文化符号与小说主要人物命运之间的相互关系，大运河水路航运的优势使其在庞大的物流体系中占据了至关重要和不可替代的地位，从而进一步增强了大运河对各个方面的象征意义。其重要性，不仅体现在它的物质载体属性，也体现在它的文化意指属性。这两方面的属性共同决定了大运河在《红楼梦》中如此重要的符号地位、强大的象征功能和复杂的隐喻意义。

作为本章研究问题的答案，本章第一节在费希尔的叙事范式理论指导下，对所选 6 部国内外作品进行了分析。在材料连贯性上，国外 3 部作品，基于作者对当时中国的感知和认知，侧重展现和传播的是显性的大运河物质文化遗产，其中的《英使谒见乾隆纪实》折射出比较明显的基于西方优越感而对东方大国有所贬低的色彩。国内 3 部作品，基于与小说有关的作者集群的生活阅历、真情实感与艺术感悟，着重反映和揭示了隐形的大运河非物质文化遗产，因而在很大程度上实现了中西跨文化传播的情感解读与心灵沟通。在结构的连贯性上，国外作品基本为游记、纪实和记录，其结构多为平铺直叙、全面客观、细致入微的描述。国内作品，全部为经典文学名著，分别对清王朝的上层社会、明王朝的政治抗争以及宋明底层市井民俗进行了难以再出其右的独特叙事、浓厚抒情与深度刻画。正是这些将国家叙事、群体叙事与个人叙事彼此打通，你中有我，我中有你，才使对大运河文化内涵及基于此的国家形象的描绘能够“囊括最大范围的国民情绪、支撑国民荣耀与价值观、保持最大限度的一致性以及尽可能得到国际社会的认可”①。在角色的连贯性上，国外作品更多依赖个人信件、私人文件和现场调查的所见所闻，而国内作品往往为作者毕生唯一精品，其中充满丰富想象、神秘色彩和深邃哲理，成为“超越生搬硬套的强为讲述，超越缺乏互动的单向讲述，以及超越没有共鸣、缺乏沟通的个案分享”②。第二节采用罗兰·巴特的符号学理论，详尽解析了《红楼梦》中京杭大运河的显性和隐性意义，揭示了其多元象征性与社会文化背景的紧密联系。首先，在巴特的一级意指系统中，大运河提供了人员流动的通道，不但塑造了小说人物的行动路径，而且肩负着南北物资运输的职能，说明其在南北物资交流和财富积累中的重要角色。其次，在巴特的二级意指系统中，大运河不仅是贾府财富积累、荣华富贵和由盛而衰的象征，同时也演示了清朝社会的动荡不安，或末代封建王朝的风雨飘摇。可见，大运河水路航运的优势使其在庞大的物流体系中占据了至关重要和不可替代的地位，这也进一步增强了大运河对各个方面的象征意义。其重要性，不仅体现在它的物质载体属性，也体现在它的文化意指中。

① 岸田秀，『ものぐさ精神分析』(東京：青土社，1977)，第 27 頁．

② 王义桅：《讲好中国故事要实现“三个超越”：以如何讲好“一带一路”故事为例》，《对外传播》2015 年第 9 期，第 24 页。

第五章 大运河文化价值与世界运河文化遗产的平行比较

有比较才有鉴别。通过取长补短，方可不断进取。本章的研究问题是：结合联合国教科文组织对世界文化遗产保护管理的宏观指导与督查，通过对世界运河文化遗产外部经验与大运河文化价值的平行比较，可以在哪些方面发现中国大运河文化遗产保护管理的相关理念与举措有益于或有损于中国国家形象的塑造和传播？为此，本章第一节运用知识图谱对水文化与大运河文化，以及大运河与大运河文化带的国内外研究热点、路径与前沿或发展趋势，进行可视化梳理与详细分析，旨在厘清和凸显大运河文化的学术价值。第二节以联合国教科文组织有关世界文化遗产的相关法规为参照，通过对世界运河文化遗产外部经验与国内大运河文化价值的平行比较，取长补短，拾遗补阙，为建构基于大运河文化遗产的本土话语体系积累原始素材，为提升以大运河文化为代表的中国国家形象奠定坚实基础。

第一节 水文化与大运河文化、大运河与大运河文化带的研究热点、路径与前沿

一、水文化与大运河文化的研究热点、路径与前沿

谈及大运河，就离不开水的话题，更离不开对水文化的探究。水本是一种自然资源，但与人发生联系后，水文化便应运而生。水文化作为文化的一个重要组成部分，能够对一个国家的文明程度产生深远的影响。“2008 年出版的《中华水文化概论》对水文化的定义是：‘广义的水文化是人们在水事活动中创造物质财富和精神财富的能力和成果的总和；狭义的水文化是指观念形态的文化，主要包括与水有密切关系的思想意识、价值观念、精神成果等’。”①

作为中国航运交通的大动脉和水利工程奇迹，大运河丰富而深厚的文化内核与底蕴，长期以来吸引着众多专家和学者的关注和青睐。因此，本节以水文化研究为面，大运河文化研究为点，进行可视化图谱分析，以便厘清大

① 李宗新：《漫谈文化与水文化》，《河南水利与南水北调》2012 年第 1 期，第 30 页。

运河文化研究的热点、路径和前沿，旨在促进中国水文化在世界范围走出去、走上去、走进去，同时助推大运河文化故事在面对不同文化背景的听众时，可以讲得清、讲得明、讲得懂。

(一)数据来源与研究方法

1. 数据来源

本章选取具有权威性的知网数据库(CNKI)作为数据源，在高级检索栏中，以“主题=‘水文化’或‘治水’”为条件进行高级精确检索，文献检索时间不限，共检索到 9,812 篇文献(数据收集截止日期为 2019 年 8 月 11 日)。基于提取文献内的关键词进行知识图谱(CiteSpace)可视化分析研究热点和研究前沿的需要，本章主要以期刊论文为研究对象，在剔除外文文献及其他不相关的文章后，有效文献数量为 320 篇(表 5-1)。

表 5-1　数据获取情况

类别	说明
数据来源	CNKI 知网数据库
检索条件	主题=‘水文化’或‘治水’
检索时间限定	不限
文献类别	期刊
有效论文数量	320 篇

2. 研究方法

CiteSpace 软件的主要功能是通过关键词共现、机构分布、作者合作、文献耦合等可视化功能，展现和分析学科前沿的演进趋势和知识关联状态①。CiteSpace 软件可以将 CNKI 数据库导出的数据进行格式化转换，绘制各类知识图谱，并通过节点的大小、网络连接度等要素，展示研究领域的时区布局和热点动向②。本章借助 CiteSpace 5.3 软件，把所有以 refworks 格式(基于网络的研究文献管理软件包)保存的有效文献，导入 CiteSpace 软件中进行处理，对关键词进行共现分析、关键词突变分析、关键词演化路径分析，生成可视化知识图谱。

---

① 李伯华、罗琴、刘沛林、张家其：《基于 CiteSpace 的中国传统村落研究知识图谱分析》，《经济地理》2017 年第 9 期，第 208 页。

② 同上。

（二）水文化研究统计与分析

1. 研究热点分析

关键词可以揭示文章内容的主要研究方向和核心观点，对水文化领域内相关文献的关键词进行共现频率和突现性检测及演化路径分析，可以直观地呈现出水文化研究热点、研究趋势和知识结构。一个关键词就是一个节点，节点与节点之间是彼此的密度。关键词范围越大，表示该关键词被提及的次数最多；关键词节点之间与其他词语连线越多，则表示它们与其他关键词的联系越紧密①。将 320 篇论文导入 CiteSpace 软件中，利用关键词路径计算法，可以计算出关键词的共现频率，也可以绘制出关键词的知识图谱。数据时间跨度设置为 1982 年至 2019 年，以三年作为时间切片，以关键词为网络切点，选取每个时间切片中高被引的前 50 个关键词，生成水文化研究关键词共现图谱（图 5－1）。图 5－1 共有 70 个关键词节点，186 条连接，密度为 0.077，其中节点越大表示出现频率越高，连线越多表明两个关键词共现次数越多，连线越粗表明联系程度越强。按照词频排序统计，提取词频最高的前 10 个关键词（表 5－2）进行统计，统计结果显示围绕治水及治水人物的研究“大禹治水”“李冰”“大禹”等关键词出现频次最多，从高频关键词的年份来看，“大禹”“洪水”“都江堰”等关键词首次出现时间较晚，是近年水文化的研究热点。

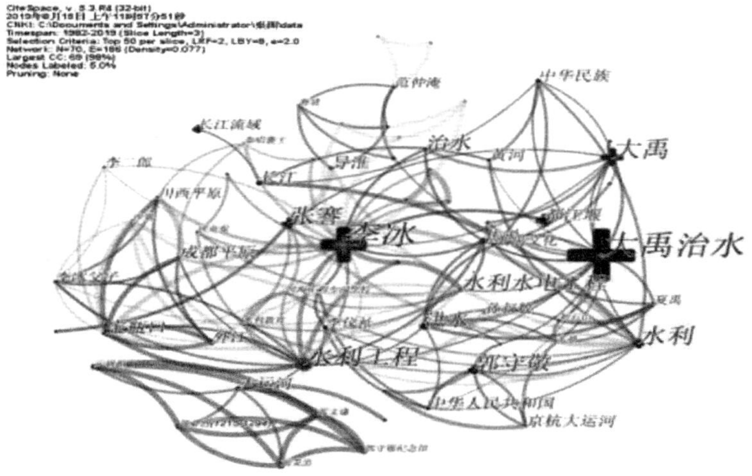

图 5－1　1982 年至 2019 年水文化叙事研究关键词共现知识图谱

---

① 关晶、张朝枝：《遗产旅游研究知识图谱：基于 CiteSpace 的分析》，《旅游论坛》2017 年第 5 期，第 63 页。

表 5－2　1982 年至 2019 年水文化叙事研究前 10 高频关键词

序号	频次	关键词	最早年份
01	39	大禹治水	1990
02	29	李冰	1985
03	14	大禹	2008
04	9	张謇	1996
05	8	水利	1996
06	8	水利工程	1994
07	7	郭守敬	1996
08	6	都江堰	2018
09	6	宝瓶口	1994
10	5	洪水	2008

结合关键词共现分析、知识图谱和高频关键词的分析来看，水文化研究的关注焦点分为三个层次：区域性水文化研究、治水人物研究、治水方法研究。在区域性水文化方面的研究中，既有对长江、黄河、大运河流域水文化的研究，也有对渭河流域、淮河流域等河流和地域水文化的研究，还有对洞庭湖、鄱阳湖等湖泊相关水文化的研究①；治水人物研究的主要焦点为大禹、李冰、张謇、郭守敬等人，其中对大禹治水的研究最多，研究内容主要包括大禹治水新说、大禹治水源头、大禹治水精神等；对治水方法的研究中，多以研究大禹采取“疏导”的方法治水、李冰分流岷江、郭守敬预开减水河为主，其中也不乏涉及著名水利工程的研究，如都江堰和三峡大坝等。上述有关水利遗产的大量研究，有利于普及公众对我国主要水利遗产的全面认知，加深公众对其科技含量和文化价值的理解，有利于推广国家和地方政府管理部门制定相应的、切实有效的保护措施，有利于水文化的广泛传承。

2. 研究路径分析

关键词共现时区图可以体现该研究时间序列上的研究重点。为探究水文化研究重点的演变历程，我们利用 CiteSpace 软件，以三年作为一个时区，绘制出了水文化叙事研究关键词时序图谱(图 5－2)。

① 邓俊、吕娟、王英华：《水文化研究与水文化建设发展综述》，《中国水利》2016 年第 21 期，第 53 页。

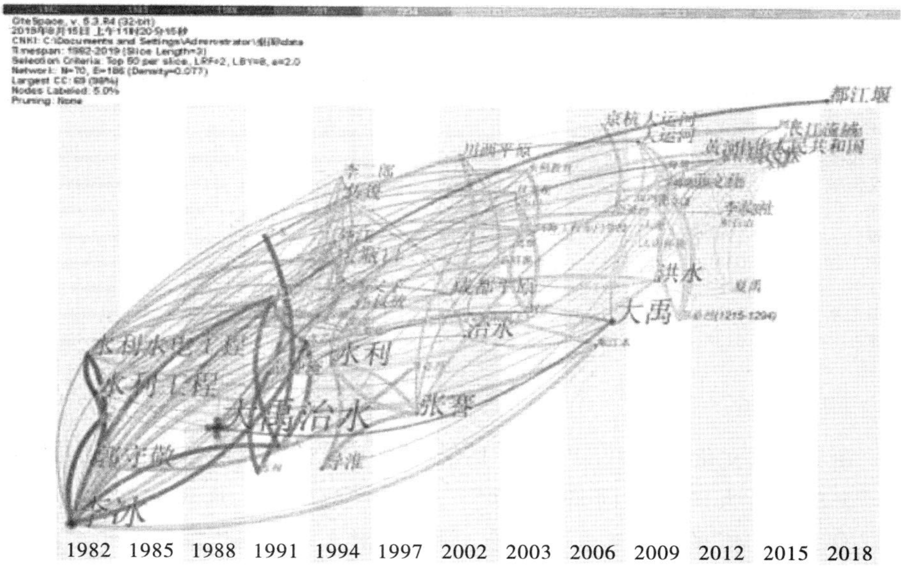

图 5－2　水文化叙事研究关键词时序图谱

在 1982 时区中出现了“李冰”“郭守敬”“水利工程”，说明最初对治水人物的研究主要以“李冰”“郭守敬”为主。而在 1988 时区中，“大禹治水”一跃成为研究重点。随着时间推移，水文化研究出现了“导淮”“大禹”“张謇”“李仪祉”等。在大运河申遗成功前后，水文化研究领域掀起了与大运河相关的研究热潮。而“治水思想”“都江堰”及“长江”是当前水文化研究的热点。

3. 研究前沿分析

关键词的数量及其增长情况能够有效反映学术各领域的发展及热点前沿问题①。通过突现词检测原理可以进一步探析水文化研究的前沿动态。突现词是指使用频次突然明显增多，或在较短时间内突然出现的术语。根据词频的时间分布和变化趋势，从大量的文献主题词中提炼出突现词，有助于较清晰地分析和了解某一学科的研究前沿领域和发展趋势。与一般的高频词与关键词相比，突现词的动态变化特性使之能更准确地反映出某一学科的研究前沿②。在本次研究中，我们利用 CiteSpace 软件，按照关键词突现值的量度指

① 陈美家、于海洋、张婉滢、张文明：《我国 OA 期刊研究的可视化分析》，《图书情报工作》2011 年第 22 期，第 136 页。

② 李红满：《国际翻译学研究热点与前沿的可视化分析》，《中国翻译》2014 年第 2 期，第 25 页。

标，检测出水文化研究的相关突现词结果(图 5-3)。

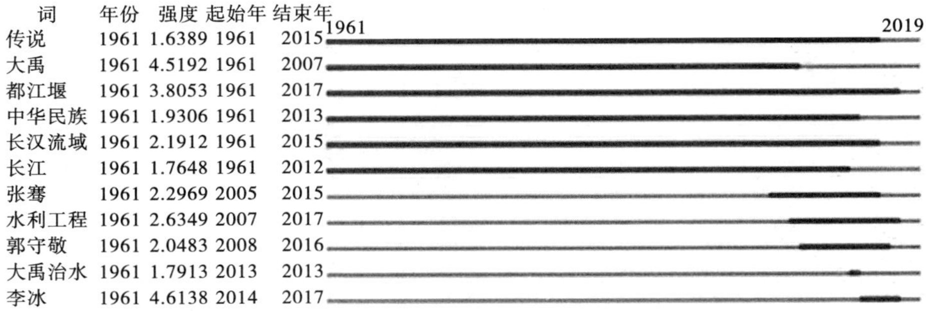

图 5-3 水文化叙事研究突现度前 11 的突现词

在早期水文化研究中，“治水”是学者们关注和研究的重点。从突现率来看，突现度最大的关键词是“李冰”，达到了 4.6138。这表明在 2004 年至 2017 年对“李冰”的研究热度相当高，学者们对水利专家李冰进行了多维度研究，主要探讨了“李冰父子”“李冰水利功绩”“李冰修复都江堰”等内容。同时，从该图也可以看出 1961 年至 2019 年每个时间段水文化叙事研究的研究前沿。

具体而言，2014 年 6 月 22 日，大运河申遗成功，成为六大世界遗产运河之一(截至 2018 年)。2019 年，中共中央办公厅、国务院办公厅联合印发了《大运河文化保护传承利用纲要》的重要文件，对大运河文化带建设的方向、目标和任务作出了明确的指示①。在申遗成功的影响下，在国家顶层设计的导向下，学术界以破竹之势掀起大运河文化研究热潮。因为，开掘于春秋时期、完成于隋朝、繁荣于唐宋时期、取直于元代、疏通于明清的大运河，沟通了我国五大水系，哺育了一代又一代华夏儿女，积淀了底蕴深厚的运河文化，已成为华夏民族团结拼搏、积极进取的民族精神与和谐共处、强盛不衰的国家灵魂的组成部分。

(三)大运河文化研究统计与分析

1. 研究热点分析

我们运用相同的研究方法，在 CNKI 高级检索栏中以主题为“大运河”“大运河文化”“运河文化”及“漕运”进行高级精确检索，文献检索时间不限，共检索到 7,421 篇文献(数据收集截止日期为 2019 年 8 月 17 日)，主要以期刊论

① 新华社：《中共中央办公厅、国务院办公厅印发〈大运河文化保护传承利用规划纲要〉》，http://www.gov.cn/zhengce/2019－05/09/content_5390046.htm，访问日期：2020 年 1 月 3 日。

文为研究对象，剔除外文文献及其他不相关文章，有效文献共 227 篇。将 227 篇论文导入 CiteSpace 软件中，利用关键词路径计算法，计算出关键词共现频率，绘制出关键词知识图谱。数据路线时间跨度设置为 1978 年至 2019 年，以一年作为时间切片，以关键词为网络切点，选取每个时间切片中高被引的前 50 个关键词，生成大运河文化研究关键词共现图谱(图 5-4)，并提取出前 10 个关键词(表 5-3)。

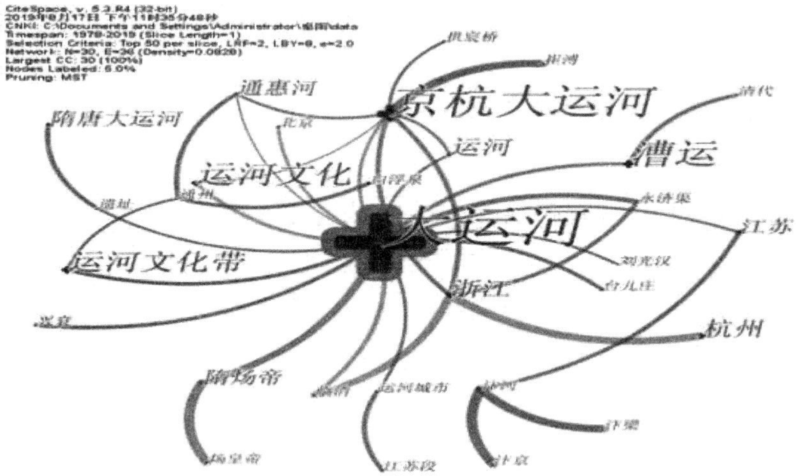

图 5-4　1982 年至 2019 年大运河文化叙事研究共现知识图谱

表 5-3　1982 年至 2019 年大运河文化叙事研究前 10 高频关键词

词频	中介中心度(Between Centrality)	关键词
89	1.70	大运河
28	0.39	京杭大运河
14	0.14	漕运
10	0.00	运河文化
8	0.10	运河文化带
5	0.00	杭州
5	0.00	运河
5	0.16	浙江
4	0.16	通惠河
4	0.00	隋唐大运河

中介中心度(Between Centrality)是测量节点在网络中的重要性的一个指标。运行 CiteSpace 计算各节点的中介中心度，可以挖掘出在整个网络中起到战略作用的关键节点(Pivotal Point)。中介中心度反映了一个关键词在整个网络中作为“媒介”的能力，也就是占据其他两个节点之间最短路径的能力。如果没有这个节点，其他两个节点就无法交流。占据这样的位置越多，就代表这个节点具有越高的中介性，更多的节点联络时就必须通过它。因此，它在整个网络中起着战略性的中介作用，也体现出它对整个网络资源的控制程度。一个关键词的中介中心度越强，意味着它控制的关键词之间的信息流越多①。

如表 5-3 所示，出现频率最高的关键词为“大运河”，其词频为 89，其中介中心度数值为 1.79，紧随其后的分别是“京杭大运河”“浙江”“通惠河”“漕运”。综合表 5-3 的统计和图 5-4 的分析来看，我们基本可以得出以下结论：1978 年至 2019 年间，国内有关大运河文化研究的热点主要集中在“京杭大运河”“浙江”“通惠河”及“漕运”等方面，因此，这在一定程度上反映出学术界这些年来的研究重点。

近年来，大运河文化研究的内容主要包括：(1)大运河历史研究，包括河道变迁、运河工程、运河漕运、税关仓储、河政管理、生态环境变迁等，譬如耿戈军的《漕运史话》和钟行明的《明代京通仓的营造》；(2)大运河区域社会变迁研究，包括运河城镇带的形成、商人商帮、因河而兴的手工业、农业产业结构变化、人口流动、社会结构变化等，譬如王玲真的《京杭大运河与镇江城市文明的兴起和发展》和刘永的《京杭大运河与聊城的兴衰》；(3)大运河区域民俗研究，包括民风民俗、民间信仰、民间文学、民间艺术、书院科举、文化交流等②，譬如姚国坤和梁婷玉的《流淌在京杭大运河的茶文化》、黄瑞国和黄婕的《京杭大运河的妈祖文化》，以及李红微的《微山湖上的船帮》等。

大运河区域商品经济的繁荣，直接导致一批运河城市的兴起。应“运”而生的商业城市，从北京南下，经天津、沧州、德州、临清、聊城、济宁、徐州、淮安、扬州、镇江、常州、无锡、苏州、嘉兴，直达杭州和宁波。这些商业城市所展现的共同特点是：工商繁荣、客商云集③。因而在高频关键词中，不难找到运河沿线省市的身影，诸如关于北京、杭州、浙江等的研究，

① 张继光、张政：《国内葛浩文研究状况的 CiteSpace 分析》，《外国语文》2015 年第 4 期，第 101 页。

② 郑孝芬：《中国大运河文化研究综述》，《淮阴工学院学报》2012 年第 6 期，第 2 页。

③ 同上文，第 3 页。

就有桑士达的《探踏杭州新运河》和吴文涛的《大运河对北京的历史文化意义》等。自大运河成功申遗之后，学者们对大运河沿线城市的文化研究投入了更大的热忱，研究内容也体现出较高的深度与广度。

2. 研究路径分析

为探究大运河文化研究重点的演变历程，我们利用 CiteSpace 软件，以一年作为一个时区，绘制出了大运河文化叙事研究关键词时序图谱(图 5 - 5)。

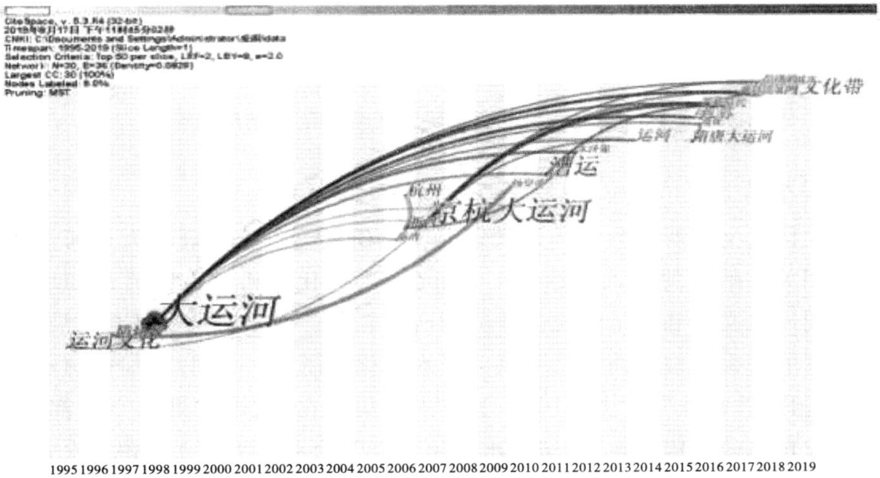

图 5 - 5　大运河文化叙事研究关键词时序图谱

从图 5 - 5 可以看出，国内大运河文化研究呈现多元化发展趋势，大运河文化研究早期关注运河的开凿及开凿组织者隋炀帝，诸如对隋炀帝开凿运河原因的考究，对隋炀帝开凿运河功过的评价，也有对隋炀帝个人人物故事的追溯。随着研究的进一步深入，学者们把更多的目光投向运河漕运的研究上。而近些年来，学者们更加关注大运河沿线城市文化叙述研究与大运河文化带的建设研究。其中很大一部分原因是因为大运河申遗成功之后，大运河文化带建设被提升为国家战略，再加上国家顶层设计的政策导向，更使大运河文化研究呈现出方兴未艾、如火如荼的盛况。

3. 研究前沿分析

利用 CiteSpace 中提供的膨胀词探测(Burst Detection)技术，可以清晰地看出不同时区大运河文化研究的研究热点及其演变和趋势(图 5 - 6)。

从图 5 - 6 可以看出，突现度最大的关键词是“大运河”，达到了 7.3360。这表明在 1978 年至 1996 年间，学者们对大运河的关注度越来越高。从该图中还可以看出，近些年来对大运河文化研究的热点及前沿是有关“漕运”及沿线城市的发展与繁荣。

词	年份	强度	起始年	结束年
运河文化带	1978	3.4641	1978	2016
通惠河	1978	1.7128	1978	2016
京杭大运河	1978	3.3016	1978	2005
大运河	1978	7.3360	1978	1996
运河文化	1978	4.6267	2005	2017
隋炀帝	1978	1.9626	2010	2019
漕运	1978	2.0125	2011	2015
杭州	1978	2.1768	2013	2019
浙江	1978	2.1768	2013	2019
运河	1978	1.9084	2015	2019

图 5-6　大运河文化叙事研究突现度前 10 的突现词

(四)小结

上文以水文化研究为面，以大运河文化研究为点，梳理了大运河文化研究领域相关文献的关键词，运用 CiteSpace 可视化分析软件，通过知识图谱展示了我国水文化和大运河文化研究的研究热点、演化路径及研究前沿。

本章的研究发现有两点。一是关于水文化的研究。(1)以往研究热点集中在“大禹治水”“李冰”和“大禹”等，近年来则集中在“大禹”“洪水”和“都江堰”等。研究焦点内容集中在“区域性水文化研究”“治水人物研究”与“治水方法研究”三个层次。(2)演化路径呈现为 1982 时区以“李冰”“郭守敬”及“水利工程”为主，1988 时区以“大禹治水”为突飞猛进的研究重点，近年来出现了从“导淮”“大禹”“张謇”及“李仪祉”向“治水思想”“都江堰”及“长江”转向的趋势。(3)研究前沿以“李冰”为制高点，该关键词的突现度达到了 4.6138。另外，“李冰父子”“李冰水利功绩”及“李冰修复都江堰”也是研究前沿的相关内容。

二是关于大运河文化的研究。(1)研究热点的高频词为“大运河”最高，其词频为 89，中介中心度数值为 1.79，紧随其后的热点关键词分别为“京杭大运河”“浙江”“通惠河”和“漕运”。研究焦点内容涉及“大运河历史研究”，包括河道变迁、运河工程、运河漕运、税关仓储、河政管理与生态环境变迁等，以及“大运河区域社会变迁研究”，包括运河城镇带的形成、商人商帮、因河而兴的手工业、农业产业结构变化、人口流动、社会结构变化等，以及“大运河区域民俗研究”，包括民风民俗、民间信仰、民间文学、民间艺术、书院科举、文化交流等。(2)演化路径呈现为从早期关注隋炀帝开凿运河的原因探索、功过评价、个人轶事追溯向大运河漕运研究、大运河沿线城市研究及大运河文化带建设研究转向的模式。(3)研究前沿以“大运河”为制高点，该关键词的突现度达到了 7.3360。另外，“漕运”和“大运河沿线城市发展与繁荣”亦为研究前沿的相关内容。

同时，本研究还发现，有关水文化和大运河文化的相关研究存在以下不足。(1)学术界对大运河本身的历史变迁与相关领域皆进行了大量研究，但是学者们对其文化缘由挖掘、文化内涵凝练及文化价值提炼与社会关系梳理、社会影响研讨及社会意义探究方面的研究还不够充分。(2)大运河文化研究存在着地区差异、冷热不均、深浅有别、物质与非物质不均衡、重史料梳理轻实地考察等问题①。因此，相关研究大多停留在一般性的情况介绍、基本知识普及与资料搜集整理方面，真正具有较高学术性的论著尚不多见。(3)对于大运河沿线城市经济腾飞和文化繁荣的研究也只是停留在对经济繁荣景象的客观描述层面，而对其背后的深层文化原因和深远社会影响及其与大运河的密切关系亦缺乏深度挖掘与学术探索。在全国范围内，大运河文化研究的基础还很薄弱，人们对大运河文化还缺乏客观、理性、科学的认识，广大读者殷切期待有关大运河文化的新鲜读物与具有深度和广度的高质量学术研究文献。

康武刚强调："大运河文化遗产凝聚着中华优秀传统文化的精髓，是华夏文明不断发展过程中积累的宝贵财富，蕴含着中华民族独有的文化意识形态。"②要传承大运河所体现的文化精髓，讲好凝练着华夏文明的大运河故事，离不开对大运河文化全面系统的研究。为此，作者建议：(1)水文化和大运河文化研究应该加强理论基础、专业领域与跨学科研究的结合；(2)有关大运河文化保护传承利用和大运河文化带建设的研究理应为国家顶层设计、各级政府管理决策以及民间组织和个人的参与搭建桥梁和路径；(3)必须指出的是，本研究所依赖的数据仅来源于 CNKI 数据库的中文期刊论文，因此具有一定的局限性，建议读者特别关注此局限性，并慎重地对其加以运用。

二、大运河与大运河文化带的国内外研究

作为影响中国历史进程的关键环节，大运河在空间上展现为一条纵贯南北的运河文化带。在结合中国文化遗产特色与世界文化遗产标准的基础上，我国提出了"大运河文化带"这一全新概念，以彰显大运河文化遗产保护、传承、利用的国家顶层设计方案与宏观管理理念。大运河文化带建设是"将文化资源优势作为当下中国区域发展的核心要素，协调中东西，连接南北方，开

① 郑孝芬：《中国大运河文化研究综述》，《淮阴工学院学报》2012 年第 6 期，第 6 页。

② 康武刚：《大运河世界历史文化遗产的三个纬度体系研究》，《开发研究》2015 年第 1 期，第 98 页。

创文化带动区域空间结构优化的新格局”①。为了更好地从宏观和微观的角度比较和吸收大运河文化内核价值与世界运河文化遗产管理经验，下文以包括知网研学平台在内的知网(CNKI)数据库和科学网(WOS)核心合集作为数据来源，借助知识图谱软件，绘制出大运河与大运河文化带国内外研究知识图谱，在对其进行可视化分析的基础上，提出相关建议。

(一)数据来源与研究方法

1. 数据来源

根据研究需要，此处共选取两个数据源，其一是包含知网研学平台的CNKI数据库。我们在高级检索栏中，以“主题＝大运河文化带”关键词为条件，进行高级精确检索，文献检索时间不限，共检索到1,211篇文献(数据收集截止日期为2022年9月17日)。该检索主要以期刊论文为研究对象，在检索结果中剔除通知、目录、动态等非研究性论文后，共获得有效文献635篇(表5-4)。其二是WOS核心合集。我们在选择数据库栏目中，以“主题＝the Grand Canal of China(中国大运河)”为条件进行检索，文献检索时间不限，共检索到220篇外文文献(数据收集截止日期为2022年9月17日)。剔除非研究性论文后，共获得有效文献206篇(表5-5)。此处需要解释的是，在WOS核心合集中以“主题＝the Grand Canal Cultural Belt(大运河文化带)”为条件进行检索时，得到的相关论文数量太少，不便统计分析，因此，我们将“大运河文化带”调整为“中国大运河”。

表5-4　CNKI数据库数据获取情况表

类别	说明
数据来源	CNKI数据库
检索条件	主题＝大运河文化带
检索时间限定	不限
文献类别	期刊
有效论文数量	635

① 路璐：《擦亮大运河文化带这一国家名片》，《红旗文稿》2019年第13期，第28-29页。

表 5-5　WOS 核心合集数据获取情况表

类别	说明
数据来源	Web of Science 核心合集
检索条件	主题＝the Grand Canal of China
检索时间限定	不限
文献类别	期刊
有效论文数量	206

2. 研究方法

使用由大数据知识网络构成的知识图谱可以帮助我们在海量网络信息领域快速便捷地进行知识检索与推理应用。为了将知识图谱运用到具体的实践之中，美国宾夕法尼亚州雷德赛尔大学的陈超美教授于 2003 年开发了一种基于 JAVA 平台的多元、分时、动态的复杂网络可视化文献分析软件 CiteSpace。它于 2004 年公开发布，2005 年被引入国内并得到广泛应用。基于“共引分析理论”(co-citation)与“寻径网络算法”(path finder)的对接，该程序通过“一系列可视化图谱的分析与绘制，形成对学科演化潜在动力机制的分析和学科发展前沿的探测”①。作为可视化知识图形与序列化知识谱系的分析与绘制工具，陈超美教授开发的知识图谱软件 CiteSpace 现已成为信息分析领域的主流软件。本章借助 CiteSpace，将包括知网研学平台在内 CNKI 数据库和 WOS 核心合集数据库中的相关数据导入其中，进行格式化转换，从而对国内大运河文化带研究和国际大运河研究的关键词，进行共现、突变及演化分析，以生成相关研究的热点、路径和前沿可视化知识图谱。

(二)研究结果与分析

1. 研究热点分析

作为论文核心内容的外在表述，关键词代表着一篇文章的核心内容。通过对某一个时间段特定领域所出现文献的研究，我们可以梳理出所选文献的共现关键词，并发现这个时期该领域的研究热点②。以下是关键词包含“大运河文化带”的研究在 CNKI、CNKI 核心期刊及 WOS 核心合集发文量的可视

① 陈悦、陈超美、刘则渊、胡志刚、王贤文：《CiteSpace 知识图谱的方法论功能》，《科学学研究》2015 年第 2 期，第 244 页。

② 张继光：《国内翻译研究动态的科学知识图谱分析(2005-2014)：基于 12 种外语类核心期刊的词频统计》，《东北大学学报》(社会科学版)2016 年第 4 期，第 430 页。

化知识图谱(图 5－7；图 5－8；图 5－9)。

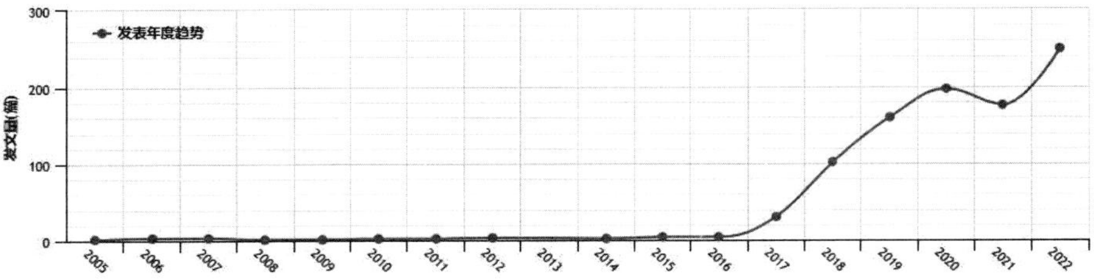

图 5－7　关键词包含“大运河文化带”的研究在 CNKI 的发文量

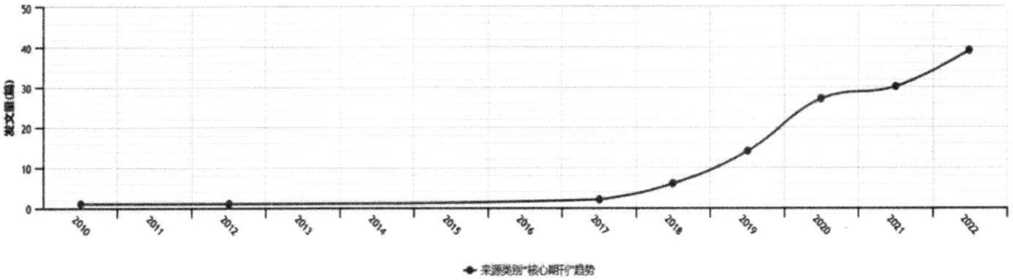

图 5－8　关键词包含“大运河文化带”的研究在 CNKI 核心期刊的发文量

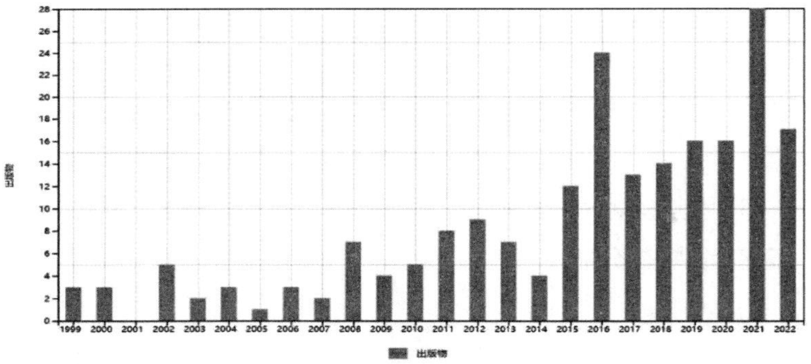

图 5－9　关键词包含“中国大运河”的研究在 WOS 核心合集的发文量

2. 发文量分析

期刊论文数量与质量，现已成为衡量科研机构研究成果与高校学术水平的主要标志之一。从图 5－7 可以看出自 2005 年以来我国有关大运河文化带的研究在 CNKI 数据库发文量的基本情况。从文献数量上看，近二十年的研究可以以 2016 年为节点分为两个阶段。

2016 年以前，国内鲜有学者关注大运河文化带研究，相关文献屈指可数。2013 年发文量为 0 篇，其他年份发文量均在 1 至 8 篇之间波动，总体数量偏低。大运河于 2014 年申遗成功，但是从 2014 年到 2016 年的两年间，大运河文化带仍未成为国内学术界的研究热点。可喜的是李麦产和王凌宇撰文指出，线性文化遗产具有极强的串并能力，能够把保存在不同场域的各种文化遗产资源组织起来。因此，他们建议将大运河作为线性文化遗产，以便对其进行全面、整体与综合性的保护和开发①。将大运河作为线性文化遗产进行探究，可谓是“大运河文化带”这一观念形成的引子，对“大运河文化带”的正式提出起到了积极的引导作用。

2016 年起，大运河文化带研究的发文量总体呈直线上升趋势。截至 2022 年 9 月 17 日，相关论文数量已经达到 767 篇。2017 年 6 月，习近平总书记指出：“大运河是祖先留给我们的宝贵遗产，是流动的文化，要统筹保护好、传承好、利用好。”②2018 年，习近平总书记将大运河与万里长城等伟大工程并提，强调其体现了中国人民的伟大创造精神。2019 年，中共中央办公厅、国务院办公厅印发了《大运河文化保护传承利用规划纲要》，并相继颁布了一系列政策，将“大运河文化带”建设作为国家文化战略的重点。于是，国内学者开始对大运河文化带进行广泛而深入的研究，并逐渐形成一股强势的潮流。

图 5－8 是有关大运河文化带的研究在 CNKI 核心期刊发文量的基本情况。从文献数量来看，2017 年以前，有关大运河文化带的研究在核心期刊的发文量几乎为零，少有相关高质量研究。而在 2017 年国家发布相关文件之后，核心期刊发文量呈直线上升，累计核心期刊发文量已高达 91 篇，对大运河文化带研究的重视程度和研究质量得到显著提升。这说明，在大运河申遗成功的影响下，在国家顶层设计的导向下，学术界以破竹之势掀起了对大运河文化带研究的热潮。实际上，大运河文化带这一说法，最早于 2017 年出现在中国传媒大学熊海峰教授的学术论文中。他在论文中强调，研究大运河文化是理解和建设大运河文化带的前提，前者指“千百年来因大运河而产生、发展、流传的物质财富和精神财富的总和”，而后者指“以大运河文化为内核，以保护、传承、利用为主线，以带状地理空间为载体，以区域交通束为基础，以沿线城镇为发展主体，集遗产与生态保护、经济与社会发展、文化与休闲

① 李麦产、王凌宇：《论线性文化遗产的价值及活化保护与利用：以中国大运河为例》，《中华文化论坛》2016 年第 7 期，第 75 页。

② 蒋芳、包昱涵：《习近平的文化情怀：“大运河是祖先留给我们的宝贵遗产”》，https：//baijiahao.baidu.com/s？id＝1738832248133624003&wfr＝spider&for＝pc，访问日期：2022 年 7 月 20 日。

游憩等多种功能于一体的综合型文化功能区域”①。因此，熊海峰教授可称为大运河文化带研究的筚路蓝缕与开启先河之人。

2017年该篇论文的刊发，标志着大运河文化带学术探讨的开端。紧接着，张航将“共建共治共享”中的“合作”理念融入江苏省大运河文化带的治理及创新中，针对其中的问题与困境提出相应的对策②。黄杰提出“以系统性思维和协同发展的理念，充分发挥大运河文化带、扬子江城市群和江淮生态经济区三大战略在扬州汇聚的叠加效应，推进‘强富美高’新扬州建设再上新台阶，在江苏区域发展中实现争先进位”③。廖维俊、何有世以大运河江苏段为例，剖析了全域旅游与大运河文化带建设的耦合关系，并提出将全域旅游理念融入大运河文化带建设中，打造大运河江苏域文化带，推进运河文旅④。

图5－9是自1999年以来有关“中国大运河”的研究在WOS核心合集发文量的基本情况。从文献数量上看，近二十年来国际大运河有关研究整体呈波动上升趋势。其中，2016年和2021年增长尤为明显，发文量分别为24篇和28篇。这两年，也正是我国学界开始重点关注大运河研究的时间段，说明我国学者在国家顶层设计的号召下，不仅在国内掀起了大运河研究热潮，更是在国际上积极发声，传播我国大运河文化，彰显我国文化软实力。2016年的24篇文献中有20篇来自中国，2018年28篇文献中有16篇来自中国，说明我国学者在大运河研究领域走在世界前列，具有一定影响力。

2019年，中共中央办公厅、国务院办公厅印发了《大运河文化保护传承利用规划纲要》(简称《规划纲要》)，明确提出要保护好、传承好、利用好大运河宝贵遗产，打造大运河文化带。从区位空间布局来看，大运河文化带北连“环渤海经济带”，南接“长江经济发展带”，纵贯“一带一路”，形成了以多点联动形成合力的战略空间布局。作为针对大运河文化带建设的《规划纲要》是一份战略性质的国家顶层设计蓝图。因此，这份纲领性文件由中共中央办公厅国务院办公厅共同印发后，立即引发了一轮学界关于大运河文化带研究的高潮。熊海峰、祁吟墨基于共生理论框架，阐释了文化和旅游的融合与共生、

① 熊海峰：《推进大运河文化带建设的对策探析》，《中国国情国力》2017年第10期，第43页。

② 张航：《“共建共治共享”视角下江苏省大运河文化带治理创新的困境与对策》，《南京邮电大学学报》(社会科学版)2018年第4期，第50页。

③ 黄杰：《以大运河文化带为核心的三大战略协同建设研究：以探索大运河文化带扬州段建设为例》，《扬州大学学报》(人文社会科学版)2018年第2期，第46页。

④ 廖维俊、何有世：《全域旅游视角下大运河文化带江苏段建设模式研究》，《四川旅游学院学报》2019年第6期，第44页。

逻辑与机理，并以大运河文化带建设为例，提出了“增强共生单元能量、优化共生环境、构建一体化互惠共生模式、拓展共生领域等发展策略”①。王秀伟认为大运河文化带应通过优化跨区域文旅融合的空间格局，从整体上提升沿线区域文旅融合的水平和质量，而其出发点是“运用熵值法对大运河文化带文旅产业发展水平进行综合评价，以便观测大运河文化带文旅融合的水平程度与发展态势”②。截至 2022 年 9 月 17 日，以上两篇论文成为相关文献中最高被引论文和最高下载论文，前者被引 61 次，下载 3,212 次，后者被引 46 次，下载 3,182 次(数据来源：知网)。可见两位学者，均受到学界广泛而高度的关注。

3. 关键词共现分析

在知识图谱中，一个关键词就是一个节点。关键词覆盖范围越大，表示该关键词被提及的次数越多；关键词节点与其他词语连线越多，则表示它与其他关键词的联系越紧密③。在分析 CNKI 数据库情况时，我们将 635 篇论文导入 CiteSpace，将数据时间跨度设置为 2005 年到 2022 年，以一年作为时间切片，以关键词为网络切点，生成了大运河文化带研究关键词共现图谱(图 5－10)。

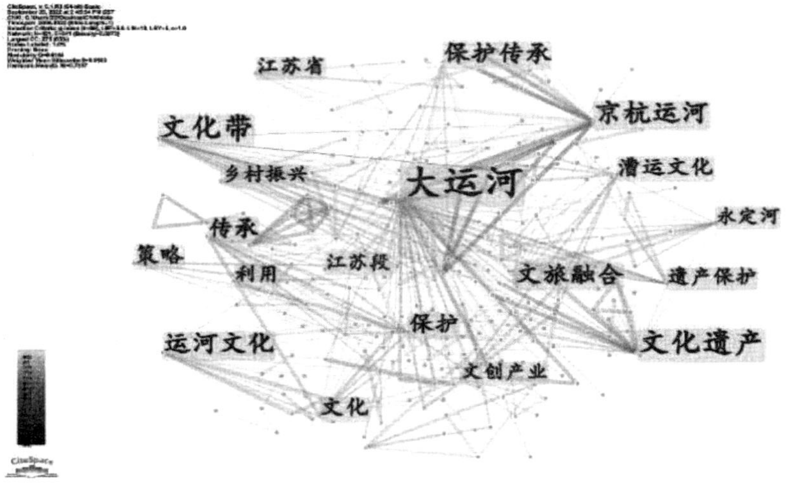

图 5－10　2005 年至 2022 年 CNKI 数据库中大运河文化带研究关键词共现知识图谱

---

① 熊海峰、祁吟墨：《基于共生理论的文化和旅游融合发展策略研究：以大运河文化带建设为例》，《同济大学学报》(社会科学版) 2020 年第 1 期，第 40 页。

② 王秀伟：《大运河文化带文旅融合水平测度与发展态势分析》，《深圳大学学报》(人文社会科学版) 2020 年第 3 期，第 69 页。

③ 路倩倩、马建伟、王大睿、曹燕、冯启源：《环境物联网在水环境整治中的应用展望：以北运河香河段为例》，《环境工程》2018 年第 5 期，第 182 页。

图 5－10 中共有关键词节点 421 个，641 条连接，Q 值为 0.6144（>0.3），S 值为 0.9105（>0.5），网络社团结构显著，聚类结果合理。随后，我们按照词频排序统计，提取了前 10 个高频关键词（表 5－6）。

表 5－6　2005 年至 2022 年大运河文化带研究前 10 高频关键词表

序号	关键词	频次	最早年份	中心度
01	大运河	137	2008	0.57
02	文化遗产	33	2008	0.10
03	文化带	27	2006	0.09
04	运河文化	27	2015	0.10
05	文旅融合	21	2018	0.08
06	保护传承	20	2019	0.05
07	传承	17	2017	0.02
08	京杭运河	15	2005	0.10
09	保护	15	2015	0.04
10	江苏段	12	2017	0.04

统计结果显示，近二十年以来，大运河文化带研究以“大运河”这个最大节点为中心构成关键词共现知识图谱。图中较大的节点，即出现频次较多的关键词，分别是“大运河”“文化带”“运河文化”“文旅融合”“保护传承”“传承”“京杭运河”“保护”“江苏段”等。从高频关键词出现的年份来看，“文旅融合”“保护传承”“江苏段”等关键词首次出现时间较晚，成为近年大运河文化带研究热点问题。

表 5－6 第 5 栏的标题，中介中心度（between centrality）是反映关键词在整个网络中作为“媒介”的能力，具有揭示网络属性、个体节点影响力的功能，从而体现对整个网络资源的控制程度。一个关键词的中介中心度越高，意味着它控制的关键词之间的信息流越多①。在 CiteSpace 中，中心度等于或大于 0.1 的节点称为关键节点（pivotal point）。表 5－6 里中心度大于或等于 0.1 的关键词分别是“大运河”“文化遗产”“运河文化”“京杭运河”，反映出有关大运河文化带的研究总体是围绕大运河这一对象展开，其研究的热点集中在大运河的文化价值层面。而在隋唐大运河、京杭大运河和浙东运河这三部分中，

① 张继光：《国内翻译研究动态的科学知识图谱分析（2005－2014）：基于 12 种外语类核心期刊的词频统计》，《东北大学学报》（社会科学版）2016 年第 4 期，第 432 页。

学者们重点关注的是京杭运河部分，该部分对中国南北地区之间的经济、文化发展与交流发挥了异乎寻常的巨大贡献，因而一直是学界关注的热点。

接着，我们对 WOS 核心合集的统计情况进行分析。首先，我们将 206 篇论文导入 CiteSpace 中，数据时间跨度设置为 1999 年到 2022 年，以一年作为时间切片，以关键词为网络节点，最后生成 WOS 大运河研究关键词共现图谱(图 5－11)。图 5－11 中共有关键词节点 720 个，2,407 条连线，按照词频排序统计，提取前 10 个关键词(表 5－7)。

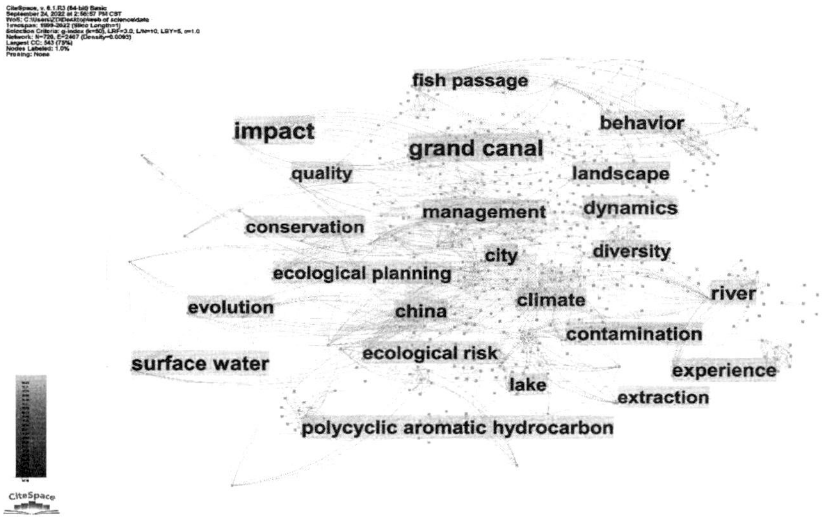

图 5－11　1999 年至 2022 年 WOS 核心合集中大运河研究的关键词共现知识图谱

表 5－7　1999 年至 2022 年 WOS 核心合集中大运河研究前 10 高频关键词表

序号	关键词	频次	最早年份	中心度
01	grand canal	19	2004	0.24
02	impact	10	2008	0.21
03	the grand canal	9	2010	0.05
04	river	9	2003	0.13
05	water quality	8	2000	0.08
06	surface water	7	2007	0.18
07	climate change	7	2018	0.03
08	sediment	7	2003	0.02
09	dynamics	6	2014	0.16
10	ecological planning	6	2016	0.04

统计结果显示，近二十年来，大运河研究的关键词以“grand canal”(大运河)这个最大节点为中心构成了一个关键词共现知识图谱。图中较大的节点，即出现频次较多的关键词，分别是“impact”(影响)、“river”(河流)、“water quality”(水质)、“surface water”(地表水)、“climate change”(气候变化)、“sediment”(沉淀物)、“dynamics”(动态)、“ecological planning”(生态规划)等，不一而足。从高频关键词内容和出现的年份来看，国际上更注重与大运河相关的生态研究，早期的重点是大运河本身的水质等问题，近几年关注的热点则是与大运河相关的气候变化和生态规划。

表 5－7 里中心度大于或等于 0.1 的关键词分别是“grand canal”(大运河)、“impact”(影响)、“river”(河流)、“surface water”(地表水)和“dynamics”(动态)等，反映出国际上有关大运河的研究总体上围绕大运河这一对象展开，并且研究的热点集中在生态层面。为了探测中国大运河的污染特征，有学者进行了一项为期三年(2004 年至 2006 年)的研究，以调查运河的水质变化，结果表明，大运河水质变化具有明显的空间和季节异质性①。还有研究以中国大运河香河段为例，综合探讨了生活垃圾转移和处置设施的规模和布局，为促进香河段的可持续发展，以及大运河生态系统建设提供了有益的支持②。可见，在国际范围内，有关大运河的研究主要集中在自然科学领域，重点关注大运河的生态状况，具体涉及大运河的水质、沉积物及生态规划等。

基于关键词共现知识图谱和高频关键词在 CNKI 和 WOS 的表现，我们发现关于大运河文化带研究热点可分为三个方面：(1)大运河文化带顶层设计研究；(2)大运河文化带价值研究；(3)区域大运河文化带研究。

大运河文化带顶层设计研究包括大运河文化带建设、国家文化公园建设与中国区域空间格局重塑的关系阐述，以及将大运河文化带作为国家名片的倡议等，这些顶层设计方案从宏观层面提出建设大运河文化带的方法。秦宗财认为，大运河国家文化公园建设是新时代我国集中打造中华文化的重要标志，可以充分彰显中华优秀传统文化持久影响力和社会主义先进文化强大生命力，并提出从五个维度建设大运河国家文化公园③。路璐认为，擦亮大运

① 李伯华、罗琴、刘沛林：《基于 CiteSpace 的中国传统村落研究知识图谱分析》，《经济地理》2017 年第 9 期，第 214 页。

② 路倩倩、马建伟、王大睿、曹燕、冯启源：《环境物联网在水环境整治中的应用展望：以北运河香河段为例》，《环境工程》2018 年第 5 期，第 183 页。

③ 秦宗财：《大运河国家文化公园系统性建设的五个维度》，《南京社会科学》2022 年第 3 期，第 162 页。

河文化带这一国家名片，对内能够凝聚人心、实现国家认同，对外能够传播中国形象、展示中华文明，是一项具有深远价值与重大意义的发展战略①。

关于大运河文化带价值研究，学者们主要从历史价值和时代意义两方面展开。就历史价值而言，大多研究内容围绕“保护传承”这一关键词展开。而就时代意义而言，“文旅融合”则成为当下研究的热点。关于历史价值，黄杰认为，大运河是中华民族流动的血脉，是凝聚中国智慧的文化遗产，我们没有理由不保护好、传承好、利用好②。该研究从历史价值角度出发，借鉴其他世界遗产运河的成功经验，倡导遵循国际法律和通行规则，对申遗成功之后如何做好大运河文化带建设提供了宝贵建议。胡晓慧指出，隋唐大运河对古代政治、经济、社会、文化和政治军事等方面的发展，均发挥了举足轻重的作用，不但促进了当时南北方的交流与沟通，也加强了中央政权的统治，因此具有较高的历史和文化价值③。该研究以隋唐大运河为切入点，探究隋唐大运河的历史价值，为现今学界探究大运河文化带的历史价值提供启示。针对时代意义，王菡薇和侯力以大运河文化带江苏段为例，从文旅融合的视角，探讨了江苏省委和省政府能够依照国家的战略蓝图，大刀阔斧地实施大运河文化带江苏段的建设目标与具体任务，相比之下走在了全国的前列④。该研究通过对江苏省委和省政府大运河文化带建设成果的剖析，促进江苏省大运河文化带建设成功经验的分享与传播，为沿线各省份的建设工作提供了借鉴，有利于我国大运河文化带的整体建设。除此而外，熊海峰、祁吟墨基于共生理论框架，以大运河文化带建设为例，提出文旅融合发展的新策略，有利于大运河文化带整体文旅融合工作的具体开展与落实⑤。

对于区域大运河文化带研究，学者们的研究热点是江苏段和京杭大运河部分。关于江苏段，李茂叶认为，在大运河文化带沿线各地中，江苏采用以人际传播为基础的传统路径、以大众传播为主体的主要路径和以融合传播为

① 路璐：《擦亮大运河文化带这一国家名片》，《红旗文稿》2019 年第 13 期，第 28 页。

② 黄杰：《建设大运河文化带的历史价值、时代意义与可借鉴的国际经验》，《档案与建设》2019 年第 2 期，第 67 页。

③ 胡晓慧：《隋唐大运河的历史和文化价值探析》，《收藏与投资》2022 年第 5 期，第 161 页。

④ 王菡薇、侯力：《文旅融合视角下的大运河文化带建设》，《唯实》2019 年第 12 期，第 72 页。

⑤ 熊海峰、祁吟墨：《基于共生理论的文化和旅游融合发展策略研究：以大运河文化带建设为例》，《同济大学学报》（社会科学版）2020 年第 1 期，第 47 页。

趋势的创新路径，为运河沿线各地普及弘扬大运河文化提供了样本①。何淼和李惠芬基于百度搜索指数、谷歌趋势搜索指数与ROST文本分析发现，大运河文化带江苏段在传播热度上，呈现出“热点事件影响度显著、关注热度区域差异显著、受关注度与旅游形象存在较强关联等特征，”而在传播效果上，呈现出“感知内容集中、感知维度多元、情感体验积极等特征”②。该研究角度新颖，从传播学视角对江苏段大运河文化带的传播热度和传播效果进行探究，为助力江苏段大运河文化带建设，以及沿线各地的建设工作提供了借鉴。

关于京杭大运河，曾洁关注到，国家从战略的高度审视大运河功能，并设计了以大运河为核心打造“大运河文化带”的宏伟蓝图，这引发了沿岸35个城市踊跃报名，积极参与共建③。何雨和王长松基于京杭大运河沿岸网络用户共享照片和评论数据，梳理运河沿线各城市景观的类型，比较景观的多样性、吸引度和体验性差异，为大运河文化带建设提供了实证数据参考④。可见，江苏省的研究热点聚焦传播路径、传播热度与传播效果，而京杭大运河的研究热点集中在国家的顶层设计与城市景观，以小见大，它们都为大运河文化带的整体发展，提供了有价值的参考。

(二)研究路径分析

1. 研究作者分析

通过对作者和研究机构的分析可以探测某一研究主题研究力量的分布、研究基地和研究团队的形成状况，从而探究出某一研究领域的研究路径。因此，我们首先在CNKI数据库中将有关大运河文化带研究的节点类型(node types)设定为作者(author)，时间跨度为2005年至2022年，时间切片为一年，使用CiteSpace，得到了研究作者聚类知识图谱(图5-12)。

从图5-12中可以发现，整个网络图谱较为零散，各个节点之间的连线较少，说明大运河文化带领域作者之间的合作较少，大多数作者为独立研究。其中，以吴秋丽为代表的沧州师范学院几名学者一起形成了大运河文化研究团队。他们彼此合作关系紧密，重点关注河北省大运河文化带的内涵及建设。

---

① 李茂叶：《大运河文化传播路径探析：以江苏段运河文化为例》，《新闻爱好者》2020年第10期，第59页。

② 何淼、李惠芬：《大运河文化带(江苏段)的传播效能研究：基于搜索指数与文本分析》，《艺术百家》2020年第6期，第52页。

③ 曾洁：《京杭大运河沿线35个城市计划共建“大运河文化带”》，《中国水利》2017年第1期，第70页。

④ 何雨、王长松：《京杭运河城市景观感知差异研究》，《城市发展研究》2022年第7期，第5页。

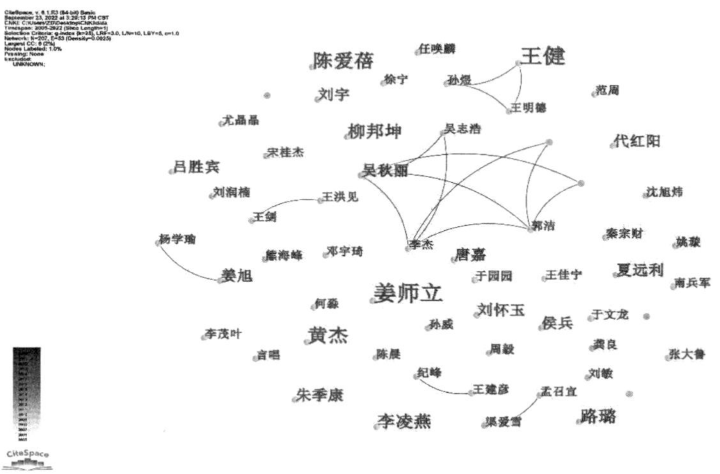

图 5－12　2005 年至 2022 年 CNKI 数据库中有关大运河文化带研究的作者聚类知识图谱

截至统计结束时间，这几名学者合作发表论文已有 5 篇。几位学者的研究先从社会治理视角探究沧州市大运河文化带建设，后扩展至整个河北省大运河文化带的内涵及建设路径，聚焦文旅融合领域，谋求河北省大运河文化带文旅融合发展路径的创新。这为大运河文化带沿线各个省份提供了良好的研究思路，即以市为出发点，再扩展至省，乃至整个大运河文化带区域。他们对我国大运河文化带整体性研究具有借鉴意义。

江苏省社会科学院历史研究所的王健、潍坊学院历史文化学院的王明德和东南大学经济管理学院的孙煜潍一起加入大运河文化带建设研究院，合作研究大运河国家文化公园建设问题。三位学者共同研究探讨大运河国家文化公园建设的理论与实践，其结论是大运河国家文化公园建设的运行过程中，亟须明确其内涵与特质，同时厘清事关全局的多重关系，建立起完备的统筹机制，以确保大运河国家文化公园建设平稳有序地展开。这是对我国公园文化建设和体制改革的一项重大创新，助力擦亮大运河文化带这一国家名片，有利于构建我国特色国家文化公园理论体系和话语体系。除此之外，还有小部分学者采用了两两合作的研究模式。譬如，田德新和王凌宇合作撰文，发现大运河自古至今的运营管理呈现一个“从简单零散到纷繁系统的调整与适应过程”[①]。两位学者从历史角度探究大运河自古至今的管理适应过程，有利于

① 田德新、王凌宇：《中国大运河适应性管理研究》，《长江技术经济》2020 年第 1 期，第 56 页。

从时间上梳理出我国大运河文化带的形成渊源与发展态势，助力当今大运河文化带的建设与发展工作。总体而言，图 5 - 12 中的核心作者，大多处于独立研究的状态中，彼此之间尚未形成紧密的合作网络，学术交流合作较为欠缺。

作为对知识图谱的补充，我们下载了 CNKI 数据库中 2005 年至 2022 年有关大运河文化带研究的作者与发文量柱形图(图 5 - 13)。从图中可以看出从 2005 年至 2022 年期间发文在 3 至 8 篇的作者及其具体发文量和所属单位。其中发表相关论文最多的是南京农业大学的路璐，发文 8 篇；扬州大学的秦宗财、姜师立、黄杰和田德新发文量均为 6 篇，其中姜师立的《论大运河文化带建设的意义、构想与路径》一文下载量和引用量分别高达 1,899 次和 53 次，对大运河文化带建设工作做出重要贡献。除此之外，其余作者发文量均在 3 至 5 篇。

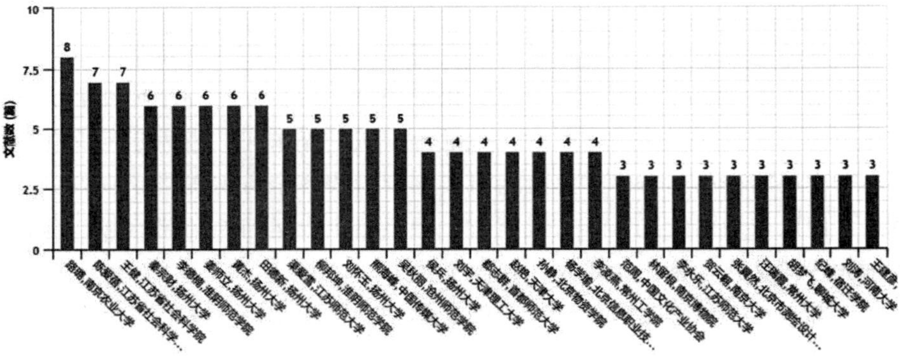

图5 - 13　2005 年至 2022 年 CNKI 数据库中有关大运河文化带研究的作者与发文量柱形图

接着，我们对 WOS 核心合集数据库进行分析。同样，我们把节点类型(node types)设定为作者(author)，时间跨度为 1999 年至 2022 年，时间切片为一年，使用 CiteSpace 得到了研究作者聚类知识图谱(图 5 - 14)。

从图 5 - 14 可以发现，整个网络图谱联系十分紧密，各个节点之间的连线高达 697 条，形成了紧密的合作网络。其中，以刘永、陈颖、陈硕等为代表的核心学者，均组建了各自的大运河研究团队，并且合作关系十分频繁，形成了布局密集的合作网络。截至统计结束时间，几名学者所在团队发表论文分别为 7 篇和 5 篇。刘永及其团队重点关注京杭大运河(枣庄段)的水质研究，涉及重金属污染、铍富集、生物效应等；陈颖及其团队将大运河(江苏段)的航运作为研究重点，致力于提升运河航运能力；陈硕及其团队以京杭大运河文化遗产为例，重点研究如何运用现代数字技术支持的数字存储系统和

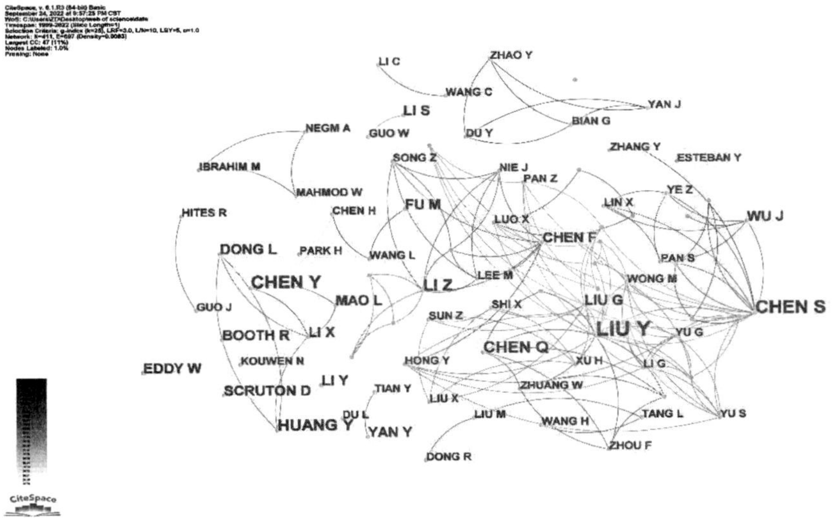

图 5－14　1999 年至 2022 年 WOS 核心合集数据库中有关大运河研究的作者聚类知识图谱

虚拟博物馆等设备和应用程序，保存和传输文化遗产信息。

需要解释的是，我们在分析 WOS 平台作者聚类情况时，有意将开始的时间从 2005 年提前到 1999 年，以便获取知识图谱分析所需要的足够数据。综观图 5－14 中的各个作者，他们彼此之间形成紧密的合作网络，学术交流合作十分频繁，这使得大运河研究在国际上得到较好的传播，并具有一定影响力，值得国内相关学者学习和借鉴。

2. 研究机构分析

在分析研究机构时，我们首先对 CNKI 数据库中的相关研究进行分析。我们将节点类型(node types)设定为机构(institution)，时间跨度为 2005 年至 2022 年，时间切片为一年，使用 CiteSpace 得到了研究机构聚类知识图谱(图 5－15)。

图 5－15 中共有节点 206 个，连线 53 条，整个图谱的网络较为零散，各节点之间的连线相对较少。这说明虽然研究机构之间的合作较少，但也形成了一些合作团体。图中的研究机构主要有四类，分别是高等院校、研究院、政府机构和非营利性公益组织。其中，高校主要有扬州大学、淮阴师范学院、宿迁学院、南京邮电大学和中国传媒大学等。这些高校依据地理优势及学科优势，与周围的科研院所形成密切合作关系，共同研究大运河文化带建设。如扬州大学旅游烹饪学院与扬州大学中国大运河研究院积极合作，共同探讨

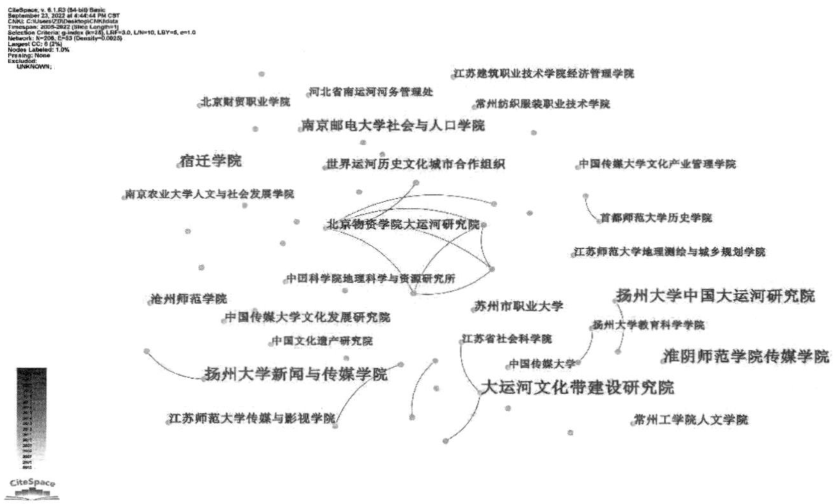

图 5-15　2005 年至 2022 年 CNKI 数据库中有关大运河文化带研究的机构聚类知识图谱

推进大运河文化带文旅融合进程等。除此之外，各科研院所和政府机构也依据地理位置就近合作，以推进大运河文化带建设工作。如江苏省政协、省社会科学院和大运河文化带建设研究院携手研究大运河江苏段发展问题，并对高质量建设国家文化公园、大运河立法体系构建、大运河文化带建设国际性传播等顶层设计议题提出建议，形成了一定的社会影响力；北京物资学院和南京邮电大学大运河研究中心跨越地域束缚，在大运河智库发展研究方面也开展了合作。

作为补充，我们下载了 CNKI 数据库中 2005 年至 2022 年有关大运河文化带研究的机构分布柱形图(图 5-16)。图中显示，2005 年至 2022 年间，扬州大学、江苏省社会科学院和沧州师范学院的论文发表数量遥遥领先，其中，扬州大学发表论文 38 篇，江苏省社会科学院 25 篇，沧州师范学院 21 篇，其余机构发表论文的数量在 5 至 16 篇之间。相比之下，作为论文发表数量最多的扬州大学，值得赞赏，需要再接再厉，持续创造辉煌。

接着，我们对 WOS 核心合集数据库进行分析。同样地，我们把节点类型(node types)设定为机构(institution)，时间跨度为 1999 年至 2022 年，时间切片为一年，使用 CiteSpace 得到了研究机构聚类知识图谱(图 5-17)。

图 5-17 中共有节点 267 个，连线 334 条，整个图谱的网络较为紧密，各节点之间的连线相对较多，这说明研究领域机构之间的合作频繁，形成了一定的合作规模。图中的研究机构主要有两类，分别是高等院校和科研院所。其中，高校主要有浙江大学、北京大学、复旦大学、滑铁卢大学和东南大学

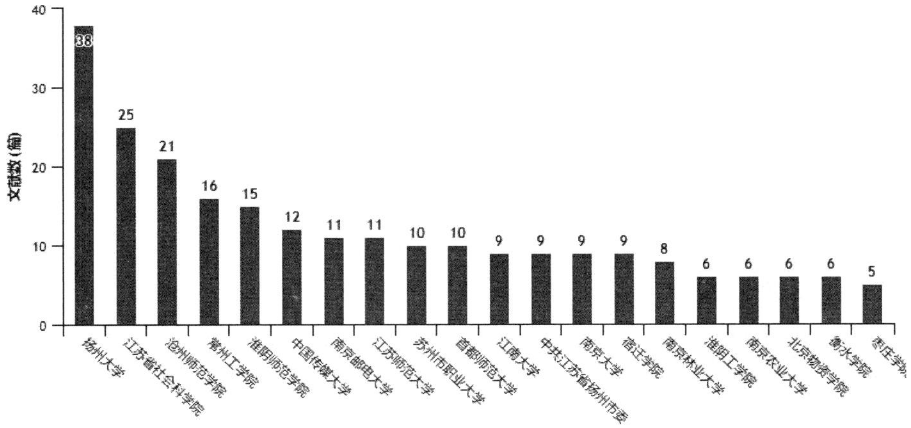

图 5－16　2005 年至 2022 年 CNKI 数据库中有关大运河文化带研究的机构分布柱形图

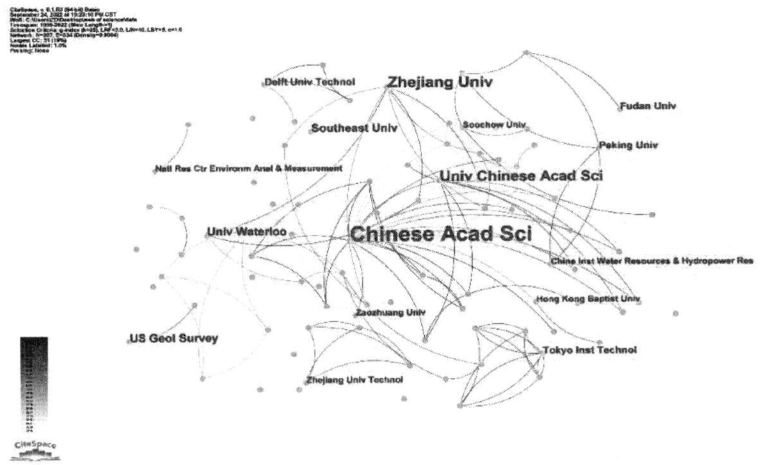

图 5－17　1999 年至 2022 年 WOS 核心合集数据库中有关大运河研究的机构聚类知识图谱

等。这些高校依据各自的学科优势，与世界范围内有共同学科基础的高校展开密切合作，共同研究大运河有关内容。如浙江大学与滑铁卢大学积极合作，共同探讨运河博物馆对遗产旅游和游客的影响。另外，各科研院所和大学之间也开展了密切合作。中国科学研究院与国内的浙江大学、中国科学院大学、北京师范大学及国际上的滑铁卢大学、东京工业大学等高校均建立了合作关系，且研究范围十分广泛。以上表明，就高等院校和科研院所而言，大运河研究突破了地域和国别等限制因素，形成了争先承担学术重任、积极开展国际合作、共享研究成果的良性学术创新生态。

3. 研究国家分析

由于 CNKI 数据库中关于大运河文化带研究的期刊信息有限，此处我们仅对 WOS 核心合集数据库进行分析。我们将节点类型(node types)设定为国家(country)，时间跨度为 1999 年至 2022 年，时间切片为一年，使用 CiteSpace 得到了研究国家聚类知识图谱(图 5-18)。

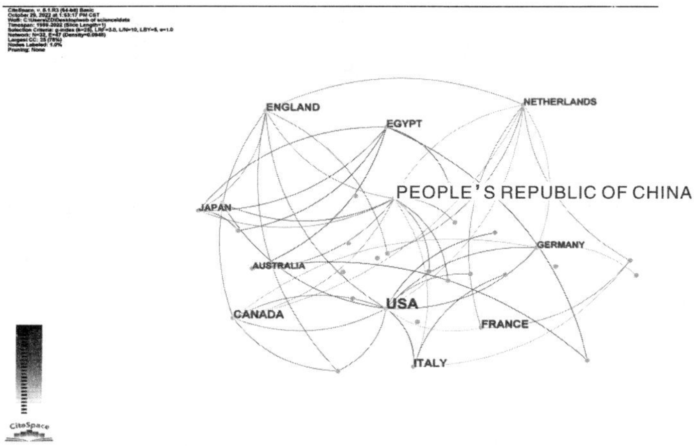

图 5-18　1999 年至 2022 年 WOS 核心合集数据库中有关大运河研究的国家聚类知识图谱

通过对图 5-18 的分析，我们发现，国际范围内对大运河展开研究的国家主要有中国、美国、加拿大、英国、法国、意大利等。这些国家都有运河，各自对本国运河的遗产保护、文化传承、生态保护、立法措施等方面均有全方位研究。在图中形成了以中国(110 篇文献)和美国(31 篇文献)为核心的研究合作网络，两国立足于本国运河，分别与世界其他国家都保持着积极的学术交流。其中，我国在大运河研究领域的发文量最多，处于世界领先地位。但就合作网络而言，我国和其他国家形成的连线数量与美国、加拿大、英国等主要资本主义发达国家的情形相差较大，发文量与合作连线尚未形成正比。这说明，我国主要是以自身为中心，与他国展开点对点合作交流较少，尚未形成规模化合作网络，且合作对象多为发展中国家。而以美国、加拿大、英国、法国、德国为代表的西方发达国家，除了以自身为中心与他国展开合作外，彼此之间还形成了紧密的合作网络，但很少包含发展中国家，大有通过学术壁垒，将发展中国家排斥在外的嫌疑。

4. 研究前沿分析

关键词的数量及其增长情况能够有效反映各学术领域的发展及热点前沿问题。CiteSpace 可以探测频次突然增多或在较短时间内突然出现的词汇或术语，这有助于清晰地分析和了解某一学科的研究前沿领域和发展趋势①。我们基于 CNKI 数据库，利用 CiteSpace，按照关键词突变值的量度指标和时间顺序，形成了大运河文化带研究的前沿动态知识图谱(图 5－19)。

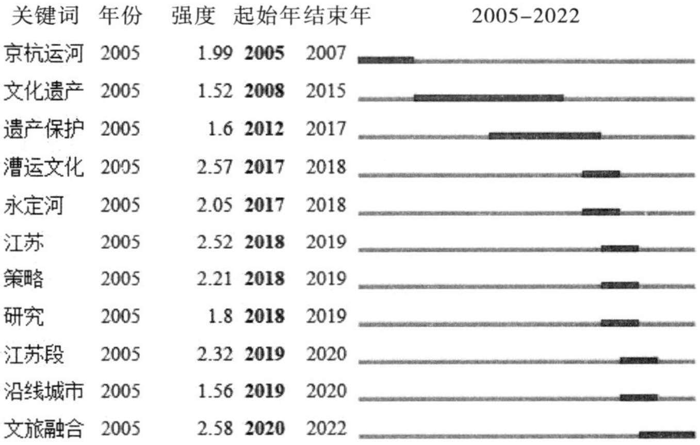

图 5－19　2005 年至 2022 年 CNKI 数据库中有关大运河文化带研究的关键词突变图谱

就 CNKI 数据库而言，在早期的大运河文化带研究中，学者们研究的重点为大运河文化带遗产及遗产保护。从突变率来看，按照时间顺序，2005 年至 2017 年间突变度最大的关键词依次是“京杭运河”“文化遗产”和“遗产保护”，分别达到了 1.99、1.52 和 1.6。这表明学界在该阶段对大运河文化遗产的研究热度相当高，对大运河文化遗产的内涵、传承与保护等内容也作了全方位的探讨。而在 2017 年至 2019 年之间，学者们对大运河文化带的研究变得更为具体。在文化层面，学者们聚焦漕运文化，并对其进行专门性研究。蔡志明和周世伟认为，大运河漕运线是一条连接政治中心与经济中心的纽带，它改变了中国南北的交通，也促进了文化交流，并形成了独特的漕运文化②。另外，学者们还重点关注了有关永定河和大运河江苏段的研究与策略问题。2019 年至 2022 年，学者们重点关注了大运河文化带沿线的城市发展问题及

① 陈美家、于海洋、张婉滢：《我国 OA 期刊研究的可视化分析》，《图书情报工作》2011 年第 22 期，第 135 页。

② 蔡志明、周世伟：《千年漕运承载下的运河古都》，《人民交通》2018 年第 7 期，第 14－15 页。

具有时代价值的文旅融合问题。侯兵、金阳和胡美娟认为，在推进大运河文化带建设中，文旅融合发展一直是重中之重。作者以大运河江浙段沿线城市为例，对各地历年政府工作报告及其他相关政策和规划进行对比和综合分析，探究了沿线城市发展的问题与策略①。2019 年，中共中央办公厅、国务院办公厅联合印发《大运河文化保护传承利用纲要》重要文件后，学术界有关大运河文化带的研究开始从国家战略角度思考将南北走向的“大运河文化带”建设与东西走向的“一带一路”和“长江经济带”有机结合，彼此呼应，促进了搭建国家经济、文化、生态相互协调的全新发展战略框架。

接着，我们对 WOS 核心合集数据库也进行了分析(图 5－20)。

图 5－20　1999 年至 2022 年 WOS 核心合集数据库中有关大运河研究的关键词突变图谱

从图 5－20 可以看出，在大运河早期研究当中(1999 年至 2010 年)并未出现明显的突变词，学者们对于大运河的关注度也较低。而在 2010 年至 2020 年这十年期间，与大运河相关的“水研究”成为学者们关注的重点。其中，“sediment”(沉积物)、“surface water”(地表水)与“river”(河流)三词的突变强度尤为明显，表明学者们对大运河的相关研究主要集中在与水质相关的自然科学领域。值得注意的是，2018 年以来，“China”(中国)和“the Grand Canal”(大运河)成为大运河研究领域的突变词。这表明在世界各国的众多与运河相关的研究中，中国和中国大运河在世界范围内成为学者们研究的焦点和前沿。“China”(中国)和“the Grand Canal”(大运河)作为突变词出现的时间段，与我国通过顶层设计引导大运河文化带建设的时间相吻合。这足以说明我国的大运河文化带战略设计，具有国际战略眼光，顺应时代发展潮流，产生了广泛的国际影响力，并在一定程度上提升了我国在国际学术界的话语权。

① 侯兵、金阳、胡美娟：《文旅融合发展视域下大运河文化建设的地方响应研究：以中国大运河江浙段沿线城市为例》，《中国名城》2021 年第 9 期，第 54 页。

同时，2020年以来，还出现了“climate change”(气候变化)这一突变词，说明与大运河有关的研究前沿已经不再局限于大运河本身，开始转向更加宏观的生态领域，并体现出大运河研究的跨领域、跨学科属性与特质。

(三)现有研究的不足与建议

本研究发现，国内大运河文化带和国际大运河相关研究仍存在以下三点不足之处。

第一，就研究热点而言，国内学者侧重对大运河文化带文化内涵的挖掘、梳理与探究，其影响已经渗透到大运河整体与不同地域的物质文化遗产与非物质文化遗产的保护传承利用举措与探究之中；国际层面针对大运河的研究侧重发展与保护的关系，聚焦对生态环境的研究，明显体现出联合国教科文组织有关世界文化遗产的法规精神与话语导向。因此，国内和国际学界均要重视对大运河和大运河文化带研究特征的把控，积极开展跨区域、跨学科的专业性交流与学术合作，以助力人文社科和自然科学领域学术研究的相互交叉和创新发展，强化全民对大运河及大运河文化带重要意义的认识，并推动相关研究的社会转化运用。

第二，就研究路径而言，国内大运河文化带研究的研究路径较为单一，大多数学者都处于独立研究的状态，彼此合作较少，各研究机构也因为地理位置等原因，彼此交流合作不够频繁。相比之下，国际层面的大运河研究路径丰富多样，不同国度的学者和研究机构跨越学科、地理位置和国别等限制因素，彼此合作十分频繁，形成了紧密的合作网络。因此，国内学者和研究机构应当积极展开合作，通过丰富多彩的学术交流和思想碰撞，提升大运河文化带研究成效及其国外影响力。在国际层面，我们要打破局限于西方主要发达国家所构建的学术壁垒，促使各国拥有平等话语权，与运河资源丰富的各发达国家与发展中国家积极合作，携手推进大运河与大运河文化带研究在层次、深度与范围等方面的进取与攀升。

第三，就研究前沿而言，目前国内在大运河文化带研究中关注的“文旅融合”方向与国际上在大运河研究中重视的“气候变化”并未完全重合，研究方向还存在一定偏差，大运河研究的国内学术圈与国际学术圈之间的相互交流与彼此合作，仍需进一步加强。因此，国内学界除了要立足本国开展研究以外，还应当与国际学术界加强联络，求同存异，探寻在前沿方面的合作交流，顺应全球时代潮流，共同促进大运河相关研究领域的蓬勃发展。

(四)结语

本节以大运河文化带和大运河为研究对象，基于CNKI数据库和WOS核心合集数据库，运用 CiteSpace 软件，得出国内大运河文化带研究和国际大运河研究的研究热点、研究路径及研究前沿可视化知识图谱。具体研究发现如下：

第一，国内针对大运河文化带研究的研究热点集中在“文化遗产”“文旅融合”“保护传承”“江苏段”等方面，表明研究热点聚焦于大运河文化带的文化价值层面。相比之下，江苏省的大运河文化带研究走在相关区域的前列。国际针对大运河研究的研究热点集中在“grand canal”(大运河)、“impact”(影响)、“river”(河流)及“surface water”(地表水)等方面，表明在国际范围内，学者们重点关注的是大运河的生态研究，涉及水质、沉积物及生态规划等不同学科。因此，国内的相关研究集中在人文科学领域，国际层面却集中在自然科学领域，两者对于大运河文化带与大运河的研究均不够全面。国内鲜有自然学科学者对大运河文化带展开深入研究，相关生态、航运、河流研究亦比较欠缺。在国际层面，各国注重大运河自然科学方面的技术共享，而未能把握住通过运河这一共有资源开展广泛国际合作，进行丰富多彩的交流。这些都是在未来相关研究中，有待重视和改进的领域。

第二，在研究路径方面，虽然在国内大运河文化带的研究与国际大运河研究中均展现出了学者之间和研究机构之间的合作与交流，但是国际层面的交流更为频繁多样，合作更加全面和深入。国内学者和科研机构之间尚未形成紧密而稳定的合作网络，大运河文化带相关研究在人文学科领域影响力受限。在国际层面，西方主要发达国家学术研究存在抱团现象，主要发达国家彼此交流合作频繁，但与发展中国家联系不够紧密。就大运河研究而言，我国尚未打入西方学界的研究圈层，与这些国家的交流合作相对稀少，造成我国在国际学术界话语权相对受限。因此，国内学者要面对当今迅猛发展、日新月异的数字信息化发展趋势，在保持科研产出质量领先的同时，加强与同行、机构之间的密切联络与深度合作。

第三，国内研究前沿从相对宽泛的大运河文化遗产保护与传承，聚焦到大运河某一特定地段的城市发展问题和文旅融合方向，学术研究与时代发展紧密相连，相关研究成果也居于世界领先地位。国际层面的大运河研究前沿，已不再局限于与大运河本身相关的生态问题，而是将大运河与周围环境与景观视为一个整体，关注焦点在诸如气候变化等更加宏观的生态领域。显而易见，在研究前沿方面，国内的大运河文化带研究以“文旅融合”为重点，国际层面的大运河研究则更多注重“气候变化”的生态问题。既然中国文化的根本特性是其整体宇宙观及对宇宙万物之间相互关联性的执着探究，那么这一特性应当在未来大运河与大运河文化带研究的各个层面，得到充分体现。

第二节　世界遗产运河文化保护传承利用的立法经验与借鉴

依据联合国教科文组织世界遗产中心公布的数据，截至 2022 年，列入《世界遗产名录》的世界遗产运河共有 8 条。按时间顺序排列，它们分别为法国的米迪运河(1996)、比利时中央运河上的四座船舶升降机及周边设施(1998)、加拿大的里多运河(2007)、英国的庞特基西斯特水道桥与运河(2009)、伊朗舒什塔尔的古代水利系统(2009)、荷兰阿姆斯特丹的运河带(2010)、中国的中国大运河(2014)(以下简称“大运河”)，以及墨西哥的腾布里克神父水道桥(2015)①。虽然大运河在上述 8 条运河中被列入世界遗产运河的时间相对较晚，但它却是一条时空跨度最大、技术含量最高、内容最为丰富多彩的大型活态文化遗产。

然而，在有效管理与可持续开发的立法方面，我国与大运河有关的法规，譬如《中华人民共和国文物保护法》《文物保护管理暂行条例》《水污染防治法》《中华人民共和国土地管理法》《中华人民共和国河道管理条例》《水土保持法》《世界文化遗产保护管理办法》，以及《大运河遗产保护管理办法》等，分别隶属于文物、水利、国土、交通等多个部门，内容和功能上存在重叠和冲突，不能完全适用于大运河文化遗产的保护、传承和利用②。另外，这些文件大多是由国务院批准、相关部委或地方政府部门颁布的“通知”“规定”及“办法”，“由于缺乏正式的立法程序，严格意义上都不能算作国家或地方的行政法规，对世界遗产的实际保护力度有限”③。另外，若参照联合国教科文组织的相关法规和其他国家在其世界遗产的法规建设方面所取得的成就，我国在保护大运河文化遗产的立法方面，还存在较大差距。

当前，我国急须出台专门适用于大运河文化遗产保护与管理的法规。为此，本节将以联合国科教科文组织的《保护世界文化与自然遗产公约》《实施“保护世界文化与自然遗产公约”的操作指南》及《保护非物质文遗产公约》为宏观指导框架，以创造性运用最新科技将运河开发与周边环保融为一体的米迪

---

① UNESCO World Heritage Center, “Heritage Canals, 1992 - 2022,” accessed March 12, 2022, https://whc.unesco.org/en/search/? criteria=heritage+canals.

② 李云鹏、吕娟、万金红、邓俊:《中国大运河水利遗产现状调查及保护策略探讨》,《水利学报》2016 年第 9 期，第 1180 - 1181 页。

③ 李如生:《中国世界遗产保护的现状、问题与对策》,《城市规划》2011 年第 5 期，第 43 页。

运河、成功化解工业化和城市化副作用的庞特基西斯特水道桥与运河，以及多次成功进行功能转型的里多运河为案例，探析其通过立法来增强运河文化和自然遗产保护、传承和利用方面的经验，供国内借鉴。

一、联合国教科文组织与文化遗产国际保护法体系的形成

(一)联合国教科文组织的诞生及其使命

研究发现①②，从拿破仑战争(1803—1815)到一战(1914—1918)再到二战(1931—1945)，战争使文化遗产遭遇严重损毁和流失，同时也使保护文化遗产的国际法体系经历萌芽、逐步产生到正式形成与发展的过程。首先，拿破仑战争时期，战争中的士兵与将领对待世界文化遗产的野蛮行径，震惊国际社会，促使海牙和平国际会议于1899年通过了“海牙第二公约”，即《陆战法规和惯例公约》，又称“1899年海牙公约”。作为萌芽性质的首个遗产保护公约，海牙第二公约制定了禁止战时掠夺、没收和摧毁文化遗产的保护原则。其次，文化遗产在一战时期被灾难性摧毁的事实，促使国际社会于1935年制定了世界上第一个专门性的文化遗产保护公约，即《关于保护艺术和科学机构及历史纪念物条约》，又名“罗里奇公约”。该公约标志着保护文化遗产国际法体系的初步形成。最后，二战时期的一些国家对文化遗产的毁灭性掠夺和损毁，成为战后控诉和审判战争罪行的主要内容之一，也为文化遗产国际法保护的正式形成与发展创造了条件。

作为世界遗产事务的最高主管机关，联合国教科文组织于1946年成立，总部设立于法国巴黎。1954年，联合国教科文组织在海牙通过了《武装冲突情况下保护文化财产公约》。该公约规定，文化遗产除了不可移动的文化遗产外，还包括可移动的文化遗产及其建筑物和纪念中心。同时，它一方面对“军事需要”做了明确的界定和限制，另一方面规定在武装冲突情况下，其中一定数量的装备要将文化遗产置于其“特别保护之下”③。

1972年，该组织通过了《保护世界文化和自然遗产公约》的纲领性文件，对世界遗产的认定、保护、管理和展示进行指导，这标志着保护世界文化遗产的国际合作和全球行动的开始。世界遗产分为自然遗产、文化遗产和复合

① 郭玉军、唐海清：《文化遗产国际法保护的历史回顾与展望》，《武大国际法评论》2010年第12期，第4-6页。

② Wayne Sanoholtz, *Prohibiting Plunder: How Norms Change* (Oxford: Oxford University Press, 2007), p. 47.

③ Roger O'Keefe, “The Protection of Cultural Property in Armed Conflict,” *Amecus Curiae*, no. 71 (2007): 3-7.

遗产三大类。1977年，该组织发布了《实施“保护世界文化与自然遗产公约”的操作指南》，通过定期更新和补充公约内容，加强对公约的具体实施，从而成为指导世界遗产申报、遴选与监控的规范性文件。2003年，该组织出台了《非物质文化遗产公约》，补充前一个公约未能涵盖的部分(即保护无形的文化遗产)，这使文化遗产保护的范围从物质文化遗产发展到非物质文化遗产。2005年，该组织又通过了《保护和促进文化表现形式多样性公约》，向全世界庄严宣告，世界所有文化无优劣之分，“文化多样性”对于国际、国家和地方层面的和平与安全不可或缺。

(二)文化遗产保护国际法体系的形成及其构成

为了推动文化遗产保护国际法体系的确立，并在世界文化遗产保护和管理中发挥更大的作用，1976年，世界遗产委员会(World Heritage Committee)宣告成立。这是一个由联合国支持，联合国教科文组织具体负责的国际公约建制，其中包含国际遗产遗址理事会(International Council on Monuments and Sites，ICOMOS)、保护和恢复文化遗产国际研究中心(International Center for the Study of the Preservation and Restoration of Cultural Property，ICCROM)和世界自然保护联盟(The World Conservation Union，IUCN)三个独立的国际组织顾问团。从1979年开始，该委员会每年召开一次会议，决定哪些遗产可以列入《世界遗产名录》，并对已列入名录的世界遗产的保护和管理进行监督指导。

具体而言，世界文化遗产保护国际法体系包括保护框架、保护原则和保护模式三个组成部分。首先，其保护框架是以联合国教科文组织的公约为主体，同时包含其他宪章、宣言及法规文件。其中的保护对象有：一般文化遗产、考古遗产、水下文化遗产、非物质文化遗产、文物建筑与博物馆。适用法规主要包括：《保护世界文化与自然遗产公约》《考古遗产保护和管理宪章》《国际古迹保护与修复宪章》《国际博物馆协会章程》《关于禁止和防止非法进出口文化遗产和非法转让其所有权方法公约》《保护水下文化遗产公约》及《保护非物质文化遗产公约》等。

其次，其保护原则指保护文化遗产的国际立法及其实施过程中的要求和标准，包括以下六点。(1)真实性原则。文化遗产具有原始的、原创的和非复制的特性，体现在外形和设计、材料和材质、用途和功能、位置和环境、传统与技术以及精神和感觉诸多方面。(2)完整性原则。文化和自然遗产的整体性和无缺憾性应符合以下特征：包括所有具备普遍价值的必要因素；面积足够大，能够完整体现遗产价值的特色和过程；关注发展的负面影响和/或缺乏维护状况。(3)保护有限原则。确立立法保护的绝对优先地位，把文化遗产的保护放在第一位，而将其利用降到最低程度。(4)文化多样性原则。不同的文化特性和谐共存，每一种文化特性都以独立的品格与其他文化对话共处。(5)可持续发展原则。既满足当代人的需要，又不危害后代人的需求，其中包含代际公平、代内公平、可持续利用和环境与发展一体化四个核心要素。(6)国际合作原则。文化遗产具有普遍价值的特性和不可替代性，只有各国在国际范围内进行合作，才能得到有效保护。

最后，其保护模式包括财产法保护、环境法保护、知识产权法保护、刑法保护及人权法保护。现有的从财产法角度保护文化和自然遗产的法规有《武装冲突情况下保护文化遗产公约》和《关于禁止和防止非法进出口文化遗产和非法转让其所有权的方法的公约》，从环境法角度保护文化和自然遗产的法规有《保护世界文化和自然遗产公约》和《保护非物质文化遗产公约》，从知识产权法角度保护文学和艺术作品的有《伯尔尼公约》，从刑法角度保护的有《关于发生武装冲突时保护文化遗产公约第二议定书》，从人权法角度保护的有《世界人权宣言》和《保护非物质文化遗产公约》等。虽然上述国际法体系还存在问题和矛盾，甚至陷阱，但是，通过多年来不断地修订与完善，它们在世界文化和自然遗产的保护和管理方面，一直发挥着举足轻重的作用，取得了举世瞩目的巨大成就，为教科文组织成员国后续的专门性法律条款的出台与实施，起到了有效的示范作用①②。

上述联合国教科文组织制定的《保护世界文化和自然遗产公约》纲领性文件、《实施“保护世界文化与自然遗产公约”的操作指南》具体操作规范文件、《非物质文化遗产公约》保护无形文化遗产的文件，以及突出体现文化多样性和重点强调所有文化无优劣之分的《保护和促进文化表现形式多样性公约》文件，还有由保护框架、保护原则和保护模式构成的世界文化遗产保护国际法体系，一起形成本节研究的理论指导框架。我们将在这一理论框架中检验以下三个实际立法案例，为我国大运河保护、传承和利用的立法工作提供借鉴。

二、案例分析

在上述理论框架的宏观指导下，下文选取了法国的米迪运河、加拿大的

---

① 马明飞：《〈保护世界文化和自然遗产公约〉适用的困境与出路：以自然遗产保护为视角》，《法学评论》2011 年第 3 期，第 71 页。

② 吕宁：《“一国一项”申报限制等规则的背景及出台：近期〈实施“保护世界文化和自然遗产公约”的操作指南〉修订追踪研究》，《中国文化遗产》2018 年第 1 期，第17 页。

里多运河、英国的庞特基西斯特水道桥与运河为案例，探析其通过立法来增强运河文化与自然遗产和非物质文化遗产保护、传承和利用方面的经验。经过全面搜集和系统梳理，我们的研究发现和评述包括以下运河简介、遗产构成要素、法规章程、监管机构及传承利用五个方面。

(一)运河简介

根据法国官方机构“运河朋友团队”的介绍[①]，法国的米迪运河(法语：Canal du Midi)，也叫双海运河或南运河(midi 在法语里有南方之意)，建于1667 至 1694 年之间，是法国南部一条连接加龙河与地中海的运河，其设计师是皮埃尔·保罗·德里凯。该运河的突出特点是设计大胆创新，运用最新科技将运河开发与周边环保融为一体，创造了一个土木工程奇迹，很大程度上推进了科技的发展，为法国工业革命奠定了基础。

同样，根据加拿大公园管理局的资料显示[②]，里多运河(the Rideau Canal)由约翰·拜设计与督造，建于 1826 年至 1832 年，北起加拿大首都渥太华，南至安大略湖的金士顿海港，全长 202 公里，其中 19 公里为人工运河，整条运河由河流、湖泊、人工运河及船闸构成。运河的建造运用了当时欧洲先进的静水系统(slack water system)，即通过建筑高坝提高水位，淹没自然河中的急流与浅滩，以容纳较大的蒸汽动力船只航行。该运河为当时的加拿大英属殖民地提供了一条相对安全的物资运输航路。值得一提的是，该运河此后多次有效转型其功能与角色，成功推出了里多文化遗产廊道生态旅游项目[③]。

英国庞特基西斯特水道桥与运河(British Pontcysyllte Aqueduct & Canal)建于 1795 年至 1808 年，从威尔士雷瑟哈姆自治市的马蹄瀑布至英格兰登比郡的格勒里德，全长 18 公里，是英国最长、最高的高架水道。通过化解工业化和城市化的副作用，该运河为英国工业革命时期的运输需求和经济腾飞，作出了巨大的贡献。

上述 3 条运河以其物质和非物质文化遗产的特性和价值分别于 1996 年、

---

① Canal Friends Team, “The Canal du Midi and Its Source,” accessed February 20, 2019, https: //www. canalfriends. com/wp - content/uploads/2018/01/Canalfriends - English - Guide - Canal - du - Midi - and - its - source - January - 2018. pdf.

② Parks Canada Agency, “Rideau Canal World Heritage Site Management Plan,” accessed February 20, 2019, http: //www. rideau - info. com/canal//save/documents/rideau - world - heritage - management - 2005. pdf.

③ 陈怡、吕舟：《加拿大里多运河申遗研究：兼论其对中国大运河申遗的借鉴》，《建筑》2009 年第 2 期，第 169 页。

2007 年和 2009 年被联合国教科文组织列入《世界遗产运河名录》①。

(二)遗产构成要素

依据法国航道管理局的说明，法国米迪运河的遗产要素包括运河本身及两边一定范围内的景观和与运河功能相关的船闸管理人住宅和仓库②，具体见表 5-8。

表 5-8　米迪运河的遗产构成要素③

序号	类别	内容
1	运河本体	主河道 240 公里、支线河道 36.6 公里、两条引水渠及两小段连接河道，共计 360 公里，总面积 1172 公顷
2	水库	郎辟水库和圣·博亥奥勒水库，两侧宽度为 11.7 米
3	引水渠	高山引水渠和平原引水渠
4	附属水道	划归运河的土地和地面上开凿的引水渠
5	船闸	65 座船闸
6	其他	围堤、水坝、受雇于政府的船闸管理人住宅和储存器械和商品的仓库等

根据加拿大国家公园管理局的信息，加拿大里多运河的遗产要素包括运河河道、船闸、闸室、闸站、堤坝、桥梁、静水系统、军事防御设施及考古资源。其河道本体是 202 公里的主河道，河工设施包含 74 座水坝和 47 座船闸、10 座桥梁、33 座船闸站和值班室等设施，而其文化资源包括 1830 年建造的手工操作 8 道船闸门、1826 年建造的两层石砌军需仓库、1884 年建造的一层石砌船闸站办公室，以及建于 1827 年具有考古特性的皇家工程师楼。具体见表 5-9。

① The Government of the United Kingdom, "Pontcysyllte Aqueduct and Canal: Management Plan, 2007 - 2012," accessed February 25, 2019, https://www.wrexham.gov.uk/assets/pdfs/heritage/aqueduct/management_plan.pdf.

② 万婷婷:《法国米迪运河的遗产保护和管理研究》，硕士学位论文，东南大学，2011 年，第 5-6 页。

③ "A Brief Overview of the Canal du Midi: Map, Dates and Key Figures," accessed August 28, 2024, https://www.canal-du-midi.com/en/explore/canal-brief-overview/.

表 5-9　里多运河遗产构成要素①

序号	名称	中心面积(公顷)	缓冲面积(公顷)
1	里多运河	21427.07	2334.78
2	金斯顿亨利堡垒	23.90	11.88
3	金斯顿弗瑞得里克堡垒	3.10	3.00
4	雪松岛卡斯卡特塔	0.25	9.15
5	金斯顿暗礁塔	0.32	1.68
6	金斯顿莫尼塔	0.17	2.71

英国庞特基西斯特水道桥与运河的遗产要素包括人工建筑物和建筑物周边的自然环境，具体见表 5-10。

表 5-10　庞特基西斯特水道桥与运河遗产构成要素②

序号	类别	内容
1	围堰	杰克河岸围堰和霍利黑德道路围堰
2	水道桥	杰克水道桥和庞特基西斯特水道桥
3	小桥	格勒德里德小桥何奎特小桥
4	村舍	苏格兰大厅、伍德拜客厅和德福小屋
5	运行建筑	杰克水道桥建筑平台和阿丰·布雷德利水闸
6	隧道	杰克隧道和怀特豪斯隧道
7	路堤	杰克河岸路堤
8	码头	杰克河岸公共码头和杰克河岸桥码头
9	其他相关建筑物	杰克水道桥建筑石料采石场和阿丰·布雷德利石灰窑

可以看出，上述 3 条案例运河的遗产构成要素主要包括河道本体、河工设施和文化资源。比照联合国教科文组织的相关法律条文，上述 3 条案例运河的遗产构成要素既有物质文化遗产，也有非物质文化遗产，均在所列文件

① Parks Canada Agency, "Rideau Canal World Heritage Site Management Plan," accessed February 20, 2019, http://www.rideau-info.com/canal//save/documents/rideau-world-heritage-management-2005.pdf.

② The Government of the United Kingdom, "Pontcysyllte Aqueduct and Canal: Management Plan, 2007-2012," accessed February 25, 2019, https://www.wrexham.gov.uk/assets/pdfs/heritage/aqueduct/management_plan.pdf.

和国际法体系的文化遗产保护范畴之内。

(三)法规章程

首先，法国的《公共水域及运河条例》属于国家法案，管辖法国境内的所有水道。另外，法国有关部门还制定了一系列关于工程和管理的规章制度，颁发至市镇一级，使其对运河的保护和管理工作有章可循。工程类的规章有《两海运河上建筑和景观建设的规定》和《米迪运河景观建设章程》，其中对新建建筑、船闸管理人住宅及船闸周边景观也都作出了具体明确的规定。管理类的章程主要对一线管理人员、遗产点和景观提出具体要求，主要有《米迪运河遗产管理手册》《建筑和船闸、运河住宅与景观管理手册》《植物管理方案》等。管理内容包括对水利工程、运河驳岸、植被、建筑物、设备等运河遗产的描述，以及对关键性问题的解决方案和常规保护措施的相关规定。

除了以上有关工程和管理的规章制度外，法国还颁布了一系列法律条文，使米迪运河公共领域早在1930年就被列为法国景观遗产，1996年被列为世界文化遗产。因此，米迪运河同时受到景观遗产和文物建筑相关法律的双重保护，具体见表5－11。

表5－11　保护米迪运河的相关法律①

法律类型	法律名称	负责部门
普适遗产保护法	《文物建筑保护法》(现从属于2004年颁布的《遗产法典》)	文化部与文化事务厅
	《景观法》	可持续生态发展、交通及住宅部
	《文物建筑周边环境法》《城市规划法典》《马尔罗法》等	市镇同意和公示
专项法律	《法国公共水域及运河条例》(由1666年的《穆郎法令》和1956年的《十月法令》发展而来)	文化与交流部
	《历史纪念物法》	可持续生态发展、交通及住宅部

相比之下，加拿大里多运河文化遗产受到三项法规的保护：《历史古迹与纪念碑法》、加拿大公园管理局法规、交通部法规。前两项法规均授权加拿大

① 万婷婷：《法国米迪运河的遗产保护和管理研究》，硕士学位论文，东南大学，2011，第15－16页。

公园管理局进行管理，后一项中的《历史运河规定》由加拿大公园管理局负责实施，对所有命名的历史运河进行管理、维护、利用和保护。自 1990 年以来，加拿大公园管理局开始编制里多运河世界遗产点管理规划，每六年对规划进行重新评估和更新。

另外，成立于 1993 年 6 月 25 日的加拿大遗产部，专门负责遗产的保护和管理工作，其中包括对里多运河的保护和管理。譬如，里多运河范围所有相关设施都依据《国家历史遗址及文物法》受到保护。《安大略州矿产法》也明文规定，禁止在所有湖泊、河流的 120 米范围内进行采矿作业及其他相关活动。这项规定对里多运河也全线适用。

在加拿大，按照法规的要求，每个历史遗址都必须备有经国家公园管理局局长签字认可的管理规划。其中，《里多运河管理规划》和《水上航运保护法》分别对里多运河河床、水上及岸边的各种建设项目与活动制定有详尽的奖惩办法。《安大略遗产法案》《规划法案》《鱼类与野生动物保护法案》《环境保护法案》《濒临危险物种法案》，以及《当局保护法案》，对省管运河区域的河水质量、建筑、鱼类和濒危野生植物资源及其他活动都有十分清晰的规定，以确保里多运河的整体环境质量。

而英国庞特基西斯特水道桥与运河方面，据唐军①研究发现，作为第一个进入工业化社会的国家，英国曾饱受河流污染和生态环境每况愈下的严重恶果。当民众和政府认识到河流污染主要来自工业化和城市化的副产品时，英国议会便于 1855 年颁布了《有害物质去除法》，此后又颁布了《河流污染防治法》。《河流污染防治法》成为世界历史上第一部水环境防治法规，唤醒了社会各阶层多渠道参与环境治理，使英国的河流污染状况得到显著改善。受其传统影响，庞特基西斯特水道桥与运河拥有一套完整的法律体系，其中相关的法律和从属法律多达 84 部，重要的有《古代纪念碑和考古区法案》《水道法案》《河流(防止污染)法案》《英国水路局一般运河公司细则》，以及《伦敦码头区域公司发展法》。这些法规出自英国联邦、威尔士、雷克瑟姆自治县、登比郡议会，以及奥斯维斯和什罗普郡议会等各个层级。

参照上文联合国教科文组织的法律文件，上述 3 条案例运河的相关法规主要是关于具体操作的规范性法律条文。其中有国家层面颁布的，如法国的《公共水域及运河条例》、加拿大的《国家历史遗址及文物法》和英国的《有害物质去除法》；也有部委省市和地方部门制定的，如法国交通及住宅部的《景观

① 唐军：《工业化时期英国城市的河流污染及治理探析》，《甘肃社会科学》2007 年第 4 期，第 139 页。

法》或《遗产法典》、加拿大的《安大略州矿产法》及英国的《英国水路局一般运河公司细则》等。这些不同级别的法规，虽然其目的和重点不同，但是却从不同程度上构成了运河文化遗产的保护框架、保护原则和保护模式，且至今行之有效。

(四)监管机构

任何完备的法规，必须由强有力的执行与监管机构去实施、监管，并不断完善。法国米迪运河的法律保护分为中央、大区、省及市镇四级。国家层面设立文化部，负责宏观战略指导；大区设立文化事务厅，负责制定规划和提供财政拨款；省级设立建筑文化和遗产局，具体执行上级有关文化遗产政策和措施，审核古建筑遗产的修复和维护；市镇一般为文化遗产的具体管理单位。

与法国相比，1972 年，加拿大公园管理局依法从交通运输部门接管了里多运河遗产主体的管理事务，遗产中的部分军事设施则由加拿大国防部代管。加拿大公园管理局对里多运河的保护和管理采用垂直和横向协调并用的管理方式。另外，成立于 1993 年 6 月 25 日的加拿大遗产部，专门负责遗产的保护和管理，其中也包括里多运河。

由于里多运河同时归属加拿大联邦政府和地方政府，因此其法规监管涉及各方的合作与协调。加拿大公园管理局是总负责机构，其他不同层级的相关部门，都有各自明确的职责范围。另外，安大略州还依法负责里多运河附近土地的使用规划与文化遗产和环境的保护。里多运河还有两家直接保护部门：一是卡塔拉奎区保护局，二是里多峡谷保护局。前者负责从纽伯勒湖到金斯顿的卡塔拉奎河流域，后者负责从里多峡谷到渥太华的区域。两家主管部门依法负责安大略河水资源、湿地、林地及自然栖息地的保护、修复与管理。通过规范运河沿岸的开发和湿地保护、林地与自然栖息地的一系列计划，两家主管部门在里多运河遗产和运河附近土地保护与监管方面履行着极为重要的职责。

英国庞特基西斯特水道桥与运河的法规监管机构主要包括：(1)政府机构负责的工业考古审计，检查和审计该区域的工业遗址现状；(2)联邦政府、地方政府及社会团体相互协作，对水道桥与运河现状开展全面了解、分类和评价检查；(3)英国水道公司对运河及对运河商业运营构成的威胁因素，进行短、中、长期的现状检查。

以上表明，3 条案例运河的法规机构监管均由中央、省市及地方各级政府和非政府力量共同承担。其中的主管和协调层次分明、关系清晰，责任明确。虽然以上案例代表不同的国家，彼此在其运河的保护、传承和利用方面的立法目的和执法措施也存在明显差异，但是，他们在相关法律条文的不断完善和监管机构的有效管控方面却表现出了惊人的一致性，基本符合上述联合国教科文组织在运河遗产保护与立法方面的相关规定。

(五)传承利用

研究发现，法国政府为落实《两海运河白皮书》的旅游方针，提倡在开发运河的同时，也开发邻近的旅游点，将米迪运河的线性旅游扩展成点线相连、线面成网的旅游胜地。通过建立自行车道和游船码头，做好运河和中心城镇的水路对接；通过开发“运河与葡萄酒”等旅游主题活动，增设了诸如圣·费亥沃勒水库和马尔帕斯隧道等旅游景点，以更加有效地招揽游客①。

在米迪运河的文化遗产传承方面，《两海运河白皮书》提出文化建设要建立在质量和一致性的基础之上。质量是指在运河工程中，要确保服务和工程维护的质量，一致性指单个遗产的周围环境要与运河遗产的整体保持一致。具体做法是一方面动员地方团体、社会机构及相关协会一起参与运河文化遗产事业的发展，另一方面成立诸如运河档案馆和博物馆等机构，举办纪念性活动，传承运河文化，使人类水利工程与现代人文艺术融为一体。

加拿大政府深知文化遗产的保护和传承涉及面广，需要多方配合，因此成立了专门的遗产部，负责制定有关遗产问题的政策法规。辅助部门包括加拿大公园管理局、加拿大的四家博物馆及其附属机构、加拿大国家档案馆及加拿大国家图书馆。他们各司其职，对文化遗产的保护和传承都有各自负责的领域。近年来，联邦政府集中力量，通过运用新信息技术，将文化遗产向公众开放。有学者②③④强调，里多运河是加拿大的国家财富，因此，里多运河应被看作活着的遗产，它连接着全国人民的感情与思想，可以带动民众对加拿大的文化精华产生更加深刻的理解和强烈的感情。

里多运河的自然资源、文化资源、船运资源和社区资源相互依赖，共存共生。如图 5－21 所示，他们将顾客置于中心地位，只有当作为辐条的各种

---

① 万婷婷、王元：《法国米迪运河遗产保护管理解析：兼论中国大运河申遗与保护管理的几点建议》，《中国名城》2011 年第 7 期，第 53 页。

② Joseph Albino, *Rideau Canal* (Bloomington: Xlibris, 2008), pp. 9－10.

③ Jim Keenan, Don Golding and Paula Neice, "Rideau and Trent-Severn Historic Canals: Corridors of Change," accessed March 30, 2019, http://www.rideau－info.com/canal/save/documents/corridors－of－change－1995.pdf.

④ Ken W. Watson, "Watson's 2018 Guide to the Rideau Canal," accessed February 15, 2019, http://www.rideaufriends.com/documents/watson－guide.pdf.

资源(自然遗产、文化遗产、物质、设备与服务、人工、社区、船闸等)相互依存、团结协作时，整个运河体系才能运转自如。

图 5-21　里多运河资源轮图①

在图 5-21 中，船闸资源(locking boat resources)只有在自然遗产资源(natural heritage resources)、文化遗产资源(cultural heritage resources)、物理资源(physical resources)及设备和服务资源(Facility & Service Resources)的协调与配合下，才会成为安大略省国家级自然遗产资源。同样，人力资源(human resources)和社区的力量(community)确保了整个轮子的正常运转。轮中以作为顾客的人(people customers)为中心，因为是人修建了运河，只有人能够珍视其遗产资源及其价值，并通过对其传播和利用而获取经济效益，所获效益又为运河的保护、维持和将来提供了保障。

与法国和加拿大两国相比，英国庞特基西斯特水道桥与运河的传承利用主要包括旅游展示、民间组织活动以及土地开发利用，具体见表 5-12。

① Jim Keenan, Don Golding and Paula Neice, "Rideau and Trent-Severn Historic Canals: Corridors of Change," accessed February 15, 2019, http://www.rideau-info.com/canal/save/documents/corridors-of-change-1995.pdf.

表 5－12　庞特基西斯特水道桥与运河的传承利用①

分类	内容
官方旅游展示活动	教育计划：向学生讲解遗产的历史和文化，举办相关活动
	茅尔国家公园：为游客提供乡村体验机会，直观了解遗产价值
	步行路线：运河区开发了一条包含路桥、水道桥及牵引道组成的步行旅行路线，以此招揽游客
	重大活动：举办兰格伦国际音乐会等吸引游客
	户外活动：鼓励举办诸如自行车、赛马和划船的竞赛活动
民间活动	举办庞特基西斯特之友游园与商业活动等
土地利用开发	地区发展不能影响乡村景观；新的开发项目在设计、规模、布局、材料和景观美化方面符合遗址的特点；颁布法规以确保所认定遗址和缓冲区

以上表明，在传承利用方面，上述 3 条案例运河都做出了突出的成绩。法国按照《两海运河白皮书》的旅游方针，使运河开发与邻近旅游点发展并举，成功地将米迪运河的线性旅游扩展成点线相连、线面成网的旅游胜地。加拿大的专职遗产部与附属的公园管理局、博物馆、档案馆及图书馆，职责明确，配合默契，最大限度地调动了各相关职能部门人力物力的潜能，为时刻处于中心地位的顾客服务，充分发挥了自然资源、文化资源、船运资源及社区资源的功效。相比之下，英国也不示弱，它通过旅游展示、民间活动及土地开发等主题活动，使庞特基西斯特水道桥与运河既成为民众教育计划的一部分，又成为社区和游客户外活动和度假休闲的场所。

三、国际经验

(一)联合国教科文组织的公约和指南的宏观指导意义

第一，虽然欧美有少数国家坚持“文化一元论”和“文明冲突论”，但是联合国依然坚持“世界文化多样性”，并通过联合国教科文组织的公约，特别是《保护和促进文化表现形式多样性公约》，向全世界庄严宣告，所有文化享有同等尊严和尊重。

第二，联合国教科文组织的公约和指南逐步唤醒了全世界人民对保护文

① The Government of the United Kingdom, “Pontcysyllte Aqueduct and Canal: Management Plan, 2007－2012,” accessed February 25, 2019, https://www.wrexham.gov.uk/assets/pdfs/heritage/aqueduct/management_plan.pdf.

化和自然遗产以及非物质文化遗产的意识。通过申报遴选列入《世界遗产名录》的机制，世人对“物质遗产”“非物质遗产”“文化遗产”“自然遗产”及“文化景观”等概念有了全面的了解，对其意义和作用的理解也在普遍加强。

第三，作为“纲领性”和“宪章性”文件，联合国教科文组织的公约和指南从立法的高度和具体操作的层面，为世界各国在保护、传承和利用世界文化和自然遗产的过程中制定各自的法规和实施规章制度，提供了宏观和战略性的指导蓝图与务实可行的行动纲领。

(二)案例运河的立法经验

作为案例分析，本节选择了法国的米迪运河、加拿大的里多运河以及英国的庞特基西斯特水道桥与运河。分析结果表明，3 条世界遗产运河通过立法在保护、传承和利用方面的确为其他运河树立了榜样，也提供了如下的宝贵经验。

第一，在其保护和管理中，3 条运河在多部门管理的复杂关系中，都有一个权威的统领管辖机构。米迪运河有法国航道管理局，加拿大有由遗产部牵头所组成的包括加拿大公园管理局、加拿大的四家博物馆、加拿大国家档案馆及加拿大国家图书馆在内的联合机构，庞特基西斯特水道桥与运河则是以英国遗产局为中心，组建了由政府机构、非营利组织和企业等组成的联合机构。他们是相对独立于国家管理系统的公共机构，在经济和管理上具备相对的权威性、指导性和灵活性，因而能够有效地管理遗产和景观的保护系统，同时也能公正地协调不同部门之间的复杂关系。

第二，与联合国教科文组织的公约与指南精神一致，3 条案例运河都具备健全的法规制度和责任明确的管理体制。作为 17 世纪和 19 世纪的产物，本节所选的 3 条世界遗产运河早在 20 世纪初就开始出台相关保护与管理的法规，其要旨与联合国教科文组织公约和指南的精神不谋而合。法国米迪运河拥有一系列有关工程和管理的规章制度，将其颁发至各基层单位，使运河的保护和管理工作有章可循。加拿大的里多运河同时受到联邦、安大略省和地方三级三项法规的保护，同时，受加拿大遗产部的委托，公园管理局对里多运河的保护和管理还采用了垂直和横向协调并用的管理方式。英国曾饱受河流污染和生态环境每况愈下的恶果，觉醒后的政府颁布了《河流污染防治法》。随后，这一良好传统得以延续，庞特基西斯特水道桥与运河目前受到多达 84 部法规的保护，其管理机制体现了联邦政府机构统领和非营利组织、企业及广大民众积极参与的特色。

第三，严格依法办事，妥善处理好保护、传承和利用的关系是全部工作的重中之重。相对来说，本节所选的3条世界遗产运河历史悠久，法规健全，但是其最突出和最值得学习的经验是有法必依、依法办事。具体而言，他们首先通过博物馆、图书馆、档案馆、运河沿岸和景区的标志牌及游客和学生的旅游和社会实践活动，进行相关法规的普及和宣传。另外，他们都有严格的审核制度和监管机制，负责管理运河遗产区新增及扩建筑项目的审批工作，以及对已有保护和管理环节的监督与奖惩。特别值得一提的是，3条遗产运河在顺应天时地利转换其功能与角色的过程中，一方面严格把控联合国教科文组织有关持续发展的规约，另一方面通过全盘谋划，在适度开发运河旅游业的同时，注重对周边区域关联产业的带动，开辟了"线性遗产"和"景观遗产"的先例。

本章小结

本章第一节通过对"水文化与大运河文化"知识图谱的分析发现，水文化和大运河文化的研究热点分别为"大禹治水""李冰"和"大禹"与"大运河""京杭大运河""浙江""通惠渠"和"漕运"。前者的演化路径呈现为从"李冰""郭守敬"及"水利工程"向"大禹治水"，再向"导淮""大禹""张謇"及"李仪祉"，最后向"治水思想""都江堰"及"长江"转向的趋势；后者呈现为从早期关注隋炀帝开凿运河的原因探索、功过评价、个人轶事追溯向大运河漕运研究、大运河沿线城市研究及大运河文化带建设研究转向的模式。在研究前沿方面，前者以"李冰"以及"李冰父子""李冰水利功绩"和"李冰修复都江堰"为重点，而后者以"大运河"以及"漕运"和"大运河沿线城市发展与繁荣"为重点。

同时，本章第一节还通过对"大运河与大运河文化带"知识图谱的分析发现，国内针对大运河和大运河文化带的研究热点主要集中在"文化遗产""运河文化""文旅融合"等文化领域，江苏省领先全国。国际上针对大运河的研究热点主要集中在"river"(河流)、"surface water"(地表水)与"climate change"(气候变化)等生态领域，中美两国名列前茅。研究路径方面，国内外均通过学者之间和研究机构之间的合作展开，但是国际层面的合作网络更加紧密。研究前沿方面，国内以"文旅融合"为重点，国外则注重"气候变化"的生态问题。

基于以上发现，我们建议：首先，在研究热点上，国内和国际学界均要重视对大运河和大运河文化带研究特征的把控，积极开展跨区域、跨学科的专业性交流与学术合作，以助力人文社科和自然科学领域学术研究的相互交叉和创新发展，推动全民对大运河以及大运河文化带重要意义的认识，并加强相关研究的社会转化运用；其次，就研究路径而言，国内学者和研究机构应当积极展开合作，通过丰富多彩的学术交流和思想碰撞，提升大运河文化带研究成效及其国外影响力，在国际层面，我们要打破局限于西方主要发达国家所构建的学术壁垒，促使各国拥有平等话语权，与运河资源丰富的各发达国家与发展中国家积极合作，携手推进大运河与大运河文化带研究在层次、深度与范围等方面的进取与攀升；最后，就研究前沿而言，目前国内在大运河文化带研究中关注的“文旅融合”方向与国际上在大运河研究中重视的“气候变化”并未完全重合，研究方向还存在一定差距，大运河研究的国内学术圈与国际学术圈之间的相互交流与彼此合作，仍需进一步加强。

本章第二节针对中国大运河文化遗产保护、传承和利用的立法现状和需求，以联合国科教科文组织的相关文件及由保护框架、保护原则和保护模式构成的世界文化遗产保护国际法体系为宏观指导，以法国的米迪运河、加拿大的里多运河和英国的庞特基西斯特水道桥与运河为案例，得出以下经验。第一，3 条运河在多部门管理的复杂关系中，都有一个权威的统领管辖机构。他们是相对独立于国家管理系统的公共机构，在经济和管理上具备相对的权威性、指导性和灵活性，因而能够有效地管理遗产和景观的保护系统，同时也能公正地协调不同部门之间的复杂关系。第二，与联合国教科文组织的公约与指南精神相一致，3 条案例运河都具备健全的法规制度和责任明确的管理体制，各自运河的保护传承利用均具有来自法规的约束力。第三，3 条世界遗产运河历史悠久，法规健全，但是其最突出和最值得学习的经验是有法必依、依法办事。他们均能在严格把握联合国教科文组织有关持续发展规约的同时，通过全盘谋划，一面适度地开发运河文旅，一面注重对周边区域关联产业的有机联动。

作为本章研究问题的答案，我们认为，无论是“水文化与大运河文化”还是“大运河与大运河文化带”的相关研究，在其研究热点、路径和前沿方面，均展现出方兴未艾、清晰可辨且大有可为的学术氛围。其主要原因有三。第一，大运河本身身份独特，潜力无穷。与其他 7 条世界遗产运河相比，其共同之处在于必须面对安身立命的功能，即航运的转型。但是，大运河的新航运功能，即南水北调工程，独一无二，无可比拟，且前景光明。第二，大运河物质和非物质文化遗产，种类繁多、潜能巨大，是取之不尽用之不竭的华夏文明之源泉和中国优秀传统文化之宝库。第三，在大运河文化遗产的保护、传承和利用方面，上至中央政府，下至县区乡镇，既有战略规划蓝图，又有具体实施方案。当然，要让中国水文化在世界范围走出去、走上去、走进去，要使大运河文化故事能够向国际受众讲得清、讲得明、讲得懂，那么，西方发达国家的先进经验，诸如法国的米迪运河、加拿大的里多运河和英国的庞特基西斯特水道桥与运河的相关经验，值得我们潜心钻研，虚心学习。

第六章　大运河遗产点田野考察与知情人士深度访谈的交叉比较

只有通过一线观察、观察、再观察，才能取得真正有价值的研究素材。本章的研究问题是：结合国家有关大运河文化遗产保护、传承、利用等顶层设计与宏观指导，通过对遗产点田野考察和与知情人士深度访谈的交叉比较，可以从哪些路径或采用何种方式理顺并搭建起大运河第一手珍贵资料与正面的中国国家形象之间的逻辑关系？为此，本章第一节在话语分析理论指导下，以中国雕版印刷博物馆、扬州博物馆（简称“双博馆”）中享有“中华一绝”美誉的镇馆之宝“雕版印刷”的对外传播为例，结合发放调查问卷和对专家、学者及其他知情人士的深度访谈，梳理出扬州对外传播中有关“雕版印刷”非物质文化遗产的话语主体与话语主题、话语传播渠道与传播效果，期望能为国内同类文化遗产的有效交流与传播提供参考。第二节基于文化线路理论，通过对现场随机调查、深度访谈、查阅历史文献、政府文件、新闻报道及游记等第一手资料进行分析，聚焦大运河扬州段线性文化遗产的文化汇集功能，以揭示在线性文化遗产保护管理中不同主体在发挥其潜在作用过程中所存在的问题，提出应对路径，以点带面，举一反三。

第一节　大运河非物质文化遗产的对外传播研究：以扬州“雕版印刷”为例

扬州作为地名最早出现于《尚书·禹贡》的“淮海惟扬州”一句中，因其“州界多水，水扬波”而得名①。自公元前 486 年吴王夫差开凿邗沟以来，具有两千五百多年历史的扬州，依水而建、源水而兴、因水而美。作为扬州非物质文化遗产的经典代表之一，扬州“雕版印刷”技艺被誉为印刷史上的“活化石”和扬州首选“世遗”项目，于 2009 年 9 月 30 日正式入选《世界人类非物质文化

① 沈昭、孔小平：《“州界多水，水扬波”为“扬州”：那些中国地名中的冷知识》，https：//k. sina. com. cn/article _ 1653603955 _ 628ffe730200126il. html，访问日期：2022 年 9 月 16 日。

遗产代表作名录》①。鉴于现有研究多集中于扬州“雕版印刷”本身的历史发展、技艺特色与突出贡献等层面而鲜有从传播学视角对其进行系统和深入的探究，本节将在话语分析理论指导下，以扬州“雕版印刷”的对外传播为研究对象，梳理出扬州对外传播中有关“雕版印刷”非物质文化遗产的话语主体与话语主题、话语传播渠道与传播效果，并针对扬州“雕版印刷”对外传播中所遇到的问题和挑战，提出应对策略与具体措施。

一、国内大运河文化带非物质文化遗产研究现状

联合国教科文组织对非物质文化遗产的定义是“被各群体、团体或个人，视为其文化遗产的各种实践、表演、表现形式、知识和技能及其有关的工具、实物、工艺品和文化场所”②。非物质文化遗产包括(1)口头传说和表述；(2)表演艺术；(3)社会风俗、礼仪、节庆；(4)有关自然界和宇宙的知识和实践；(5)传统的手工艺技能。自2014年6月22日大运河成功入选《世界文化遗产名录》以来，关于大运河非物质文化遗产的学术研究蓬勃发展，并取得了不少可喜成果。然而，对于大运河扬州段非物质文化遗产的学术研究却凤毛麟角，笔者于2023年2月16日在知网(CNKI)输入“扬州非物质文化遗产”“扬州雕版印刷”及分别为上述关键词加“对外传播”进行模糊检索，获取到的相关研究论文数量分别为142篇、163篇、1篇和1篇。显而易见，相关研究，特别是有关“扬州非物质文化遗产”和“扬州雕版印刷”对外传播的研究，还有很大的发展空间。

通过对相关文献的梳理，目前针对中国大运河非物质文化遗产的相关研究主要集中在非物质文化遗产的保护传承利用，扬州市非物质文化遗产，特别是“雕版印刷”的起源、发展与功能，以及相关非物质文化遗产影响与传播拓展三个方面。

在大运河非物质文化遗产的保护传承利用方面，章振华主张，一方面在扬州城区内进行集成的生产性保护，发掘非遗的功能价值，向世人重新昭示技艺的魔力和艺术的魅力，从而加强对手工技艺、劳动和材料的关注；另一方面，通过系统梳理和设计实验，得出关于扬州非物质文化遗产展示设计的

① 张永林、陈咏：《扬州雕版印刷入选“世遗”》，http://news.sina.com.cn/o/2009-10-03/020616392638s.shtml，访问日期：2009年10月3日。

② 联合国教科文组织：《保护非物质文化遗产公约》，https://www.mct.gov.cn/whzx/bnsj/fwzwhycs/201111/t20111128_765132.htm，访问日期：2022年11月6日。

策略[①]。赵艳喜认为，大运河非物质文化遗产的保护要遵循整体保护的理念，根据“非物质文化遗产自身的整体性特征，结合非物质文化遗产本体、相关环境和人三大要素，从历时性和共时性两个方面对非物质文化遗产进行综合、立体的有效保护”[②]。白硕则提出要建章立制，建立非物质文化遗产博物馆，并从机制上保障大运河非物质文化遗产的挖掘、整理、储存与展示[③]。另外，窦兴斌、何边提出，大运河非物质文化遗产的保护与传承应与现代数字化相结合，通过技术把单一的文化模式变成立体、全面的模式，分门别类地对遗产和相关资料进行保护与存储[④]。同时，崔莹主张，在“互联网＋”时代背景下，应该充分发挥新兴技术与社交网络媒体的作用，借助大数据和云平台，采用活态的影像化形式广泛传播非物质文化遗产，实现“见人见物见生活”的效果，让世界遗产活灵活现地走向世界[⑤]。

据统计，扬州市的非遗项目共有 153 项，其中有 7 项已列入国家级非遗代表作名录，16 项列入省级非遗代表作名录，数量上在江苏省位列第二。扬州市的非遗项目从内容上可分为三大类：(1)以扬剧、清曲、评话、古琴等为代表的民间艺术类；(2)以扬州玉雕、剪纸、刺绣、彩灯、“雕版印刷”等为代表的民间工艺类；(3)以扬州“三把刀”、富春茶点制作技艺、界首茶干制作技艺等为代表的民间习俗类。其中被誉为“中华一绝”的扬州“雕版印刷”，在文化多元性冲击下，逐渐失去了以往辉煌的市场地位，处于“勉强维持和濒临灭绝的境地”[⑥]。孙璐认为，扬州“雕版印刷”是传统手工艺的典型代表，民族特征鲜明，具有突出的非物质文化遗产价值，堪称人类印刷史上的“活化石”，但是，其面临的主要问题是：传承渠道不畅，教育传承脱节，保护观念

---

① 章成华：《基于五觉论的扬州非物质文化遗产展示设计研究》，扬州大学，硕士学位论文，2019 年，第 1 页。

② 赵艳喜：《论非物质文化遗产的整体性保护理念》，《贵州民族研究》2009 年第 6 期，第 49 页。

③ 白硕：《大运河沿岸非物质文化遗产现状、问题与对策》，《人口与社会》2018 年第 6 期，第 34 页。

④ 窦兴斌、何边：《新媒体语境下大运河非物质文化遗产数字化保护与传承策略研究》，《综合论坛》2018 年第 5 期，第 99 页。

⑤ 崔莹：《论影像化在非物质文化遗产保护中的作用和意义》，《云南民族大学学报》(哲学社会科学版)2018 年第 6 期，第 38 页。

⑥ 李霞、万艳华：《扬州市非物质文化遗产“雕版印刷”的生产性保护与发展》，《城市发展研究》2012 年第 5 期，第 55 页。

滞后[①]。

关于扬州“雕版印刷”的起源、发展与功能，吴郁发现，目前中国雕版印刷博物馆藏有30多万片古籍版片，内容广泛，涵盖领域众多，包括大型丛书57种，单行本125种，共计8,900多卷。其中不乏孤品、珍品，学术研究价值极高，主要馆藏典籍包括《楚辞集注》《梦溪笔谈》《全唐诗》《杜诗言志》《暖红室汇刻传奇》《古逸丛书》《学古堂日记》《妙法莲华经》《扬州云蓝阁版画》[②]，不一而足。吴郁进一步指出，扬州“雕版印刷”技艺，“自唐迄清，薪火相传，当代再次复兴，构成中国印刷史、刻书史的重要组成部分……是扬州乃至中国悠久历史和灿烂文化的见证”[③]。另外，2004年4月，扬州市以广陵古籍刻印社所藏的17万片古籍雕版为家底，宣告建设中国雕版印刷博物馆。广陵古籍刻印社肩负三大职责：第一，旧版新印，即对所保存的旧版典籍，择其内容独特且雕刻精良的，予以重印；第二，普本复刻，如对明本《西厢记》进行重新翻印；第三，稿本刊刻，即把未经刊刻的稿本，如《杜诗言志》，刊刻印刷。“雕版印刷”的选材主要是黄河古道上的野生梨木，因其木质细腻，硬度适中，便于镌刻。接下来的工艺流程还有按需写样、制版上样、正式雕版及印刷装帧等阶段，其中最后的印刷装帧阶段就包括“拣页、齐栏、包扣、穿线、贴签、撞书、打书等二十多道工序，如此才能完成单卷线装书的制作。大型丛书还要经过分函、配锦、绢套等流程，方成古色古香的线装古籍”[④]。邓抒扬、许旸建议，借助数字记录和存储技术为“雕版印刷”的工艺流程建立永久的数字档案和“雕版印刷”数字技艺资源库，应用计算机辅助成型、三维建模技术、数控加工技术，开展雕版典籍再造计划，对古籍版片和佛像经版进行逆向复制，为非物质文化遗产开发衍生产品[⑤]。王芙蓉、顾孝慈、侯兵指出，中国的雕版印刷术开创了人类复印技术的先河，体现了中国人民的卓越智慧和认知经验。因此，在“新的历史时期，弘扬‘雕版印刷’非遗的时代价值，将其保护与传承放置于历史文化名城保护的视域，研究二者的互动逻辑，对当

---

① 孙璐：《从扬州雕版印刷看传统手工艺保护与传承》，《中国出版》2012年第8期，第52-53页。

② 吴郁：《扬州雕版印刷发展历史的概述》，《兰台内外》2020年第14期，第54页。

③ 同上书，第52-54页。

④ 姚震：《雕版古今沧桑 版存千秋印痕：寻访扬州雕版印刷博物馆》，《档案与建设》2002年第7期，第58页。

⑤ 邓抒扬、许旸：《非物质文化遗产雕版印刷技艺的数字化保护研究》，《出版广角》2019年第20期，第47页。

下城市非物质文化遗产保护与历史文化名城建设具有一定的启迪和借鉴意义”①。

关于大运河非物质文化遗产影响与传播拓展的研究，孙璐认为，扬州“雕版印刷”是集凝聚雕刻术、摹拓术、制墨术、造纸术等几种优秀传统工艺于一体的独特手工技艺。作为世界印刷术最古老的技术源头，它在观念和技术层面，为后世的活字印刷术的诞生打下了坚实的基础，为中国人民，甚至世界人民的文明交流和文化传播提供了最为便捷的条件。然而，扬州“雕版印刷”在传播方面还存在以下问题：(1)传播渠道不畅，现有的十几位大师主要采用师徒传承，传播面太窄，方法老旧；(2)教育传承脱节，虽然扬州“雕版印刷”名气不小，但是作为技艺传承，其缺少教育平台，尚未进入学校课堂；(3)保护观念滞后，尽管中国雕版印刷博物馆级别很高，但是在传承传播与扩大影响方面，仍需在思想观念上健全管理与研发机制，以稳健地达成“世遗”项目标准，助推中国文化国际传播战略目标的实现②。

由此可见，陈列于博物馆的扬州雕版典籍，不仅只是代表昔日成就的光环，更不意味着它们已经成为过去。我们应该更新观念，充分利用现代博物馆的平台、媒体渠道共同努力，对其进行更加有效的保护、传承与利用。

二、话语研究与文化遗产

话语研究是20世纪七八十年代在美国和欧洲人文社会科学中兴起的学科，学者们从认知、社会和语用等角度对话语研究进行了诸多探讨，形成了话语分析、批评话语分析、多模态话语分析等不同的话语研究流派③。西方话语理论的代表人物法国学者米歇尔·福柯认为，话语由符号组成，但其功能又大于或多于这些符号，因而是超越单纯语言学概念的多元、综合的意识形态实践。在每个社会，话语的制造都受到了一定程序的控制、选择、组织和重新编排，以此消除话语中的力量和危险。这些程序构成约束话语的外部规则。同时，约束话语的还有话语的内部规则和话语主体的使用规则④。对

① 王芙蓉、顾孝慈、侯兵：《历史文化名城保护视野下扬州雕版印刷技艺非遗的保护与传承》，《出版发行研究》2022年第4期，第21页。

② 孙璐：《从扬州雕版印刷看传统手工艺保护与传承》，《中国出版》2012年第16期，第53页。

③ 辛斌、田海龙、苗兴伟、向明友、秦洪武、马文：《六人谈：新时代话语研究的应用与发展》，《山东外语教学》2018年第4期，第13页。

④ 米歇尔·福柯：《话语的秩序》，载许宝强、袁伟选编《语言与翻译的政治》，中央编译出版社，2001，第41页。

福柯而言，无论哪种规则都是“某种方式的权力制约”，因为“任何社会都会通过其机构、机制或政治方式，严格控制话语权，以确保什么可以说，什么不可以说”①。

随着西方话语研究的局限性愈发显现，中国和其他新兴发展中国家，以及部分西方国家开始探索新的文化对话路径和文化研究方向，在21世纪初逐渐形成了“文化话语研究”这一新的多元学术体系②。在文化话语研究中，话语被定义为特定历史、文化、语境下的言语交际事件，是反映与构建社会现实的社会实践形式，同时也是承载历史、当下和未来权力关系与意识形态的重要物质载体。文化话语研究“是指一套以言语使用为核心的跨学科、跨文化、跨历史，既情系中华、又放眼世界的研究体系”③。文化话语研究采取跨学科、跨文化、跨历史的视角，从话语作为社会交际活动的理念出发，提出了一套总体分析框架，审视探究六个范畴，即话语主体、内容/形式、媒介使用、目的/效果、文化关系和历史关系。这样，文化话语研究就将西方传统的二分法合二为一，并力图通过整体、辩证的思维方法消除国际话语研究的文化霸权与偏见，倡导多元文化的交流与对话。

近年来，文化话语研究突破既有的社会问题导向，对历史书写、文化记忆的关注不断增多，但在历史与文化记忆交织作用的文化遗产领域却鲜有涉足④。研究文化遗产的对外传播难以脱离话语研究这一范畴。在进行非物质文化遗产对外传播的话语研究时，需要考虑到社会现实，包括政治、经济、文化等因素的影响作用，尤其是在对外传播非物质文化遗产时，“谁在说话”“他们占据什么样的身份”“说什么”“使用哪些媒介”，这些都是在话语研究视域下研究非物质文化遗产传播需要分析的重要问题，也是本节所关注的重点。

三、“雕版印刷”的资料搜集与分析

为了全面、客观地探究有关扬州“雕版印刷”的对外传播，本节主要采用搜集和筛选相关媒体报道，同时辅以现场考察和专家访谈资料的方式，收集所需的第一手话语原始资料，然后通过主题分析的方法对相关话语资料进行

---

① 米歇尔·福柯：《规训与惩罚》，刘北成、杨远婴译，生活·读书·新知三联书店，1999，第84页。

② 施旭：《什么是话语研究》，上海外语教育出版社，2017，第55页。

③ 施旭：《文化话语研究：探索中国的理论、方法与问题》，北京大学出版社，2010，第101页。

④ 侯松、吴宗杰：《历史话语何以有用？——从文化遗产探索批评话语分析的文化路径》，《外语研究》2015年第3期，第47页。

定性分析。布劳恩和克拉克将主题分析法定义为“确定、分析及汇报有效语料主题的一种手段”[①]。该方法是对资料进行定性分析最常见的方法，具体操作主要包括资料的整理和分析两个步骤。在资料整理阶段，我们根据相关媒体在扬州的受众及发行量，选取了“光明网”和“扬州网”为媒体语料来源，以“扬州”“雕版”为关键词进行内容检索，时间跨度为 2018 年 1 月至 2022 年 6 月，共搜集到 172 篇报道，7 篇来自“光明网”，165 篇来自“扬州网”，其中与“雕版印刷”相关的有效语料共计 65 篇(重复报道不计算在内)。接着，我们对搜集到的资料进行了分析，分析步骤如下。

首先，根据本节研究目的和理论指导框架，以及语料中关键字词的出现频次，我们归纳出语料中反复出现的话语主体和话语主题。其次，我们对 65 篇报道的主要话语内容进行标记，按照不同的内容将所标记的报道归类到相应的话语主体与话语主题之下。最后，我们对所获取的语料分析结果进行总结与整合，整理出话语主体分布与话语主题分布的相关数据。至于深度访谈专家的话语材料，我们则是先将访谈录音转换成文字稿，然后采用上述同样步骤进行主题分析，为下文研究提供依据。

四、“雕版印刷”对外传播的话语研究

如前所述，文化话语研究的总体分析框架包含话语主体、内容/形式、媒介使用、目的/效果、文化关系和历史关系六个审视范畴，并从历史、文化等方面厘清话语与社会间的联系。根据本节的研究目的，我们仅从该框架中的话语主体、话语主题、话语传播渠道和话语传播效果四个方面切入，对扬州“雕版印刷”的对外传播话语语料进行定性分析。

(一)话语主体

“话语主体”指特定语境下运用语言符号生成意义的具体的人或社会组织形式。对话语主体的分析不但要考查“谁在说话”，还要追问“谁不在说话”，包括他们的身份、社会地位和关系等[②]。根据对有效语篇中的话语主体进行分析，在扬州“雕版印刷”传播的媒体话语语料中，主要有五类话语主体：对外政府部门、专家、遗产保护机构、媒体与公众。具体而言，在涉及“雕版印刷”的媒体报道中，政府部门(中央政府、江苏省政府外事办、扬州市委、扬

① Virginia Braun and Victoria Clark, “Using Thematic Analysis in Psychology,” *Qualitative Research in Psychology*, no. 3 (2006): 79.

② 施旭：《文化话语研究：探索中国的理论、方法与问题》，北京大学出版社，2010，第 152 页。

州市政府、北京文化局、扬州市文广新局、中国文化管理协会、扬州市委统战部)、专家(李江民、芮名扬、陈美琦、陈义时、马延圣)、遗产保护机构(扬州博物馆、扬州广陵古籍刻印社)、媒体(央视新闻频道、江苏网、《新华日报》)、公众(社区居民委员会主任及学生),五类话语主体纷纷发声,通过各种渠道为“雕版印刷”的传播献计建言,详见表6-1。

表6-1 “雕版印刷”语料的话语主体分布

话语主体	有效语料	占比/%
政府部门	27篇	41.54
专家	14篇	21.54
遗产保护机构	12篇	18.46
媒体	7篇	10.77
公众	5篇	7.69
总计	65篇	100.00

根据上表数据及对相关语料的分析,我们可以发现,在上述五大话语主体中,政府部门在“雕版印刷”传播中占有较大话语权,公开发表语料27篇,占比为41.54%;专家和遗产保护机构在对外传播中也发挥了一定的作用,公开发表语料数量分别为14篇和12篇,占比为21.54%和18.46%;而媒体与公众发表语料数量仅为7篇和5篇,占比分别为10.77%和7.69%,几乎陷于集体失语状态,说明媒体未能发挥应有的传播作用,公众的传播力量也没有得到应有的重视。

(二)话语主题

“话语主题”指话语主体表述的话语内容和要点①。根据分析,我们可以将“雕版印刷”对外传播的话语内容分为五大主题,主题分布详见表6-2。

表6-2 “雕版印刷”语料的话语主题分布

话语主题	有效语料	占比/%
扬州	25篇	38.46
博物馆与刻印社	16篇	24.62
雕版印刷技艺与传承人	13篇	20.00

① 李秋杨:《“中国制造”国际形象传播的文化话语研究》,《当代中国话语研究》2014年第6期,第5页。

续表

话语主题	有效语料	占比/%
大运河	7 篇	10.77
雕版印刷传播	4 篇	6.15
总计	65 篇	100.00

根据上述表格及报道的具体内容，我们可以发现扬州“雕版印刷”对外传播的话语主题呈现出以下两大特点。①以“雕版印刷”之名，宣“扬州形象”之实。虽大部分报道中多次提及“雕版印刷”，但其本意是在宣传扬州文化、旅游与美食，而仅将“雕版印刷”作为其中的点缀或由头。②相关报道涉及“雕版印刷”对外传播的内容微乎其微。我们搜集到的全部语料中，与“雕版印刷”相关的话语内容大部分为对雕版印刷历史和工艺流程、雕版作品及雕版技艺传承人的介绍，鲜有涉及“雕版印刷”传播的话语，尤其对外传播更是少之又少。

(三)话语传播渠道

“话语渠道”指的是话语得以传播的媒介或方式，如新闻发布会、网络媒体、传统纸媒、广播视频、面对面交流等。在现实传播中，传播者“对话语渠道的灵活运用是增强话语传播效果的重要因素”①。根据对实地观察和对专家深度访谈的分析，我们发现扬州“雕版印刷”的对外传播，综合运用了多种话语传播渠道。

第一，文化建筑成为最具特色的话语媒介。为了保护、传承与弘扬扬州的非物质文化遗产，扬州建有“双博馆”，并设立了扬州“486”非物质文化遗产集聚区。“双博馆”与非遗集聚区内都有图片展示与文字记录，详细介绍了“雕版印刷”的起源、工艺流程，以及“雕版印刷”在中国和世界其他地区的传播情况，并配有相应的英文翻译，为国内外游客了解“雕版印刷”提供了丰富而便捷的话语材料。

第二，书籍与报刊成为话语传播的首要渠道。扬州“雕版印刷”的对外传播渠道，除了报纸、宣传册之外，还整理出版了《雕版印刷》《暖红室汇刻传奇》及《扬州云蓝阁版画》等一批雕版印刷技艺的理论专著。这些书籍将雕版印刷技法用文字、图片等多种方式记录下来，便于雕版印刷技艺的传承与传播。

第三，通过举办论坛，“雕版印刷”得以走出扬州。多年来，世界运河历

① 李秋杨：《“中国制造”国际形象传播的文化话语研究》，《当代中国话语研究》2014年第6期，第6页。

史文化城市合作组织与中国太平洋经济合作全国委员会共同在扬州主办了世界运河名城论坛，每年都会邀请近百位国内外运河城市的运河管理者、研究者、爱好者等前来扬州，围绕全球运河城市共同关注的热点问题开展交流，有效地展示了大运河统筹保护、传承和利用的“中国行动”。作为东道主，扬州无疑获得了宣传扬州雕版、剪纸、玉雕等非物质文化遗产极佳契机。

第四，人文交流“活化”了“雕版印刷”。根据实地考察和对专家的访谈，我们了解到，扬州“双博馆”遍布扬州居民和学生自发组成的志愿讲解团，向游客介绍扬州“雕版印刷”。此外，扬州“雕版印刷”写样大师手书的《心经》也成为中国杭州亚运会上中国送给全亚洲的礼物。这一系列的人文交流活动，都为扬州“雕版印刷”走出扬州、走出国门进行了有益尝试。

第五，网络媒体也成为扬州“雕版印刷”传播的有效话语渠道。光明网和扬州网等网络媒体突破了传统的时空限制，在最短的时间内将与扬州“雕版印刷”相关的话语传播到千里之外，在传播效果的“质”和“量”两方面，都实现了传播效果的最大化。

(四)话语传播效果

“话语从产生到受众接受的过程正是话语传播效果的形成过程。”[①]扬州“雕版印刷”的话语传播渠道，可谓多种多样，不拘一格。调查发现，一般的扬州居民，甚至包括来自国内其他省份的游客，对扬州“雕版印刷”这一非物质文化遗产，基本都有所耳闻，但对其重要文化价值，仅略知一二。多数出席扬州世界运河名城论坛的海外人士对扬州“雕版印刷”基本表现出陌生化的状态。因此，作为扬州的首选“世遗”项目，扬州“雕版印刷”尚未获取扬州非物质文化遗产的“名片”或“品牌”效应。

五、结语

本节借助话语分析的理论框架，从话语主体与话语主题、话语传播渠道与传播效果四个维度，对扬州“雕版印刷”对外传播的相关话语进行分析。研究发现，扬州“雕版印刷”对外传播虽然综合运用了多种传播渠道，发挥了各类话语群体的作用，但是政府、学者及主管部门拥有压倒性的话语权，而主流媒体未能发挥应有的传播作用，社会公众的传播力量也未能得到应有的重视。由于话语主题较少涉及“雕版印刷”的对外传播，扬州“雕版印刷”尚未得到世界范围的普遍认同与重视。

---

① 李秋杨：《“中国制造”国际形象传播的文化话语研究》，《当代中国话语研究》2014年第6期，第7页。

分析显示，扬州“雕版印刷”对外传播仍然存在两大问题：

第一，缺少其应有的“名片”或“品牌”话语传播效应。作为应对措施，首先，我们应从学术上进一步挖掘、整理、确定扬州“雕版印刷”手工技艺的文化内涵与非物质文化遗产的独特价值。其次，寻求从理念上确认其可以成为中华文化珍品和对世界印刷文明具有杰出贡献的可能性。最后，要从机制上，将扬州“雕版印刷”技艺的创新利用与传承传播落到实处，让承载着千年中华民族灿烂文明的扬州“雕版印刷”技艺，以不同的创新形式，绽放出别具一格的艺术生命之光。

第二，相关话语提炼亟待加深与拓展。作为应对措施，一方面我们要积极挖掘扬州“雕版印刷”自身商用价值；另一方面，我们还要以科学态度还原扬州“雕版印刷”的文化内涵与外延，从而以创新的精神重塑中国传统手工技艺的文化魅力、艺术张力与民族品格。

习近平总书记指出：“要让文物说话，让历史说话，让文化说话。系统梳理传统文化资源，让收藏在禁宫里的文物、陈列在广阔大地上的遗产、书写在古籍里的文字都活起来。”①扪心自问，作为“活化石”和“中华一绝”的“雕版印刷”是否应尽快从沉睡中醒来？为此，我们要善用科学技术加强与参观者的互动，让这样的优秀传统文化走进课堂，并将其打造为品牌“金卡”或“名片”，从而实现有效参与国家和省市的各种文化交流活动。

第二节　线性文化遗产视角下大运河文旅线路建设研究：以大运河扬州段为例

近年来，伴随中国的快速发展和国际影响力的提高，中华文化中最具张力的文化遗产得到了充分挖掘和功能重构。线性文化遗产是跨越时空的遗产巨系统，以线性文化遗产为代表的大型遗产聚落成为承载民族文化诉求的宏大载体。同时，文化线路作为其理论支撑也备受国际社会的关注。大运河是世界上最长、最古老的运河，早在工业革命之前就是一项令人难以置信的技术成就。古代的大运河除了漕运功能外，还是连接贸易运输和普通居民生活的纽带，如今大运河的航运功能在现代化交通路网建设中地位逐步降低、逐渐弱化，而在旅游业发展过程中，大运河线性文化遗产的价值正重新被重视和挖掘。河流文明是线性的文明，河流遗产因此也是线性遗产。大运河的申

① 习近平：《加强文化遗产保护传承 弘扬中华优秀传统文化》，《求是》2024年第8期，第2页。

遗成功，让大运河成为文化路线中必不可少的组成要素。

作为一条历史水道，大运河见证了沿线城市的发展，促进了大运河沿岸经济的繁荣，孕育了运河文化和民间故事，促成了线性文化路线上聚落节点之间的互动。扬州是运河文化线路上的聚落节点之一，旅游产业也是城市发展的重点项目。可见，线性文化遗产的文化汇集功能对整条线性文化遗产发展起到至关重要的作用，但目前相关研究较为缺乏。本节从线性文化遗产的角度出发，梳理该地段的地方遗产文化旅游建构特征及存在的问题，厘清文化和运河遗产旅游的关系，进一步加强对大运河扬州段的开发和利用，为大运河扬州段的遗产旅游建设提供相应的建议，期望能够以点带面地推动大运河整体性发展。

一、线性文化遗产、文化线路与大运河文旅线路建设

(一)线性文化遗产

线性文化遗产(Lineal or Serial Cultural Heritage)是指线状或带状区域内物质和非物质文化遗产群体与特定文化资源的组合①。1998 年，线性文化遗产的研究在欧美国家兴起，其指向主要有两个方面：一是国际古迹遗址理事会*提出的“文化线路”，二是美国国家公园管理局用于区域保护实践的“遗产廊道”②。

线性文化遗产具有大规模和跨区域性特点，强调时间、空间和文化因素。作为文化遗产保护领域提出的新理念，它具有极强的串并能力，能够把不同场域的文化遗产及周边资源组织起来，横向性串联起不同区域的各种资源，纵向性带动旅游与各类产业的融合，突出遗产价值，进行整体性保护、传承和利用，是旅游开发的一个重要发展方向。单霁翔曾对线性文化遗产进行分类，将其表现形式分为四个方面，即“线形(峡谷、河谷、山谷、河流)文化景

① 周刘伟、王进：《个性与共性：线性文化遗产旅游形象整合——以京杭大运河扬州段为例》,《旅游纵览》2022 年第 5 期，第 72 页。

② 李飞、邹统钎：《线性文化遗产重要节点旅游发展模式研究：以云南碧色寨为例》,《地理与地理信息科学》2022 年第 5 期，第 138 页。

* 1965 年，国际古迹遗址理事会在波兰华沙成立，是世界遗产委员会的专业咨询机构。它由世界各国文化遗产专业人士组成，是古迹遗址保护和修复领域唯一的国际非政府组织，在审定世界各国提名的世界文化遗产申报名单方面起着重要作用。中国于 1993 年加入该组织，致力于文化遗产保护，促进对文化遗产的全面保护、管理与研究。

观”“线状遗迹”“运河遗产”及“文化线路”[①]。

国内学者关注文化线路研究稍晚，主要集中于文化线路概念辨析、文化遗产的时空维度研究，以及大量案例研究。李伟和俞孔坚系统介绍了文化线路保护的发展动态，并结合国实际需要将文化线路与遗产廊道进行了比较[②]。姚雅欣和李小青系统而深入地探讨了“文化线路”的内涵、价值、意义及其保护策略[③]。汪芳和廉华指出，文化线路是“线型空间”概念的一部分，他们在回顾线型空间各概念发展历程的基础上，探讨了彼此之间的相互关系及其所共有的生态性、网络化、人本性和参与性等特性[④]。孙燕从路径形态的地理框架和年代的时间框架出发，探讨了文化线路在诸如交通史、民族学、漕运史等国内多个学科中的应用与研究结果，并筛选出国内潜在的文化线路资源[⑤]。另外，还有学者，譬如岳娜和李君[⑥]以山西沿黄渡、张中奎[⑦]以明清云贵走廊“路诗”、王雪萍[⑧]以扬州盐商为案例，探讨线性文的时空分布与实践应用。但是，线性文化所承载的物质与非物质文化遗产具有多样性和复杂性，它们之间相互交融并衍生出十分丰富多样的面貌与现象，值得更加全面和深入的探究。

（二）文化线路

文化线路（Cultural Routes）是线性文化遗产下的一个理论分支，更多地体现了物质与非物质遗产的交流。它推动了文化线路类型的遗产资源申报世界遗产的进程，表明了整体价值大于个体价值之和。1993 年，圣地亚哥朝圣之路首次以“文化线路”的形式被列入世界遗产名录，于是，文化线路遗产、

---

① 单霁翔：《大型线性文化遗产保护初论：突破与压力》，《南方文物》2006 年第 3 期，第 2 页。

② 李伟、俞孔坚：《世界文化遗产保护的新动向：文化线路》，《城市问题》2005 年第 4 期，第 7 页。

③ 姚雅欣、李小青：《“文化线路”的多维度内涵》，《文物世界》2006 年第 1 期，第 9 页。

④ 汪芳、廉华：《线型空间研究进展与发展趋势》，《华中建筑》2007 年第 7 期，第 88 页。

⑤ 孙燕：《中国世界文化遗产潜在资源和发展状况：清华大学国家遗产中心近期研究成果》，《南方建筑》2011 年第 5 期，第 21 页。

⑥ 岳娜、李君：《文化线路视角下山西沿黄渡口文化遗产保护路径：基于扎根理论的探索性研究》，《干旱区资源与环境》2023 年第 7 期，第 102 页。

⑦ 张中奎：《文化线路视野下明清云贵走廊“路诗”研究》，《贵州社会科学》2021 年第 11 期，第 62 页。

⑧ 王雪萍：《扬州盐商文化线路》，《扬州大学学报》（人文社会科学版）2012 年第 5 期，第 93 页。

廊道遗产、线路遗产、文化走廊、遗产走廊、文化廊道等便成为线性文化遗产研究中经常出现的概念①。2008年国际古迹遗址理事会第16届国际文化线路会议里修订的《文化线路宪章》得到了世界遗产专家的认可，基本形成了较为完善的理论体系。《文化线路宪章》对文化线路的明确定义是：

> 陆路、水路或其他形式拥有实体界限的交通线路，以自身具有的动态性和历史功能，服务于特定的目标。其形成源于人类迁徙互动，能反映贯穿重大历史时期民族、国家、地区或大陆间的物品、思想、知识和价值观的多维度且持续的交流。其促进了时空上受其影响的文化的交流与融合，体现在有形和无形遗产中，并且将与线路相关的历史联系和文化遗产整合成一个动态系统②。

从以上定义可以看出，文化线路组成要素包括：第一，拥有明确的具体功能、存续时间，以及文化相互促进所带来的物质和非物质价值；第二，结构构成、地理和历史环境、自然和文化环境（城乡景观）、相应的特色环境；第三，象征和精神意义，具体表现为构成文化线路的不同类型的遗产有形要素及无形要素。显然，国际古迹遗址理事会将文化线路看成一个新的概念，但它并不与文化遗产现有类型冲突，而是将其与历史遗址、城镇、文化景观和工业遗产等包括在一个联合系统中，提升了它们的整体意义。同时，国际古迹遗址理事会下设专门机构——国际古籍理事会文化线路科技委员会，负责文化线路类遗产的研究与管理。

同时，《文化线路宪章》确定了文化线路的认定要素包括："背景""内容""作为整体的跨文化意义""动态特性"和"环境"（表6－3）。

表6－3　国际古迹遗址理事会《文化线路宪章》中对文化线路的认定要素③

主题	要点/关键词
定义	* 具有一个"目标" * 多维、多元交流 * 物质与非物质文化交叉增值 * 动态系统

① 陈兆倩：《遗产旅游视角下无锡城区段运河水系线性文化遗产资源价值研究》，《中外建筑》2020年第6期，第69页。

② CIIC, "The ICOMOS Charter on Culture Route," accessed February 12, 2023, http://interna－tional. icomos. org/quebec2008/charters/cultural _ routes.

③ 苏静、刘克成：《基于文化线路理念建构关陇先秦秦文化遗址保护体系》，《人文杂志》2018年第11期，第87页。

续表

主题		要点/关键词
认定要素	背景(Context)	* 从文化线路产生的“背景”理解文化线路 * 对“背景”的理解扩展了对文化线路的理解
	内容(Content)	* 文化线路由物质要素与赋予线路整体意义的非物质要素组成 * 物质要素分为线路存在的决定性物质要素与其他基本功能要素 * 强调非物质要素在文化线路中的重要作用
	作为整体的跨文化意义(Cross-Cultural Significance as a Whole)	*“意义在于整体”：明确文化线路的意义在于其整体价值(价值系统) *“价值系统”：整体价值(价值系统)大于单个部分简单相加的价值 *“共享价值”：各部分共享整体价值带来的意义 *“文化增值”：整体价值促进更广泛的文化交流与联系
	动态特性(Dynamic Character)	* 文化线路的动态性是文化线路的基本属性，源自文化现象产生的动因 * 文化线路的动态性随着文化流动的状态不仅是线路整体的动态变化，还应理解文化线路组成各要素的动态变化 * 文化线路动态性决定了文化线路认知与保护的整体性
	环境(Setting)	理解文化线路环境的类型视角： * 地理环境 * 区域环境 * 文化景观 不同的背景环境视角直接影响文化线路遗产保护范围与内容的确定，需要综合研究评定

可见，“文化线路”的理念强调线路的文化主题、历史意义和交流功能，且线路的整体价值大于个体价值之和；它所关注的不是遗产的静态分布，而是遗产之间的相互关联，以及文化在传播与交流过程中的动态演化。这一理念的运用能够将那些见证历史发展、体现文化多样性并共同构成线路完整性的分散的遗产项目整合到一个体系中加以表述和保护。表 6－3 实际上建构了文化线路认知的体系框架，并为其具体指标厘清了相关概念，也为文化线路保护工作开展的方法论奠定了基调。

根据2005年国际古籍遗址理事会《世界遗产名录：填补空白——未来行动计划》中关于人类迁移主题的相关内容，徐桐和向岚麟将文化线路分为事件驱动型和文明驱动型两大类（详见表6－4，有删减）。

表6－4　文化线路的事件驱动与文明驱动分类表①

<table>
<tr><th>文化线路（遗产线路）类型</th><th colspan="2">主题或形式分类</th><th>案例（案例分类基于线路历史及内涵分析）</th></tr>
<tr><td rowspan="4">事件驱动型</td><td>人类迁徙</td><td>移民、游牧、奴隶制、殖民</td><td>奴隶贸易之路、跨越塔拉帕卡大区山谷的新世界征服者线路（智利）</td></tr>
<tr><td>货物贸易</td><td>陶瓷、香料、茶叶等</td><td>熏香之路（以色列）、可可贸易线路（委内瑞拉）、克朗代克河淘金线路（加拿大）、糖之路（巴西）、汉莎联盟商路、商队线路（北非马格里布）、盐道（泰国）</td></tr>
<tr><td>宗教传播</td><td>基督教、佛教等</td><td>圣地亚哥·德·孔波斯特拉路线（西班牙、法国）、纪仪山朝圣线路、西亚斯铁路（赴麦加朝圣之路-沙特阿拉伯、巴勒斯坦）</td></tr>
<tr><td>其他特定目的</td><td>军事、战争等</td><td>十字军东征</td></tr>
<tr><td rowspan="2">文明驱动型</td><td colspan="2">催化式（初期具有明显事件驱动，多为贸易、战争）</td><td>丝绸之路、海上丝绸之路、印度洋季风之路、万里茶道、茶马古道</td></tr>
<tr><td colspan="2">渐进式（初期无明确事件驱动）</td><td>古印加帝国线路（南美安第斯山脉沿线六国）、大运河、蜀道、拉普拉塔河东部边界的沿海道路</td></tr>
</table>

表6－4中的事件驱动型文化线路包括人类迁徙、货物贸易、宗教传播及出于其他特定目的的活动四类。这一类型的文化线路所开辟的文化交流廊道，在其后续发展的交流或交换活动中仍维持着其最初的内涵，如移民、贸易、传教及战争等。相比之下，文明驱动型文化线路包括在区域、国家或地区等不同时空范围内的文化交流，或由于多元交流需求而开辟的交通线路。其时空范围稳定，会伴随着人员流、物资流、信息流而达到文化交流传播的效果，最终形成不同文化区之间稳定的文化交流廊道，“丝绸之路”和“古印加帝国线

①　徐桐、向岚麟：《文化线路建构的事件驱动与文明驱动》，《南京社会科学》2020年第9期，第151页。

路”即是典型的案例。

目前全世界已有8条文化线路被列入世界遗产名录，这使得文化线路在世界遗产保护工作中的作用愈发重要[①]。文化线路作为其中重要的理论支撑更加突出遗产资源价值的延续性、流动性和传承性，有助于通过遗产的整体布局来实现利益最大化。文化线路的概念对大运河的保护和发展有着重要的启示。大运河是典型的线性文化遗产，其区域跨度广泛，流动性强，即使是扬州段就有好几片流域。大运河文化遗产线路之长，时间跨度之大，必然得经历维修与更新。虽然各个时代地区的文物古迹单独来看价值尚浅，但放在大运河的体系之中则能凸显出重要的整体价值。

同时，文化线路会明确遗产资源的文化重要性。20世纪80年代末和90年代初，联合国教科文组织推出了以路线为基础的新项目。1998年，联合国教科文组织大会启动了“丝绸之路整合研究对话之路”项目，旨在收集线路遗产中传播所产生的信息，强调“复杂的文化互动产生于东西方之间的相互影响”[②]。随着时代的发展，世界上多数运河的交通运输功能在逐渐削弱，文化在其中发挥的作用越来越大。结合当代时代背景，物质和非物质文化遗产在特定的时空范围内促进了相关文化的滋养和影响。以文化线路的方式保护动态性和跨区域的线性文化遗产，是把相关的历史联系和文化遗产进行整合使其成为统一的动态系统，将文化线路作为一种线性文化景观，会更突出遗产的文化、价值观和传统，而非金钱财产。

随着对自然遗产保护价值的逐渐重视，文化线路通过精心设计，可以把文化和自然资源串联起来，变成一种兼具生态效益和社会效益的线性文化景观，主要表现为绿色通道和遗产廊道。国外运河的遗产管理多与此有关，加拿大里多运河的运河遗产保护，就是在文化景观的框架下结合水道特性形成的可持续发展政策。里多运河建有专门的运河博物馆用于记录运河修建的历程，同时沿线还开发了里多步道和运河公园，最大化利用自然资源。为了加强运河线路的趣味性，他们还利用丰富的文物遗存来展示各种物质和非物质文化遗产[③]。伊利诺伊和密歇根运河采取遗产廊道的方式，促进了当地旅游

---

① 王丽萍：《文化线路：理论演进、内容体系与研究意义》，《人文地理》2011年第5期，第44页。

② Shu Lu, “The Exploration of People-oriented Developmental Pattern on Historic Blocks: Taking the Analysis of the Protective and Renovate Project of Xiaohe Street Historic Block in Hangzhou as an Example,” *Housing Science*, no. 10 (2015): 9.

③ Aurélie Elisa Gfeller and Jaci Eisenberg, “Scaling the Local: Canada's Rideau Canal and Shifting,” *Journal of World History*, vol. 26, no. 3(2015): 450.

业和娱乐业的发展，他们侧重区域历史和保护，利用传统建筑改善了区域的生态环境。可见，文化线路是目前运河发展的新型模式，更能从整体上发挥遗产的文化作用，更好地利用线性文化遗产，才能促进文旅新发展。

(三)大运河文旅线路建设

文化与旅游向来是密不可分的，运河文化源远流长，旅游是让运河遗产资源焕发生机的一个重要方式。旅游为文化遗产的空间联系和业态升级提供了重要的支撑，弘扬了遗产文化和地区特色。旅游业的发展也会影响到遗产地的经济、社会、文化和环境的建设。国外在遗产保护与传承过程中所追求的重要目标之一就是旅游发展与遗产保护的和谐共生。因此，欧美国家主要通过运河立法、遗产廊道理论的运用、社区及利益相关者参与等方式实现运河遗产保护管理与旅游发展①。里多运河也掌握着重要的旅游资源，前三季均可乘船游览，冬季则变为著名的滑冰场所。以前，运河作为重要的运输航道，在各国的交通、商贸上有着举足轻重的地位。但随着经济的发展，运河的功能更多地转向旅游方面，这对沿线城乡产生了经济、文化与生态等多方面影响②。

美国率先确立了遗产廊道理念，建设遗产保护、生态保护、休闲游憩与经济发展于一体的遗产廊道理论体系，对工业遗产进行旅游利用与开发。国外文化遗产旅游开发主要倾向于文化创意产业，让体验者参与其中，激发体验者的创意潜能。法国米迪运河基于空间发展模式，动态化发展主题旅游活动，而静态化发展博物馆研学旅游、国家公园、先行旅游路线旅游及体育竞赛活动等则是英国运河旅游保护和利用的主要模式③。

运河旅游的开发并不仅仅是单纯地利用自然资源。文化线路在传播文化时以线路为扩散通道，它需要建构身份标牌，满足人类需求，连接不同文化人群。遗产地旅游与当地身份之间关系密切，遗产地地位在一定程度上能够增强当地的身份，提高其辨识度，所连接的遗产要素通过它形成共有文化交流。作为遗产旅游的重要组成部分，身份需要在个人、地方、区域形成，并通过国家层面进行加强。场所品牌的培养、游客的积极情绪和行为，以及引

---

① 范怡然、时少华：《1992—2020 年国内运河旅游研究述评》，《昆明理工大学学报》(社会科学版)2022 年第 2 期，第 138 页。

② Chris Sleight, "New Suez Canal," *International Construction*, vol. 54, no. 8 (2015): 24-25.

③ 范长征：《英美文化遗产创意旅游与"参与式"体验》，《甘肃社会科学》2017 年第 4 期，第 218 页。

入各种可持续旅游模式，能够带动遗产旅游的发展①。文化遗产增加了场所品牌的复杂性和推广的难易度。旅游者作为旅游活动的核心和主体，其心理需求和旅游体验对文化遗产旅游十分重要，游客感知在一定程度上会影响旅游满意度，进而影响旅游目的地的吸引力。

文化线路与旅游发展亦存在密切的天然联系。朱晗提出，通过文化线路，结合物质文化遗产和非物质文化遗产，可以对安徽段隋唐大运河建构三位一体的发展模式，充分展示其长卷形的景观特征②。杭州段运河保护路径以从小到大、以点到面的方式进行扩充，进一步平衡历史街区和运河廊道建设的关系，同时为沿岸居民说明保护区和缓冲区的知识，为景观设计留下了相应的发展空间③。有的文化线路本身就包含丰富的旅游资源，物质遗产和非物质遗产都有较高的资源吸引度，既是旅游活动的重要对象，也是文化线路保护的重要节点。某些文化线路所承载的旅游资源由于区域的分割而不具备单独开发的价值，只有通过文化线路的整体保护和整合才能实现其整体开发价值。旅游发展在一定程度上保护了文化遗产，促进了文化线路保护和遗产旅游的共生机制④。线性文化遗产旅游是一种高品位的文化旅游形式，旅游者能够更多地体验传统文化，以及突出于线性文化遗产地的线性文化遗产或其中某些遗产元素。

综上所述，随着线性文化遗产概念的普及和文化传播地位的提升，运河遗产资源的保护和发展应该侧重于文化线路，连接文化与旅游领域，不断提升物质遗产和非物质遗产的吸引性。基于此，本节提出两个研究问题：第一，目前大运河扬州段遗产旅游的建设中，线性文化遗产下的文化线路有哪些特征？第二，如何基于文化线路理论，构建新型的大运河遗产旅游发展？

二、大运河扬州段文旅线路建设探究

（一）研究对象

大运河扬州段是整个大运河中最古老的一段，从最北端地处淮河流域的

---

① Lisa M. King, Stephen F. Mccool, Peter Fredman, and Elizabeth Halpenny, “Protected Area Branding Strategies to Increase Stewardship among Park Constituencies,” *Parks*, vol. 18, no. 2 (2012): 54.

② 朱晗、赵荣、郗桐笛：《基于文化线路视野的大运河线性文化遗产保护研究：以安徽段隋唐大运河为例》，《人文地理》2013 年第 3 期，第 72 页。

③ 王晓：《大运河(杭州段)整体性保护方法研究：运河遗产廊道建设的视角》，《中国名城》2016 年第 8 期，第 78 页。

④ 李林：《文化线路对我国文化遗产保护的启示》，《江西社会科学》2008 年第 4 期，第 203 页。

宝应县到最南端地处长江入江口的瓜洲，全长125公里，历史遗迹星列，人文景观众多。大运河扬州段运河共有6段河道和10个遗产点列入申遗点段，是全线遗产列入最多的遗产区。其中，大运河扬州段主城区从瓜洲至湾头全长约30公里，构成著名的“扬州三湾”(即新河湾、宝塔湾、三湾子)，也是运河廊道旅游建设的重点。主城区旅游资源丰富，人口众多，是大运河扬州段运河发展最为重要的一环。目前，大运河博物馆也坐落于运河三湾风景区内，将水利建设和自然生态环境融为一体，成为新晋热门景点①。

近年来，随着大运河申遗的成功和文旅产业的不断发展，大运河的文化价值已经成为备受关注的核心价值之一。让古代运河在现代社会中重获生机，文化线路的建设是势在必行的，从游客、居民及政府人员的三重视角研究其遗产感知与态度对大运河线性文化遗产保护和旅游发展至关重要。为此，本节将大运河扬州段主城区作为研究对象，同时以文化线路理论为指导框架。

(二)研究方法

在方法层面，我们首先对大运河扬州段的旅游建设情况进行调查，并对大运河博物馆的游客进行随机访谈。同时，我们从政府、博物馆和沿岸小区三个地点随机选取15位受访者进行深度交谈，包括游客5名、本地居民6名、政府部门工作人员2名、博物馆负责人2名(表6-5)。访谈主要围绕扬州段运河地方建构的感知及期望，引导受访者围绕话题进行回答和深度描述，平均访谈时长为20～30分钟。接着，我们通过查阅地方政府文件等第一手资料，明确了目前大运河扬州段遗产旅游的建构特征，并结合网络上关于大运河扬州段的相关新闻报道和游记，以及其他学者的研究等二手资料，梳理并分析了线性文化遗产下的旅游规划重点特征。最后，我们考察了扬州段运河主城区的旅游规划情况、旅游开发现状，观察了沿岸居民的日常社会生活，以此获得最新信息和观点，并对未来的廊道建设提出了相应的整改措施。

表6-5 访谈记录编码表

编号	性别	身份	年龄层级	访谈编码
01	女	游客	中年	V-01
02	女	游客	老年	V-02
03	男	游客	中年	V-03

① 吴娟：《扬州古运河遗产廊道构建研究》，博士学位论文，华中农业大学，2011，第10页。

续表

编号	性别	身份	年龄层级	访谈编码
04	女	游客	青年	V-04
05	男	游客	青年	V-05
06	男	居民(大学生)	青年	V-06
07	男	居民(出租车司机)	中年	V-07
08	女	居民	老年	V-08
09	女	居民(家庭主妇)	中年	V-09
10	男	居民	老年	V-10
11	男	居民(公务员)	中年	V-11
12	男	政府部门工作人员	中年	V-12
13	男	政府部门工作人员(文旅局)	中年	V-13
14	女	博物馆文物负责人	中年	V-14
15	男	博物馆负责人	中年	V-15

三、发现与讨论

(一)大运河扬州段文旅线路建设的特征

近几年随着人们精神文明意识的提升，文化遗产因注重知识、精神及人性而得到更多重视。文化遗产也是旅游业发展的新动力，文化旅游也经常被认为是旅游业中增长最快的部分之一。大运河扬州段的发展已经开始重视线性文化遗产的发展，其建设维度包括四个方面，分别是物质遗产保护、生态环境保护、民俗文化保护和古城整体保护。该建设规划将遗址建筑、航道检测、科技数据等进行包装结合，更精细化地保护运河文化、活态化地传承线性文化遗产，促进了国际化合作(图 6-1)。旅游和文化在形象创造过程中都扮演着重要的角色，可以创造出相应的景观美学，满足消费者的需求。文化消费和迎合文化消费的产业的增长推动了城市的“象征性经济”①。非物质文化遗产的偏重性在逐步上升，很有可能是未来廊道建设的主流。

从文化线路的物质遗产来看，大运河扬州段运河主城区的东区以大运河自然风光、船闸运输为主，西区则偏向于人文历史。不同群体的受访者对大

① Julie R. Greg, “Developing Creativity in Tourist Experiences: A Solution to the Serial Reproduction of Culture,” *Tourism Management*, no. 27 (2006): 1209-1223.

非物质遗产保护 ➡	打造大运河文化遗产监测管理平台，建成大运河江苏段水文化遗产数据库，申请新一批国保单位
生态环境保护 ➡	实施“一河一策”行动计划，常态化开展遥感监测
名俗文化保护 ➡	打造歌剧电影《运之河》，京杭运河绿色航运示范区创建工程
古城整体保护 ➡	设立运河文化保缓护冲区，实施“考古前置”工作，实施历史文化名城保护方案

图 6－1　扬州段运河线性文化遗产建设的四大维度

运河线性文化遗产保护各抒己见，例如：

> 随着中华传统民族文化的复兴热潮，政府侧重将非物质文化重新带回大众视野，大运河博物馆作为重要的旅游休闲配套项目，应该形成集文化体验、文化演艺、非遗传承、休闲度假、创业创新为一体的综合非遗文化产业园区，把中国大运河非遗文化园的建设打造成为大运河国家文化公园示范工程。（V－13，V 是受访者的访谈录音，13 是受访者的编号；下同）

从非物质文化遗产来看，博物馆专门设置了大运河非物质文化遗产非遗展厅，突出了文化遗产，呈现并保护了许多类型的濒危遗产。展览设计以观众参与体验为核心，展示方式动静结合，突出了非遗文化项目的观赏性，游客与非遗传承人可以互动交流，展现了大运河两岸非物质文化遗产所带来的美好生活，衬托出传统文化在当代的活力。“观众是这个展览的有机组成部分，他们游街、购物，构成一幅鲜活的运河繁华图”(V－15)。政府支持的大运河文化投资集团以旅游发展为重点，在招聘方面制定了高标准，对工作人员会进行语言和历史知识方面的培训，练就过硬本领，加强沟通交流，提高游客体验的质量。人们也认识到了线性文化遗产的重要性，“通过文件和各类会议，我意识到这些濒临死亡的艺术。如果这些神奇的民间艺术不能传承下去，那就太不幸了。我认为保护和传承它们是每个人的责任”(V－12)。

沿岸居民对线性文化遗产的感知更多地来源于社会活动、建筑及民间传说。“每年一次的运河花船巡游活动是我对扬州大运河印象最为深刻的时候”(V－06)。当地居民回溯自己的社区经历时，时常与遗产文化结合起来，“很多房子已经重建或翻新，寺庙和博物馆都是新的，但大运河还是没有改变，这些新建筑让我们更深入地了解了运河历史”(V－07)。一些无形的元素，像是民间故事、传统手艺和建筑理念，大多依附于大运河的建筑环境。同时，运河文化和旅游线路构建也让沿岸居民油然升起一种文化自信和骄傲。几位受访居民表示，他们为自己是扬州市民感到骄傲，运河文化从历史、文明和艺术上呈现了扬州独特的形象。

(二)大运河扬州段运河文化线路遗产旅游的特色

旅游景点的优化创新激发了扬州段运河非物质文化遗产新的活力，让游客对手工制作和文化活动等非遗传承充满了好奇。孩子们对数字化沉浸式的体验展非常兴奋。有的孩子表明“我最喜欢互动体验，就像我在真的在船上观赏两岸的风景，还有季节天气的变化，真是有趣极了”(V－04)。博物馆中的展览不再以大面积的文物和单纯的文字出现，更多地配以动画、3D 建模、5D 观感、全息投影等进行展示，正如博物馆其中一个负责人所言：

> 单纯地展示文物并不能给游客以直观的感受，很多游客只是走马观花，他们难以理解文物背后所表达的理念和文化。现代科技完美地打破了这种壁垒，让游客身临其境，自己去挖掘探索，既有趣也更能明白我们想传达的理念。(V－14)

可见，只要博物馆善于利用现代科技，营造逼真环境，就可使游客身临其境，多重感受和体验非同一般的参展经历。同时，游客受访者表示，他们对多媒体技术印象深刻，大大提高了解说质量，加强了他们对传统文化的印象。“我对展出的遗产印象深刻，比如‘水’‘运’‘诗’‘画’四个篇章，突出了声、光、电、形、色等方面的流动效果，阐释了中国大运河文化。(这些)有助于我们理解展品背后深刻的文化内涵，是我感到最受益的部分”(V－01)。这也是博物馆工作人员所期望看到的效果，博物馆负责人希望“来博物馆，参观不是唯一目的。成年人可以探寻大运河的历史，感受大运河丰富的文化内涵，少年儿童可以在互动体验中走近大运河、爱上大运河”(V－15)。

扬州段运河的物质遗产以特色建筑呈现，现集中于大运河博物馆，多数游客和居民表示通过互联网媒体宣传等了解到大运河博物馆，从而产生游玩兴致，想要进一步了解运河文化。而在线性文化遗产框架中，文化线路已然表明整体性价值是大于单一价值的。扬州段运河其他节点的发展可以效仿主城区的建设模式，根据当地特色打造博物馆、文化园等，与运河水道相结合，植入多元化的公共空间，形成收放有序、丰富多变的空间序列。受访的游客们表示在参观完扬州大运河博物馆之后，有点意犹未尽，想继续沿着运河线路了解整个扬州运河段。

四、大运河文旅线路建设的发展趋势

(一)确立非物质文化品牌，保持身份认同

遗产保护和旅游发展都与地方创造，品牌、社区建设，身份认同，以及

收入创造和共享有着复杂的联系。我们可以根据地域文化的特点去均衡布局，从点到面，通过扬州主城区运河段带动宝应段、高邮段、瓜洲段、江都段运河的发展。地方政府应瞄准自身发展的特色，在原型结构中寻找合适的节点，活化线性文化遗产，推动地方经济发展的需求，打造扬州特色的运河文化遗产。规划设计以运河节庆非遗文化活动为主的运河文化旅游线路，发挥旅游经济效益，打造“新运河文化”的旅游品牌①。中国大运河非遗文化园的建设是落实大运河文化带战略的具体实践，进一步放大了“世界运河之都”的品牌效应。将运河文化因子融入旅游产品中，发展特色民宿、水会节日庆典等休闲旅游项目来活化大运河文化，旅游产品便拥有了文化基础，提升了产品竞争力。为此，我们要以高起点、高标准、高要求去推进中国大运河非遗文化园的建设，将其打造成为大运河国家文化公园示范工程。

除了政府层面的努力，居民对运河遗产旅游文化线路的建设也至关重要。当地社区居民的参与度影响着遗产的可持续保护和对文化遗产地的开发，居民的支持程度也直接影响到旅游业在当地的可持续发展。如果没有居民的支持，这些旅游地的魅力会大大降低。国际古迹遗址理事会国际文化旅游委员会建议：向当地居民介绍制度性教育项目，增加他们对自己的乡土建筑环境和当地传统的自豪感；向当地社区免费开放世界遗产地的景点，让当地居民参与进来并从中受益。文化是编织日常关系的纽带，是社区生活方式的一种表达。大运河沿线遗址的保护遵循政府宣传的“以人为本”原则。这些历史街区在保留传统居住功能的同时，也延伸到了商业开发。这让当地居民既成为历史文化保护的参与者，又成为社区商业和旅游活动的受益者。

(二)融合现代科技，激发遗产活力

目前现代技术发展迅猛，融合多媒体互动技术和当前发展背景，以实体体验结合数字多媒体虚拟体验的方式，更好讲述了大运河南北交融的故事，激发了文旅市场的潜力，优化了文化遗产的存在形式。在运河遗产的重要节点以修复、模拟、图示等方式重现当年遗产外部形态，可以为民众尽可能地提供遗产的真实再现，使人们了解运河的厚重历史，体验丰富的运河文化积淀，认识运河遗产本身所具有的历史、科学和美学价值，使运河遗产教育实现良性循环。同时，我们要加强解说系统，建立有力的协调管理机制。解说系统是遗产廊道的重要组成部分，构建完善的解说系统对于提升文化遗产的

① 邱雨斯、马驰骋、徐婧：《坚定文化自信，保护运河遗产：天津市大运河沿线历史文化名镇独流镇规划设计研究》，“面向高质量发展的空间治理”：2020 中国城市规划年会，北京，2021，第 1516 页。

意识并增进对遗产的理解认知尤为重要①。我们可以以扬州主城区为基点，向宝应段、高邮段、江都段、瓜洲段等进行线性扩展，实现运河的整体性发展。针对扬州主城区运河遗产廊道，主要从历史沿革、运河与城市的格局演变入手，重点阐述京杭大运河扬州段与城市的关联，突出树立扬州运河城市品牌。针对宝应段，可以从荷藕文化出发，描绘运河荷藕种植历史，梳理与其相关的文学诗词及民间故事。针对高邮段，从"邮"字出发，结合代表性遗产廊道资源点，例如盂城驿、镇国寺等，规划主题线路的建设。针对瓜洲段，重点可以落在古镇资源上，其鲜明的"河—堤—河—街"布局，真实地记录和展现了古镇随着运河发展的变化过程。另外，将新媒体技术与各种类型遗产内容的线性文化遗产相结合，可以形成一个新的遗产保护、管理体系，这样既可以改善和提高我国文化遗产的保护水平，也能推动遗产文化旅游业步入新的发展阶段。

(三)完善文化线路，构建可持续发展

中国大运河非遗文化园的启动，标志着当地政府加快第三产业的构建，打造可持续化遗产文化旅游模式的目标更加明确。在大运河两岸，工业遗产走廊将废弃的工业遗址转化为主题博物馆、创意产业集群和开放空间②，激发了廊道建设的其他方面价值。在大运河文化遗产旅游协同发展路径中，大运河遗产资源得到了有效利用，也贯彻了可持续发展这一核心理念。立足于大运河文化遗产旅游利用模式，深入分析大运河文化遗产旅游实施区域可持续发展的针对性，科学审视发展中的现实诉求，进而构建相应的发展模式，不仅对扬州城市遗产旅游发展具有参考价值，更能优化中国大运河整体的文化旅游产业结构，调节区际文化旅游模式，加快推进文化旅游的发展与繁荣。传统的街坊历史及文化符号经常被质疑是否具备遗产保护和旅游发展的可持续性，因为无形的真实性尤其难以实现。因此，我们需要对历史资源、历史及考古资源进行调查，列出详细清单，并对其价值进行分类评估，化无形为有形。运河作为线状蜿蜒的景观形态，其长卷形的景观特征更应该得到充分展示。当地居民有必要了解什么是保护区，什么是缓冲区，这样才能维护运河遗产文化线路的完整性。

---

① 王凯伦、赵晶、刘安然、杨立彬：《基于遗产廊道构建的运河遗产保护规划探索：以京杭大运河苏州古城段为例》，《园林》2022 年第 7 期，第 47 页。

② 楼瑛浩、熊若衡：《京杭大运河杭州段工业遗产保护、重构策略研究》，《中外建筑》2010 年第 11 期，第 93 页。

五、结语

大运河作为我国重要的线性文化遗产，空间辐射面广，文化积淀深厚，文化线路的遗产旅游发展应是未来发展的主流。本节以大运河扬州段主城区为主要研究对象，呈现出在目前文化线路中，扬州这一节点的遗产保护和旅游发展的真实状态。通过文献资料分析和问卷访谈等形式可以看出，扬州的物质文化遗产和非物质文化遗产是在共同发展的基础上更偏向于对非物质文化遗产的传播。我们从政府、居民和游客三种角度，揭示了不同主体在线性文化遗产下发挥的作用和存在的潜在矛盾，凸显出了文化线路在运河遗产旅游中发挥的作用。从文化线路理论视角出发，我们要加强保护和发展文化线路，为旅游活动、参观路线、信息解说建设配套基础设施，同时避免破坏文化线路历史价值的真实性和完整性。目前扬州段运河文化建设存在零散、杂糅、偏向性严重等现象，各类利益群体的矛盾需要解决。未来的发展离不开地方政府的制度性指导，作为主导力量的地方政府应加强重视并积极推动不同主体之间的沟通，推动线性遗产地方建构的统一建设，进一步整合文化遗产资源，打造文化品牌。

最后，需要指出的是，本节的研究是在一个遗产遗址上进行的，这在一定程度上限制了结论的概括性。类似的基准研究可以在不同的环境下进行，包括一些跨文化的研究领域，在空间形态上遵循“点—线—面”的演化规律，在遗产文化分层上表现出不同的利用方式和活化路径，研究范围更加广泛，才能更好地为日后大运河遗产保护、旅游发展、文化传承、沿岸地区经济发展和社会进步贡献力量。

本章小结

扬州是大运河原点城市、大运河申遗和保护的牵头城市、南水北调东线工程的源头城市、长江经济带和大运河文化带交汇点城市。为了更好地从宏观和微观的角度梳理和分析大运河世界文化遗产内涵、实践与传播，探寻有助于理顺和搭建大运河第一手珍贵资料与中国正面国际形象之间逻辑关系的路径，本章第一节和第二节分别进行了题为“话语研究视域下中国大运河非物质文化遗产的对外传播研究：以扬州‘雕版印刷’为例”和“线性文化遗产视角下大运河文旅线路建设研究：以大运河扬州段为例”的研究。

本章第一节在话语分析理论指导下，以扬州“雕版印刷”的传播为研究对象。研究发现，扬州“雕版印刷”对外传播仍然存在三大问题：第一，缺少其应有的“品牌”话语传播效应；第二，相关话语提炼亟待加深与拓展；第三，要让文物活起来，要让文物说话。

针对问题一，首先我们要从学术上进一步探究扬州“雕版印刷”手工技艺的文化内涵与非物质文化遗产的独特价值；其次，可从专业品质上确认其成为中华文化珍品和世界印刷文明杰出贡献地位的可能性；最后，要从机制上，将扬州“雕版印刷”技艺的创新利用与传承传播落到实处，通过不同的创新形式，使其绽放出别具一格的艺术生命之光。针对问题二，我们建议在积极挖掘扬州“雕版印刷”自身价值的同时，以科学态度还原扬州“雕版印刷”的文化内涵与外延，从而以创新的精神重塑中国传统手工技艺的文化魅力、艺术张力与民族品格。针对问题三，我们认为，作为“活化石”和“中华一绝”的“雕版印刷”必须尽快从沉睡中醒来，善用科学技术加强与参观者的互动，让浓缩为优秀传统文化的内容走进课堂，打造品牌“金卡”或“名片”，有效参与国家和省市各种中外文化交流。

本章第二节基于文化线路理论，聚焦线性文化遗产的文化汇集功能，以大运河扬州段为研究对象，从政府、居民和游客三个视角，揭示了在线性文化遗产保护管理中不同主体的作用。研究发现，大运河扬州段的物质文化遗产和非物质文化遗产基本得到共同发展，但从政府、居民和游客三个角度出发，目前大运河扬州段运河文化的保护管理还存在零散、杂糅和偏向性严重等现象，亟须政府部门的制度性指导，积极推动不同主体之间的沟通，进一步整合文化遗产资源，有效打造文化遗产品牌。

针对上述三个层面的缺陷，第一，我们要确立非物质文化遗产品牌，保持身份认同。遗产保护和旅游发展与地方创造和品牌、社区建设和身份认同，以及收入创造和共享有着复杂的联系。因此，扬州市各级政府与相关社区居民可通过扬州主城区运河段的发展带动宝应段、高邮段、瓜洲段及江都段运河的发展。在此基础上，规划设计以运河节庆非遗文化活动为主的大运河文化旅游线路，发挥旅游经济效益，打造“新运河文化”的旅游品牌；大运河沿线遗址的保护应继续倡导“以人为本”的原则，吸引当地居民和八方游客既成为丰富历史文化保护的参与者，又成为社区高质量旅游活动的受益者。

第二，我们要融合现代科技，激发遗产活力。以实体体验结合数字多媒体虚拟体验的方式，积极融合多媒体互动技术，让游客“身临其境”地感受大运河南北交融的叙事情景，优化文化遗产的存在形式，激发文旅市场的巨大潜力。新媒体技术与各种类型遗产内容的线性文化遗产紧密结合，可以形成一套新的遗产保护、管理体系，既能大幅度改善和提高我国文化遗产的保护水平，又能高效率推动遗产文化旅游业步入新的发展阶段。

第三，我们要完善文化线路，构建可持续发展。在大运河文化遗产旅游协同发展的道路上，明确并夯实大运河遗产资源在得到有效保护、传承、利用同时，确保其持续发展这一核心理念。在大运河两岸，打造工业遗产走廊，将废弃的工业遗址转化为主题博物馆、创意产业集群和开放空间①，并联动激发廊道建设的其他连锁价值。扬州传统的街坊历史及其文化符号，均需调查造册，分类评估，将线状蜿蜒的文化符号，以长卷画轴景观形态呈现，化无形为有形，为游客提供水韵都市的别样感受。

① 楼瑛浩、熊若衡：《京杭大运河杭州段工业遗产保护、重构策略研究》，《中外建筑》2010 年第 11 期，第 93 页。

第七章　世界遗产运河的保护管理法规与水文化大国博弈跨文化交际理论

理论源自实践，又反过来指导实践。正如恩格斯所言："一个民族想要站在科学的最高峰，就一刻也不能没有理论思维。"①本章的研究问题是：根据前四个研究问题的多维度比较，在范化大运河作为国际形象文化内核要素、理顺各要素之间逻辑关系的基础上，构建怎样的水文化与大国博弈跨文化交际理论，才能更好地为中国本土话语体系的构建增砖添瓦？为此，本章第一节在费尔克拉夫三维话语模式的理论指导下，运用 AntConc 语料库软件，对联合国教科文组织与世界遗产运河国家中的法国、英国、加拿大及中国具有代表性的运河法规进行语料检索，探究基于西方文化价值的世界遗产保护管理法规，是如何通过强调遗产的真实性、完整性等来体现西方启蒙运动以来的现代历史观和文化思维逻辑的，以便博采众长，为我所用，在健全我国大运河文化遗产保护管理立法体系的同时，加快其国际化步伐。本章第二节以文化模式和东西方文化的范式假设理论为指导，以大国双方的交际意图与跨文化交际路径的相互关系为研究对象，通过梳理和提炼中国文化经典中有关水的特性，并结合博弈论的相关内容，构建本土水文化与大国博弈跨文化交际理论，为在大运河文化国家形象过程中的中西文化博弈提供理论参考。

第一节　三维模式视域下世界遗产运河的保护管理法规及其话语分析

习近平总书记指出："凡属重大改革都要于法有据。在国际社会中，法律是共同的准绳，我们应维护国际法和国际秩序的权威性和严肃性，各国都应该依法行使权利，反对歪曲国际法，反对以'法制'之名行侵害他国正当权益、破坏和平稳定之实。"②针对大运河的保护传承利用、大运河文化带建设与大

---

① 卡尔·马克思、弗里德里希·恩格斯：《马克思恩格斯选集》第 3 卷，中共中央马克思恩格斯列宁斯大林著作编译局编译，人民出版社，1995，第 467 页。

② 习近平：《弘扬和平共处五项原则 建设合作共赢美好世界——在和平共处五项原则发表 60 周年纪念大会上的讲话》，《人民日报》2014 年 6 月 29 日，第 2 版。

运河国家公园建设中涉及立法的诸多问题，公丕祥认为，推进大运河文化带建设，“须坚持立法先行，实现良法善治，充分发挥立法的引领和推动作用”①。姜师立进一步指出，大运河是活态文化遗产，具有航运、水利和生态三方面的功能。无论是从国内需求，还是从国外经验来看，大运河亟须一部国家层面发布的类似《大运河保护条例》的专项行政法规，并尽量体现“活态保护传承”“全流域保护”“公平公正”“立足长远”“整体保护”的四条原则②。

鉴于国内针对大运河文化遗产的立法工作尚处于起步阶段，国内鲜有从话语分析的视角分析世界遗产运河文化遗产保护法规方面的研究，本节将以费尔克拉夫1989年创建的三维话语模式为理论指导，以联合国教科文组织与世界遗产运河国家中的法国、英国、加拿大及中国的运河纲领性法规为第一手资料，运用语料库软件（AntConc）与北京外国语大学语料库团队研发的中文分词和词性标注方法软件（CorpusWordParser）对所选法规文本进行语料检索，探究联合国教科文组织及世界遗产运河相关法规文本的话语倾向。本节的研究发现能够健全我国大运河文化遗产保护与管理的立法体系、加快其国际化步伐，同时还能通过彰显其应有的话语尊严与社会功效，实现在立法的层面加强国家、省市、地方，以及各个相关部门之间的顺畅协作，助力中国物质文化与非物质文化在世界范围的有效传播。

一、文化遗产保护的国际法体系与世界遗产运河的立法状况

（一）联合国教科文组织文化遗产保护的国际法体系

为了确保物质和非物质文化遗产免遭战争或其他因素的破坏，并得到有效的保护与管理，国际社会早在二战前的1899年和1935年就分别制定了《陆战法规和惯例公约》，又称“海牙公约”，和《关于保护艺术和科学机构及历史纪念物条约》，又名“罗里奇公约”。这为文化遗产国际法保护的正式形成与发展创造了必不可少的条件。之后，联合国教科文组织于1946年成立，1976年其下设立世界遗产委员会，其中包括国际遗产遗址理事会、保护和恢复文化遗产国际研究中心和世界自然保护联盟三个独立的国际组织顾问团。从1979年开始，世界遗产委员会定期召开年会，审核《世界遗产名录》的候选列

① 于锋、王慧：《立法先行为运河提供法治保障》，https：//js. cri. cn/chinanews/20181017/281cc96c－46c9－d43d－12d2－f317da96aece. html，访问日期：2022年9月12日。

② 姜师立：《大运河保护立法要坚持四个原则》，https：//www. yznews. cn/p/1045338. html，访问日期：2022年3月24日。

入对象，对已经列入的世界遗产项目实施定期监督、再评估与相应奖惩①。

作为负责世界遗产事务的国际权威机构，联合国教科文组织构建了一套完整的世界文化遗产保护国际法体系：首先，保护框架以联合国教科文组织的《武装冲突情况下保护文化财产公约》《保护世界文化和自然遗产公约》《实施"保护世界文化与自然遗产公约"的操作指南》《非物质文化遗产公约》和《保护和促进文化表现形式多样性公约》等系列公约为主体，同时附以相关的宪章、章程及法规文件；其次，保护原则，即保护文化遗产的国际立法及其实施过程中的要求和标准，包括真实性原则、完整性原则、保护有限原则、文化多样性原则、可持续发展原则与国际合作原则；最后，保护模式上，从财产法、环境法、知识产权法、刑法及人权法五个方面，确保文化和自然遗产的保护到位有效。适用上述国际法体系的主要法规有《武装冲突情况下保护文化遗产公约》《伯尔尼公约》《世界人权宣言》，以及《保护非物质文化遗产公约》等，不一而足②。

经过多年来的不断修订与完善，该国际法体系在世界文化和自然遗产的保护和管理方面发挥了举足轻重的作用，为联合国教科文组织成员在出台与实施专门性法律条款时起到了有效示范作用。中国加入该国际法体系后，已在该体系的理论框架指导下，逐步建立起适用于保护和传承本国大运河遗产的立法体系，并提升了其在世界遗产保护方面的话语权。

然而，上述国际法体系仍存在一定的问题和矛盾，体系"反映的是当时的国际权力结构，基本体现的是以美国为首的西方国家的价值观和利益诉求，即'全球价值等级'"③。"全球价值等级"(global hierarchy of value)是由麦克·赫茨费尔德首先提出的，用于《世界遗产名录》体系下的世界遗产筛选，划分了不同层级和不同价值的遗产类型④。可见，国际法"不仅是一套规则体系，同时也是一套文化话语体系"⑤。文化话语指人们在诸如社会、历史、政

① World Heritage Center, "Operational Guidelines for the Implementation of the World Heritage Convention," accessed March 23, 2022, https://whc.unesco.org/en/guidelines/.

② 世界遗产中心：《保护世界文化和自然遗产公约》，https://whc.unesco.org/archive/convention-ch.pdf，访问日期：2022年8月6日。

③ 孟于群：《国际法话语权的生成逻辑与中国构建》，《南京社会科学》2021年第2期，第102页。

④ Denis Byrne, "Archaeological Heritage and Cultural Intimacy: An Interview with Michael Herzfeld," *Journal of Social Archaeology*, no. 2 (2011): 147.

⑤ 车丕照：《国家法的话语价值》，《吉林大学社会科学学报》2016年第6期，第35页。

治、文化的特定语境中，运用语言或非语言符号所进行的社会实践。遗产话语则是“指在具体社会语境中对遗产概念、价值、意义等问题进行阐释和理解的口头或书面语言，遗产话语也是构建和再生产遗产知识的话语实践和社会实践方式”①。

有关话语研究的根源出自米歇尔·福柯《知识考古学》中所涉及的话语、权力与知识之间相互关系的话语观念。福柯认为，话语由符号组成，但其功能又大于或多于这些符号，因而是超越单纯语言学概念的多元、综合的意识形态实践②。文化话语研究“是指一套以言语使用为核心的跨学科、跨文化、跨历史，既情系中华、又放眼世界的研究体系”③。中国文化话语研究的终极目标是通过建立中国文化话语体系，“表达中国的理解、中国的关切、中国的期待、中国的努力”，但中国文化话语体系“并不是要推翻人类社会已经达成的共识，也不是另起炉灶、抛弃一切人类文明的智慧结晶”④。很显然，只有遵循双向对话式跨文化交际的学术探究与实践路径，才能最终创造出和平共处、交流共鉴的一系列规则，形成超越国家和民族的世界性文明。

（二）世界遗产运河的立法状况

综合联合国教科文组织世界遗产中心的信息⑤和国内学者刘庆余的研究结果⑥，目前有 8 条世界遗产运河。除了伊朗、中国和墨西哥外，其他 5 条世界遗产运河均位于西方发达国家，属于工业文明的产物。从其立法的实践来看，多数西方世界遗产运河均制定了相对完善的遗产保护法规体系。我们此处以法国、加拿大和英国为例。国家层面上，法国制订了《法国公共水域及运河条例》，管辖其境内的所有河流、运河，并对米迪运河的管理部门及沿线乡镇对运河的保护职责进行了明确的法律规定；加拿大出台了《国家历史遗址及文物法》，对加拿大公园管理局从横向和纵向协调其他相关部门对里多运河

① 龚浩群、姚畅：《迈向批判性遗产研究：非物质文化遗产保护中的知识困惑与范式转换》，《文化遗产》2018 年第 5 期，第 70 页。

② 米歇尔·福柯：《知识考古学》，谢强、马月译，三联书店，1998，第 144 页。

③ 施旭：《文化话语研究：探索中国的理论、方法与问题》，北京大学出版社，2010，第 34 页。

④ 何志鹏：《全球治理的中国话语》，《厦门大学学报（哲学社会科学版）》2016 年第 2 期，第 2 页。

⑤ UNESCO World Heritage Center, “Heritage Canals, 1992 - 2022,” accessed March 12, 2023, https: //whc. unesco. org/en/search/? criteria＝heritage＋canals.

⑥ 刘庆余：《国外著名运河遗产保护与利用经验借鉴》，《运河学研究》2020 年第 2 期，第 185 - 186 页。

进行有效管理发挥了实质性的作用；英国颁布了《有害物质去除法》，对涉及庞特基西斯特水道桥与运河的一系列土木工程、水道与金属建筑等实施了严格而有效的保障。

同时，地方层面上，法国颁布了《遗产法典》《历史古迹法》及《马尔罗法》，使"法国文化遗产法进入系统化、法典化时期，遗产的概念、种类、范围、保护方式、保护程序及法律责任等得到进一步明确和统一"[①]。加拿大制订了《里多运河管理规划》《水上航运保护法》《安大略遗产法案》《规划法案》《鱼类与野生动物保护法案》《环境保护法案》《濒临危险物种法案》及《当局保护法案》，分别对运河河床、水上及岸边的各种建设项目与活动制定有详尽的法规奖惩办法[②]。英国也出台了诸如《英国水路局一般运河公司细则》《古代纪念碑和考古区法案》《英国水道法案》《河流(防止污染) 法案》及《伦敦码头区域公司发展法》等多达 84 部相关法规[③]。正是这些法规的制定与实施，使庞特基西斯特水道桥与运河拥有了一套完整的法律体系，从而在英国社会各阶层多渠道参与环境治理的意识深处，注入了强有力的责任感与使命感。

上述 8 条世界遗产运河的名称、所属国家、列入《世界遗产名录》的时间、列入标准序号与世界遗产委员会的评价概要详见表 7-1。

表 7-1　世界遗产运河的文化遗产概要

序号	名称	国家	列入年度	序号标准	世界遗产委员会的评价概要
1	米迪运河	法国	1996	(Ⅰ) (Ⅱ) (Ⅳ) (Ⅵ)	开凿于 1667 年至 1694 年；360 公里通航河道；涵盖船闸、沟渠、桥梁、隧道等 328 处人工建筑；皮埃尔·保罗·德里凯创造性地将其塑造为一件艺术品；开辟工业革命的一条航线；世界现代史上最具辉煌的土木工程

① 叶秋华、孔德超：《论法国文化遗产的法律保护及其对中国的借鉴意义》，《中国人民大学学报》2011 年第 2 期，第 12 页。

② Parks Canada Agency, "Nomination of the Rideau Canal by the Government of Canada for Inscription on the World Heritage List," accessed June 24, 2022, http://www.pc.gc.ca/en/docs/r/on/rideau/whl-lhm/chap1/chap1_imgA.

③ 唐军：《工业化时期英国城市的河流污染及治理探析》，《甘肃社会科学》2007 年第 4 期，第 139-141 页。

续表

序号	名称	国家	列入年度	序号标准	世界遗产委员会的评价概要
2	中央运河上的四座船舶升降机及周边设施	比利时	1998	（Ⅲ） （Ⅳ）	古老中央运河上四座保存完好的液压船舶吊车，为最高水平的工业杰作；运河本身及其附属设施，共同构成19世纪末期的工业全景图
3	里多运河	加拿大	2007	（Ⅰ） （Ⅳ）	建于19世纪初，长202公里；北起渥太华，南接金斯顿；主要为战略军事目的而开凿；首批专为蒸汽船设计的运河之一；北美地区保存最完好的静水运河；流经线路至今保持未变，大多数原始构造完好无损
4	庞特基西斯特水道桥与运河	英国	2009	（Ⅰ） （Ⅱ） （Ⅳ）	建于19世纪初，长18公里；托马斯·泰尔福德设计；生铁与锻铁强化拱形结构；工业革命时期土木工程典范；坚固实用，未用闸门；影响遍及全球
5	舒什塔尔的古代水利系统	伊朗	2009	（Ⅰ） （Ⅱ） （Ⅴ）	建于公元3世纪；土木工程结构，为大规模、多功能（供水、磨坊、灌溉、运输、防御）水利工程的典范；包括克鲁恩河上的两条主引水渠，其中一条目前仍在使用，通过向磨坊供水的地道向舒什塔尔市供水；整个水利系统的运作中心，水平面测量塔、大坝、桥梁、盆地和磨坊均为名胜
6	阿姆斯特丹的运河带	荷兰	2010	（Ⅰ） （Ⅱ） （Ⅳ）	历史城区，16世纪末至17世纪港口城市规划的结果；通过运河排干同心弧形沼泽地积水，填平中间空地扩大城市空间；同期规模最大的项目；直到19世纪仍为世界各地所参考

续表

序号	名称	国家	列入年度	序号标准	世界遗产委员会的评价概要
7	中国大运河	中国	2014	(Ⅰ) (Ⅲ) (Ⅳ) (Ⅵ)	开凿于公元前486年、全长3,200公里、连接五大水系的人工水道；隋朝时期成为连接南北、维护统一的交通运输系统；由一系列巨大工程建筑组成，是工业革命前世界规模最大、范围最广、技术含量最高的土木工程项目；今天仍然是主要的交通要道
8	腾布里克神父水道桥	墨西哥	2015	(Ⅰ) (Ⅱ) (Ⅳ)	这座16世纪的水道桥位于墨西哥中部高原的墨西哥州和伊达戈之间；为传统灌溉系统，包括储水区、山泉、运河、分水槽和带拱廊的水道桥；欧洲罗马水利工程建设传统和传统美洲建筑技巧的有机融合

在表7-1中，首先，法国、加拿大和英国三国运河法规的形成与完善，得益于联合国教科文组织世界文化遗产立法体系的直接影响；其次，三方以国际立法为指导，以各自运河文化遗产保护的实际需求为基础，均建构了涉及不同层级和不同方面的法规体系；最后，三方的运河文化遗产保护法规体系，均已比较成熟与完善，在世界范围的运河法规构建中处于领先地位。正如刘庆余所言："完善的法律法规可以明确文化遗产的利益相关者之间的权利与义务，规范利益相关者之间的关系，并约束文化遗产保护与利用的相关行为"①。因此，在世界遗产运河相关国际法的规则和话语体系中，亟须构建中国的话语体系，确保大运河文化遗产保护立法体系建立健全，以实现中国利益最大化。

（三）大运河文化遗产及其立法现状与存在问题

2014年6月22日，大运河作为跨省系列申遗项目被列入《世界遗产名录》。随后，有关大运河保护的相关国际和国内法规逐步得到明确，并不断健全。依据中国人民大学法律法规库的相关信息，夏锦文、钱宁峰将涉及大运

① 刘庆余：《国外著名运河遗产保护与利用经验借鉴》，《运河学研究》2020年第2期，第190页。

河的立法分为法律、行政法规、部门规章、地方性法规、地方政府规章等5种法律形式。二位学者进一步指出，大运河的立法体系演变经历了从“运河立法体系”到“大运河立法体系”两个阶段。然而，大运河立法尚存在以下四个方面的问题：“一是大运河立法对象不够清晰；二是大运河立法目的把握不准；三是大运河立法范围交叉重叠；四是大运河立法体系尚未成型。”①姜师立也发现其中问题有三。一是多头管理，协调联动不足。现有的立法大多以大运河的某一段遗产为保护对象，虽然也关注到了运河遗产作为线性遗产的系统性，但是仍然缺乏整体性。二是政出多门，法律依据混乱。大运河分属水利、航运、环保、农林、文物等多部门管理，还受《文物保护法》《水法》《航道运输法》等多个法律保护，缺少统一立法，缺乏专门性。三是立法认知不足，整体保护缺乏。运河管理部门众多，沿线一些城市对运河遗产的识别和保护等基础工作相对薄弱，很难就遗产保护达成社会各界的普遍共识，参与运河遗产保护管理的主体意识依然淡薄②。

综上，由于其跨地区、跨行业管理和线性、活态等特点，大运河文化遗产的全面、整体、系统立法与执法工作存在诸多难题。现行立法“在体系上呈现三足鼎立局面，致使保护理念错位、规范适用冲突、地方重复立法等情形”③。因此，夏锦文、钱宁峰指出：“由于大运河始终是与世界文化遗产相联系的，世界文化遗产规定的独特性赋予了大运河立法体系的相对独立性。”④作为世界文化遗产，大运河文化遗产保护的立法及立法体系的建立，与联合国教科文组织有关文化遗产的国际法条规约密不可分，与其他世界遗产运河的经验紧密相连。

二、批评话语分析的理论框架与世界遗产运河法规的语料库分析

(一)批评话语分析的理论框架

20世纪六七十年代，伴随批评语言学的发展，人文社会科学领域兴起“语言学转向”之风。学术界开始对基于乔姆斯基“转化生成”传统语言学将文

① 夏锦文、钱宁峰：《论大运河立法体系的构建 》，《江苏社会科学》2020年第4期，第94页。

② 姜师立：《大运河保护立法要坚持四个原则》，https：//www.yznews.cn/p/1045338.html，访问日期：2022年3月24日。

③ 岳小花：《完善自然与文化遗产保护立法体系》，http：//www.cssn.cn/zx/bwyc/202109/t20210922_5361782.shtml，访问日期：2022年9月2日。

④ 夏锦文、钱宁峰：《论大运河立法体系的构建》，《江苏社会科学》2020年第4期，第95页。

本形式与意义截然分割的二元对立思想进行反思，提出语言系统不可能独立于语言实践的论断。于是，韩礼德的“系统功能语言学”应运而生，它强调文本的语言形式必然承载一定的社会功能，特别是承载着意识形态的政治性社会功能。意识形态是指“社会团体所共享的而且是理所当然的一致信仰和价值观”，且意识形态“支配着人们在社会活动中的任何一种文本或话语实践”①。随后，学者们将马克思主义的社会批判理论与语言学研究相结合，开始关注文本的意识形态功能，强调“若要理解文本的意识形态功能，不仅要捕捉外在的语言形式，更要深入分析表达者的阶层背景及其所处社会的权力结构”②。这为批评话语分析最终在多种学科中成为显学，奠定了坚实的基础，其中的代表之一为费尔克拉夫及其三维话语模式。

作为理论框架，费尔克拉夫的文本、互动和语境三维话语模式(discourse as text，interaction and context)在其他话语社会理论中脱颖而出，在其得到普遍运用后，成为批评话语分析框架中最常用、最系统的“经典”③。1989 年，费尔克拉夫在其《语言与权力》一书中首先提出“批评话语分析”的概念，旨在透过表面语言形式，从语言学、社会学、心理学等角度揭示意识形态对语篇的影响，以及语篇对意识形态的反作用。为此，他构建了“文本、互动和语境三维话语模式”(图 7－1)。由于该模式未能充分体现出话语的社会实践功能，在很大程度上忽视了话语本身对语境所产生的构建作用，费尔克拉夫在其 1992 年出版的《话语与社会变迁》中对上述模式进行了改进。他将原模式中的“互动”改为“话语实践”，其中的“生产过程”和“解释过程”改为“生产”“分配”“消费”三个过程；“语境”改为“社会实践”。改进后的模式被称为“文本、话语实践和社会实践三维话语模式”的话语模式(图 7－2)。

在改进后的模式中，话语体系同样是由三个维度构成，区别在于“话语实践”和“社会实践”分别取代了原来的“互动”和“语境”。费尔克拉夫指出，虽然人们的社会生活经验是主观的，但是只要一经建构，这些经验的一部分就会在特定的社会情境中沉淀下来，“被制度化、习俗化，成为社会结构的一部分，这些结构性因素又必然会反作用于话语对社会的建构”④。可见，话语一

---

① Norman Fairclough, *Discourse and Social Change* (Cambridge: Polity Press, 1992), p. 19.

② Michel Pêcheux, *Language, Semantics and Ideology* (London: Macmillan, 1982), pp. 113－118.

③ 王泽霞、杨忠：《费尔克劳话语三维模式解读与思考》，《外语研究》2008 年第 3 期，第 9 页。

④ 王熙：《批判性话语分析对教育研究的意义》，《教育研究》2010 年第 2 期，第 42 页。

方面要受到社会结构的制约，另一方面又对社会结构发挥着构建作用。这既是话语与社会结果之间的相互关系，也是批评话语分析的关键所在。

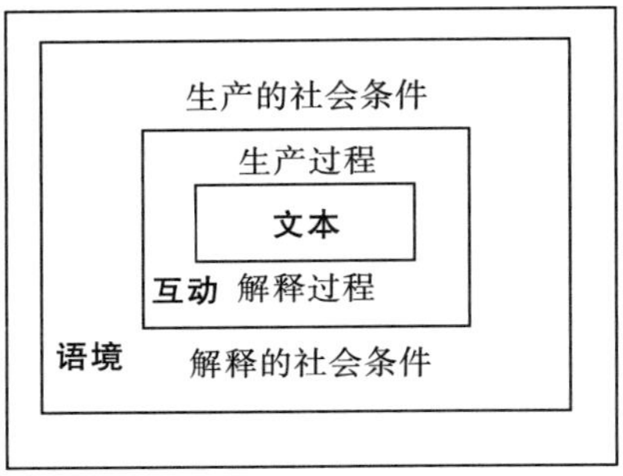

图 7－1　文本、互动和语境三维话语模式

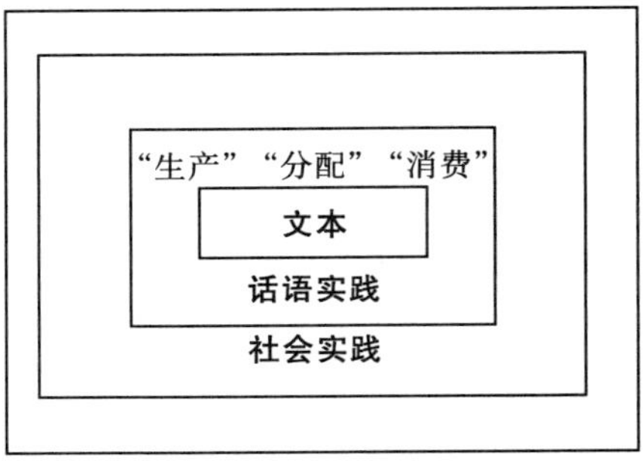

图 7－2　文本、话语实践和社会实践三维话语模式①

(二)批评话语分析的维度与方法

“文本、话语实践和社会实践三维话语模式”是费尔克拉夫为学术界提供的一个多维度、相互关联、宏观与微观结合的整体解释框架。他指出，任何“话语事件”都可看作一个文本、一个话语实践和一个社会实践的实例。话语分析宜在三个维度上进行：(1)文本维度，即从语言学角度对文本各个层面的语言形式特征进行分析，主要包括词汇、语法及语篇结构等；(2)话语实践维度，即分析文本生产者如何利用已有的话语和体裁来创作文本，以及文本接受者如何运用已有的话语和体裁知识来消费和解读文本；(3)社会实践维度，主要关注社会分析，将话语置于意识形态的关系中，考查其对社会实践产生怎样的后果，以揭示意识形态通过哪些方式介入话语，对其实施影响。为此，费尔克拉夫提出了分析话语的三个步骤。(1)描述(description)：从微观的角度出发进行语料检索，即对文本的语言特征进行描述；(2)阐释(interpretation)：属于宏观与微观之间的中间桥梁，即分析文本的生产过程和阐释过程与文本之间的辩证关系；(3)解释(explanation)：从宏观角度对话语与权力及意识形态之间的关系进行分析，结合对一定社会历史背景的考察来揭示隐含在话语中的意识形态及权力关系。在实际操作中，对“文本”“话语实践”和“社会实践”进行描述、阐释和解释的具体步骤如下②。

---

① Norman Fairclough, *Discourse and Social Change* (Cambridge: Polity Press, 1992), p. 73.

② Norman Fairclough, *Discourse and Social Change* (Cambridge: Polity Press, 1992), pp. 169－240.

1. 文本维度

文本是话语生产的结果，文本维度的话语批评包括互动控制、连贯性、礼貌、普遍特质、语法、语词意义和隐喻七个分析种类。根据研究目的，本文仅从其中的礼貌与语词意义两个方面对所选的第一手资料进行分析。具体分析方法如表 7 - 2 所示：

表 7 - 2　文本维度的分析种类和分析方法

分析种类	分析方法
礼貌	确定文本中最常使用的礼貌策略，分析其所体现的社会关系
语词意义	重点关注具有一般或更加地方文化意义的关键词，分析其在不同文本中的特殊意义

2. 话语实践维度

话语实践是社会实践的一部分，包括互为话语性、互文性链条、连贯性、话语实践的条件、明确互文性、话语描述和预先假设七个分析种类。本文将从明确互文性与话语实践的条件两个方面对所选材料进行分析。具体分析方法如表 7 - 3 所示：

表 7 - 3　话语实践维度的分析种类和分析方法

分析种类	分析方法
明确互文性	阐述哪些其他类型的文本被利用到了所选材之中，如何被利用，彼此区别何在
话语实践的条件	阐述文本生产和消费的社会实践，与样本所代表的话语类型相连接

3. 社会实践维度

社会实践是解释话语实践为什么会是这样的基础。社会实践维度的分析可以粗略概括为话语的社会母体和话语秩序。本文将在话语秩序层面对所选材料进行分析。具体分析方法如表 7 - 4 所示：

表 7 - 4　社会实践维度的分析种类和分析方法

分析种类	分析方法
话语秩序	阐述社会和话语实践实例与它所利用的话语秩序的关系。侧重分析话语意识形态和政治影响，包括知识和信仰体系、社会关系、社会身份等

(三)世界遗产运河法规的语料库分析

根据研究需要，本文分别选取《大运河文化保护传承利用规划纲要》(以下简称《纲要》)、联合国《世界遗产公约》操作指南、英国的《英国水道遗产政策和原则》与《威尔士规划政策(2002)》等法案、法国的《法国公共水域及内河航运条例》与《公共单位所有权普适条例》等法案和加拿大的《里多运河管理规划》与《水上航运保护法》等法案作为第一手资料进行分析。具体而言，本文以联合国教科文组织《实施〈世界遗产公约〉操作指南》为蓝本建成联合国教科文组织法规语料库，以上述涉及的英国、法国和加拿大三个国家的相关法规为蓝本建成西方世界遗产运河法规语料库、以《纲要》为蓝本建成中国大运河法规语料库。然后运用北京外国语大学语料库团队研发的中文分词和词性标注方法软件(CorpusWordParser)对纯文本格式(.txt)的法规文本进行分词处理。

三、研究发现与话语分析

根据研究目的和所选第一手资料的代表性，本文通过语料分析，获取了所建语料库在文本、话语实践和社会实践三个维度的研究发现。下文是对研究发现的陈述与话语分析。

(一)文本维度

在文本维度，本文选取了其中的礼貌和语词意义两个种类进行语料检索。前者旨在确定文本中最常使用的礼貌策略及其所体现的社会关系；后者主要关注具有一般或更加地方文化意义的关键词，并分析其在不同文本中的特殊意义。

1. 礼貌

首先，我们将上述代表联合国、西方三个国家及中国的语料库分别导入AntConc软件，然后以“鼓励”作为词簇(cluster)，使用词簇功能，对上述“鼓励”词簇进行检索，得出以下词簇表(表7－5)。

表7－5 词簇表

法规文本来源	词簇	频率
联合国	鼓励	40
西方三个国家	鼓励	24
中国	鼓励	18

从表7－5可以看出，在三个语料库当中，“鼓励”一词高频出现，体现出联合国教科文组织、西方三个国家和中国在制定运河相关法规时，都能注意

到礼貌策略的使用，积极引导社会力量参与运河的保护与管理工作。其中，联合国语料库中的“鼓励”一词使用频率为 40，凸显联合国教科文组织对各缔约国和社会力量的尊重与支持，这也对各缔约国的运河立法起到了积极的引导作用。与西方三个国家的频率相比，中国对“鼓励”一词的使用频率为 18，显示出我国对广大民众的基本尊重与大力号召。但是相较西方，特别是联合国，我国还存在一定的距离，应持续加强，方可有利于大运河法规在全社会的宣传与普及。

此外，再以“鼓励”作为关键词，以关键词为中心向右保留 8 个形符(Token)，使用语境关键词工具(KWIC Tool)进行语境关键词索引，在三个语料库中随机抽样选取 10 条语料，检索情况分别如下图所示(图 7－3、图 7－4、图 7－5)。

Left Context	Hit	Right Context
满足 潜在 的 突出 普遍性 价值 为 基础 。	鼓励	缔约国 参考 国际 古迹 遗址 理事会 (ICOMOS)
缔约国 准备 申报 时 可以 申请 “ 预备 协助 ” 。 125 .	鼓励	缔约国 同 秘书处 联系 ， 秘书处 能够 在
报告 列表 详见 : http : whcunesco . org en globalstrategy 73 .	鼓励	缔约国 在 区域 和 主题 上 协调 《
来 更 好 地 确定 未来 的 世界遗产 。	鼓励	缔约国 在 《 预备 名录 》 编制 准备 过程
至 秘书处 ， 听取 意见 ， 接受 初审 。 但 强烈	鼓励	缔约国 将 其 计划 于 2 月 1 日
实施 各种 教育 活动 和 方案 。 国际 援助 220 .	鼓励	缔约国 开展 世界遗产 相关 教育 活动 ， 如
进行 简要 介绍 。 273 . 此外 ， 国家 主管 机构 应该	鼓励	世界遗产 在 诸如 信笺 抬头 、 宣传 手册 ，
援助 之间 的 直接 联系 表示 支持 。 V .	鼓励	对 《 世界遗产 公约 》 的 支持 V . A
遗产 的 宣传 。 VII . F 程序 和 格式 242 。 .	鼓励	所有 申请 国际 援助 的 缔约国 在
遗产 的 国家 或 地区 培训 中心 ， 并	鼓励	这些 领域 的 科学 研究 ; h) 不得

图 7－3　“鼓励”在联合国教科文组织运河法规语料库的语境关键词索引

Left Context	Hit	Right Context
社区 和 公司 提出 其 关切 。 该 项目	鼓励	当地 其他 再生 和 社区 机构 加入 ，
与 运河 自 申报 之 日 起 ， 就	鼓励	当地 群众 积极 参与 ， 与 政府 共同
反馈 不断 调整 。 同时 当地 企业 也 被	鼓励	为 游客 提供 优质 的 服务 。 庞特基
当地 经济 的 发展 ， 政府 还 指导 和	鼓励	地方 进行 创新 ， 制定 详细 的 长期
遗 过程 中 ， 运河 申 遗 指导 小组	鼓励	多方 参与 编撰 申报 文件 ， 其中 包括
与 运河 知识 的 各种 优惠 政策 ， 诸如 ： （ 1 ）	鼓励	学校 师生 去 庞特基 西 斯 特
和 硬 草 的 数量 应该 保持 ， 并	鼓励	尽可能 的 增加 。 （ 8 ） 地质 特征 （ 迪 桥上
性 最低 的 方式 融入 历史 遗址 。 志愿者 20 .	鼓励	志愿者 们 参加 一系列 的 遗产 活动，
运河 的 宣传 、 筹款 等 活动 。 英国 也	鼓励	相关 学者 就 运河 文化 进行 研究 ，
且 不能 降低 遗产 的 意义 和 价值 。 15 .	鼓励	那些 尊重 水道 遗产 平衡 ， 对 其

图 7－4　“鼓励”在西方三个国家运河法规语料库的语境关键词索引

Left Context	Hit	Right Context
相关 产业 融合 提升 文化 产业 发展 质量 。	鼓励	和 引导 大运河 沿线 地区 立足 文化
第 6 版（IPv 6 ） 的 下一代 互联网 商用 部署 ，	鼓励	和 引导 文化 旅游 与 虚拟 现实 、
企业 、 基金会 、 社区 组织 等 的 积极 作用 ，	鼓励	和 引导 社会 资本 通过 兴办 实体 、
群众性 体育活动 。 发展 休闲 农业 和 乡村 旅游 。	鼓励	和 引导 运河 沿线 村镇 发展 休闲
类 创新 创业 公共 平台 的 孵化 作用 ，	鼓励	和 支持 中 小 微 旅游 企业
工程 ， 发展 沿 运河 体育 休闲 旅游 产业 。	鼓励	大运河 沿线 城市 举办 运河 龙舟 、 赛艇
保护 和 文化 解读 等 推广 展示 项目 ，	鼓励	大运河 沿线 景区 、 旅行社 等 结成 稳定
开展 运动 休闲 体育活动 和 全民 健身 活动 ，	鼓励	社会 主体 利用 大运河 开展 相关 群众性
发展 改革 委；参与 部门：各 相关 部门）	鼓励	社会 力量 参与 。 建立 健全 社会 力量
精髓 解决 当代 人类 面临 难题 的 智慧 ，	鼓励	人们 向上 向善 ， 营造 和谐 社会关系 。 第三

图 7－5 “鼓励”在中国大运河法规语料库中的语境关键词索引

关于礼貌策略，在联合国教科文组织的法规语料库中，“鼓励”的对象主要为缔约国和科研人员，并且对各参与对象“鼓励”的内容十分具体，有利于各项工作的具体展开。在西方三个国家的运河法规语料库中，“鼓励”对象明确具体，包括“当地群众”“志愿者”“学校师生”等，“鼓励”措施包括“提供优质服务”“进行创新”及“尽可能增加”，有利于各参与对象响应与执行。相比之下，在中国大运河法规语料库中，“鼓励”对象主要为“社会力量”“社会主体”“人们”“沿线城市”这些相对宽泛的群体，对各参与对象提出的“鼓励”措施，除了“举办运河龙舟、赛艇”外，多为诸如“引导”“支持”及“营造”这样相对笼统的字眼，不利于各参与对象按照法规的意图展开具体操作。总体来说，大运河法规语料库的确注意到了礼貌策略的使用，但是在针对相关策略的具体参与对象和实施举措的描述时，还不够具体到位，在一定程度上有损于相关工作的具体实施。

2. 语词意义

为了分析所选第一手资料的语词意义，我们分别以“真实性”“完整性”“突出普遍价值”作为关键词，以关键词为中心向右保留 8 个形符(Token)，使用语境关键词工具(KWIC Tool)进行语境关键词索引，在三个语料库中随机抽样选取 10 条语料，检索情况分别如下图所示(图 7－6、图 7－7、图 7－8、图 7－9、图 7－10、图 7－11、图 7－12、图 7－13、图 7－14)。其中的“真实性”指“文化遗产具有原始的、原创的和非复制的特性，体现在外形和设计、材料和材质、用途和功能、位置和环境、传统与技术以及精神和感觉诸多方面”，而“完整性”指“衡量文化遗产和自然遗产的整体性和无缺憾性”①。“突出的普遍价值”指“罕见的、超越了国家界限的、对全人类的现在和未来均具有普遍的重要意义的文化和/或自然价值。因此，该项遗产的永久性保护对整个国际社会都具有至高的重要性”②。下文，我们将对这三个方面的检索结果进行分析。

1)“真实性”检索结果分析

“真实性”一词最早出现在1964年颁布的《威尼斯宪章》(“Vince Charter”)中，1994年发行的《奈良文件》(“Nara Document”)对其进行了更为详尽的解释③。在“真实性”方面，通过我们对本文所建的三个语料库进行检索可以发现，联合国教科文组织的《实施〈世界遗产公约〉操作指南》追本溯源，提及《奈良文件》，将“真实性”作为“条件”“标准”与“突出普遍价值”，同时强调“无论经济发展或其他因素”，均应充当包括“操作”在内的“各方面的必要基础”，而在西方三个国家的运河法规中，“真实性”原则于“19世纪早期”就已经进入其“运河体系中”；在中国大运河法规语料库中，“真实性”与“完整性”同时被提及。可见，在联合国教科文组织和西方三个国家的运河法规中，两者采取的遗产保护理念高度一致，均重点强调“真实性”对运河法律保护的重要性，而国内大运河法规只是提及“真实性”，对其重要角色与功能，有待进一步明确与加强。

Left Context	Hit	Right Context
i) 至 (vi) 申报 的 遗产 须 符合	真实性	的 条件 。 附件 4 中 包括 了 关于
普遍 价值 的 标准 ， 满足 完整性 和 或	真实性	的 条件 。 3 . 列入 理由 此 部分 应该
的 普遍 价值 ， 是否 符合 完整性 和 或	真实性	的 标准 ， 是否 拥有 管理 规划 系统
有 潜力 证明 自己 拥有 兼具 完整性 和	真实性	的 突出 普遍 价值 。 这 一 筹备
突出 的 普遍性 价值 包括 完整性 和 或	真实性	不 因 社会 经济 发展 及其 他
信息 来源 的 认识 和 理解 ， 是 评价	真实性	各方面 的 必要 基础 。 81 . 对于 文化遗产 价值
的 下列 特征 真实可信 ， 则 被 认为 具有	真实性 :	外形 和 设计 ; 材料 和 实质 ; 用途
奈 良 文件 》 ， 为 评估 相关 遗产 的	真实性	提供 了 操作 基础 ， 概要 如下 : 80 . 理解
真实性 的 条件 。 附件 4 中 包括 了 关于	真实性	的 《 奈 良 文件 》 ， 为 评估 相关
每个 载体 特征 上 的 体现 程度 。 86 . 在	真实性	问题 上 ， 考古 遗址 或 历史 建筑

图7-6　“真实性”在联合国教科文组织运河法规语料库的语境关键词索引

① 联合国教科文组织保护世界文化与自然遗产政府间委员会世界遗产中心：《实施〈世界遗产公约〉操作指南》，http://www.icomoschina.org.cn/uploads/download/20200514100333_download.pdf，访问日期：2022年12月10日。

② 联合国教科文组织保护世界文化与自然遗产政府间委员会世界遗产中心：《实施〈世界遗产公约〉操作指南》，http://www.icomoschina.org.cn/uploads/download/20200514100333_download.pdf，访问日期：2022年12月10日。

③ 张成渝、谢凝高：《真实性和完整性原则与世界遗产保护》，《北京大学学报》(哲学社会科学版)2003年第2期，第63页。

Left Context	Hit	Right Context
的 使用价值 ， 保持 着 高度 的 完整性 和	真实性 ，	可谓 19 世纪 早期 世界 运河 体系 的
在 保护 作为 世界遗产 的 米迪 运河 的	真实性	和 完整性 方面 并不 适用 。 在 执行
保持 完好无损 ， 展示 了 应有 的 完整性 与	真实性 。	就 完整性 而 言 ， 里 多 运河
及 相关 考古 发现 仍 基本 完好无损 。 就	真实性	而 言 ， 里 多 运河 的 原来

图 7－7 “真实性”在西方三个国家运河法规语料库中的语境关键词索引

Left Context	Hit	Right Context
节 基本 原则 科学 规划，突出 保护 。 按照	真实性 、	完整性 保护 要求 和 大运河 活 态
严控 开发 强度 ， 实现 各 类 遗产 的	真实性 、	完整性 保护 ， 并 通过 这些 遗存 所

图 7－8 “真实性”在中国大运河法规料库中的语境关键词索引

2)“完整性”检索结果分析

要体现上述“完整性”原则，意味着申请遗产需满足“未经触动的原始条件”①，同时符合以下三项特征：“(1)包括所有具备突出普遍价值的必要因素；(2)面积足够大，能够完整体现遗产价值的特色和过程；(3)关注发展的负面影响和/或缺乏维护状况”②。在联合国教科文组织法规的语料库中，“完整性”与“真实性”原则均受到“负面影响”与“威胁”，因此，联合国教科文组织强调，要排除各种“社会经济”与“人力”因素，进行“补救”，使其“不受破坏”，以体现“突出普遍价值的潜力”。在西方三个国家的运河法规的语料库中，在“19 世纪早期”，“完整性”和“真实性”就已运用到法国的米迪运河、英国的庞特基西斯特水道及加拿大的里多运河管理法规之中了。“完整性”作为“突出普遍价值”的一部分，被用来“保证商业化”，并确定人们的文化体验“没有歪曲历史事实”。虽然，“真实性”和“完整性”对米迪运河而言，存在“并不适用”的地方，但法国仍在“执行这些法律”。在中国大运河法规的语料库中可以发现，国内在“大运河活态遗产”的保护、传承、利用中，具备了重视“真实性”与“完整性”的意识，并在此“基础上，实施国土绿化行动”。相比之下，在“完整性”原则上，西方三个国家的运河法规与联合国教科文组织的相关法规出入不大，而我国大运河法规对“完整性”的认知与实践，刚刚起步不久。

---

① 张成渝、谢凝高：《真实性和完整性原则与世界遗产保护》，《北京大学学报》(哲学社会科学版)2003 年第 2 期，第 63 页。

② 联合国教科文组织保护世界文化与自然遗产政府间委员会世界遗产中心：《实施〈世界遗产公约〉操作指南》，http：//www.icomoschina.org.cn/uploads/download/20200514100333_download.pdf，访问日期：2022 年 12 月 10 日。

Left Context	Hit	Right Context
不会 对 遗产 的 突出 的 普遍 价值 、	完整性	和 或 真实性 造成 负面 影响 。 对于
列入《 世界遗产 名录 》的 突出 的 普遍 价值 、	完整性	和 或 真实性 受到 威胁 、 破坏 或
完好 ， 使 其 突出 的 普遍性 价值 包括	完整性	和 或 真实性 不 因 社会 经济
环境 因素 造成 的 威胁 181 . 另外 ， 威胁 遗产	完整性	的 因素 必须 是 人力 可以 补救
威胁 ， 而 对于 自然 遗产 来说 ， 威胁 其	完整性	的 大多 是 人为 因素 ， 只有 少数
突出 普遍性 价值 的 元素 ， 并 保证 其	完整性	与 (或) 真实性 不 受 破坏 。 100 . 依据
主题 研究 、 对 该 遗产 展示 自己 兼具	完整性	和 真实性 突出 普遍 价值 的 潜力
世界遗产 名录 》 所 遵循 的 标准 ， 包括 对于	完整性	或 真实性 (如果 是 文化遗产 或 混合
申报 列入《 世界遗产 名录 》的 遗产 必须 满足	完整性	条件 。 88 . 完整性 用来 衡量 自然 和 或
整体性 和 无 缺憾 性 。 因而 ， 审查 遗产	完整性	需要 评估 遗产 符合 以下 特征 的

图 7－9　“完整性”在联合国教科文组织运河法规语料库中的语境关键词索引

Left Context	Hit	Right Context
日常 维护 需要 发现 并 修复 危害 遗产	完整性	和 普遍 价值 的 磨损 不当 的
较 高 的 使用价值 ， 保持 着 高度 的	完整性	和 真实性 ， 可谓 19 世纪 早期 世界 运河
活动 遗产 的 商业化 可能 损害 了 其	完整性	和 突出 普遍 价值 ， 保证 商业化 以
大众 市场 而 损害 本地 文化 体验 的	完整性 ； ③	不 歪曲 历史 事实 ； ④ 遗产 文物 ， 若是
运河 基本 保持 完好无损 ， 展示 了 应有 的	完整性	与 真实性 。 就 完整性 而 言 ， 里
破坏 ， 确保 重要 景点 及 景观 环境 的	完整性 。	因此 庞 蒂 斯 沃 特 水道
作为 世界遗产 的 米迪 运河 的 真实性 和	完整性	方面 并不 适用 。 在 执行 这些 法律
属性 的 转换 等 ， 这些 可能 造成 遗产	完整性 、	普遍 价值 的 损失 经济 活动 遗产
技术 ， 以 尊重 原始 工艺 的 质量 和	完整性 。 2.3	生态 环境保护 庞特基 西 斯 特 水道
展示 了 应有 的 完整性 与 真实性 。 就	完整性	而 言 ， 里 多 运河 在 启用

图 7－10　“完整性”在西方三个国家运河法规语料库中的语境关键词索引

Left Context	Hit	Right Context
基本 原则 科学 规划 , 突出 保护 。 按照 真实性 、	完整性	保护 要求 和 大运河 活 态 遗产
开发 强度 ， 实现 各 类 遗产 的 真实性 、	完整性	保护 ， 并 通过 这些 遗存 所 承载
和 自然 遗产 、 人文 景观 风貌 原 真性 、	完整性	基础上 ， 实施 国土 绿化 行动 ， 补齐 生态

图 7－11　“完整性”在中国大运河法规语料库中的语境关键词索引

3)“突出普遍价值”的检索结果分析

“突出普遍价值”总共包括 10 项标准，任何申请遗产，必须“符合其中一项或多项”，“同时具有完整性和/或真实性的特征，且有恰当的保护和管理机制确保遗产得到保护，遗产才能被视为具有突出普遍价值”①。从图 7－12 可以看出，联合国教科文组织法规强调，申报遗产必须符合“突出普遍价值”“完整性”或“真实性”。其中，“突出普遍性”具有“代表性、平衡性”，需要加以“特殊保护”，并在《世界遗产名录》上有所“代表”，以确保“所有方面得以维持”。图 7－13 显示，在西方三个国家的运河法规中，“突出普遍价值”被作为“事实”“标准”和“特征”，因获得“不同程度的领悟”，而受到“高度重视”，同时，它还被应用于“大部分的活动”，并产生“深远影响”。图 7－14 显示，在我国，“突出普遍价值”由“大运河承载”的“文化价值”所代替，强调对其进行“有机融合”“全面建成”“保护研究”和“挖掘传承”。总体而言，“突出普遍价值”一词在联合国教科文组织和西方三个国家的法规语料库中高频出现，而在中国的运河法规语料库中，尚未提及，还停留在对“文化价值”和“精神内涵”的探究阶段。相较于西方三个国家因工业文明而产生的遗产运河，中国大运河是农业文明的产物，具有区别于他国的复杂性和独特性。联合国教科文组织与西方三个国家对于“突出普遍价值”的一致强调，一方面体现出其拥有共同的话语倾向，另一方面也凸显出我国大运河法规偏重在国内层面对大运河遗产价值的强调，而相关国际因素亦应考虑借鉴与吸收。

Left Context	Hit	Right Context
与 环境 景色 结合 方面 具有 突出 的	普遍 价值	的 单立 或 连接 的 建筑群；-
长期 发展 至关重要 ， 也 可 确保 其 突出	普遍 价值	的 所有 方面 得以 维持 。 这
咨询 机构 ， 要求 对 其 具有 的 突出	普遍 价值	以及 对 紧急 情况 、 损害 和
该 遗产 藉以 列入 《 世界遗产 名录 》 的 突出	普遍 价值	受到 破坏 ， 委员会 将 考虑 将
的 《 突出 的 普遍 价值 声明 》 。 155 . 《 突出 的	普遍 价值	声明 》 应 包括 委员会 确定 该
申报 。 60 . 如果 缔约国 的 遗产 具有 突出 的	普遍 价值 ，	且 在 《 世界遗产 名录 》 上 代表
缔约国 申报 的 遗产 是否 具有 突出 的	普遍 价值 ，	是否 符合 完整性 或 真实性 （ 如果
的 特性 ， 可以 认为 其 具有 " 突出 的	普遍 价值 " ，	需 加以 特殊 的 保护 ， 以
自己 拥有 兼具 完整性 和 真实性 的 突出	普遍 价值 。	这 一 筹备 工作 可能 包括
保护 该项 遗产 以及 遗产 的 突出 的	普遍 价值 。	I . B 具有 代表性 、 平衡 性

图 7－12 “突出普遍价值”在联合国教科文组织运河法规语料库中的语境关键词索引

① 联合国教科文组织保护世界文化与自然遗产政府间委员会世界遗产中心：《实施〈世界遗产公约〉操作指南》，http：//www.icomoschina.org.cn/uploads/download/20200514100333_download.pdf，访问日期：2022 年 12 月 10 日。

Left Context	Hit	Right Context
这些 遗址 都 被 指定 为 突出 的	普遍 价值	的 事实 ， 他们 应该 高度 重视
的 转换 等 ， 这些 可能 造成 遗产 完整性 、	普遍 价值	的 损失 经济 活动 遗产 的
框架 ， 从而 确保 对 遗产 区 具有 突出	普遍 价值	的 景观 、 缓冲区 风貌 和 相关
需要 发现 并 修复 危害 遗产 完整性 和	普遍 价值	的 磨损 不当 的 维修 随着
遗产 区 的 情况 ， 包括 缓冲区 和 接触	普遍 价值	及 愿景 实现 的 多方面
密切 ， 激发 游客 对 运河 遗产 的 突出	普遍 价值	都 有 不同 程度 的 领悟 ，
联合国 教科文组织 的 认可 必须 具有 突出 的	普遍 价值 ，	在 十 个 选择 标准 中
建造 技术 被 视为 具有 较 高 的	普遍 价值 ，	在 该 工程 被 列为 世界文化遗产
心 倾 、 作为 世界遗产 独一无二 、 拥有 卓越 的	普遍 价值 、	工程 案例 影响 深远 等 方面
与 遗产 相关 ， 但 不是 遗产 的 突出	普遍 价值 。	这些 特征 大部分 与 活动 有关 。

图 7－13　“突出普遍价值”在西方三个国家运河法规语料库中的语境关键词索引

Left Context	Hit	Right Context
文化 展示 仍 显 不足 ， 承载 的 文化	价值	和 精神 内涵 挖掘 还 不够 ， 在
文化遗产 为 载体 ， 以 大运河 承载 的 文化	价值	和 精神 内涵 为 核心 ， 突出 文化
是 流动 的 文化 。 大运河 承载 的 文化	价值	和 精神 内涵 依托 于 运河 实体
发展 、 协调 发展 、 有机 融合 ， 以 大运河 文化	价值	和 精神 内涵 为 源泉 ， 为 大运河
保护 ， 现代化 展示 体系 全面 建成 ， 大运河 文化	价值	和 精神 内涵 得到 深入 挖掘 和
赋予 其 新 的 时代 含义 和 文化	价值 ，	与 时 俱 进 ， 继承 创新 ， 使
长 ， 地域 面积 广 ， 遗产 类别 多 ， 文化	价值	高 ， 历史 与 现实 相互 交融，蕴含
古代 水利 技术 等 保护 研究 ， 开展 文化	价值	研究 和 遗产 价值 评估 工作 ， 挖掘
第三 节 阐发 文化遗产 当代 价值 深化 文化	价值	研究 。 全面 系统 开展 保护 研究 工作 ，
基因 。 深入 挖掘 大运河 承载 的 深厚 文化	价值	和 精神 内涵 ， 结合 时代 要求 继承

图 7－14　“突出普遍价值”在中国大运河法规语料库中的语境关键词索引

(二)话语实践维度

话语实践涉及文本生产、分配与消费的过程，这些过程的性质根据社会因素在不同话语类型中所处的位置不同而发生变化。根据研究需要，本文选取文本生产过程中明确的互文性和话语实践的条件两个类型进行分析。

1. 明确的互文性

明确的互文性指文本如何能够通过改变从前的文本来重建现在的文本或话语习俗，以便创造出新的习俗。联合国教科文组织的《实施〈世界遗产公约〉指南》从立法的高度和具体操作的层面，为世界各国在保护管理运河文化遗产的过程中如何制定和实施各自的法规和章程，提供了宏观和战略性的指导蓝图与行动纲领①。运用 AntConc 软件，以“联合国教科文组织”作为关键词，以关键词为中心向右保留 8 个形符(Token)，使用语境关键词工具(KWIC Tool)进行语境关键词索引。在西方三个国家的语料库中共检索出 31 条语料，随机抽样选取 10 条语料，检索结果如图 7－15 所示。而同样的操作，在中国大运河法规语料库当中，仅检索出 2 条与联合国教科文组织相关的语料，检索结果图 7－16 所示。

Left Context	Hit	Right Context
大 公园 管理局 （ Parks Canada Agency ） 2005 b ；	联合国 教科文组织	世界遗产 中心 （ UNESCO World Heritage Center ）
将 其 列入 世界遗产 名录 的 决定 时 ，	联合国 教科文组织	世界遗产 委员会 指出 ， 该 运河 符合
org . uk —— 编者 注 。 3 本 小节 信息 来自	联合国 教科文组织	庞特基 西 斯 特 水道 桥
文件 5 . f 和 管理 规划 7 . c —— 编者 注 。 4	联合国 教科文组织	庞特基 西 斯 特 水道 桥
旅游 推销 活动 中 ， 在 力 推 其	联合国 教科文组织	世界遗产 —— 独立 宫 。 ③ 加拿大 东部 其他
提 的 就是 它 在 2010 年 被 列入	联合国 教科文组织	人类 非物质 文化遗产 代表作 名录 。 但
多 运河 是 加拿大 国家 历史 遗址 ， 被	联合国 教科文组织	列为 世界遗产 （ 世界 上 仅有 六
特 水道 桥 与 运河 于 2009 年 被	联合国 教科文组织	列入 世界遗产 名录 ， 而 遗址 得到
在 历史 的 时空 隧道 。 2007 年 6 月 29 日 ，	联合国 教科文组织	在 新西兰 的 第 31 届 世界遗产
命名 为 加拿大 遗产 河流 ， 2007 年 被 收入	联合国 教科文组织 《	世界遗产 名录 》 。 里 多 运河 于 1826

图 7－15 “联合国教科文组织”在西方三个国家的运河法规语料库中的语境关键词索引

Left Context	Hit	Right Context
争取 资源 支持 和 技术 援助 ， 加强 同	联合国 教科文组织	在 世界文化遗产 保护 方面 的 合作 ，
和 效能 。 强化 与 国际组织 协作 ， 充分 发挥	联合国 教科文组织	等 世界遗产 保护 研究 机构 在

图 7－16 “联合国教科文组织”在中国大运河法规语料库中的语境关键词索引

从图 7－15 可以看出，除了法国的米迪运河，英国的庞特基西斯特水道和加拿大的里多运河在其运河法规语料库中，均频繁援引了联合国教科文组织颁布的公约条例等内容，以增强其法规的权威性和国际影响力。至于在法国米迪运河的法规中，未见“联合国教科文组织”的字样，原因是本文所选用的联合国教科文组织的《实施〈世界遗产公约〉指南》法规颁布于 1977 年，而所选的法国米迪运河法规基本是在此之前颁布的。相比之下，在国内大运河法规语料库中，如图 7－16 所示，仅有两处提及与联合国教科文组织“加强合作”和“强化协作”。以上表明，与英国和加拿大相比，我国大运河法规的制定与实施，与联合国教科文组织的法规要求，还存在一定距离。既然在立法的认知层面，国内希望与联合国教科文组织加强合作，那么，在立法实践中也

① 田德新：《世界遗产运河文化保护传承利用的立法经验与借鉴》，《中国名城》2019 年第 7 期，第 11 页。

应在坚持以我为主的基础上，尽快熟悉并适当采纳相关国际规范。

2. 话语实践条件

进入后申遗时代，世界运河沿岸国家均颁布了诸多专门性法案来保护管理本国的运河，为运河的立法程序创造了良好的话语实践条件。我们将西方三个国家的运河法规语料库和中国大运河法规语料库分别导入 AntConc 软件，以“法”作为关键词，以关键词为中心向左保留 8 个形符(Token)，使用语境关键词工具(KWIC Tool)进行语境关键词索引，检索结果如图(图 7-17、图 7-18)所示。

Left Context	Hit	Right Context
直接 服务 ， 加拿大 的 城市 包括 哈 利	法	克 斯 、 汉 密 尔 顿 、 蒙特利尔 、
for Wales ） 提供 拨款 援助 ， 以 支持 奥	法	戴克 国家 步道 （ Offa ' s Dyke National
的 乘客 人数 超过 了 塞纳河 ， 占到 整个	法	国内 河水 上 旅游 的 五 分之
设施 都 根据 《 国家 历史 遗址 及 文物	法 》（	Historic Sites and Monument Act ） 而 受到
同时 通过 水 处理 和 树木 根部 治疗	法	来 缩小 霉菌 传播 风险 ： 河段 排水 ；
特殊 历史 价值 的 公园 和 花园 注册	法 》（	Register of Parks and Gardens of Special
违反 《 历史 运河 条例 》 和 或 《 加拿大 渔业	法 》。（ 33 ）	许可证 不得 转让 给 后来 的 业主 。（
做到 如下 四 点 标准 ： 1 ） 确保 遵守 环境	法 ； 2 ）	通过 展示 水路 保护 管理 的 卓越
Act ） 而 受到 保护 。《 安 大略 州 矿产	法 》（	Ontario Mining Act ） 明文规定 ， 禁止 在 所有
项 法规 的 保护 ： （ 1 ） 历史 古迹 与 纪念碑	法 （ 1952 - 53 ） 。	该 法规 授权 加拿大 公园 管理局 纪念 、

图 7-17　“法”在西方三个国家的运河法规语料库中的语境关键词索引

Left Context	Hit	Right Context
巡视 制度 。 严格 执行 文物 保护法 、 非物质 文化遗产	法 、	水法 、 防洪 法 、 航道 法 、 水土保持 法 、
文化遗产 法 、 水法 、 防洪 法 、 航道 法 、 水土保持	法 、	环境保护法 、 水污染 防治 法 、 森林法 等 法律 ，
保护法 、 非物质 文化遗产 法 、 水法 、 防洪 法 、 航道	法 、	水土保持 法 、 环境保护法 、 水污染 防治 法 、 森林法
法 、 航道 法 、 水土保持 法 、 环境保护法 、 水污染 防治	法 、	森林法 等 法律 ， 规范 和 约束 大运河
执行 文物 保护法 、 非物质 文化遗产 法 、 水法 、 防洪	法 、	航道 法 、 水土保持 法 、 环境保护法 、 水污染 防治

图 7-18　“法”在中国大运河法规语料库中的语境关键词索引

在西方三个国家的运河法规语料库中，运河保护法规相对丰富而具体，其中有《国家历史遗址及文物法》《加拿大渔业法》《安大略州矿产法》《特殊历史价值的公园和花园注册法》《历史古迹与纪念碑法》等法规对运河自然遗产和文化遗产进行专门的法律保护管理。而在国内大运河法规语料库的检索中，只是提到文物保护法、非物质文化遗产法、航道法、水土保持法、环境保护法等相对宏观而宽泛的法规，且各自隶属文物、水利、国土、交通等不同部门，内容和功能上存在重叠和冲突。正如姜师立所指出的：现有立法“一是多头管理，协调联动不足；二是政出多门，法律依据混乱；三是立法认知不足，整体保护缺乏”①。可见，此种状况很难适用于大运河文化遗产的有效保护与管理。因此，我国需要出台针对大运河遗产的专门性、权威性、综合性的法规，并确保相关法规能够得到具体落实②。

(三)社会实践维度

话语的社会实践涉及话语的社会母体和话语秩序。根据研究需要，本文选取其中的话语秩序进行话语分析。此处的话语秩序是指阐述社会和话语实践实例与它所运用的话语秩序之间的关系，侧重对话语的政治与社会影响的分析。我们将联合国教科文组织运河法规的语料库导入 AntConc 语料库中，以“国际援助”作为关键词，以关键词为中心向左保留 10 个形符(Token)，使用 KWIC Tool 功能进行语境关键词索引，检索结果如图(图 7－19)所示。然后，我们再将西方三个国家的运河语料库和中国大运河语料库分别导入 AntConc 中，以“合作”作为关键词，以关键词为中心向左保留 8 个形符(Token)，使用语境关键词工具(KWIC Tool)进行语境关键词索引，检索结果如图(图 7－20、图 7－21)所示。

Left Context	Hit	Right Context
这些 结果 定期 进行 检查 。 257 . 委员会 将 对	国际 援助	的 实施 、 评估 和 后续 工作
活动 结束 3 个 月 之内 ， 将 开始 对	国际 援助	申请 进行 监测 和 评估 。 秘书处
申请表 附上 相关 信息 、 报告 等 。 VII . G	国际 援助	的 评估 和 核准 247 . 如果 缔约国
下 ， 世界遗产 基金 收到 的 捐款 应用 于	国际 援助	活动 和 其它 联合国 教科文组织 《 世界遗产
措施 的 区域 计划 的 优先 顺序 分配	国际 援助 （	参见 第 210 条 ）。 239 . 委员会 在 分配
C 国际 援助 233 . 《 公约 向 各 缔约国 提供	国际 援助 ,	保护 其 领土 内 的 世界
缔约国 的 请求 ， 协调 分配 各种 国际 援助 。	国际 援助	有 以下 几种 ， 按照 优先 性
援助 的 评估 和 核准 247 . 如果 缔约国 的	国际 援助	申请 信息 完整 ， 秘书处 在 咨询
还 鼓励 缔约国 提供 开展 研究所 需 资源 。	国际 援助 216 .	缔约国 可 向 世界遗产 基金 申请
D 国际 援助 的 原则 和 优先 顺序 236 .	国际 援助	将 优先 给予 《 濒危 世界遗产 名录 》

图 7－19 “国际援助”在联合国教科文组织运河法规语料库中的语境关键词索引

图 7－19 显示，在联合国教科文组织的运河法规语料库中，针对“国际援助”建立有专门的“委员会”，也制定有严格的“检测”“评估”与“审核”原则，并依据《公约》和“缔约国的请求”，对国际援助的“捐款”“资源”和“遗产基金”，

① 姜师立：《大运河保护立法要坚持四个原则》，https：//www. yznews. cn/p/1045338. html，访问日期：2022 年 3 月 24 日。

② 夏锦文、钱宁峰：《论大运河立法体系的构建》，《江苏社会科学》2020 年第 4 期，第 94 页。

Left Context	Hit	Right Context
团队 已经 与 民间 企业 开展 了 一系列	合作 ,	并 推出 了 快速 融资 的 计划
A5 : 运河 遗产 负责 部门 和 旅行社 之间	合作	非常 密切 , 激发 游客 对 运河 遗产
做出 贡献 。（ 4 ）公共 和 私营 部门 应 共同	合作 ,	为 游客 提供 一系列 高 质量 的
了 一条 内陆 ' 水道 ' ; 要 与 渔业 协会	合作 ,	重整 内河 渔业 。" 此外 ," 要 通过 管理
遗产 区内 所有 利益 相关 方 的 协调	合作	以 实现 愿景 ; 定期 审查 进展 ,
自己 的 标准 一致 的 供应商 , 承包商 和	合作	伙伴 。4.3 此 政策 适用于 所有 英国
设施 的 发展 正面 遗产 基金 无 国际	合作	正面 政府 对 保护 的 支持 正面
合 运河（ Birmingham and Liverpool Junction Canal ）开展	合作 ,	以 对抗 来自 铁路 运输 的 竞争
西斯 特 水道 桥 与 运河 的	合作	涉及 到了 运河 文化 的 许多 方面 ,
农田 灌溉 这样 的 传统 功能 , 都 需要	合作	各方 付出 持续 的 努力 以 使

图 7－20　"合作"在西方三个国家的运河法规语料库中的语境关键词索引

Left Context	Hit	Right Context
运河 " 品牌 开展 宣传 推广 活动 和 交流	合作	活动 , 综合 深入 反映 大运河 的 光辉
机制 , 不断 深化 产 教 融合 、校 企	合作 ,	利用 职业 院校 和 公共 实 训
统筹 沿线 8 省（ 市 ）相关 地区 的 区域	合作 ,	形成 多层次 、多形式 的 沟通 渠道 , 特别
交流 合作 项目 。强化 运河 文化 旅游 国际	合作 ,	大力 发展 跨境 旅游 。推动 中外 人文
遗址 保护 协会 、世界 运河 历史 文化 城市	合作	组织 等 各 类 行业 协会 、公益
景区 、旅行社 等 结成 稳定 的 联盟 或	合作	机制 , 联合 开展 宣传 推广 , 形成 全球
同 联合国 教科文组织 在 世界文化遗产 保护 方面 的	合作 ,	认真 履行《 保护 世界 文化 和 自然
类 行业 协会 、公益 组织 和 各 类	合作	组织 作用 , 树立 统一 的 推广 展示
国内 、国际 学术 研讨会 , 积极 推进 跨 领域	合作	研究 , 加快 研究 成果 转化 , 牢固 掌握
第三 节 — 深化 对外 交流 机制 打造 高水平	合作	平台 。加强 与 外国 政府 、跨国 企业

图 7－21　"合作"在中国大运河法规语料库中的语境关键词索引

实行"协调分配"或按"优先顺序"提供援助。图 7－20 显示，在西方三个国家的运河法规语料库中，"合作"已经成为一种常态的机制，被广泛地运用于"民间企业""运河遗产负责部门""公共与私营部门"及"渔业协会"之中。同时，上述合作按照相对"一致的标准"，惠及"遗产区域内的所有利益相关方"。图 7－21 显示，在国内大运河法规语料库中，"合作"从一种"综合深入的活动"变为"多层次、多形式的沟通渠道"，再发展为"向全球宣传和推广的机制"和"加强与外国政府、跨国企业"开展交流的"平台"。

可见，联合国教科文组织的《实施〈世界遗产公约〉指南》法规，针对"国际援助"作出了比较详尽的规约，体现出作为国际机构应该扮演的引领职能。而在西方三个国家的运河法规语料库中，仅有一处提及"国际合作"，大多"合作”局限于本国政府组织、社会机构或各英联邦国家之内，其余国家与组织均被排除在外，从而形成了自然遗产和文化遗产的断裂式保护圈层。相比之下，尽管我国大运河法规体系的形成与实施尚处于起步阶段，但是相关“合作”的涉及面广、层次高、频次大、国际性强。当然，要打破西方国家在世界运河遗产保护管理与文化交流传播方面所形成的传统观念壁垒与习以为常的机制限制，国内相关机构与人士任重道远，还要进行持之以恒的探究与灵活多样的应对。

四、结语与建议

本文在费尔克拉夫三维话语模式的理论指导下，运用 AntConc 语料库软件，对联合国教科文组织与世界遗产运河国家中的法国、英国、加拿大及中国的代表性运河法规进行语料检索，以探究其中的话语倾向，研究发现和建议如下：

(一)研究发现

第一，联合国教科文组织构建有一套完整的世界文化遗产保护国际法体系，具体包括保护框架、保护原则和保护模式。联合国教科文组织倡导“世界文化多样性”，并通过其公约、宪章、章程等国际法规，向全世界庄严宣告，所有文化均应享有同等的尊严和尊重。尽管其国际法体系仍存在一些需要改进的地方，但是联合国教科文组织不同层面的国际法规在世界文化遗产和自然遗产的保护管理方面，发挥着举足轻重的作用，取得了举世瞩目的巨大成就，同时也为各成员国家制定相应的法规发挥了积极有效的示范作用。

第二，西方发达国家的运河多为工业文明的产物，因而相关研究与现代科学的学术规范基本一致。从“真实性”“完整性”“突出普遍价值”到“明确的互文性”“话语实践条件”及“话语秩序”，诸多维度与层面，代表西方的法国、英国与加拿大在其运河法规语料库中，从立法理念到立法的内容与形式，均反映出与联合国教科文组织相关法规同宗共祖、一脉相承和上行下效的鲜明特性。这一特性在很大程度上表现为“权威式遗产话语”(authorized heritage discourse，AHD)的特色，即现有的世界遗产保护理念主要以西方文化价值观为基础，通过强调遗产的真实性、完整性、物质性、纪念碑性，来体现西方启蒙运动以来的现代历史观和文化思维逻辑。

第三，作为农业文明的产物，大运河的相关研究和保护管理法规在路径和规范方面与体现西方文化价值标准的权威式遗产话语“即使不是完全格格不人，至少也是差异甚多甚大”①。本文对国内大运河语料库的分析结果显示，国内的相关法规除了在社会实践维度的“合作”类型上凸显出“涉及面广、层次高、频次大及国际性强”的特点以外，在文本维度的礼貌与词语意义和话语实践维度的明确互文性与话语实践条件等方面，均处于刚刚具备基本认知的起步或摸索前行的初级阶段。总体而言，我国大运河立法数量众多，但是影响力有限。

（二）建议

针对以上研究发现，我们认为应采取以下相应的措施：

第一，国内应依据联合国教科文组织的纲领性法规文件，及时出台体现中国实际需求的类似《中国大运河保护条例与实施措施》的专项行政法规。该法规既要涉及运河相关法律法规，又要促进沿线各省市制定管理政策，推动大运河立法趋向纵深发展，涵盖大运河文化遗产价值与构成有机保护各相关领域②。首先，该法规应将文本中各主体职责具体化，责任层层落实，以便调动各参与主体按要求履行职责。同时，根据联合国教科文组织的《公约》规定，我们应建立统一的专门主管机构，在相关立法文本中赋予该机构主导性控制权，促进立法内容的具体实施。其次，相关法律条款中涉及人民群众相关内容时，应注意礼貌策略的使用与宣传，明确“基金捐款”“奖励措施”等具体内容，尊重广大人民群众的权利，调动人民群众的积极性，使其主动参与到大运河遗产的保护与建设中来。最后，注重大运河法规文本的话语描述，使其体现法律文本的庄严性、严格性、客观性及严谨性，对法规文本中所涉及的参与者能够起到约束和规范的双重作用，以确保大运河文化遗产的保护管理机制，具备应有的国际与国内最高层级的法律保障。

第二，我们必须清醒地认识到联合国教科文组织及其认定权威机构所出台的一系列公约、宪章和操作原则中，均明显体现着西方的价值观，并以合法化、标准式的常识内容，渗透于世界遗产国家的相关法律和文化政策之中。在我国大运河法规的制定过程中，必须厘清国际与国内运河法规的本质差异，确立正确的指导思想，坚持以我为主，构建既符合国际规范，又体现我国特色的大运河文化遗产保护法规体系。要确立正确的大运河文化遗产保护管理指导思想，一方面必须健全我国的大运河立法体系，为指导思想提供权威且

① 朱光亚：《大运河的文化积淀及其在新世纪的命运：大运河遗产保护规划和申遗工作的回顾与体会》，《东南论坛》2012 年第 6 期，第 12 页。

② 马仁锋、李秋秋、周小靖：《中国大运河遗产保护利用研究动向：政策实践与学术研究互动视角》，《中国名城》2022 年第 6 期，第 88 页。

稳定的社会条件。另一方面，各级宣传部门要做好指导思想的宣传工作，要让每位参与者既熟悉相关法规又明白其思想体系，自觉按照指导思想引领的方向建构自身的社会实践，积极主动参与到大运河遗产的相关建设工作中来。根据《公约》建议，教育是提升“大运河文化遗产保护与管理指导思想”影响力的重要途径，各部门应当将大运河遗产保护管理的相关内容纳入相应的教育系统，开展各项教育活动，提升大运河法规指导思想的社会影响力，逐步确立大运河文化遗产保护与管理的全民意识形态。

第三，各参与主体在对大运河立法进行宣传普及时，要考虑到目标受众，对原有的法规文本进行改造与解释，将其转化成为各具特色的互文性链条，扩大大运河立法在全社会的影响力。具体而言，立法文本应有助于建构有关大运河的集体记忆与身份认同，通过立法等方式来打造空间叙事综合体、重现运河人家生活场景、开展运河主题节庆活动，将大运河融入民众的日常生活实践①。中国大运河遗产范围广、内容多、结构杂，包括水利、航运、民俗文化等各个方面，针对以上内容，国家亟待出台各项专门性法律，连点成线，构成一套独立完整的大运河立法体系，提升大运河文化遗产的系统保护与有效管理，以实现中国国家利益的最大化。

第二节　中华水文化与大国博弈跨文化交际理论构建

当今世界正在经历一场百年未有之大变局。全球化，特别是经济全球化从一开始就充满矛盾，其核心是有国家边界的政府力量与无国家边界的市场力量的平衡较量，其本质是“社会公正和人类共同命运在意识形态上的博弈”②。面对国际局势和国内需求，作为当今世界第二大经济体的中国，一方面提出“新型大国关系”的理念，不但破解了“崛起国”与“守成国”的所谓“修昔底德陷阱”，而且跳出了传统思维和理论的束缚。习近平总书记强调：“面对国际形势的深刻变化和世界各国同舟共济的客观要求，各国应该共同推动建立以合作共赢为核心的新型国际关系。”③另一方面，我国以亚洲基础设施投资银行和金砖国家开发银行为依托，通过实现“一带一路”倡议的“一个核心”

① 杨伟容、陶卓民、朱振峰等：《文旅融合视域下江苏大运河国家文化公园地方营造研究》，《中国名城》2023 年第 10 期，第 91 页。

② 田科瑞：《全球主义意识形态批判》，《贵州师范大学学报》（社会科学版）2005 年 1 期，第 37 页。

③ 习近平：《习近平著作选读》第一卷，人民出版社，2023，第 105 页。

"三个共同体"和"五通"的目标，来创造"共建共享、合作共赢、开放包容"的理想世界。

实际上，在当今的全球化世界，各国之间在社会各个方面的联系比以前更加紧密。虽然针对全球化趋势存在不同的声音甚至出现反全球化运动，但是不同文化背景和不同地区人民之间的交流是我们时代的常态。然而，跨文化交际障碍，特别是与价值体系密切相关的障碍，亦导致人际跨文化交际中的误解或战略误解，其缘由来自交际双方在认知与文化环境层面的匹配失衡①。在双边关系中，譬如在东方最大的发展中国家中国与西方最大的发达国家美国之间，战略性猜疑时有发生。第一层原因来自双方在政治传统、价值体系和文化方面的根本差异；第二层原因则出于双方对彼此的决策过程理解不够，更谈不上赞赏；第三层原因是双方对彼此权力竞争的日益恐惧②。这种跨文化交际挑战已经不是一般意义的实用建议所能解决的，需要基于对丰富文化资源的抽象，并提供理论层面的解决方案。

所幸已有一批华人学者在国内外一直致力于本土传播理论的构建，并取得了明显的成就。然而，现有研究鲜有从跨文化交际的视角，进行基于中国文化积淀和国际文化交流现状的传播理论建构。因此，本节旨在通过对跨文化交流与中国传播策略的探究，构建水文化与大国博弈跨文化交际理论，来弥补这一空白。具体而言，本节将通过追溯中华优秀传统文化经典中有关水的文化特性或形象，整合出应对错综复杂大国交往中的中国跨文化交际策略。一方面，"上善若水"在几千年的中国历史长河中可谓家喻户晓；另一方面，以水的形象作为隐喻，能够传达十分重要的中国哲学命题与政治学说，从而使其成为传播和理解现代中国思想主要途径的源泉③。为实现上述研究目的，本节提出了三个研究问题：

第一，构建中华水文化与大国博弈跨文化交际理论的中国文化和哲学基础是什么？

第二，中国本土跨文化交际理论构建的现状如何，其长处和短处是什么？

第三，中华水文化与大国博弈跨文化交际理论的构建是什么，它对跨文

---

① Deirdre Wilson and Dan Sperber, *Meaning and Coherence* (Cambridge, MA: Cambridge University Press, 2012), p. 1.

② Kenneth Lieberthal and Wang Jisi, "Addressing US－China Strategic Distrust," in John L. Thornton (ed.), *China Center Monograph Series* (Washington D. C.: Brookings Institution, 2012), p. xi.

③ Chen Guoming and Richard Holt, "Persuasion through the Water Metaphor in Dao De Jing," *Intercultural Communication Studies*, no. 11 (2002): 155.

化交际的适用性如何?

一、传播理论的范式转变与本土传播理论构建

跨文化交际是传播学的一个分支。为廓清本研究的范围与边界，此处的文献综述包括以下三个方面：第一，从欧洲中心主义到亚洲中心主义，再到当代中国话语的范式转换；第二，跨文化交际理论的概念、要素、功能和原则；第三，我国现有本土跨文化交际理论构建的成就与缺陷。

(一)从欧洲中心主义到亚洲中心主义再到中国话语的范式转换

首先，范式指的是在某个群体中被承认和相信的“价值和技术的总和”①。几个世纪以来，西方发达国家建立并操控着全球话语体系。今天，情况基本一如既往，但是一些新兴大国在争取更多的话语权，也有非欧美国家的学者在倡导去欧洲中心主义。1980 年，阿桑蒂首先提出“非洲中心性”的概念，主张在该领域纠正欧洲中心主义并通过非洲自身的文化基础来构建非洲文化中心性②。随后，三池提出了亚洲中心性的概念③。他认为，亚洲传播必须以亚洲文化为理论基础与源泉。在描述、分析和理解亚洲传播的行为中，应该把亚洲文化本身放在最重要的中心位置进行探索，应尽量体现以下六点：(1)以亚洲人为主体和代理人；(2)以亚洲和亚洲人的集体利益和人文利益为中心；(3)在了解亚洲人思想行为时，以亚洲本土的文化理念和价值观为中心；(4)以亚洲的历史经验为根本；(5)对数据的处理以亚洲语境为导向；以及(6)对关于亚洲和亚洲人的错位言行进行亚洲伦理批判与矫正。

阿桑蒂和三池二位学者筚路蓝缕，通过对“非洲中心性”和“亚洲中心性”的探索与研究，在推动非洲和亚洲人民摆脱欧洲中心主义桎梏，赢得自身“话语权”方面，取得了举世瞩目的成绩。我们同意他们强调通过关注人们的思想和行为来理解人们的文化观念和价值观。同时，我们认为任何仅凸显地域或民族色彩的研究，势必暴露其片面性和狭隘性。任何基于族群的传播理论都可能是有偏见的。经过对中西文化交流的进一步思考，我们充分认识到，中

---

① Thomas S. Kuhn, *The Structure of Scientific Revolutions* (Chicago, The University of Chicago Press, 1970), p. viii.

② Molefi Kete Asante, “Intercultural Communication: An Inquiry into Research Direction,” *Communication Yearbook 4* (1980): 401 - 410.

③ Yoshitaka Miike, “Beyond Eurocentrism in the Intercultural Field: Searching for an Asiacentric Paradigm,” in William J. Starosta and Chen Guoming (eds.), *Ferment in the Intercultural Field: Axiology/Values/Praxis* (Thousand Oaks, CA: Sage, 2003), pp. 243 - 276.

西文化的对立仍然十分突出和尖锐，双方的跨文化交流将持续很长一段时间。但是，双方通过接触与对话，开展互补型、互动式的理解和沟通是可能和可行的①。

关于何为传播学本土化，早在1978年3月的首届中国传播研讨会上，马戎和余也鲁二位学者就指出，中国式传播学研究必须扎根于中国国情，传播学本土化就是要从诸如战国七雄争霸、苏秦和张仪说服六国、郑和七下西洋，未发一枪一炮而威震番邦的历史文化成就中梳理出中国传播学的脉络，并抽象化概括出中国的传播学理论，因为传播的艺术已深潜于中国文化，流漾在中国人的血液里，只差作系统性的与科学性的发掘与整合②。施旭多年来一直主张当代中国话语体系的构建应寻求多元文化下的共同平等，避免落入以眼还眼的恶性循环陷阱，或成为文化不相容神话的牺牲品③。陈国明也指出："智慧的探究可以将对立转化为友谊，在全面和谐的基础上，把连续性带入对人性的追求之中。"④为此，国内学者应从中国特定历史文化语境出发，有效结合东西方文化智慧，来建立开放的、具有中国特色的当代中国话语研究体系。

(二)跨文化交际理论的概念、要素、功能和原则

任何一种理论都是对某种经验或现象做出解释和阐述的尝试。正如宏观的传播理论是对传播过程的性质所进行的一种系统总结一样，具体的跨文化传播理论是"对跨文化交际行为与价值观念系统化、抽象化及理性化的解释和总结"⑤。怀斯曼和霍恩指出，理论的功能有三：(1)提供解释，即理论通过系统化的知识，帮助人们理解事物；(2)提供预测，即理论可以对将要发生的事情提供启发、可检验的预测；(3)理论的解释力和预测力可使人们获得控制事物进程的手段。因此，"理论的建构应该成为跨文化交际研究的重心议题"⑥。

① 贾文山、纪之文：《人类命运共同体与全球传播》，《全球传媒学刊》2018年第3期，第29页。

② 吴飞：《何处是家园？——传播研究的逻辑追问》，《新闻记者》2014年第9期，第41页。

③ 施旭：《中国话语研究的发展策略》，《浙江大学学报》(社科版)2006年第4期，第57页。

④ Chen Guoming, "Beyond the Dichotomy of Communication Studies," *Asian Journal of Communication*, no. 4(2009): 408.

⑤ 戴晓东：《跨文化交际理论》，上海外语教育出版社，2011，第6页。

⑥ Richard Wiseman and Tasha Van Horn, "Theorizing in Intercultural Communication research," in Richard Wiseman (ed.), *Intercultural Communication Theory* (Thousand Oaks, CA: Sage, 1995), p. 2.

两位专家同时指出，每种跨文化传播理论一般都包含四个要素：(1)研究问题，即社会实践中所产生的抽象问题，而不是日常生活中的具体问题；(2)基本假设，即在既有研究基础上对学术问题所做的尝试性回答；(3)概念与变量，即概念是研究者从丰富多变的现象或事物中提炼出的内在本质属性，而变量是反映现象或事物的外在基本属性，包括其状态、速度及规模等；(4)与概念和变量相关的命题，即命题是有关概念或变量之间逻辑关系的陈述，一般用公理(axiom)、假设(hypothesis)或经验归纳(empirical generalization)表示①。

戴晓东指出，评价理论优劣的标准不尽相同，但是，至少有四条标准适用于跨文化传播理论质量的评判。他们是：(1)逻辑性，即具备逻辑上的一致性，能够自圆其说；(2)解释力和预测力，即能够令人信服地解释事情为何发生以及如何发生，并能预测事情的结果或发展趋势；(3)启发性，即能够启发人们思考和进行新的探索与发现；(4)简约性，即既能用清晰的语言，提纲挈领，切中要害，又能使用简单的逻辑关系说明问题，或者说不仅理解容易，而且操作简便②。因此，以上内容为本节中华水文化与大国博弈跨文化交际理论的构建，提供了所要遵循的相关要素、功能和原则。

(三)我国现有本土跨文化交际理论的成就与不足

基于对我国最大的在线数据库之一——知网(CNKI)的文献综述和对“诸子百家中国哲学书电子化计划”中国传统文化经典的主题分析的方法，我们发现了三种能帮助我们提炼有关水的中国文化特性主题的路径：对中华优秀传统文化精华的高度凝练；将中华优秀传统文化中的传播理论因素形象化与模式化；通过中西融通，构建本土传播学理论。限于篇幅，此处我们针对三类路径，各举一例。

1. 跨文化交际理论雏形：中国传播的十个概念

该观念由邵培仁和姚锦云提出。作为文化研究领域的知名学者，两位作者对中国传统文化有着深厚的功底。经过耐心、细致的梳理，他们提炼并分类总结出了十对珍贵的中国传统文化传播观念：“阴—阳”“和—合”“交—通”“感—应”“中—正”“时—位”“名—实”“言—行”“心—受”及“易—简”③。

第一对“阴”与“阳”相互交织、密不可分，在不断移动、转化、互补中，形成彼此的对立面。在这个过程中，和谐与融合得以实现，中国人的生活也

① Richard Wiseman and Tasha Van Horn, “Theorizing in Intercultural Communication research,” in Richard Wiseman (ed.), *Intercultural Communication Theory* (Thousand Oaks, CA: Sage, 1995), p. 4.

② 戴晓东：《跨文化交际理论》，上海外语教育出版社，2011，第11页。

③ 邵培仁、姚锦云：《传播理论的胚胎：华夏传播十大观念》，《浙江学刊》2016年第1期，第203-215页。

随之改变，学会用直觉和辩证的思维方式，而不是运用僵化的思维方式来处理所有情况。至于第二对，中国文化在追求“和谐”的同时将差异放在一边，强调“整合”，同时保持每个成分的不同特性。因此，它有助于实现中国人的人际交往和外交关系的终极目标。关于第三对，“沟通”意味着“理解”，所以对彼此均有意义的理解来自双向互动和必要反馈。在第四对中，个体被视为整个宇宙的一部分，在相互作用的同时能够“感知”整个宇宙的状态和需求，从而能够做出适当的行为反应。关于第五对，“中心性”意味着表现出不偏不倚的态度，“正义”指正确的立场。第五对的实现取决于第六对“时—位”，前者指社会背景和交往环境中的时间因素，后者指其中的空间因素。第七对“名—实”是中国自古以来的哲学概念。前者是指对象的名称，后者是指内容或真实对象本身。然而，人们历来对这两个概念之间的关系一直争论不休，没有定论。同样，第八对“言—行”也是有争议的概念，有些人把这两个词当作单独的词，有些人则看轻前者而看重后者，还有人强调两者不可分割。在第九对中，“心”常被看作交流本身，如谈心或心照不宣，而“受”是指理解或得到信息。事实上，由于接受者的主体性一直备受重视，各个领域的老师皆倾向于要求其学生积极参与能够体现自我实现的各种活动。至于最后一对“易—简”，中国人习惯于强调在社会交往中使用简单的语言或术语。例如老子的“道可道，非常道”①，就是说“道”是一个非常复杂的概念，任何人类语言都无法表达其意义的本质。因此，老子就简单地运用“阴”和“阳”及水的象征意象对其加以说明。邵培仁和姚锦云非常敏感地意识到，“中国传统思想作为影响巨大的‘意义之网’，形成了中国人行为开展所依赖的‘释义系统’，为社会科学的‘双重解释’提供了可能和依据”②。可见，在数千年历史长河中，中国传统文化中蕴含着未经抽象化、系统化和理论化，但却时时处处存在于人们脑海中和血液里的固定观念或未成文法则。正是这些未成文的法则，在潜移默化地指导、规范和调节着中国人的言行与思维。

2. 跨文化交际理论原型：“风草论”

据谢清果和陈昱成的介绍，“风草论”一说，始于厦门大学黄星民教授在一次学术会议上的讲话③。“风草论”的主要内涵包括：(1)注重传播过程的风化风

① 老子：《老子》，https://guoxue.httpcn.com/html/book/CQMEKOAZ/TBKOPWAZME.shtml，访问日期：2023年5月18日。

② 邵培仁、姚锦云：《传播理论的胚胎：华夏传播十大观念》，《浙江学刊》2016年第1期，第205页。

③ 谢清果、陈昱成：《“风草论”：建构中国本土化传播理论的尝试》，《现代传播》2015年第9期，第59页。

行；(2)关注受众主体性的草偃草起；(3)强调风吹草偃的传播效果。基于孔子《论语·颜渊》中“君子之德风，小人之德草。草上之风，必偃”①的思想，“风草论”聚焦于“为政”的上行下效。也就是说，为政者和君子的行为就像风，而被统治者和小人的操守像草，后者顺应前者的道德风范：若前者为善，民众也将为善；若前者循礼，后者就会守礼不逾。具体而言，“风化风行”是通过自然而然、润物细无声的方式向民众灌输和普及统治者的政治伦理与行为规范。“草偃草起”是在中国传统语境下，受众顺风而仆、风过草起的交际反映。

这里需要指出的是，在这个比喻中，草确有生命，“草偃草起”生动地揭示了中国谚语“得道者多助，失道者寡助”的精髓。根据王宏生的研究，自秦朝开始到清末，共有12起重大历史变革，如大泽乡起义、黄巢起义与太平天国起义，先后导致了秦、唐、清三个朝代的倾覆②。这些例子很好地说明了统治者与其臣民之间的关系：正义的事业会得到大多数人的支持，而非正义的统治者，将被人民推翻。

3. 儒家伦理与世界秩序精神：中国人的宽容之道

该理念由美籍华人顾明栋于2016年提出③。顾明栋认为，面对当今世界的各种危机，仅仅依赖建立在自由主义基础上的西方价值体系，似乎越来越力不从心，甚至因力不能及而茫然不知所措。因此，有必要从综合的视角，以世界各民族的共同伦理为基础，来处理全球问题。顾明栋主张，孔子两千多年前所倡导的“恕道”可以成为解决当今世界范围内的各种危机的一把钥匙，包括解决人与人之间、民族与民族之间的伦理矛盾和人类冲突。尽管西方文化也有“爱人如己”的“宽容”之说，但其“宽容”具有伦理的强制性，难以真正付诸实践。相反，儒家文化中的“宽容”是一种道德上的自觉性。基于儒家的“恕道”，并结合当今世界的现实，顾明栋教授重新构建了一个金字塔式的新儒家恕道理论。该伦理金字塔的底座是儒家的黄金法则“己所不欲，勿施于人”，向上依次是白银法则“己所欲，荐于人”、铂金法则“人所欲，成人之美”、钢铁法则“以德报德，以直报怨”，最上层是美玉法则“文明人和而不同，他人不从，则修文德以来之”。这五条法则共同构成了“恕道金字塔理论”，如图7-22所示。

① 孔子：《论语·颜渊》，https://guoxue.httpcn.com/book/lunyu/#_11，访问日期：2023-05-18。

② Wang Hongsheng, "The Peace and Turmoil in Ancient China and Their Relationships with Population," *Journal of Renmin University of China*, no. 3(2012): 103-110.

③ Gu Mingdong, "Confucian Ethics and the Spirit of World Order: A Re-conception of the Chinese Way of Tolerance," *Philosophy East and West*, no. 3(2016): 787-804.

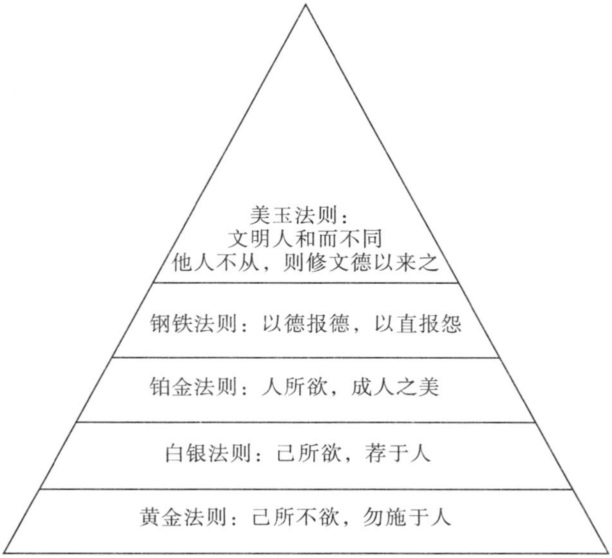

图 7－22　恕道伦理金字塔理论图[①]

作为一位熟悉东西方哲学基础和文化价值观的著名学者，顾教授重建了儒家思想中的相关法则，为人类伦理冲突和世界危机提供了切实可行的解决方案。在这一过程中，无论是自由民主观还是儒家思想的概念均已囊括在内。通过该金字塔恕道理论图，顾教授呈现了一个“基于道德典范和人性化模型的规则相互关系示意图，揭示了基于规则重要性递增的内在逻辑性，以及实际运用时按相反顺序操作的实用性”[②]。

很显然，以上三例各有其特点和优点。例 1 是创造性地将传统传播思想转化为本土跨文化传播理论的初步尝试。虽然十对表示辩证统一思想的中国传统文化观念既不能独立成对地成为传播理论，也不能整体算作一个传播理论，但是，每一对概念都对当代中国话语系统的未来发展至关重要。例 2 源于中国古代政治管理的社会现象，揭示统治者与被管理者之间的相互作用。尽管“风草论”还“远不是一个可以用作系统框架的跨文化传播理论”[③]，但是，它却是中国学者在本土传播理论构建上的一个重大突破。“风草论”是在对中

① Gu Mingdong, “Confucian Ethics and the Spirit of World Order: A Re-conception of the Chinese Way of Tolerance,” *Philosophy East and West*, no. 3 (2016): 800.

② Ibid, p. 801.

③ 谢清果、陈昱成：《“风草论”：建构中国本土化传播理论的尝试》，《现代传播》2015 年第 9 期，第 59 页。

国古典文化源流进行探索、提炼和理论化的基础上提出的。因此，它在中国本土传播理论，尤其是中国跨文化传播理论的发展史上，留下了不可磨灭的印记。例3所创建的儒家恕道伦理金字塔具有潜在的推广价值，它在克服康德伦理学的抽象性和难以操作性的同时，弥补了自由主义伦理学的不足。作为新世界秩序的精神内核，它在应对新全球化时代的道德需求上，具有一定的借鉴意义。

尽管如此，正如朱晓军所批评的那样，由于缺乏可操作性和可证伪性，通过探索和整理中华优秀传统文化传播经典话语而形成的传播学理论，似乎并没有多大实用价值。即使对于质化研究者来说，例1中的十对中华优秀传统文化概念，也没能穷尽相关的其他类似概念。在针对不同情形，运用相应对策的准确描述方面，“风草论”和“金字塔伦理恕道理论”也有待进一步完善。

二、文化博弈论与东西方文化的范式假设

为了实现本节的研究目的，我们将以文化博弈论与东西方文化的范式假设作为理论框架，加以分析和阐释。

(一)文化博弈论

博弈是人们如何选择，以及这些选择如何达到均衡、平衡的一项活动。博弈论是“研究在风险不确定的情况下，当多个参与主体的行为相互影响时，理性参与者的理性活动行为及其实现参与均衡问题的一种理论”①。刘庆财指出，“博弈论是双方或者多方在竞争、合作、冲突等情况下，充分了解各方信息，并依此选择一种能为本方争取最大利益的最优决策的理论”②。作为一门正式学科，美国数学家冯·诺依曼和奥斯卡·摩根斯顿首先将博弈从二人博弈推广到多人博弈，并将系统化的博弈论用于经济领域，从而催生博弈论的正式诞生。后经约翰·福布斯·纳什、约翰·海萨尼、赖因哈德·泽尔腾、詹姆斯·莫里斯、威廉·维克瑞等人，凭借其卓著贡献，大幅度推动了博弈论在政治、经济、军事、管理、文化等不同领域的实际应用。

文化博弈是指“交流与碰撞的共生，文化交流中的对话与对抗”③。结合中西主要文化差异，宫京成和赵丹发现中西方国家之间的文化博弈具有三大特点：(1)主权国家人格化，即博弈参与者是人格化的主权国家；(2)博弈信

① 王奎清：《文化博弈与文化整合》，《长白学刊》2005年第5期，第101页。

② 刘庆财：《规训与惩罚博弈论：最高级思维和生存策略》，北京联合出版公司，2018，第3页。

③ 王奎清：《文化博弈与文化整合》，《长白学刊》2005年第5期，第101页。

息的不完全性，即博弈双方或多方参与者对彼此的特征、策略空间及受益函数信息了解不完整的情况下，已经开始博弈；(3)博弈方式的非合作性，即博弈参与者在绝大多数情况下不便彼此合作，而只能根据自身利益自做决断①。上述有关博弈的论述，当然有其深远的文化根源。在本节的中华水文化与博弈跨文化交际理论的构建中，我们将始终严肃、认真地对待文化博弈论的特点及其文化根源。

(二)东西方文化的范式假设

中华传统文化以“儒”“释”“道”为基础，是一种“天人合一”的、和谐的、自然的、感应的文化观。向外，它渴望人与自然和谐相处；向内，它追求“修、齐、治、平”和“内圣外王”的自身完善。所以，中国人与他人交往时往往表现出一种隐忍、变通、悠然的处事态度，强调运用语言时旨在“立德”，目的是建立和维持和谐的社会关系。中华文化强调辩证的整体思维，将人与言、言与行、行与德相结合，进行全面而深刻认识②。

相比之下，西方文化承袭古希腊文化中的个人主义和冒险精神的外在征服特性，崇尚个人主义和实用主义。首先，西方崇尚个人主义和实用主义，在自身追求平等、自由、科学和理性的同时，倾向于将自身的喜好强加于其他民族和文化，同时认为语言是用于达到个人目的的工具。其次，西方受笛卡尔二元论的影响，极力从两极化的事物之间寻求简单而机械的因果关系，往往见树不见林。最后，西方学者受德里达后现代主义和索绪尔结构主义的影响，认为可以观察的语言形式才是意义的载体，过多注重语言形式和语言内容，而忽略语言的使用者和语言使用的语境③。

除了参照东西方的文化根源和交际偏好外，陈国明提出的关于东西方文化范式的假设理论，也能为本节的研究提供进一步的理论指导。陈国明认为，范式是指一群人的世界观或哲学假设，具有引导人们以某种方式相信、思考和行为的功能。范式由四个要素组成：本体论、价值论、认识论和方法论④。陈国明对东西方文化的范式假设进行了对比和总结(图 7－23)。

---

① 宫京成、赵丹：《全球化背景下中西方文化安全博弈分析：基于不完全信息动态博弈模型》，《湖北经济学院学报》(人文社会科学版)，2015 年第 12 期，第 28—29 页。

② 贾文山、纪之文：《人类命运共同体与全球传播》，《全球传媒学刊》2018 年第 3 期，27－37 页。

③ 初彤：《以博弈论视角探析中西文化碰撞及文化全球化趋势》，《文化学刊》2011 年第 4 期，第 75－79 页。

④ Chen Guoming, “Beyond the Dichotomy of Communication Studies,” *Asian Journal of Communication*, no. 4(2009): 398－411.

Ontology	
East	West
Holistic	Atomistic
submerged collectivistic	discrete individualistic

Axiology		Epistemology		Methodology	
East	West	East	West	East	West
Harmonious	Confrontational	Interconnected	Reductionistic	Intuitive	Logical
indirect subtle adaptative consensual agreeable	direct expressive dialectical divisive sermonic	reciprocity we hierarchical associative ascribed	independent I equal free will achieved	subjective non-linear ambiguous ritual accommodative	objective linear analytical justificatory manipulative

图 7－23　东西方文化的范式假设[①]

从图 7－23 可以看出，在本体论上，东方文化倾向于对人类跨文化交际持整体看法，而西方文化则持原子论观点，前者强调集体主义取向的浸没式社会交往，而后者强调个人主义取向的分离式人际交往。从价值论上讲，东方倾向把和谐作为人类交流的路标和最终目标，从而采用间接的、微妙的、适应性的、合意的、令人愉快的方式进行日常社会交往；相比之下，西方则普遍认为对抗是解决问题或战胜社会竞争对手的最佳方式，通常采用直接的、直白的、辩证的、分裂的和说教式的方式进行互动和交流。在认识论上，东方文化强调知道者与被知者之间的相互联系和相互作用，注重“相互的”“我们”“划等级的”“联合的”之间的关系与“归功他人”的意识；而西方文化强调还原论，注重“独立的”“我的”“平等的”“自愿的”关系与“归功自我”的意识。在方法论上，东方文化相信直觉思维，倾向于采用主观的、非线性的、模糊的、仪式感的行为模式，以追求一致的沟通；西方文化则相信逻辑推理，采用客观的、线性的、分析的、辩解式的沟通模式，以落实行为的操控。陈国明认为，“东西方文化范式假设的差异所造成的无法逾越的鸿沟，需要采用宏观或

① Chen Guoming, “Beyond the Dichotomy of Communication Studies,”. *Asian Journal of Communication*, no. 4(2009): 401.

微观的精准文化理解方式来解决”①。

由于中西方的文化价值观存在根本性的差异，故而导致其思维模式与行为规范大相径庭。在中西文化交流中，基于种族或文化的优越感，试图将一方的文化价值观强加于另一方，是不明智的，也是行不通的。我们认为，能使双方最大化获得利益的可取策略是“双方吸收对方先进的文化以补自身文化之短”②。正如杜维明所强调的，“各民族和文明之间应该平等交流思想，增进相互了解，达成跨文化共识，以创造出和平共处、交流共鉴的一系列规则，并形成一种世界性文明”③。

三、第一手文献资料的收集与分析

根据本研究的研究目的，本节基于“诸子百家中国哲学书电子化计划”中国传统文化经典网络平台及其文献检索功能，从中选取了共有 675 段关于“水”的段落内容。在删除 165 段与主题无直接关系或没有实质意义的段落后，选出了进行主题分析的 510 个段落。选择这个网站的原因有三：第一，网站由英国杜伦大学计算机科学系的汉学家斯特金博士设计、编辑和维护，具有较高的规范性和学术性；第二，尽管该网站的文献主要是先秦至汉朝时期的中华传统文化典籍，但是也有 1949 年之前各个不同朝代的中国传统文化经典，同时备有可搜索功能；第三，网站提供了中英文对照的文本，英译版本主要来自詹姆斯·理雅各等汉学家，因此在一定程度上确保了英文版本的质量。

在对 510 段选文进行分析时，本节采用的是主题分析法，即“在定性数据中识别、分析和报告主题的方法”④。主题是“诸如会话主题、词汇、重复的活动、意义、感情或民俗谚语等语篇模式中的‘单位’”⑤。主题的确定严格依照欧文提出的衡量主题的三个标准：第一是发生频率，表示在文本中至少有两个部分具有相同的含义，当然其含义可以措辞不同；第二是关键词、短语

---

① Chen Guoming, “Beyond the Dichotomy of Communication Studies,”. *Asian Journal of Communication*, no. 4(2009): 400.

② 初彤：《以博弈论视角探析中西文化碰撞及文化全球化趋势》，《文化学刊》2011 年第 4 期，第 78 页。

③ 杜维明：《文明间对话的最新路径与具体行动》，《开放时代》2007 年第 1 期，第 76 页。

④ Virginia Braun and Victoria Clarke, “Using Thematic Analysis in Psychology,” *Qualitative Research in Psychology*, no. 2(2006): 79.

⑤ Taylor J. Steven and Robert Bogdan, *Introduction to Qualitative Research Methods: The Search for Meanings*. (New York: John Wiley & Sons, 1988) p. 131.

或句子的重复，这是第一个标准的延伸，因为它是在明显重复使用完全相同的措辞；第三是力度，指文本中对单词或短语进行强调，或指音频和视频文本中的声音变化、音量或画面戏剧性停顿①。在对所选文本进行主题分析时，两位作者以完整信息为层次从原文作者的角度，分别独立地对所选段落进行编码。然后，根据信息性质对选定的段落进行分类、比较和梳理。最后，我们在所运用的理论框架指导下，在编码人员之间进行不断对比与核查，确保凸显主题，特色明显，依据牢靠。通过主题分析的方法，我们提炼出三类有关水的中国文化特性主题，并在此基础上完成了中国水文化与大国博弈跨文化交际理论的构建。

四、水文化与大国博弈跨文化交际理论的构建

在文化博弈论与东西方文化范式假设理论框架的指导下，我们通过在线实地观察和主题分析的研究方法进行了数据收集和分析，取得了以下三个主要发现。以下分述本次研究的主要发现，并对其进行必要的评论和解释。

（一）中华水文化的特性

1. 至善至柔之水

作为人类赖以生存和发展的物质条件，水在哺育和锻造中华民族的同时，也成为儒、释、道传统文化观念，乃至当代中国文化思想体系的重要素材。

老子在《道德经》里指出："上善若水，水善利万物而不争，处众人之所恶，故几于道。居善地、心善渊、与善仁、言善信、正善治、事善能、动善时。夫唯不争，故无忧"②。其中的"上善"指最善良、最具高尚品德的人。水，泽被万物而不与其相争，众人都厌恶的地方，却是它久留之处。虽然它在世间万物之中最柔最弱，但却能以柔克刚，穿透最坚硬的东西。它"忍辱负重，海纳百川，最终成为不争之王"③。在老子看来，作为宇宙的运行法则和最高的理想境界，道是无形的、用语言难以描绘的，而水的形态、运行方式及功能，体现出"至德"的品质，因而最接近其所谓的道。水囊括七种具体善举，即居住要像水那样安于卑下；心胸要像水那样深沉广博；待人要像水那样宅心仁厚，甘于奉献而不斤斤计较，正如"君子之交淡如水"的表现；说话

① William F. Owen, "Interpretative themes in relational communication," *Quarterly Journal of Speech*, vol. 70, no. 3 (1984): 275.

② 老子：《道德经》，https://guoxue.httpcn.com/html/book/CQUYPWIL/TBKOCQPWUY.shtml，访问日期：2023年5月5日。

③ 李宗新：《试论水文化之魂：水精神》，《水利发展研究》2011年第3期，第84页。

要像水那样恪守信用，正如“一言既出，驷马难追”所表达的意思；为政要像水那样清明、廉洁、有条不紊；做事要像水那样尽心尽力；行为要像水那样适时适度，恰如“好雨知时节，当春乃发生”的举动。正因为水不与万物相争，所以才没有烦恼。只有具备上述德行，才是至仁至善，才能达到上善或“至德”的境界①。

至于儒家，《荀子·宥坐》提到孔子“每临大水必观焉”②。在《孟子·离娄下》中，孟子用“源泉混混，不舍昼夜，盈科而后进，放乎四海……”赞赏孔子做事根基牢固，并像水一样持之以恒，表现出《周易》中“天行健，君子当自强不息；地势坤，君子以厚德载物”的精神③。孔子在《论语·雍也》中讲：“智者乐水”是因为水具有“德、仁、义、智、勇、察、贞、善、正、度、意”等十一种美德。

同时，佛家倡导“以水观佛，以水修心”④。佛家认为水是佛教智慧的体现，如“夫水也者，虽器方圆，逐物浊清。弥漫无间，澄湛莫测。满而示之，以我学之智周也”⑤。另外，佛家有“大海不容死尸”的说法，其缘由是水看上去不择物、不择地，但实际上不容污垢，至净至纯，这使佛家感悟到水的深刻内涵，即“净”“空”“明”。

在跨文化传播上学习水的至善至柔品性，就是要以最高的道德标准，胸怀全人类利益和彼此双赢的意愿；以共建共享、合作共赢、开放包容的态度进行平等交流、互学互鉴，增进跨文化共识的交际方式，来创造出和平共处、交流共鉴的一系列跨文化传播规则，并构建一种世人普遍欢迎的世界性文明。

2. 载舟覆舟之水

首先，《荀子·哀公》记载，“……且丘闻之，君者，舟也；庶人者，水也。水则载舟，水则覆舟，君以此思危，则危将焉而不至矣”⑥。另外，《荀子·王制》亦有云，“君者、舟也，庶人者、水也；水则载舟，水则覆舟”⑦。上文中的“载舟覆舟”指的是统治者如船，老百姓如水。老百姓可以让船平稳航行，也能将船推翻淹没。这些基于官民关系的治国经验和亡国教训在唐朝由魏征向唐太宗李世民反复提及。《贞观政要》记载，魏征曾谏言：“臣又闻古

① 李中锋、张朝霞：《水与哲学思想》，中国水利水电出版社，2015，第 144 页。

② 《荀子·宥坐》，https：//ctext.org/xunzi/you-zuo，访问日期：2022 年 2 月 1 日。

③ 《孟子·离娄下》，https：//ctext.org/mengzi/li-lou-i，访问日期：2022 年 2 月 4 日。

④ 《论语·雍也》，https：//ctext.org/analects/yong-ye，访问日期：2022 年 2 月 4 日。

⑤ 玄奘：《大唐西域记》，广西师范大学出版社，2007，第 9 页。

⑥ 《荀子·哀公》，https：//ctext.org/xunzi/ai-gong，访问日期：2022 年 2 月 1 日。

⑦ 《荀子·王制》，https：//ctext.org/xunzi/wang-zhi，访问日期：2022 年 2 月 1 日。

语云：‘君，舟也；人，水也。水能载舟，亦能覆舟。’陛下以为可畏，诚如圣旨。”[①]《谏太宗十思疏》记载，魏征再次提醒唐太宗：“怨不在大，可畏惟人；载舟覆舟，所宜深慎。”[②]前一段文字的意思显然易见，后一段是说，怨恨不在于大小，可怕的是人心向背，水能载船也能翻船，所以应该高度谨慎。综观中国历朝历代的变更，“其兴也勃焉，其亡也忽焉”。“载舟覆舟”体现“得民心者得天下，失民心者失天下”的辩证统一思想和富于哲理的治国经验。

仔细考察，这种辩证观在水的精神属性方面至少还体现在“清与浊”“刚与柔”“动与静”“利与害”等方面。李中锋和张朝霞认为，第一，水有清有浊，人亦有好有坏。然而，“清者自清，浊者自浊”。只要“激浊扬清”，而不“浑水摸鱼”，那么，良莠好坏则“泾渭分明”。第二，对“刚与柔”关系的深刻探究，应该是始于老子。老子以水喻道，既体现其“天下莫柔于水，而攻坚者莫之能胜”的以柔克刚、至柔至刚的赏柔精神，又表露其“寓刚于柔，柔中有刚”的刚柔与强弱辩证关系。第三，山谷、江河及海水多为动水，而湖水、潭水、井水及水库的水相对而言为静水。动水有黄河瀑布的壮观，有“飞流直下三千尺，疑是银河落九天”的气势，也有“抽刀断水水更流”的无奈。静水，在老子看来，“水之性，不杂则清，莫动则平”。这是一种物我两忘、宁静归真的境界。第四，作为一把双刃剑，水可造福于人，也可给人类带来灭顶之灾[③]。因此，水利与水害并存，关键是在开发利用水资源时，必须符合科学标准和自然规律。

在跨文化传播上学习水的载舟覆舟品性，就是要首先明白传播者与受众的相互依赖和制约关系，依据具体环境，针对不同对象，刚柔并济。同时，还要善于分清和灵活处理现实社会里的清浊、刚柔、动静、利害等辩证关系，该刚则刚，该柔则柔。最后，还应该在熟练掌握各种传播规律的前提下，创造性地运用以柔克刚和刚柔并用等跨文化传播技巧技能。

3. 至烈至刚之水

张盛文发现，人与水的关系在人类历史的进程中经历了“敬畏”“开发”“掠夺”及“共生”四个不同时期，也可说是一个“和谐—失衡—和谐”的螺旋式上升历程[④]。从文化的角度看，有基于“人类是万物之灵”和“人定胜天”的“极端人

① 《贞观政要·论政体》，https：//www. xzslx. net/bookview/5182. html，访问日期：2022 年 2 月 6 日。

② 魏征：《谏太宗十思疏》，https：//so. gushiwen. org/shiwenv _ 3827a21544f0. aspx，访问日期：2022 年 3 月 2 日。

③ 李中锋、张朝霞：《水与哲学思想》，中国水利水电出版社，2015，第 32 页。

④ 张盛文：《关于人水关系的哲学思考》，《水利发展研究》2012 年第 2 期，第 93 页。

类中心论”，有出于将大地当作“母亲”的“自然中心论”，还有基于“天人合一”的“人与自然和谐相处论”。无论哪种观点，倘若违反自然规律，都要受到惩罚。正如马克思、恩格斯所说：“不以伟大的自然规律为依据的人类计划，只会带来灾难。”①

以下是一些与水有关的天灾人祸的记载。五千年前，“当尧之时，天下犹未平，洪水横流，泛滥于天下”②，于是，便有了家喻户晓的“大禹治水”的故事。据左丘明在《国语·周语》的记载：“阳失而在阴，川源必塞，源塞，国必亡。夫水土演而民用也。水土无所演，民乏财用，不亡何待？昔伊、洛竭而夏亡，河竭而商亡。今周德若二代之季矣，其川源又塞，塞必竭。夫国必依山川，山崩川竭，亡之徽也。”③鲧、禹父子的“封堵”与“疏导”在上文的治国和亡国故事中被不断重演、反复强调，并将堵塞水源、枯竭水道与山崩地裂、国家衰亡联系在一起。另外，《管子·度地》中也有记载，“桓公曰：‘愿闻五害之说。’管仲对曰：‘水，一害也。旱，一害也。风雾雹霜，一害也。厉，一害也。虫，一害也。此谓五害。五害之属，水最为大。五害已除，人乃可治。’”④。可见，在管仲看来，作为五害之首，水灾的危害还要大于旱灾、风雾雹霜、瘟疫和虫害。

数据表明，从公元前18世纪到公元20世纪40年代，中国这片大地上共发生了1,058起严重水灾和1,074场严重旱灾，占所有重大灾害的40%以上。实际上，20世纪40年代以前的“三千数百年间，几乎无年无灾，从亦无年不荒”⑤。自1949年以来，中国修建的各类水利大坝就有8.6万座，数量居世界第一。洪涝、干旱、台风、山洪、泥石流等重大灾害虽然还是时有发生，但在灾害数量、破坏程度，以及灾后的救援和重建等方面，都发生了翻天覆地的变化⑥。

在跨文化传播中学习水的至烈至刚品性，不是学习水灾给人类和地球带来多少灾难，而是从中悟出其中的道理：至柔之水之中，蕴含着无比猛烈和巨大的影响力。需要指出的是，在当今世界的大众传媒领域，有70%至80%

---

① 马克思、恩格斯：《马克思恩格斯全集》第21卷，人民出版社，1972，第251页。

② 杨伯峻：《孟子译注》，中华书局，1960，第124页。

③ 左丘明：《国语·周语》，http://www.guoxue.com/book/guoyu/0001.htm，访问日期：2022年2月23日。

④ 《管子·度地》，https://ctext.org/guanzi/du-di/zh，访问日期：2022年2月25日。

⑤ 邓拓：《邓拓文集》第二卷，北京出版社，1986，第41页。

⑥ 余达淮、张文捷、钱自立：《人水和谐：水文化的核心价值》，《河海大学学报》（哲学社会科学版）2008年第2期，第20页。

的话语影响仍然由西方发达国家所掌握，甚至时常被滥用。但是，只要掌握话语权，就有机会发声，就有制造出影响力的可能。因此，在跨文化传播中，面对如水般至烈至刚的话语影响力，必须慎之又慎，否则，温顺至柔之水将会像脱缰的野马，变为洪水猛兽，肆虐人间，给人类带来灾难。

（二）中华水文化特性与西方国际博弈意图的相互关系

具体而言，本节所构建的水文化与大国博弈跨文化交际理论是以水为比喻，以其三大突出特性表示跨文化传播中从最可取到最不可取的传播路径选择。在图 7－24 左侧的垂直轴线上，由低到高标示着“至善至柔”“载舟覆舟”和“至烈至刚”三个节点。首先，最可取和最不可取是相对而言的两个动态概念，而不是两个绝对的静态概念。根据博弈者的非常规意图，一般情况下的不可取选择，可能会成为最可取的选择。其次，在最可取和最不可取之间，存在无数的选择，最后的决断落在这个连续统上的哪一点，应以博弈者的常规或非常规意图而定。此处的连续统指“点的集合，而实线作为连续统正好与实数集同构，即线上的每一个点对应着每一个实数，线的划分犹如实数的划分一样”①。最后，垂直轴线上的中点（载舟覆舟）仅作讨论时的参考，此点以上的选择更趋向于“最不可取”，此点以下的选择则趋向于“最可取”，此节点本身不参与垂直轴线与平行轴线假设关系的表述。

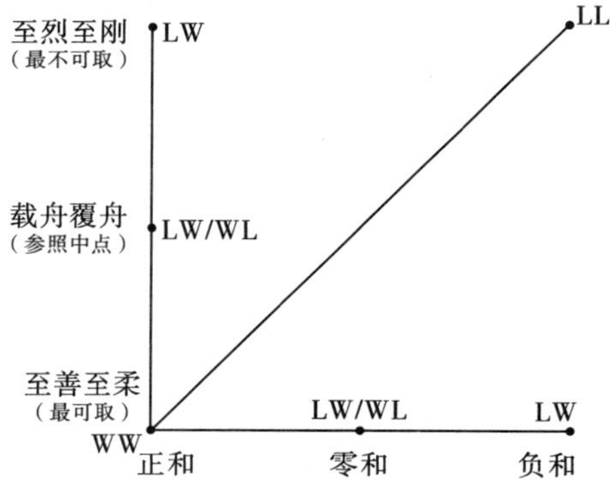

图 7－24　中国水文化与大国博弈跨文化交际理论示意图

图 7－24 底部的横轴上从左至右代表着从最有利到最不利的区域范围，以博弈打比方，即代表着存在“正和”“零和”“负和”三种主要的博弈意图。在实际的跨文化交际中，除了上述三种主要的博弈意图以外，还可能会有无数

① 张留华：《皮尔士对康托连续统的哲学批判》，《科学技术哲学研究》2011 年第 2 期，第 67 页。

的、想象不到的其他意图。因此，在选取与其对应的传播路径时，博弈者可在最可取(至善至柔)到最不可取(至烈至刚)的范围内，灵活、创造性地选取任意一点，来应对其他博弈者所显露的、半隐半露的或不露声色的博弈意图。当然，博弈参与者的角色及意图会在不同的环境下，在权衡其利害关系后，选择或守或防甚至又守又防，这随时有可能发生变化。为便于讨论，此处只论博弈双方，唤作“博弈者一方”和“博弈者另一方”。

基于以上内容，我们提出以下六点基本假设：

(1)若博弈者一方表现出明显的正和意向，博弈者另一方选择倾向于至善至柔的传播路径，则博弈趋向双赢结果；

(2)若博弈者一方表现出明显的正和意向，博弈者另一方却选择倾向于至烈至刚的传播路径，则博弈趋向我输他赢结果；

(3)若博弈者一方表现出明显的零和意向，博弈者另一方选择倾向于至善至柔的传播路径，则趋向我赢他输结果；

(4)若博弈者一方表现出明显的零和意向，博弈者另一方却选择倾向于至烈至刚的传播路径，则博弈趋向他赢我输结果；

(5)若博弈者一方表现出明显的负和意向，博弈者另一方选择倾向于至善至柔的传播路径，则博弈趋向我赢他输结果；

(6)若博弈者一方表现出明显的负和意向，另一方却选择倾向于至烈至刚的传播路径，则博弈趋向双输结果。

图 7－24 中的 WW 指双赢(win-win)，LL 指双输(lose-lose)，WL 指我赢他输(win-lose)，LW 我输他赢(lose-win)，LW/WL 指有输有赢或有赢有输(lose-win or win-lose)，WL/LW 指有赢有输或有输有赢(win-lose or lose-win)。总体而言，本节提出的理论符合威斯曼和霍恩提出的有关跨文化交际理论三项功能和四个要素[①]，也满足戴晓东用来衡量理论质量的四条标准[②]。当然，其可靠性、可信度和实用价值还有待进一步的案例或实证检验。

(三)文化根源分析

正如前文所言，无论是博弈意图还是应对交际策略，均基于一定的文化根源。虽然学术界对文化的定义有上百条之多，但是本节选取的文化定义来自著名的英国文化学者雷蒙德·威廉姆斯和中国著名学者庞朴。前者对文化

---

① Richard Wiseman and Tasha Van Horn, “Theorizing in Intercultural Communication Research,” in Richard Wiseman (ed.) *Intercultural Communication Theory* (Thousand Oaks, CA: Sage, 1995) p. 4.

② 戴晓东：《跨文化交际理论》，上海外语教育出版社，2011，第 11 页。

的定义是，“对特定生活方式的描述，不仅在艺术和学习中，而且在制度和普通行为中表达特定的意义和价值观”①。后者认为，文化包括“人的一切生活方式和为满足这些方式所创造的事事物物，以及基于这些方式所形成的心理和行为，包含着物的部分、心物结合的部分和心的部分”②。作为一个立体的系统，文化的外层是物的部分，即经过人力作用的第二自然；文化的中层包括隐藏在外层物质里的人的思想、感情、意志与宗教神话、社会伦理、教育制度和政治体制等；文化的里层或深层主要是包括价值观念、思维方式、审美趣味、道德情操、宗教情绪、民族性格等文化心理状态。文化的三个层面，彼此相关，形成一个系统，构成了文化的有机体。结合两位学者对文化的界定，我们将文化理解为一种整体的生活方式，具体包括物质、制度和观念三个层面或维度，用于挖掘上述国际博弈意图和应对跨文化交际策略的文化根源。以上博弈意图与应对交际策略的文化根源探究模式可参考图 7－25。

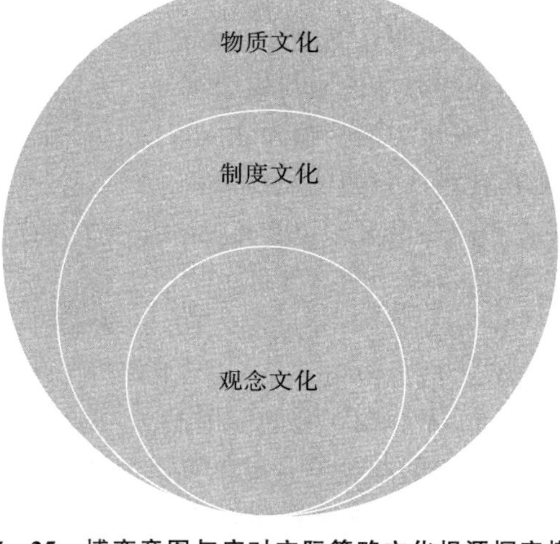

图 7－25　博弈意图与应对交际策略文化根源探究模式

此处必须指出是，文化模式多种多样，因为各种文化都有其不同的特色或主旋律。1934 年，人类学家鲁思·本尼迪克特率先提出文化模式这一概念。本尼迪克特认为一种文化，犹如一个人或团体的思想与行动模式，必须具备一定的一致性或核心理念，致使人们的一言一行，都趋向于这种起支配地位的核心理念或特有的目标，从而形成相当一致的基本态度。基于此，本

① Raymond Williams, *The Long Revolution*, (London: Broadview Press, 1961) p. 43.

② 庞朴：《文化结构与近代代中国》，《中国社会科学》1986 年第 5 期，第 84 页。

尼迪克特将文化模式界定为一个具有内在一致性，各个部分相互关联的思想和行为的整体[①]。由此可见，跨文化交际中的任意一方，均可通过恰当的文化模式对其文化根由追踪溯源，而上述基于中英两位文化鸿儒相关研究而形成的文化模式堪当此任。当然，选取哪种文化模式，还须依照特定博弈场合和交际双方之间瞬息万变的具体情形而定。

（四）水文化与大国博弈跨文化交际理论的跨文化交际适用性

水文化与大国博弈跨文化交际理论是关于灵活、创造性地从“至善至柔”“载舟覆舟”“至烈至刚”范围内选择任意一个最佳传播路径，来应对跨文化交际中博弈另一方在常规或非常规情况下的正和、零和或负和博弈意图及其他不可知意图，以获取最佳传播效果和最理想的博弈结果的理论。本理论的跨文化交际适用性表现在以下三个方面。

第一，在当今的全球化世界，各国之间在社会各个方面的联系相比以前更加紧密，不同文化背景和不同地区人民之间的交流是当今时代的常态。因此，本理论有助于从文化价值体系的本源上，探寻并克服导致跨文化交际中系统性误解或战略性误判的根由与路径。

第二，“上善若水”的理念在中国可谓家喻户晓，有关其特性与功效的认知已经融入中华民族的集体记忆和基因序列。以水的形象作隐喻，“能够传达十分重要的中国哲学命题与政治学说，从而成为传播和理解当代中国思想主要途径的源泉”[②]。因此，本理论有助于参与博弈的双方及其他相关国家与组织，深刻了解大国之间跨文化交际博弈的复杂性与重要性。

第三，鉴于中国日益提升的国际地位与世界影响力，中国与世界各国的双边或多边关系会在力度、难度、复杂性和挑战性方面全方位陡然攀升，远远超越一般的跨文化交际策略与技巧的指导范围，需要从理论的层次寻求应对方案与实施举措。因此，本理论有助于相关国际关系的决策者、智库及学者有效预判大国之间的各种交际与博弈意图，妥善处理其他大国与中国之间有可能产生的文明碰撞与跨文化冲突，从而达到“知己知彼，百战不殆”的创造性传播和理性博弈结局。

五、结语

本节以文化博弈论和东西方文化的范式假设理论为指导，以厘清跨文化

① 露丝·潘乃德：《文化模式》，黄道琳译，巨流图书公司，1976，第48页。

② Chen Guoming and Richard Holt, “Persuasion through the Water Metaphor in *Dao De Jing*,” *Intercultural Communication Studies*, 11(2002): 155.

交际中博弈双方的博弈意图与跨文化交际路径的相互关系为研究对象，通过梳理和提炼中国文化经典中有关水的特性，将其与博弈论的相关内容相结合，构建了中华水文化与大国博弈跨文化交际理论。本理论是关于灵活、创造性地从"至善至柔""载舟覆舟""至烈至刚"范围内选择任意一个最佳传播路径，来应对跨文化交际中博弈另一方在常规或非常规情况下的正和、零和或负和博弈意图及其他不可知意图，以获取最佳传播效果和最理想的博弈结果的理论。

本理论以水和博弈为比喻，提出了六条基本假设。其特性有三：第一，通过对中国华水文化特性的系统性探究，以及对大国跨文化交际中的三种或多种博弈意图可能性的描述，本理论揭示出现实社会中两对变量之间呈现随时可变化、可隐可现、声东击西等复杂多元关系，从而突破了通常在两个变量之间论证其因果、共变和相关关系的范畴；第二，本理论将常规或非常规的博弈意图置于一个连续统内，使博弈意图的所有可能性都纳入可控范围之内，以便选择最恰当的跨文化传播应对策略，将最大化博弈者利益和最优化跨文化交际传播效果的结果化为可能。第三，博弈论源于西方，水文化则来自中华优秀传统文化经典，将二者有机结合，构建出中华水文化与大国博弈跨文化交际理论，既可对当下错综复杂的中外跨文化交流与博弈现象提供学术解释和理论指导，也可集中西文化之长，为构建更多本土跨文化传播理论提供参考。

具体而言，本研究发现具有三点启示。第一，中国文化话语丰富多彩，博大精深，在跨文化交际理论的构建和运用上，这些足以令我们摆脱对西方现有相关理论的依附和盲从，有助于彻底避免和逐渐消除对中国传统和当代话语体系边缘化或矮小化的趋势。第二，我辈相关华人学者，应该积极参与到当代中国话语体系和本土跨文化交际理论构建的行列中来，以实际行动推动人类话语的学术进步与繁荣、文化多元的对话与沟通。第三，无论是当代中国话语体系的确立，还是本土跨文化交际理论的构建，扎根于中华优秀传统文化的丰沃土壤，同时兼容并蓄，博采众长，方为有效的可取路径。

本章小结

本章以世界遗产运河的保护管理法规与话语分析为参考，基于中国文化经典构建水文化与大国博弈跨文化交际理论。第一节题为"三维模式视域下世界遗产运河的保护管理法规及其话语分析"。在费尔克拉夫三维话语模式的理论指导下，本节运用 AntConc 语料库软件，对联合国教科文组织与世界遗产运河国家中的法国、英国、加拿大及中国具有代表性的运河法规进行语料检索，分析发现：联合国教科文组织构建有包括保护框架、保护原则和保护模式的一整套世界文化遗产保护国际法体系，倡导世界上所有文化均享有同等的尊严，为各成员国家制定相应的运河文化遗产保护法规发挥了积极有效的示范作用；然而，现有世界遗产保护理念主要以西方文化价值观为基础，通过强调遗产的真实性、完整性和突出普遍价值性，来体现西方启蒙运动以来的现代历史观和文化思维逻辑；西方发达国家的运河多为工业文明的产物，其管理方式和学术规范与国际标准基本一致，而作为农业文明产物的大运河，由于固有的特性和申遗较晚等因素，致使其在构建大运河文化遗产保护的立法体系方面，尚处于刚刚起步的初级阶段。

因此，针对以上研究发现，我们提出以下应对措施：

第一，首先，国内应依据联合国教科文组织的纲领性法规文件，及时出台体现中国实际需求的类似《中国大运河保护条例与实施措施》的专项行政法规，将相关主体职责具体化，责任落实到位。根据国际和国内相关法规，建立统一的专门主管机构，在法规中赋予该机构主导性控制权，促进立法内容及时顺畅地付诸实施。其次，在使用与宣传相关法律内容时，要注重体现礼貌原则，在尊重广大人民群众权利的基础上，鼓励其主动参与大运河文化遗产的保护与建设。最后，大运河法规文本的话语描述，必须展示其庄严性、严格性、客观性及严谨性，对法规文本中所涉及的参与者能够起到约束和规范的双重作用，以确保大运河文化遗产的保护管理机制，具备应有的国际与国内应有的法律保障。

第二，针对联合国教科文组织相关法规表露出明显的“权威式遗产话语”，我国在制定大运河法规的过程中，必须厘清国际与国内运河法规的本质差异，确立正确的指导思想，坚持以我为主，构建既符合国际规范，又体现我国特色的大运河文化遗产保护法规体系。根据《公约》建议，教育是提升“大运河文化遗产保护管理指导思想”影响力的重要途径，各部门应当将大运河文化遗产保护管理的相关内容纳入相应的教育体系，开展各项教育活动，提升大运河法规指导思想的社会影响力，逐步树立大运河文化遗产保护管理的全民意识。

第三，各参与主体在对大运河立法进行宣传普及时，要考虑目标受众，对原有的法规文本进行改造与解释，将其转化成各具特色的互文性链条，扩大大运河立法在全社会的影响力。中国大运河遗产范围广、内容多、结构杂，包括水利、航运、民俗文化等各个方面，针对以上内容，国家亟待出台各项专门性法律，连点成线，构成一套独立完整的大运河立法体系，提升大运河文化遗产的系统保护与有效管理，以实现国家利益最大化。

第二节题为“中华水文化与博弈跨文化交际理论构建”。本节以文化博弈论和东西方文化的范式假设理论为指导，以中国文化典籍中的510段相关语篇为第一手资料，构建了具有本土特色的水文化与大国博弈跨文化交际理论。本理论是关于灵活、创造性地从“至善至柔”经“载舟覆舟”到“至烈至刚”范围内选择任意一个最佳传播路径，来应对跨文化交际中博弈另一方在常规或非常规情况下的正和、零和或负和博弈意图及其他不可知意图，以获取最佳传播效果和最理想的博弈结果的理论。同时，本节还提供了可用来挖掘上述博弈意图和跨文化交际策略的文化模式。

本研究发现的启示具体有三。第一，中国文化话语丰富多彩，博大精深，在跨文化交际理论的构建和运用上，这些足以令我们摆脱对西方现有相关理论的依附和盲从，有助于彻底避免和逐渐消除对中国传统和当代话语体系边缘化或矮小化的趋势。第二，我辈相关华人学者，应该积极参与到当代中国话语体系和本土跨文化交际理论构建的行列中来，以实际行动推动人类话语的学术进步与繁荣、文化多元的对话与沟通。第三，无论是当代中国话语体系的确立，还是本土跨文化交际理论的构建，扎根于中华优秀传统文化的丰沃土壤，同时兼容并蓄，博采众长，方为有效的可取路径。

第八章　大运河文化中国国际形象提升路径的实践研究

从单一的京杭大运河到涵盖隋唐大运河、京杭大运河、浙东运河的中国大运河，再到 2014 年 6 月 22 日申遗成功，荣列《世界遗产名录》；从大运河经济带，到大运河文化公园，到肩负“南水北调”东线新航运职责，再到打造“大运河璀璨文化带、绿色生态带、缤纷旅游带”新篇章，大运河正在发生翻天覆地的变化。大运河物质和非物质文化遗产的丰富内涵和样板功效，潜力无穷，难以估量，有待有志之士潜心经营、精耕细作、发扬光大。

本章要解决的研究问题是：基于当下世界格局的现实情况，在构建水文化与大国博弈跨文化交际理论的基础上，如何通过总结多维度的比较结果，在实践中具体物化并有效提升以大运河文化为代表的中国国家形象？为此，本章第一节将针对大运河文化遗产保护管理中的瓶颈问题，一方面阐述公众参与的理论基础与概念演变及其与文化遗产保护的关系，另一方面则分别从主体、理念、内容和视域四个维度探究美国伊利运河与加拿大里多运河可资中国借鉴的经验与启示。本章第二节将聚焦大运河经济带、大运河文化公园及大运河新航运等现代治水壮举中的“顶层设计”，探究大运河在当今中国的卓越现代化治理，从而在破解“利玛窦困惑”的同时，助力文化自信和中国正面形象的国际传播。

第一节　大运河文化遗产保护管理中的公共参与研究及北美经验借鉴

申遗成功后，公众参与便成为大运河文化遗产保护管理的重要环节之一，因为联合国教科文组织明文规定：“缔约国在开展保护非物质文化遗产活动时，应努力确保创造、延续和传承这种遗产的社区、群体或个人的最广泛的参与，并吸收他们积极地参与有关的管理。”①2012 年 7 月，我国文化部曾发

① 联合国教科文组织：《保护非物质文化遗产公约》，https://www.mct.gov.cn/whzx/bnsj/fwzwhycs/201111/t20111128_765132.htm，访问日期：2022 年 11 月 6 日。

文指出："国家鼓励公民、法人和其他组织参与大运河遗产保护。"①2017年6月，中共中央办公厅和国务院办公厅亦联合发文，将"增强社区居民议事协商的参与能力"置于提升社区治理水平六种能力之首，并将居民维护公共利益和参与社区治理情况纳入社会信用体系②。进入21世纪以来，随着我国市民社会的迅猛发展，"一个包括政府、公民、专家、媒体在内的'公众参与共同体'初见端倪"③。可见，公共参与在文化遗产保护管理中的作用，已经得到了各方的高度关注。

然而，随着遗产保护理念的不断深化与更新，遗产保护内容变得更加深刻与复杂，原有的以政府为主导的静态化管理模式越来越难以适应动态保护的需求。在大运河物质和非物质文化遗产保护传承利用的整体管理体系中，"我国非遗保护制度中社区参与的总体程度还不高，社区在这一制度中的主体地位还未全面形成"④。公众参与的缺失"使得大运河的文化遗产保护失去了原生动力与监管保护力量，在遭遇自身发展瓶颈和产生'破坏性建设'等内外部压力时无法应对，最终导致大运河遗产商业化开发、原生居民流失等一系列不可逆的破坏"⑤。很显然，在大运河文化遗产保护管理中，建立健全有效的公众参与路径和机制，已成为相关政府部门和学界不可回避的问题与责任。

鉴于国内在公众参与文化遗产保护管理方面的理念、方法、行为等还处于起步阶段，而国外某些发达国家在此已有上百年的历史，具有诸多值得学习和借鉴之处。因此，本节将厘清在大运河文化遗产保护管理中的瓶颈问题，再对公众参与的理论基础与概念演变及其与文化遗产保护的关系进行阐述，最后聚焦于公众参与，从主体、理念、内容和视域四个维度，探究美国伊利运河与加拿大里多运河可资中国借鉴的经验与启示。

---

① 中华人民共和国文化部：《大运河遗产保护管理办法》，http://www.gov.cn/gongbao/content/2012/content_2275425.htm，访问日期：2022年10月19日。

② 中共中央办公厅、国务院办公厅：《中共中央 国务院关于加强和完善城乡社区治理的意见》，https://www.sohu.com/a/148253938_260616，访问日期：2022年5月9日。

③ 刘敏：《天津建筑遗产保护公众参与机制与实践研究》，博士学位论文，天津大学，2012，第3页。

④ 马千里：《中外"非遗"名录制度中社区参与问题的比较研究》，《文化遗产》2022年第2期，第29页。

⑤ 付琳、曹磊、霍艳虹：《世界遗产运河保护管理中的公众参与研究》，《现代城市研究》2021年第8期，第53-54页。

一、大运河文化遗产及其保护管理中的瓶颈问题

(一)大运河文化遗产及其内涵

根据联合国教科文组织1972年颁布的《世界遗产公约》，世界遗产包括世界文化遗产、世界自然遗产和世界文化与自然双遗产三类。其中，文化遗产包括物质文化遗产和非物质文化遗产。前者包括文物、建筑群和遗址；后者指各社区、群体、个人视为其文化遗产组成部分的各种社会实践、观念表述、表现形式、知识、技能及相关的工具、实物、手工艺品和文化场所①。依据《大运河遗产保护管理办法》，大运河遗产"包括隋唐大运河、京杭大运河、浙东运河的水工遗存，各类伴生历史遗存、历史街区村镇，以及相关联的环境景观等"②。自公元前486年吴王夫差开凿邗沟，大运河距今已有两千五百多年的历史。大运河全长3,200公里，沟通海陆丝绸之路，连通海河、黄河、淮河、长江、钱塘江5大水系，流经中国35座城市，涵盖河道遗产27段。大运河沿线物质文化遗产超过1,200项，已列入世界文化遗产的河道遗产、水工遗存、附属遗存及相关遗产共计58处。而在其非物质文化遗产的代表性项目中，大运河沿线共有837项，是我国优秀传统文化高度聚集的区域③。大运河的物质和非物质文化遗产汇聚了京津、燕赵、中原、齐鲁、淮扬、吴越六种文化形态，涵盖文物、景观、遗址、民间文学、表演艺术、传统手工艺、传统节庆活动及生产生活经验④。

大运河文化遗产的内涵可从其开凿的目的、历史上所发挥的作用及其所包含的意义和价值等几个方面加以论述。首先，作为世界唯一"为确保粮食运输安全，以稳定政权、维持统一为目的的，由国家投资开凿和管理的巨大工程体系"，大运河解决了中国南北社会和自然资源不平衡的现实问题，保障了国家政治中心与全国各地社会、经济、文化等领域的频繁交流，确保信息上

---

① UNESCO, "Convention concerning the Protection of the World Cultural and Natural Heritage," accessed February 11, 2023, https: //whc. unesco. org/en/conventiontext/.

② 中华人民共和国文化部：《大运河遗产保护管理办法》，https: //zwgk. mct. gov. cn/zfxxgkml/zcfg/bmgz/202012/P020220218593018929139. pdf，访问日期：2022年6月10日。

③ 秦宗财：《新时代"千年运河"文旅品牌形象塑造》，《江西社会科学》2021年第1期，第236页.

④ 康武刚：《大运河世界历史文化遗产的三个维度系统研究》，《开发研究》2015年第1期，第98页。

通下达[①]。其次，古代的大运河是“海外客使”来华的重要交通通道，为海外商品与文化元素在中国的流通和传播发挥了巨大作用。当代的大运河，作为世界遗产运河与国家文化公园建设的重要内容，仍然发挥着连通国内外众多领域的桥梁作用。在现代化交通工具日新月异的当下，大运河最重要的一段——京杭大运河，原有的航运功能虽然在不断弱化，但是南水北调的新航运功能使其得到重生，并焕发出勃勃生机。最后，“作为文化记忆附着的象征物，大运河文化遗产连接着民族的过去和当下；作为记忆之场的大运河文化遗产，使‘看不见’的国家变得可见，形成了民族国家的认同空间”[②]。因此，有学者用“大运河时代”对应西方的“大航海时代”，以概括“从隋唐至19世纪，大运河整合中国南北经济，扩大物资流通规模，奠定大国运行基础”[③]的文化遗产赋能功效。作为活态遗产，大运河被誉为“中华文脉”“中国文化之河”“中华民族的象征”。因此，有人将大运河与长城比作中国大地上一个大写的“人”字。如果说长城是中华民族坚挺的脊梁，那么大运河就是千百年来中华民族流动不息的血脉[④]。关于大运河文化遗产的内核，大运河文化带建设研究院院长、江苏省社科院党委书记夏锦文教授用“通、统、容、合”，作出如下精辟的概述：

> 融通的文化特质体现在大运河的水系联通、地域沟通、经济往来互通和国际贯通中，构建了自唐宋以来国家经济运行的中枢命脉，成为南北、中外多元文化交融的纽带。一统的文化内涵体现在国家治理的智慧上，相伴运河开凿而实施的漕运制度、盐政制度和巡视制度，巩固了疆域版图，有效维护了政权的一统。包容的文化态度体现为大运河驾驭南北、总揽全国、兼容并包，在坚持自身传统特色的同时，以开放的胸襟“包孕吴越”、海纳百川，不断吸收借鉴各种地域文化和外来文化的精华养分。和合的文化理性体现为大运河所展现的中国人追求天人合一、和谐共生的文化境界[⑤]。

可见，我国古人善用其水工技艺方面的高超智慧，巧妙利用自然水系和

① 姜师立：《运河学的概念、内涵、研究方法及路径》，《中国名城》2018年第7期，第78页。

② 王广禄：《全面梳理大运河历史文脉》，http：//www.cssn.cn/zx/bwyc/202209/t20220930_5544992.shtml，访问日期：2022年10月12日。

③ 同上。

④ 单霁翔：《大运河飘来紫禁城》，中国大百科全书出版社，2020，第1页。

⑤ 夏锦文：《建设国家文化公园　促进沿运城市协调发展》，《群众》2020年第1期，第46页。

地形地貌，开凿出这一造福千秋万代的水利工程。因此，大运河文化可谓中华文明的智慧产物，它集中展现了中华民族的优秀品格，实实在在地展现了中国国家形象，也完美逼真地展示了中国国际形象。同时，由于连通海陆丝绸之路，大运河必将使大运河文化遗产，伴随当今中国全力打造的“人类命运共同体”理念，成为“近者悦、远者来”的时空穿越魅力纽带。

(二)大运河文化遗产的特色及其保护管理中的瓶颈问题

关于大运河文化遗产的特色，熊海峰认为，作为依托大运河而产生、发展、流传的大运河文化遗产，具有生命力旺盛、不断推陈出新的“活态性”，联通五大水系、汇聚六种文化形态的“融合性”，以及包含“遗存秉承文化”“流淌伴生文化”与“历史凝练文化”于一体的“多元一体性”特色①。张京祥、刘雨平认为大运河文化遗产所凸显的时代特点是：“(1)生态走廊：串联南北、资源丰富的绿色廊道。(2)交通走廊：疏通南北、水陆联动的运输主轴。(3)文化走廊：灵秀温润、多元交汇的诗韵之河。(4)经济走廊：连通南北、联动东西的增长轴线。”②路璐、许颖则认为，大运河文化遗产的特点包括：“第一，混杂性：大运河作为一项科学技术性工程，解决了水与人、水与水、水与地理环境等一系列的关联问题，从而具有重大的历史价值和科学价值；同时，大运河作为集政治、经济、文化等要素于一体的集成性工程，沟通大江南北六大文化地域，促进了经济的繁荣、文化的交流与国家的统一，因而具有深远的社会价值和文化价值。第二，被赋予性：大运河存在了两千五百多年，但只有在 2014 年被列入《世界文化遗产名录》后才被赋予‘世界遗产运河’的概念与文化遗产的价值。第三，当下性：虽然大运河起源久远，运河面貌和运河线路几经沧桑，却在古今河道更新迭代的过程中动态性地适应了不断变化着的外在环境，很多河段至今仍然‘在用’。”③总之，作为最具影响力的人工水道，大运河足以代表中国走向世界舞台，成为向世人展示中华文明在世界运河史上的一座丰碑和彰显中国式现代化特色的一张靓丽名片。

因此，中国历来高度重视对大运河文化遗产的保护、传承与利用。2017 年 6 月和 2021 年 4 月，《中共中央 国务院关于加强和完善城乡社区治理的意

---

① 熊海峰：《多维度深化大运河文化内涵认知》，http：//views. ce. cn/view/ent/202006/29/t20200629 _ 35209485. shtml，访问日期：2022 年 8 月 25 日。

② 张京祥、刘雨平：《沿京杭大运河地区的空间发展：以京杭大运河扬州段为例》，《经济地理》2008 年第 1 期，第 2 页。

③ 路璐、许颖：《大运河文化遗产与民族国家记忆建构》，《浙江学刊》2021 年第 5 期，第 66 - 67 页。

见》和《中共中央 国务院关于加强基层治理体系和治理能力现代化的意见》相继发布。前者将“增强社区居民议事协商的参与能力”作为提升社区治理水平六种能力之首，并将居民维护公共利益和参与社区治理情况纳入社会信用体系①；后者提出要构建“人人有责、人人尽责、人人享有的基层治理共同体”，以形成能够激发公众参与积极性、主体性及多元共治的基层社会治理新格局②。可见，在我国的顶层设计中，公众参与已经成为一个不可或缺的有机组成部分。

然而，在目前大运河文化遗产保护管理体系中，还存在以下三个方面的瓶颈问题。第一，在思想认识和群众基础上，“普通公众参与遗产保护的意识与理念尚处于萌芽阶段，并不能为更高层次的组织化发展提供足够的人力、物力和财力上的支撑”③。实际上，国家文物局曾于2012年1月颁布《大运河遗产保护管理总体规划(2012－2030)》，对公众参与制度与专家咨询制度均提出了明确要求，但是通过对我国大运河遗产管理现状的实际考察发现“公众参与程度仍停留在教育与单向传播阶段”④。21世纪是公民直接参与公共事务的时代，公众参与被认为是“打破僵化的行政体系、提高公共管理的满意度，以及减少政府管理成本的有效途径”，因为它“能够提升公共服务绩效、改变公众对政府的看法、提高公共服务与公众需求的契合度”⑤。可见，是否能够有效处理公众参与，已经成为大运河文化遗产保护管理向纵深发展的一个瓶颈问题，建立健全有效的公众参与路径和机制，业已成为相关政府部门和学界不可回避的问题与责任。

第二，基于前述章节的研究，我们发现，在与大运河文化遗产相关的总体研究中，还存在以下三个方面的不足：(1)虽然学术界对大运河本身的历史变迁与相关领域皆进行了大量而广泛的研究，但是学者们对其文化缘由挖掘、文化内涵凝练及文化价值提炼与社会关系梳理、社会影响研讨及社会意义探

---

① 中共中央、国务院：《中共中央 国务院关于加强和完善城乡社区治理的意见》，https：//www.sohu.com/a/148253938_260616，访问日期：2022年5月9日。

② 中共中央、国务院：《中共中央 国务院关于加强基层治理体系和治理能力现代化的意见》，https：//view.inews.qq.com/a/20210712A02FY100，访问日期：2022年4月9日。

③ 上海市文物保护研究中心、上海大学文学院：《公众参与文化遗产保护研讨会论文集》，上海大学出版社，2016，第85－86页。

④ 付琳、曹磊、霍艳虹：《世界遗产运河保护管理中的公众参与研究》，《现代城市研究》2021年第8期，第58页。

⑤ 范柏乃、金洁：《公共服务供给对公共服务感知绩效的影响机理：政府形象的中介作用与公众参与的调节效应》，《管理世界》2016年第10期，第58页。

究方面的研究还不够充分；(2)大运河文化研究存在着地区差异、冷热不均、深浅有别、物质与非物质不均衡、重史料梳理轻实地考察等问题，因此相关研究大多停留在一般性的情况介绍、基本知识普及与资料搜集整理方面，真正具有较高学术性的论著尚不多见；(3)对于大运河沿线城市经济腾飞和文化繁荣的物质和非物质文化遗产研究也只是停留在对经济繁荣景象的客观描述层面，而对其背后的深层文化原因和深远社会影响及其与大运河的密切关系亦缺乏深度挖掘与学术探索。在全国范围内，大运河文化研究的基础还相对薄弱，人们对大运河文化还缺乏客观、理性、科学和全面的认知，亟须具有一定深度和广度的高质量学术研究。

第三，在聚焦公众参与文化遗产保护管理的具体研究方面，尚存在两个问题。(1)研究力量薄弱而分散，合作网络尚未形成。各研究作者之间与研究机构之间的合作不够紧密，未形成密切的合作网络，而面对我国庞大的人口基数，这样的现状恐难以在社会公众当中产生重大影响。(2)理论与实践脱节，忽略公众参与作用。目前，高校科研院所负责学术钻研与创新，政府行政机构负责政策颁布与落实。学术界的研究成果与政府部门的政策意图吻合度不高，成果转化率较低，造成理论与实践脱节，未能真正实现政策内化，并助力相关研究的纵深发展，因而很难使相关建议和措施下沉到公众身上，使其发挥应有的作用。

二、公众参与的理论基础、概念演变及其与文化遗产保护的关系

(一)理论基础

“公众参与”一词源于西方，传统的公众参与指公民投票选举的活动，而现代意义上的公众参与指“政府之外的个人或社会组织依法有序地试图对公共事务的决策和治理等产生影响的社会行为”①。在古希腊的城邦社会，民主主要是公民对公共生活直接参与式的管理。作为古典民主理论的代表，卢梭认为：“公民对政治决策过程的参与具有一系列重要的功能，参与不仅使民主制度成为可能，而且更重要的是，通过参与过程可以推动个人负责任的社会行动和政治行动。”②

进入媒体泛化的智能时代，技术赋能让传播主体和客体的关系出现泛化

① 成敏：《“互联网+”时代的公共参与》，《中学政治教学参考》2017 年第 1 期，第 44 页。

② 王锡锌：《公众参与：参与式民主的理论想象及制度实践》，《政治与法律》2008 年第 6 期，第 9 页。

的趋势。信息生产与消费参与者之间的身份泛化，使得用户的自主性和选择性被激活。通过将行为数据直接转化为内容生产，用户生产的主体化趋势愈加明显。正如卡斯特所言，“传统社会权力模式之所以能向网络社会权力模式转变，在于民众的空间权力‘在场’，即互联网和无线通信的发展支持并强化了受众的自主实践，包括在网上上传用户创造的内容”①。总之，在数字化人工智能时代，“信息所倚重的逻辑是‘用户本位’的，一切数据的收集、处理、生成、传播，起始点都是公众的网络行为，‘传者本位’的逻辑正在消解，信息分享必将沿着用户需求的逻辑不断提升和迭代”②。

(二)公众参与的概念演变

作为一个历史范畴，公众参与经历了一个嬗变、充实与拓展的过程。由于公众参与涉及领域广，不同领域内对其定义也不尽相同。弗里德曼将其界定为“公众以团体的形式参与决策的过程”③。格拉斯将其解释为“可供民众参与政府决策和规划的过程或机会”④。1990 年前后，我国也开始了公众参与的研究。王国栋将其定义为“公众的个人或组织通过直接或间接的方式影响公共政策制定和实施效果的行为”⑤。毕琳琳则认为它是“不行使国家权力的个人及组织影响政府制定决策的活动”⑥。基于前人的研究，钟智锦和廖小欧指出，公众参与有狭义与广义之分。从狭义上看，公共参与是指公民个体或公共群体参与政府决策制定和公共治理的制度性参与行为，包括选举人民代表、举报违法行为、参加政治组织等，集中表现为制度化的政治参与行为；而从广义上看，公众参与是指公民为了改善其生活条件或是社区、社会等共同体的未来，而参与到共同体的生活中的行为，包括参与民间社会团体或兴趣小组、组织公益文化活动，以及开展社区互助合作等。而两位学者自己“将公共参与视为政治参与和社会参与的合集”，并进一步指出，“社会参与能够发挥

---

① 曼纽尔·卡斯特：《传播力》，汤景泰、星辰译，社会科学文献出版社，2018，第 104 页。

② 吕尚彬、黄鸿业：《权力的媒介：空间理论视域下的智能媒体与公众参与》，《湖北大学学报》(哲学社会科学版)2022 年第 5 期，第 152 页。

③ John Friedmann, *Planning in the Public Domain: From Knowledge to Action* (Princeton: Princeton University Press, 1987), p. 440.

④ James J. Glass, “Citizen Participation in Planning: The Relationship Between Objectives and Techniques,” *Journal of APA*, no. 4 (1979): 180 - 189.

⑤ 王国栋：《公共政策中的公众参与问题研究》，硕士学位论文，西北大学，2002，第 3 页。

⑥ 毕琳琳：《城市规划公众参与权法律制度研究》，博士学位论文，辽宁大学，2015，第 73 页。

培养政治意识的作用，可以视作政治参与的前提……二者呈现出有所交叉、相互促进的关系”①。这两位学者的观点值得肯定，因为公众在英美和加拿大指“游客、居民、志愿者及相关的专家学者和技术人员”，而在国内的大运河研究中，特指“大运河沿岸居民、相关专家与专业技术人员、使用者或消费者及志愿者”②。

在“互联网＋”时代，公众参与的特点有以下四点。(1)在主体上，从政府机构转向普通公众。个人、专家学者、社会团体、非政府组织和非营利企业等构成了公共参与的主体。(2)在理念上，从义务本位转变为权利本位。在现代社会，公民作为政治和社会生活的主体，参与国家和社会事务管理，不仅是其应尽的义务，更是其应有的权利。(3)在内容上，从国家事务拓展到社会事务。在当今社会，公众参与已从国家事务延伸到社会事务，它意味着社会民众已经从单纯的政治参与转向介入各种公共事务。(4)在视域上，从现实生活延伸至虚拟世界。在当今的数字化信息时代，互联网的发展为公众参与提供了前所未有的自由平等交流公共空间，使其从“缺席”到“在场”，再通过“合法、有序”的路径，确保“文明、有效”的虚拟公众参与活动③。总之，随着社会结构的剧烈变动和思想观念的深刻变化，非营利企业、普通公众和民间组织以多种形式自觉参与公共治理，正在成为一种常态，公众参与也正在成为全球范围内文化遗产保护的一股潮流和趋势。

(三)公众参与和文化遗产保护管理

综上，公众参与已从政治领域过渡到更广泛的诸如立法、城市规划、环境治理以及遗产保护等社会性公共事务领域。1970 年至 1990 年为遗产公众价值理念的萌芽阶段。1975 年颁布的《阿姆斯特丹宣言》强调，只有公众，特别是年轻人重视建筑遗产时，建筑遗产才能真正生存下去。1976 年，联合国教科文组织通过《内罗毕建议书》，倡导个人、团体及所有遗产使用者共同为遗产保护建言献策，作出各自的贡献。1990 年至今为遗产公众价值理念的兴起与应用阶段。通过对权威性遗产话语的反思，人们开始探究遗产保护权力由权威向大众的转型，从而催生了遗产公众价值理念的问世。该理念“注重遗

① 钟智锦、廖小欧：《公共信息接触、政治效能和公共参与的“良性循环”》，《新闻大学》2022 年第 8 期，第 79 页。

② 张帆、邱冰：《大运河物质文化遗产保护公众参与的主要问题剖析》，《景观园林》2019 年第 10 期，第 120 页。

③ 成敏：《“互联网＋”时代的公共参与》，《中学政治教学参考》2017 年第 1 期，第 44－45 页。

产与公众之间的有效互动，通过将遗产与公众日常生活建立联系的方式，来唤起更多公众关心遗产、保护遗产，从而形成广泛的遗产保护力量与良性的遗产保护机制”①。2007年，为了强调社区民众对世界遗产保护与可持续发展的重要性，世界遗产委员会将“社区参与”(community involvement)添加到原有的信用、保护、能力建设和交流的“4C”原则之中，构成21世纪遗产保护的战略框架②。

针对文化遗产保护管理中的公众参与，国内陆续出台了一系列法规条例与实施措施，在一定程度上体现了国家主管部门对公众参与的重视。但是，其大多属于政府行为，自上而下的单向管理色彩浓厚，缺乏广泛而系统的民间公众参与，因而效果差强人意。随着遗产保护理念的不断深化与更新，我们既需要加强理论探究，又亟须实践借鉴。

三、美国与加拿大运河文化遗产保护管理的经验与启示

通过在联合国教科文组织网站、科学网(WOS)、知网(CNKI)等平台搜索，我们选定美国的伊利运河与加拿大的里多运河进行分析与学习。美国的伊利运河针对其文化遗产保护所形成的“政府→社区→居民”，转型为“社区→居民→政府”的管理模式，堪称经典范例。作为世界遗产运河之一，里多运河针对公众参与遗产管理规划的战略目标与短期、中期、长期行动计划，效果十分显著。下文将从主体、理念、内容和视域四个维度，探析公众参与在上述两条运河文化遗产保护中的成功经验。

(一)主体维度

美国的伊利运河国家遗产廊道的公众参与主体主要由廊道居民、当地社区、区域代表、政治领袖、私人或非营利性的遗产资源管理者组成，同时还包括与伊利运河相关的游客、志愿者、非政府组织、非营利企业公司及民间团体等。依据《伊利运河国家遗产廊道法案》，伊利运河国家遗产廊道委员会得以成立。委员会由27名成员组成，其中19名为来自遗产廊道范围内的地方人士。在承担国家公园管理局顾问与咨询工作的同时，该委员会主要负责协调相关联邦和州政府机构、市政当局、高校研究中心、非营利组织，以及

① 付琳、曹磊、霍艳虹：《世界遗产保护管理中的公众参与研究》，《现代城市研究》2021年第8期，第54页。

② 魏青：《从世界遗产地管理者论坛观察世界遗产能力建设新趋势》，《遗产观察》2022年第2期，第82页。

公民个体之间的伙伴关系，并积极组织其共同参与遗产廊道的保护与管理①。

按要求，公众参与主体的团体与个人应该具备旅游、经济和社区发展、区域规划、历史保护、文化或自然资源管理与保护、娱乐、教育或博物馆服务等方面的相关知识与经验②。同时，《纽约州历史保护计划》规定，伊利运河遗产廊道项目从计划到实施再到评估等所有环节一律向公众公开。在该廊道项目方向和范围的确定、计划方案的讨论与审核，以及管理规划的实施与完成等阶段，公众参与贯穿始终，不能缺席。据统计，伊利运河遗产廊道项目的公共参与人数一直呈现上升的趋势。从 2000 年开始，作为伙伴参与伊利运河遗产廊道项目的公众数量，从不到 50 多人次的规模上升到 2007 年的 200 余人次，2018 年的 400 余人次，再增加到 2021 年的 2,901 名正式合作伙伴和 5,102 名非正式合作伙伴。个人公众参与从 2011 年起步的个位数逐年上升到 2018 年的 400 人次，再增加到 2021 年的 21,803 人次③。可见，只有公众参与具有足够的广泛性、代表性与积极性，文化遗产保护的社区驱动力才能正常高效地得以发挥。

加拿大里多运河文化遗产保护的公众参与主体由个人、专家学者、社会团体、非政府组织和非营利企业组成。加拿大公园管理局负责其各个成员之间的相互联络与正常运转。该管理局将与里多运河相关的自然资源、文化资源、船运资源和社区资源打造为一个相互依赖，共存共生的机制。为确保各成员之间协作有序、正常高效地运作，里多运河文化遗产专门审核小组于 1995 年成立，该小组对照运河遗产保护和传承的操作规则和管理计划，广泛听取相关人士的意见，形成了 8 条实施细则。其中，涉及公众参与的是后五条：(4)成立里多运河顾问委员会，向运河主管部门汇报相关事宜；(5)委员会成员来自运河沿岸的企业界和社区领袖，每年至少举办四次碰头会；(6)委员人选基于自愿，正式委员承担一定的管理职能；(7)委员的条件、身份、任期和人数由运河利益团体共同确定；(8)委员会对运河旅游廊道的有关操作规

① Barry Goodstadt, Gia Meli, and Sam Mathur, "Erie Canalway National Heritage Corridor Evaluation Findings," accessed June 18, 2022, https://www.nps.gov/subjects/heritageareas/upload/Erie-Canal-NHC-Evaluation-Report-2.pdf.

② 同上

③ National Parks Service, "National Heritage Areas Program: A Year in Review," accessed June 19, 2002, https://www.nps.gov/subjects/heritageareas/upload/By-the-Numbers-2021_FINAL_508-reduce-sizepdf.pdf.

则、管理计划及其执行情况予以监督、指导和评估①。可见，作为里多运河的主管部门，加拿大公园管理局积极协调各方力量，主动征求基层民众与游客意见，定期更新有关文化遗产的活动内容。同时，里多运河周边的居民和利益相关人士与政府之间签有协议，因而能够主动、积极地参加公众参与的各项志愿者活动。

总之，美加双方的公众参与主体大同小异，主要由遗产廊道居民、非政府组织、非营利企业、民间力量，以及游客和个体志愿者组成，但前者多强调基层伙伴的作用，而后者多依赖遗产廊道计划的阶段性目标。

(二)理念维度

美国1966年颁布的《国家历史保护法》明确指出："保护国家不可替代的遗产，符合美国大众的利益。只要能够激励公众广泛参与遗产保护，就可使与世代美国人民未来紧密相关的文化、经济、教育、美学智慧等遗产宝库得到持续不断的丰富与发展"②。基于此理念，伊利运河国家遗产廊道委员会重申："遗产保护既是一项运动，也是一条土地使用的法规。当它能够激励大众发现或找到自身与历史地点、自然资源或文化传统建立某种关系的时候，它会使大众及其社区的利益最大化"③。这是前文理论框架所指出的"大众参与正从义务本位转变为权利本位"趋势的最好体现。

因此，基于广泛的走访调查而制定的《纽约州历史保护计划(2021－2026)》重点强调了公众参与的重要性。针对伙伴关系与大众的教育宣传，该计划提出了明确无误的目标与措施，在很大程度上保障了大众的知情权、参政权与监督权。总之，为了体现其植根于社区集团、学术机构、非营利企业或当地政府机构，伊利运河遗产廊道项目的管理层确保让公众有机会了解伊利运河遗产廊道项目，积极参与相关遗产保护工作，创造性地塑造现在和未来的纽约人，乃至美国人的精神世界。

作为加拿大的国家财富和有生命的文化遗产，里多运河不仅是水上交通航道，更是沿岸社区加拿大人身份建构的组成部分。为此，加拿大公园管理

---

① Jim Keenan, Don Golding, and Paula Neice, "Rideau and Trent-Severn Historic Canals: Corridors of the Change," accessed April 23, 2022, http://www.rideau-info.com/canal/save/documents/corridors-of-change-1995.pdf.

② Paige A. Bsarnum, Damniel McEneny, and Frances Stern, "The New York State Historic Preservation Plan (2021－2026)," accessed June 28, 2022, https://parks.ny.gov/documents/inside-our-agency/FinalStateHistoricPreservationPlan20212026FinalGenericEIS.pdf.

③ Ibid.

局及其联络成员希望合力"增强和保护里多文化遗产廊道不可替代的魅力，提高公众对廊道的认识意识与鉴赏感受，倡导公众全力支持与无私奉献，以拓展廊道文化景观与长期福祉"①。为了具体实施以上理念，该管理局自1990年以来开始制定里多运河世界遗产管理规划，每6年重新评估和更新。现有规划中，与公众参与有关的理念有以下四条：(1)加拿大国人、居民和游客把里多运河当作国家的标志来珍视，并以为后代保护好这一国家财富贡献力量而自豪；(3)运河廊道的居民与政府一起合作，保护好廊道独特优美的文化和自然遗产特色与景观；(4)所有相关人士保持和维护好运河作为历史水道的传统功能；(7)所有运河的工作人员因管理运河而感到自豪，并通过自身的行动在遗产保护、可持续利用和展示方面发挥各自的管理潜能②。

可见，加拿大人的一个共识是：只有将文化遗产传递给后代，使其在接受教育的同时，欣赏并认同自己国家的灿烂文化，才能使文化遗产得到更有效的重视和保护。公众参与不仅成为一种需要保护和重视的资产，而且也成为促进和加强社会文化认同和凝聚力的有效手段③。

总之，美加两国在理念上均坚信广泛的公共参与是文化遗产保护与管理成功的原动力，但前者多注重遗产保护在塑造美国人身份方面的作用，而后者多关注遗产的传承作用与教育功能。

(三)内容维度

美国的《伊利运河国家遗产廊道法案》中有两条相关内容：(1)本廊道的规模范围、建造蓝图、管理计划等信息隶属美国公园管理局，但保持公开透明，随时接受公众监督；(2)委员会在制订其管理计划、保护计划与评估报告的过程中，必须通过听证会与走访调查等形式广泛征求公众的意见④。在《伊利运

---

① Heather Thomson, "Unlocking the Rideau Canal: Planning for the Landscape of a World Heritage Site," accessed March 12, 2022, https://citeseerx.ist.psu.edu/viewdoc/download;jsessionid=B750CC021770018B2DEA72FCC4090068?doi=10.1.1.606.4879&rep=rep1&type=pdf.

② Chief Executive Officer of Parks Canada, "Rideau Canal National Historic Site of Canada Management Plan," accessed June 15, 2022, https://thirdcrossing.cityofkingston.ca/documents/26467239/38278041/Appendix%20E%20-%20Rideau%20Canal%20National%20Historic%20Site%20Management%20Plan%20-%20Final.pdf.

③ Parks Canada Agency, "Report on Plans and Priorities," accessed April 24, 2022, http://www.pc.gc.ca/en/agence-agency/bib-lib/plans/dp/rpp2016-17/index.

④ Barry Goodstadt, Gia Meli, and Sam Mathur, "Erie Canalway National Heritage Corridor Evaluation Findings," accessed June 18, 2022, https://www.nps.gov/subjects/heritageareas/upload/Erie-Canal-NHC-Evaluation-Report-2.pdf.

河国家遗产廊道保护与管理计划》的六条目标中，相关内容有两条：确保遗产走廊被当前和未来世代居民及游客珍视，确保公众支持并参与廊道文化遗产的保护与管理；整合各个社区与遗产地资源，创建更多引人入胜的遗产廊道故事，招揽国内外各类游客，将伊利运河国家遗产廊道作为其“必须光顾”的遗产访问胜地①。在《纽约州历史保护计划（2021－2026）》的八条目标中，与公众参与相关的内容有三条：包容性、多样性、公平和获得权；伙伴关系；宣传和教育②。其具体实施措施包括咨询小组、公众会议、圆桌会议或学术研讨③。

为了促进廊道社区与文旅的繁荣发展，该委员会每年举办超过400场次的文旅促进活动，吸引50多万人次参与廊道遗产保护的各项活动。廊道至少要在区域内设立40多个场地，供当地居民和特邀专家为游客展示和分享与廊道文化遗产有关的特色展品、节目与故事；赞助110个学区大约35,000名小学生实地参观廊道遗产点，亲身感受廊道的美景与遗产的文化内涵。同时，每年有来自欧美国家的400多人次参加在纽约雪城举办的世界运河研讨会，共同探讨引领世界运河发现与转型的研究项目与创新论点④。公众参与在美国联邦法案和州政府文件中均有明文规定，因此无论是伙伴关系中的非营利机构还是学术团体或个人，都十分明确各自的职责，因而基本能够做到责无旁贷与自觉自愿。

加拿大里多文化遗产廊道项目于2006年正式启动，旨在开发、包装和营销从渥太华到金斯顿里的里多运河及其沿岸文化旅游体验。遗产廊道（heritage corridor）是发端于美国的一种区域化的遗产保护战略方法，具体指

---

① Barry Goodstadt, Gia Meli, and Sam Mathur, “Erie Canalway National Heritage Corridor Evaluation Findings,” accessed June 18, 2022, https://www.nps.gov/subjects/heritageareas/upload/Erie－Canal－NHC－Evaluation－Report－2.pdf.

② Paige A. Bsarnum, Damniel McEneny, and Frances Stern, “The New York State Historic Preservation Plan (2021－2026),” accessed June 20, 2022, https://parks.ny.gov/documents/inside－our－agency/FinalStateHistoricPreservationPlan20212026FinalGeneric EIS.pdf.

③ Erie Canalway National Heritage Corridor, “Implementation of the Erie Canalway Corridor Preservation and Management Plan,” accessed June 26, 2022, https://eriecanalway.org/application/files/9214/5133/0289/14－9_Implementation_Final.pdf.

④ Barry Goodstadt, Gia Meli, and Sam Mathur, “Erie Canalway National Heritage Corridor Evaluation Findings,” accessed June 23, 2022, https://www.nps.gov/subjects/heritageareas/upload/Erie－Canal－NHC－Evaluation－Report－2.pdf, pp. 60－65, 2022－06－23.

"拥有特殊文化资源集合的线性景观，通常带有明显的经济中心、蓬勃发展的旅游业态、老建筑的适应再利用、娱乐及环境改善"①。

里多运河文化遗产廊道项目的目标是将渥太华、金斯顿和整个里多地区作为一个文化目的地，促进该地区的艺术、遗产、美食、农业旅游和自然历史体验等的发展。这个廊道项目可以促使里多旅游业短期和长期多元化市场的发展，为廊道供应商和当地社区增加游客流量和利润收入。为使里多运河文化遗产廊道成为一个凝聚该区域特色元素的旅游体验地，加拿大公园管理局与相关机构，包括公众参与的团体与人员，集思广益，最后确定并推出了与廊道匹配的七个旅游主题：(1)讲述基于里多运河的民族或国家故事；(2)体验与里多廊道民宿、垂钓、野营、狩猎及探险有关的冒险经历；(3)感受里多廊道城镇与乡村各式各样的节庆活动；(4)陶醉于里多廊道数十家剧院、音乐厅与舞池的音乐艺术盛宴；(5)走访近百家具有浓厚"里多艺术色彩"的艺术画廊、工作室与展厅；(6)领略里多运河沿岸自然风光的"乡村一日游"；(7)享受多达16种里多廊道园林、植物园与湿地公园"平和心态"之旅。可见，里多文化遗产廊道集世界顶级艺术和遗产体验于一身，集中挖掘、整合、展现了里多运河本身及其毗邻城镇、乡村与大自然的可上市艺术、遗产、美食、农业旅游和自然历史等文旅体验，也为游客提供了美洲大陆独特的文化旅游资源。

总之，大众参与贯穿美加双方遗产廊道项目管理计划的起草、修改、实施、评估等全过程，但前者更多地呈现出先由上到下，再由下到上的管理轨迹，而后者更富于拓展性、多样性与地方性。

(四)视域维度

首先，美国的伊利运河国家遗产廊道建立了专门的拱桥(ARCBridge)数据库，为区域内自然与文化遗产管理中大量信息与资料的搜集、分析和管理，特别是有关专家学者的专题讲座与其他宣传影视资料的存取，以及廊道委员会伙伴信息的调用等工作，提供服务。其次，廊道项目的网络主页(www.eriecanalway.org)定期更新有关遗产保护管理的内容、图像及互动地图。同时，该主页为年均上万人次的游客和公共参与的志愿者提供详尽的廊道游览资源、廊道遗产历史演进深度讲解，以及廊道遗产保护和传承各个方面图文并茂、游戏互动、视听触摸多模态的丰富多彩的展示内容。最后，廊

① Charles A. Flink, Robert M. Searns, *Greenways: A Guide to Planning, Design, and Development* (Washington: Island Press, 1993), p. 167.

道项目还运用诸如脸谱网(Facebook)、推特(Twitter)和照片墙(Instagram)等流行社交新媒体与自媒体平台，与各类利益相关者、合作伙伴、廊道游客，以及公共参与个体志愿者，保持随时随地的问答互动与联络沟通①。

随着时代的迅猛发展和技术日新月异的更新，伊利运河国家遗产廊道项目的管理层能够与时俱进，充分运用数据库、网络主页及新潮社交媒介，确保廊道遗产保护与管理信息交流畅通、项目管理方与廊道参观者问答互动到位。实际上，廊道管理层除了参与类似深入现场走访调研、出席会议、开展学术交流等活动以外，其余有关廊道遗产保护和管理计划的起草、修改、实施、宣传及评估等重要环节的工作，基本都是通过互联网络平台操作完成的，并且取得了事半功倍的功效。因此，伊利运河遗产廊道的保护管理日趋规范化、清晰化、系统化，呈现出一个从“政府→社区→居民”，向“社区→居民→政府”转型的管理模式。

加拿大公园管理局在其 2022 年 1 月发布了《我们所听到的：管理计划综述、公众咨询报告》(以下简称《报告》)②中，将里多文化遗产廊道管理中的公众参与分为两个阶段。2016 年至 2019 年为第一阶段，公众参与的主要形式包括一年四次的文化遗产保护评估讨论开放日、一年三次由所有利益相关者出席的文化遗产保护研讨会，以及不定期举办的向居民征求有关改进“里多文化遗产廊道”管理计划的咨询会。2020 年至 2021 年为第二阶段，其间公众参与的形式主要有利益相关者虚拟会议、公众咨询虚拟会议、电子邮件和社交媒体，以及在线咨询。可以看出，在里多运河文化遗产廊道的管理中，公众参与在视域上已从现实生活面对面的接触与交流方式，大踏步地向线上虚拟会谈与咨询趋势转型，以确保更多相关人士从“缺席”到“在场”再到合法、有序、文明、有效的“参与”③。以下是 2021 年 1 月至 2021 年 5 月“里多文化遗产廊道”管理在线平台公众参与的情况汇总(表 8－1)：

① Barry Goodstadt, Gia Meli, and Sam Mathur, “Erie Canalway National Heritage Corridor Evaluation Findings,” accessed June 23, 2022, https://www.nps.gov/subjects/heritageareas/upload/Erie-Canal-NHC-Evaluation-Report-2.pdf.

② Parks Canada Agency, “What We Heard: Management Plan Review, Public Consultation Report,” accessed June 20, 2022, https://www.pc.gc.ca/en/pn-np/on/1000/info/plan/consultation.

③ 成敏：《“互联网＋”时代的公共参与》,《中学政治教学参考》2017 年第 1 期，第 45 页。

表 8－1　2021 年 1 月至 2021 年 5 月“里多文化遗产廊道”管理在线平台公众参与统计①

参与种类	数量
在线访问	6,100 多人次
文件下载	1,433 篇
参与评价管理计划调查	167 人次(英语 163，法语 4)
受访者人数	99 人次(英语 94，法语 5)
创意主题：了不起的加拿大户外体验	136 人次；860 篇投稿；86 条评论
利益相关者参加虚拟咨询会议	25 人次
公众参与线上咨询会议	50 多人次
书面文稿	50 篇

从表 8－1 可知，加拿大公园管理局在制定和实施“里多文化遗产廊道”计划方案的过程中，高度重视合作机构、非营利组织、利益相关者、居民及相关公众长期、稳定、高效的合作与参与。在短短三四个月的时间内，高达9,006人次通过网络平台参与了不同形式的公众活动。其中，50％的受访者居住在里多运河沿岸，而 89.1％的受访者年龄在 30 岁以上。由此可见，只有公众广泛、积极地参与，才能确保类似“里多文化遗产廊道”项目的管理计划与实施目标，落到实处，成为现实。

总之，美加双方均能充分利用网络主页、数据库、模拟研讨，以及脸谱网、推特、照片墙等现代信息技术与社交媒介，促使公众参与发展事半功倍。

四、结语与建议

本节在梳理大运河文化遗产及其内涵的同时，厘清了大运河文化遗产的特色及其保护管理中的瓶颈问题，在阐释公众参与理论基础、概念演变及其与文化遗产保护关系的基础上，从主体、理念、内容与视域四个维度探究了美加运河管理中可资中国借鉴的经验与启示。研究发现，大运河文化遗产丰富多样，文化内涵博大精深，遗产特点鲜明独特，具有多重重大意义，然而相关保护管理政策与实施举措大多属于政府行为，自上而下的单向管理色彩浓厚，缺乏广泛而系统的民间公众参与。相关研究，无论是对大运河文化遗

① Parks Canada Agency, “What We Heard: Management Plan Review, Public Consultation Report,” accessed June 20, 2022, https://www.pc.gc.ca/en/pn-np/on/1000/info/plan/consultation.

产的总体研究，还是对大运河文化遗产保护管理中公众参与的具体研究，虽然成就突出，但是均略显薄弱、单向和浅层次。美加的相关经验可概括为四点：主体上，美加双方大同小异，公众参与主体主要由遗产廊道居民、非政府组织、非营利企业、民间力量及游客和个体志愿者组成，但前者多强调基层伙伴的作用，而后者多依赖遗产廊道计划的阶段性目标；理念上，双方坚信广泛的公共参与是文化遗产保护与管理成功的原动力，但前者多注重遗产保护在塑造美国人身份方面的作用，而后者多关注遗产的传承作用与教育功能；内容上，大众参与贯穿双方遗产廊道项目管理计划的起草、修改、实施、评估等全过程，但前者更多地呈现出先自上而下，再自下而上的管理轨迹，而后者更富拓展性、多样性与地方性；视域上，双方均能充分利用网络主页、数据库、模拟研讨及脸谱网、推特、照片墙等现代信息技术与社交媒介，促使公众参与事半功倍。

基于以上经验、教训和启示，结合大运河文化遗产保护管理的现实，我们提出以下三条建议。

(一)建立大运河公共参与协调机制，发挥民间组织与志愿者的主体能动作用

当前大运河的文化遗产保护基本由政府主导，自上而下颁布各项法规政令，致使辖区文化遗产保护管理举措很难全面落实到位，效果差强人意。我们不妨借鉴美国伊利运河国家遗产廊道的管理模式，初期由政府主导，后逐渐过渡到由大运河沿线居民委员会主导、政府辅助、各类非营利或民间团体广泛参与的形式。为此，各级相关的政府部门应力促运河沿线居民委员会的形成，并以立法职责加义务奉献的方法，保障并鼓励各社会团体、民间组织、非营利企业和志愿者个人定期、主动参与到大运河文化遗产的保护管理各项活动中来。遗产保护的成效与社区驱动力的发挥直接相关，只有树立这一坚定的信念，才能掌握大运河公共参与协调机制得以建立的关键。

(二)创新利用数字化信息技术，提升公众参与的主观意识与基本素质

伊利运河和里多运河均建立了面向公众免费开放的官方网站与在线咨询平台，以确保运河相关信息公开透明、公众咨询或反馈意见畅通无阻。建议相关政府部门建立大运河信息线上共享平台，利用大数据或数字化信息技术将与大运河相关的基本数据、历史照片、发展前景等上传至该平台，同时鼓励公众查缺补漏，贡献新作。此外，还可尽量借助网页平台与微博、微信、抖音等社交媒介，定期向公众参与的志愿者提供网络远程培训、专家讲座、虚拟研讨，以及文字或影视资料分享等知识更新与思想交流的机会，以确保公众参与的志愿者通过知识与技能更新，具备参与大运河遗产保护管理相关活动的良好素质。

（三）强化大运河精神认同感，打造大运河文化遗产保护典范

美国和加拿大的相关项目均强调通过鼓励文化遗产保护与管理中的公众参与，加强国家身份认同与民族文化传统的教育。建议相关政府部门在推进大运河文化带建设、加强世界运河城市交流合作、讲好大运河故事等方面的工作时，充分利用新闻媒体宣传、舆论引导、定期组织活动等形式，加强对民众的大运河文化遗产教育，强化其大运河精神认同感，树立大运河的主人翁意识，鼓励其主动参与大运河文化遗产保护管理的各项活动。当然，在充分吸收国外先进经验的同时，我们也要依据中央政府的顶层设计蓝图，以大运河沿岸居民为原动力，打造具有大运河人文习俗和文化内涵的文化村镇、文明集市、线性与网状纵横交错的大运河“金色名片”和“经典地标”。

第二节　基于三元领导理论的大运河顶层设计

古往今来，人类在适应自然的同时，与诸如洪水的自然灾害也在进行着不懈的抗争。人类在社会发展的历史进程中，创造了多种形式的社会制度与政治体制。无论是中国古代的中央集权制，还是具有中国特色的社会主义制度和当今的中国式现代化模式，无论是古希腊、古罗马的民主共和制，还是当今西方社会常见的君主立宪与总统议会制，都是不同社会生产力与生产关系综合形成的产物。当下，中国经济持续稳定发展，已成为世界第二大经济体，这使得许多西方国家开始思考“中国为什么行”。其实早在16世纪，意大利传教士利玛窦来到中国，曾沿京杭大运河一路北上，其所见所思，凝结为一个困惑：中国究竟是什么社会，什么政体？无论从哪方面看，中国都与西方社会的政体不同，但从南到北的中国大地上，却呈现出一派国泰民安的景象。此困惑自利玛窦开始，持续影响了西方的孟德斯鸠和黑格尔等学者，成为困扰西方文明四百多年的谜题。此困惑也曾影响了康有为和梁启超等中国学者，“困扰了我们自己的判断和问题意识，持续了四百余年而无解”①。

现如今，虽然飞速发展的信息技术革命与日新月异的数字化电子媒介延伸了人类的中枢神经系统，缩短了人与人之间的时空距离，使整个世界似乎

① 曹锦清、刘炳辉：《中国治理模式的历史性突破》，《东南学术》2017年第5期，第10页。

浓缩成一个"地球村"①。然而，西方主流社会往往用偏激的视角审视日益强盛的中国，宁愿固守"中国不行"的老套定论，也不愿接受"中国为什么行"的现实。可见，现代科技不但没有帮助澄清"利玛窦困惑"，反而使别有用心之人通过主流媒体进一步混淆视听。因此，破解"利玛窦困惑"具有促使我们保持警醒和帮助国外民众真正认知中国本质的双重意义。本节以基于社会心理学的本土三元领导理论为宏观指导，具体从威权领导、仁慈领导、德行领导三个维度，考察中国大运河经济带、大运河文化公园以及大运河新航运等现代治水壮举，揭示"顶层设计"在当下中国的宏观政策执行中所发挥的独特作用，从而在破解"利玛窦困惑"的同时，助力文化自信和中国正面形象的国际传播。

一、"利玛窦困惑""顶层设计"与"本土领导理论"

根据本节的研究目的，此段前的标题中有三个关键词需要详尽说明。澄清"利玛窦困惑"，有助于厘清中西社会制度与治国理念的根本区别。说明"顶层设计"，可回答"中国为什么行"的关键问题。叙述"本土领导理论"的发展脉络，可为厘清作为本文理论指导框架的具体维度奠定必要的学术基础。

(一)"利玛窦困惑"

所谓"利玛窦困惑"，是意大利天主教耶稣会传教士利玛窦考察中国政治现象与社会治理时所产生的种种迷惑，他将其记录在《利玛窦中国札记》一书之中。有学者将其概括为"利玛窦困惑"，即"按照传统的西方政治学理论分析框架，无法清晰归类中国的政体和治理实践，进而陷入持续的困惑之中"②。首先，利玛窦知道中国有皇帝，似乎是一个君主政体，但是皇帝却深居内宫，并未直接管理国家和民众。其次，他发现真正管理中国的是各级士大夫阶层，似乎又是一个贵族政体，可中国的士大夫多数来自社会底层，甚至出身寒门。最后，他进一步得知中国的士大夫是通过参加科举考试进入仕途，似乎更像一个民主政体，然而中国的士大夫首先要听命于皇帝和上司，因此他们既不同于西方的贵族，也不同于其民选代表。无论从哪方面考察，中国都与西方社会的政体与管理相去甚远。此困惑一直延续至今，成为一个百年政治谜题。

关于"利玛窦困惑"，主要有三方面的学术探究。第一，利玛窦在华生活

---

① Marshall McLuhan, *Understanding Media: The Extension of Man* (Berkeley: Gingko Press, 1964), p. 52.

② 曹锦清、刘炳辉：《中国治理模式的历史性突破》，《东南学术》2017 年第 5 期，第 10 页。

近三十载，为了最终实现其传教的目的，他曾着儒服、习汉文，甘为皇帝子民。其足迹遍布澳门、肇庆、南京、苏州、天津与北京等地，其间广交诸如徐光启、李之藻、沈德符及太监马堂等达官、文人与皇帝近臣。最后，他如愿入宫面圣，以其胆识、学识以及对中西文化交流的卓越贡献，深得明万历皇帝赏识，先有“另见便殿，垂帘以观”①，接着“钦赐官职，设馔三朝”②，最后在其病逝京师时，“上赐赙甚厚，今其墓在西山”③。然而，利玛窦来华的终极目标和主观意图在于传播天主教，故其“世界观的落后性就显得惊人的突出”，因其“思想方法论仍然紧紧局促在中世纪传统的神学框架之内”④。因此，尽管利玛窦在传教的方式上通过“合儒”“补儒”“超儒”等适应性路径，尽管他以科学为手段来实现其传教的目的，但其“传教事业始终发展不大，最后几近于全盘失败”⑤。因此，利玛窦对中国社会的认知，不可能不受到其僵化神学背景的局限。

第二，政治体制意识是西方社会基于其宗教、历史和文化综合作用的产物，先有古希腊学者亚里士多德提出的君主政体、贵族政体与共和政体，后有法国启蒙思想家提出的专制政体、君主政体与共和政体，它们成为古今西方社会认知和鉴别社会性质的准绳。然而，自古以来，中国更加“专注于治国理政的综合实践体系和利益共享的实质问题”⑥。它一无西方式的宗教支撑，二无西方列强肆意扩张的愿望。其资本最终积累于本国土地，根本没有走出去的意愿。因此，中国既不对外输出社会过剩资本，更不会主动向他国输出意识形态⑦。

第三，西方的社会治理理念多囿于抽象的道理与形式，通过法规和说理，实现其政治目标。而中国的社会治理采用的是一种理性务实的理念，因而往往倾向于宽严相济、收放有度，而不拘泥于某些形式。曹锦清和刘炳辉研究

---

① 张星烺：《明末来华耶稣会士略传》，载《中西交通史料汇编》第一册，中华书局，2003，第 481 页。

② 方豪：《中西交通史》，岳麓书社，1987，第 891 页。

③ 沈德符：《万历野获编》，中华书局，2012，第 783 页。

④ 何兆武、何高济：《中译者序言》，载《利玛窦中国札记》，中华书局，1983，第 18 页。

⑤ 何兆武、何高济：《中译者序言》，载《利玛窦中国札记》，中华书局，1983，第 23 页。

⑥ 曹锦清、刘炳辉：《中国治理模式的历史性突破》，《东南学术》2017 年第 5 期，第 9 页。

⑦ 斯塔夫里阿诺斯：《全球通史》，吴象婴、梁赤民译，北京大学出版社，2006，第 162 页。

发现，中国的治国理政体系体现着系统性、务实性和传承性的特点。不同于西方的“政体”概念，中国强调包含治理理念、主体与对象、典章制度与监督反馈等的“治体”，或综合治理体系。当今的中国学界应适时适当地摒弃西方固有的理论概念和分析方式，同时积极构建中国“治理体系和治理能力”的“本土治理话语体系”①。

（二）顶层设计

作为工程学术语，“顶层设计”指统筹考虑某个项目的各层次和各要素，从统揽全局的角度，在最高层次上寻求解决重大问题的途径。中共中央首次在“十二五”规划建议中提到“顶层设计”，指运用系统论的方法，从全局的角度，对某项任务或某个项目的各方面、各层次、各要素统筹规划，以集中有效的资源，高效快捷地实现目标②。换言之，在中国语境中，“顶层设计”指“以精英群体构成的决策层为领导，以民众关切、专业论证和基层建议为基础，就目标模式、体制模式和涉及国家安全的重大基础领域，作出战略性、系统性和实践性的总体安排与部署”③。上述定义显示，中国的“顶层设计”一方面体现了中央集权制在正常情形下并非由高高在上的一人独断专行，而是包含一个由基层行业代表建言、相关专业人士论证、上层决策团体定夺的运作程序，包括纵向的自上而下和自下而上与横向的自内而外和自外而内的灵活互动机制。

作为治国理政的一种具体实践，中国的“顶层设计”一般采用“战略系统法”或“综合集成法”。前者指系统运用战略思维、分析问题、认识问题和解决问题的决策方式方法；后者是将定性与定量的方法综合集成，通过提出假设、构建模型、模型检验和得出结论的四个环节，解决包含社会系统、人体系统和地理系统等的复杂巨系统问题的科学方法。基于实践的检验，“顶层设计”包含五个层级的逻辑程序和六项基本特征。其中五层逻辑程序包括：第一，“目标模式设计”符合国情和人民愿望，顺应国内外发展趋势；第二，“体制机制设计”基于社会发展规律和战略管理原理；第三，“重点领域设计”遵循自身发展规律与相互关系；第四和第五的“重大工程设计”和“关键项目设计”充分利用信息处理、模型建构和数据分析的手段与路径。六项特征包括客观性、

---

① 曹锦清、刘炳辉：《中国治理模式的历史性突破》，《东南学术》2017 年第 5 期，第 13 页。

② 何莉：《将“顶层设计”引入出版业》，《出版参考》2012 年第 6 期，第 1 页。

③ 王曦、彭业硕：《从摸着石头过河到顶层设计：中国改革模式的演进》，《中山大学学报(社会科学版)》2018 年第 6 期，第 3 页。

合理性、可行性、可接受性、动态性和多主体性。前五项特性不言而喻，最后一项的“多主体性”指决策层、管理层、专家学者及利益相关者共同参与、集体设计、彼此交流的过程，以应对复杂巨系统在“软”和“硬”两方面似乎“无法完成的任务”①。可见，“顶层设计”的决策通常具有战略性、系统性与可行性的特质。

(三)“本土领导理论”

领导指在一定条件下为实现组织目标而对组织内群体或个体实施影响的过程，领导的优劣对一个组织机构事业的成效具有45%至65%的直接影响②。“本土领导理论”是相对西方领导理论而言的。关于领导行为和风格的研究，肇始于1531年对《亲王》(*The Prince*)的研究，而“伟人理论”的提出是其进入领导研究特质时代的标志。至20世纪40年代，西方学者以领导特质理论研究为主，主张领导能力天生论，优秀的领导者与众不同，能够洞察别人无法感知的现象，能够发现别人不能发现的问题，并在问题的解决方面具有丰富的想象力和超凡的魅力。由于主张领导特质与领导行为的有效性具有密切的联系，该理论研究对于领导者行为效率的最大化作出了突出的贡献。

20世纪40年代末到60年代末，西方学者从研究领导者的内在特征，转移到外在行为之上。他们发现领导效能与领导行为和领导风格有关，因此以领导行为理论研究为主，提出了各种领导方式的分类，其中较为流行的是怀特和李皮特于1960年提出的权威式领导、民主式领导和放任式领导③。20世纪60年代末至80年代初，学界多以领导权变理论研究为主，发现领导效能不仅与个人品质和行为有关，而且还与周遭的环境有很大关系。费德勒于1962年提出的“有效领导的权变模式”，强调有效的群体绩效取决于领导者的风格与其对情景的控制程度这两个因素的有机结合程度。因此，高明的领导者应根据环境的不同而及时变换自己的领导风格或领导方式。其中主要的领导方式有命令型、说服型、参与型、授权型、指导型、支持型、成就取向型等，不一而足④。

---

① 王建民、狄增如：《“顶层设计”的内涵、逻辑与方法》，《公共管理》2013年第8期，第142页。

② Peter G. Northouse, *Leadership: Theory and Practice* (London: Sage, 2001), pp. 2-4.

③ Ralph K. White and Ronald O. Lippitt, *Autocracy and Democracy* (New York: Harper and Brothers, 1960), p. 1.

④ F. E. Fiedler, “Leader Attitudes, Group Climate, and Group Creativity,” *Journal of Abnormal and Social Psychology*, no. 65 (1962): 308-318.

自20世纪80年代以来，西方学界以领导风格理论研究为主。美国学者勒温等发现领导者通常使用不同的领导风格，而这些不同的领导风格对团体成员的工作绩效和工作满意度均发挥着不同的影响。他们发现最有效的领导风格包括专制型、民主型和放任型①。然而，戈尔曼研究发现，至少有六种领导风格与团体工作绩效有关，即远见型、关系型、民主型、教练型、示范型、命令型②。随着时代的发展与进步，更多的新型领导理论层出不穷，诸如领导归因理论、超越型领导理论及电子化领导理论的相关研究方兴未艾。由于西方强调法理上的民主和平等，因此，相关理论研究多以上司与部属之间地位平等为基础，探究彼此之间的权利、职责与义务、依从关系等。

总之，西方的领导理论是西方社会的产物。西方领导理论研究已经从一般的领导形态学、领导生态学发展为领导动态学。依照西方领导研究惯例，学者们发现，东方独特的社会结构在价值体系和行为准则上都与西方存在着本质上的差异。因此，“在华人社会死搬硬套西方社会的领导理论，无异于削足适履”③。东方的管理领导理论应该植根于华夏传统文化的沃土，凸显本土中国领导理论的特色。

20世纪60年代，西林在对一家台商企业进行了为期一年的个案研究后发现，该企业的管理模式类似家长管理家庭成员④。而“家长式领导”的概念是1990年由雷丁基于二十多年对我国香港、台湾及东南亚地区的华人家族企业的追踪研究而首次正式提出的⑤。韦斯特伍德1997年的研究结果与上述二位的不谋而合，确认华人家族企业的领导方式，普遍带有明显的家族领导风格⑥。结合前人的研究成果，特别是社会心理学方面的相关研究，郑伯埙、周丽芳与樊景立于2000年提出了基于社会心理学与中国社会现实的本土三元

---

① Kurt Lewin, Ronald Lipptt and Ralph White, “Patterns of Aggressive Behavior in Experimentally Created Social Climates,” *The Journal of Social Psychology*, no. 10(1939): 271.

② Daniel Goleman, Richard Boyatzis and Annie Mckee, “Primal Leadership,” *IEEE Engineering Management Review*, no. 37 (2009): 75.

③ 郑伯埙、周丽芳、樊景立：《家长式领导量表：三元模式的建构与测量》，《本土心理学研究》，2000年，第14期，第3页。

④ Robert H. Silin, *Leadership and Values: The Organization of Large-Scale Taiwan Enterprises* (Cambridge: Harvard University Press, 1976), p. i.

⑤ Gordon Redding, *The Spirit of Chinese Capitalis*m (New York: Water de Gruyter, 1990), p. 10.

⑥ Robert Westwood, “Harmony and Patriarchy: The Cultural Basis for ‘Paternalistic Leadership’ among the Overseas Chinese,” *Organization Studies*, no. 3 (1997): 480.

领导理论。

二、基于社会心理学的三元领导理论

社会心理学是一门研究人们的思想、情感和行为是如何受到真实、想象或暗示的他者存在影响的一门科学。社会心理学家通常将人类行为解释为心理状态与直接社会情境相互作用的结果①。在《社会心理学》一书中，罗石指出："社会心理是人们在相互交往中表现出来的心理活动"，而其主要研究内容有三："一是个体的社会心理和社会行为，如社会认知、社会态度、社会动机；二是人际交往的心理和行为，如人际关系、人际沟通、人际影响等；三是群体社会心理，如大众心理和民族心理等。"②随着社会心理学研究的逐步深入与拓展，研究者从起初关注的权力结构变量向权力心理变量转变，强调"权力既可以是一种结构变量，也可以是一种心理状态，无论个体是真实地拥有权力，还是仅仅回忆与权力相关的经验，都可以激活权力概念和相应的行为倾向"③。也就是说，权力作为一种心理状态，即使不让个体直接拥有权力，也可以通过别的方式进行激活。

基于此，三元领导理论强调以人为本的治理理念，营造宽严相济的管理氛围，具体包含威权领导、仁慈领导、德行领导三个维度④。简而言之，权威领导旨在立威，部属反应多为敬畏顺从；仁慈领导意在施恩，部属反应时常为感恩图报；德行领导即是树德，部属反应往往是认同效法；三个维度之间具有彼此互动的关系(图 8－1)。作为一个整体，三个维度可同时运作，也可将其分散、独立，分别加以运用。但是，选择哪种运作方式，会产生怎样的效果，要根据不同的工作环境、劳资关系、任务性质等因素，机动灵活地作出决策。

---

① Gordon Willard Allport, "The Historical Background of Social Psychology," in *The Handbook of Social Psychology* (New York: McGraw Hill, 1985), p. 1.

② 罗石：《社会心理学》，北京大学出版社，2008，第 2 页。

③ Adam D. Galinsky, Deborah H. Gruenfeld, and Joe C. Magee, "From Power to Action," *Journal of Personality and Social Psychology*, no. 3 (2003): 453.

④ 郑伯埙、周丽芳、樊景立：《家长式领导量表：三元模式的建构与测量》，《本土心理学研究》2000 年第 14 期，第 6－8 页。

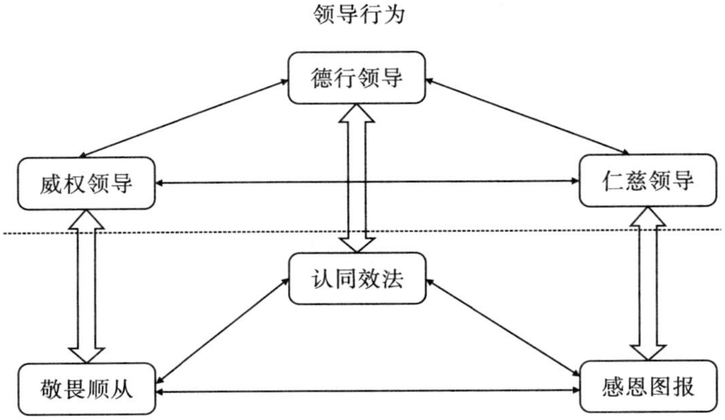

图 8-1　三元领导理论与部属反应①

三元领导理论备有专门的测量量表，有 13 道题测试威权领导维度，11 道题测试仁慈领导维度，9 道题测试德行领导维度。从实际运用和效果看，量表对三个维度内部一致性与建构效度的测试结果，均为满意。同时，陈璐、杨百寅和井润田也在他们的实证研究中对上述理论的三个维度进行了实际测试，获得的克伦巴赫(Cronbach)值分别为 0.80、0.85、0.84，说明该理论具备良好的信度和效度。本土三元领导理论根植于中国传统文化的哲学思想，与集体主义和中央集权文化特征密切相关，长久以来在中国各级社会组织中得到了广泛应用。因此，本节将以本土三元领导理论的三个维度为理论指导框架，检验“顶层设计”在中国大运河治水实践中的作用。

三、三元领导理论与中国大运河治水实践

距今已有两千五百多年历史的大运河，包括隋唐大运河、京杭大运河和浙东运河，全长 3,200 公里，西起陆上丝绸之路起点之一——河南洛阳，东至海上丝绸之路起点之一——浙江三江口，连通海陆丝绸之路。另外，大运河如今仍然在发挥着航运和新航运的作用，支撑着南水北调功能的京杭大运河，连通了 35 座城市和国内 5 大水系，基本囊括国家战略所涉及的所有节点地域与重要城市。下文将从三元领导理论的三个维度，探究中国的“顶层设计”在大运河治水实践中的具体运用。

① 郑伯埙、周丽芳、樊景立：《家长式领导量表：三元模式的建构与测量》，《本土心理学研究》2000 年第 14 期，第 6 页。

(一)威权领导

在三元领导理论中，威权领导指领导者任人唯贤，集中权力，长幼有序，职责明确，赏罚分明。以立威和敬畏为主的威权领导有利于决策权的高度集中和有效运行，但在某种程度上有损于下属的自主性和参与度。威权领导的负向作用可通过权威加仁慈、彰显高超领导才能、赏罚合情合理且对事不对人等方式，产生正向效果。随着威权领导的不断演化，在现代法治社会的规范框架之下，威权领导不再仅仅是基于个人的强势、组织传承中形成的崇敬，而是更多地基于现代法治的管理体系①。现代治理体系是一个巨大的复杂系统工程，必须依托于“顶层设计”，且需要不断完善及大规模的人类协调②。除了“一带一路”建设、京津冀协同发展、长江经济带三大战略的“顶层设计”成功例证外，中国大运河的整体及综合治理成为又一典型成功案例。

作为中国的最高领导层，中央政府从国家战略的高度将治水与治国，以及民族的存亡与发展紧密联系。2017 年 5 月 26 日，习近平总书记在一份考察报告中指出：“大运河是祖先留给我们的宝贵遗产，是流动的文化，要统筹保护好、传承好、利用好”。他还强调，“河川之危、水源之危是生命环境之危、民族存续之危”③。为此，习近平总书记在党的十九大报告中指出，人与自然是生命共同体，人类必须尊重、顺应自然，保护自然。人类只有遵循自然规律才能有效防止在开发利用自然上走弯路，人类对大自然的伤害最终会伤及人类自身，这是无法抗拒的规律④。

除了对中华优秀传统文化和马克思自然观的发展以外，中央政府从增强文化自信、加强区域协调发展和保护生态环境的战略高度，提出了“节水优先、空间均衡、系统治理、两手发力”的科学治水思想，将以往强调改变自然、征服自然的传统治水方法，转变为提倡调整人的行为，加强需求管理，坚持以水定需，量力而行，因水因地制宜的科学治水理念。为了实现这一治水理念，国家层面出台了改革自然资源和生态环境管理体制、完善生态环境管理制度、加快生态文明治水的宏观指导方针，从而确立国家水治理体系的

---

① 王少杰：《中国家长式领导模式演化分析》，《领导科学》2019 年第 8 期，第 55 页。

② 蓝志勇、魏明：《现代国家治理体系：顶层设计、实践经验与复杂性》，《公共管理学报》2014 年第 1 期，第 9 页。

③ 赵永平：《高位推进 部门联动 一竿子到底：全面推行河长战役打响》，http://politics.people.com.cn/n1/2017/0616/c1001-29342690.html，访问日期：2022 年 10 月 12 日。

④ 习近平：《决胜全面建成小康社会 夺取新时代中国特色社会主义伟大胜利——在中国共产党第十九次全国代表大会上的报告》，人民出版社，2017，第 50 页。

总体架构①。至此，“以大运河文化为核心，以保护、传承、利用为主线，以带状地理空间为载体，以区域交通为基础，以沿线城镇为发展主题，集遗产与生态保护、经济与社会发展、文化与休闲游憩等多种功能于一体的综合性文化功能区域”的大运河文化带建设，便成为国家发展战略“顶层设计”的有机组成部分②。

作为对国家大运河顶层设计蓝图的积极响应，国内各级政府部门和相关人员，在履行联合国教科文组织关于世界遗产运河法规的基础上，积极完善和陆续出台有关大运河的规划、规范及法规。中共中央办公厅、国务院办公厅于 2019 年 2 月印发了《大运河文化保护传承利用规划纲要》，把大运河文化带建设提升为国家战略。该规划纲要从文化遗产保护传承、河道水系治理管理、生态环境保护修复、文化和旅游融合发展、城乡区域统筹协调、保护传承利用机制创新等六个层面对大运河文化带建设的方向、目标和任务，以及大运河文化、生态和旅游三方面的功能定位进行了顶层设计③。中央全面深化改革委员会第九次会议于 2019 年 7 月 24 日审议通过《长城、大运河、长征国家文化公园建设方案》，其中的大运河国家文化公园建设方案是“十四五”期间国家深入推进的重大文化工程，是中国最高层次有关大运河的最新的顶层设计，它对“推动大运河的保护、传承与利用，增进社会对中华优秀文化的理解和认同，促进文化与生态、城乡建设的协调发展，让运河文化融入人们的日常生活，让人民群众参与和共享运河文化”④起到了积极协调作用。上述两份文件的出台，使全国上下有关部门和人员欢欣鼓舞，因为大运河文化带建设的顶层设计蓝图有了实施的主要内容、创新路径和明确方向。

上述文件的出台，是在中央高层领导下，以基层建议和专业论证为基础，对大运河文化保护传承利用、大运河文化带建设，以及大运河文化公园建设所作出的战略性、系统性和实践性的总体安排与部署。通过自上而下、自下

---

① 施雨岑、吴晶、胡浩：《以习近平同志为核心的党中央关心文化和自然遗产保护工作纪实》，《决策探索》2019 年第 7 期，第 56 页。

② 熊海峰：《大运河文化带的内涵解析与建设对策研究》，《人文天下》2017 年第 12 期，第 41－42 页。

③ 中共中央办公厅、国务院办公厅：《大运河文化保护传承利用规划纲要》，http：//www. xinhuanet. com//2019－05/09/c _ 1124473457. htm，访问日期：2023 年 2 月 6 日。

④ 柴哲斌、孙阳、付长超等：《习近平绿树发展理念：完善“顶层设计”加固“四梁八柱”》，http：//finance. people. com. cn/n1/2017/0606/c1004－29319507. html，访问日期：2023 年 2 月 6 日。

而上、纵横互动的系统机制，大运河治理将现代科学管理与中华优秀传统文化中的治水理念及马克思主义自然观，进行了有机整合，表达了“人与自然是生命共同体”的理念。因此，大运河治理中“威权领导”的立场，主要通过贯彻马克思主义自然观的治水理念和体现中央政府国家战略的法规，进行了积极有效的落实。

与“利玛窦困惑”有关，西方社会在治国理念上强调民主、自由、平等的抽象概念，注重君主、贵族或共和的单一政体形式。但是，中国传统上更加“专注于治国理政的综合实践体系和利益共享的实质问题”①。另外，除了一些特例，中国的顶层决策程序绝非西方人士惯于臆测的独裁或独断，而是包含一个由基层行业代表建言、相关专业人士论证、上层决策团体定夺的运作程序，包括纵向的自上而下和自下而上与横向的自内而外和自外而内的灵活互动机制。针对大运河总体治理的“顶层设计”，上述机制充分体现了以习近平同志为核心的党中央和各级政府相关部门的威权领导。

（二）仁慈领导

仁慈领导指领导者对下属及其家庭成员进行个别的、全面的、长久的关怀与施恩。西方的仁慈领导更多体现在对下属的关怀及重视，而东方仁慈领导的关怀不仅仅表现在工作层面，而经常延伸至下属的私人生活层面。仁慈领导的施恩主要表现为个别照顾和维护对方面情两种形式：个别照顾包括视下属如家人、保障工作、急难帮助、整体照顾、鼓励辅导等举措；维护面情包括避免羞辱和留有余地等行为。作为回报，下属会表现出感恩和图报：感恩包括缅怀恩情和时常感念等举动；图报包括牺牲小我、表现敬业、符合期望和勤奋工作等行为。

在治理国家的层面，仁慈领导往往凸显以民为本的主导思想。我国政府动员全国人民集中力量办大事，实施诸如“南水北调”这样举世无双的超大型世纪工程，以有效缓解长期以来困扰北方地区水资源不足的老大难问题。王浩指出，“南水北调”的宏伟设想是毛泽东主席于 1952 年 10 月视察黄河时首次提出，经过五十年科学论证和十多年付诸实施，“南水北调”东线一期工程和中线一期工程相继于 2013 年 11 月和 2014 年 12 月正式通水。“南水北调”工程规划的东、中、西线干线总长度达 4,350 公里，工程总布局涵盖“四横”（长江、淮河、黄河、海河）和“三纵”（东线、中线、西线），工程规划区涉及

① 曹锦清、刘炳辉：《中国治理模式的历史性突破》，《东南学术》2017 年第 5 期，第 9 页。

人口4.38亿，调水规模448亿立方米。2002年，国务院批复南水北调工程正式开始实施时，将该宏伟工程的实施与生态环境的改善，进行了统筹部署，明确提出了“先节水后调水、先治污后通水、先环保后用水”的三先三后原则。

据统计，2013年东线一期工程通水时，山东东线工程控制断面Ⅲ类及以上水质占比达到95.65%，江苏则达到100%。东线工程的治污环节有力带动了整个流域治污水平的提升。同时，以调水水质达标来带动区域水环境治理，不但使保护绿色和低碳经济发展成为可能，而且也为生态文明建设和可持续发展提供了适选路径。实际上，自大运河东线和中线通水以来，其主要受水区全国人均用水量增长了8%，万元GDP用水量下降了79%，万元工业增加值用水量降低了73%，灌溉水有效利用系数全国比2006年提高了15%，城镇生活平均用水定额基本保持稳定，而同期北京市、天津市、河北省、河南省和山东省分别降低10%、25%、36%、21%和14%①。

其中，围绕京杭大运河所展开的东线工程是其中最坚实、最饱满、最伸展的一纵。南水北调东线工程利用京杭大运河及与其平行的河道输水，把长江水送往天津和山东半岛。2013年12月，南水北调东线工程率先建成通水，输水主干线全长1,156公里，年调水规模约90亿立方米，带来了显著的社会、经济和生态效益。多年来，南方各省连续完成送水北上的光荣任务，极大地缓解了北方地区的缺水危机。实际上，常态化、大流量和持续性的南水北调，一方面“保证了运河沿线的水位，增强了河水的自净能力，创造了区域气候生态的向好态势”，另一方面也通过大运河清水廊道的形成、秀美景观河道的建造，以及运河沿线旅游热点的推出，“逐步建成欣欣向荣的大运河水生态文明景象，也极大地丰富了大运河物质和非物质文化的内涵”②。可以想见，随着该工程的整体完工，三线贯通，国家水资源将得到大幅度优化配置，国家整体安全格局、生态格局及发展格局也会得到高度理想化重构。届时，“四横”和“三纵”的“南水北调”工程将成为“实施国家‘江河战略’、建设美丽中国和支撑中华民族伟大复兴的‘生命线’”③。

2017年2月24日，习近平总书记在北京通州区调研时指出：“要古为今

① 王浩：《“三先三后”倒逼升级 科学调水保障发展：纪念南水北调工程全面通水七周年》，http://nsbd.mwr.gov.cn/zx/zj/2021nsbdqzn/2/202112/t20211210_1554508.html，访问日期：2024年2月5日。

② 张劲松：《南水北调与大运河联袂打造绿色生态长廊》，http://nsbd.mwr.gov.cn/zx/zxdt/202012/t20201203_1485075.html，访问日期：2023年2月6日。

③ 李奕杰：《南水北调工程与区域经济协调发展研究》，《城市供水》2023年增刊，第13页。

用，深入挖掘以大运河为核心的历史文化资源，保护大运河是运河沿线所有地区的共同责任。”①2017 年 4 月 25 日，全国政协调研组进行实地考察，为“将建设‘大运河经济带’上升为国家战略”的重点提案搜集第一手资料，提供了支撑论据。2018 年 9 月，中央委托全国政协文化文史和学习委员会组建调研组赴北京、天津、河北三地展开调研，进行实地考察，为推动大运河文化带建设建言献策。2020 年 11 月 13 日，习近平总书记在扬州视察时指出：“扬州是个好地方，依水而建、缘水而兴、因水而美，是国家重要的历史文化名城。”②

为此，扬州开始践行新发展理念、聚焦“一城三都”(世界运河之都、世界美食之都和东亚文化之都)建设、勇挑大运河“原点城市”“申遗牵头城市”及南水北调东线“源头城市”等多重重担。扬州市人民政府确定要把“共享发展”作为民生幸福的根本追求，筹划在五年内打好打赢黑臭水体治理、雨水与污水分流、垃圾科学分类、老旧小区改造及市容环境改观等“六场硬仗”，实现“古运河重生”目标③。扬州已经打响了蓝天碧水保卫战：为提升大运河两岸的绿化景观，扬州将大运河沿线 1 公里范围内的厂矿企业单位全部迁出，每年投入大运河生态补偿资金 7,000 万元。同时，扬州鼓励运输船只全部采用新能源，以“确保大运河的水体安全和南水北调的水质”④。

由此可见，当今的政府和国家领导及相关省市领导与专家秉持以民为本的理念，坚持仁慈领导，对人民福祉给予长久、全面的关怀。一方面，为实现“南水北调”新航运宏伟工程实施与生态环境改善的双目标，我国政府在“顶层设计”中，颁布了“先节水后调水、先治污后通水、先环保后用水”的三先三后原则；另一方面，为全面实施“大运河经济带”的国家战略，各级领导及相关专家多次实地考察，确保最终决策与实施方案符合包含五个层级逻辑程序和六项基本特征的“顶层设计”标准，同时体现包含系统性、务实性和传承性

① 政协文化文史和学习委员会调研组：《让古老的大运河向世界亮出金名片》，http：//www.qstheory.cn/dukan/qs/2019－08/01/c _ 1124819494.htm，访问日期：2023 年 2 月 6 日。

② 汪滢：《扬州：锻造“有分量”的“好地方”：擦亮“三都一城”名片 勇挑“源头”“原点”重担》，http：//wm.jschina.com.cn/9662/202011/t20201130 _ 6892398.shtml，访问日期：2023 年 2 月 6 日。

③ 王佳宁、孙静、王君也：《新时代中国大运河文化带建设总报告：8 省市基本态势、总体评估和趋势展望》，《人口与社会》2018 年第 6 期，第 17－18 页。

④ 陈结文：《世界运河城市论坛 6 月 27 日在扬举行》，《扬州日报》2022 年 6 月 26 日，第 4 版。

的中国治国理政体系的主要特点。所有这些，远远超出许多西方人士的认知范畴，却是从实践操作层面破解昔日“利玛窦困惑”的关键所在，同时也是对当下西方社会的“病态”言行，祭出的一剂猛药。

（三）德行领导

德行领导指领导者通过自身的高尚品质和道德操守，以身作则，以赢得下属的敬仰和效仿。具体说，德行领导包括公私分明和以身作则，前者通过一视同仁和牺牲私利得以体现，后者通常通过作为表率得以体现。下属对德行领导的反应，一是认同，二是效法，前者由认同价值与目标和内化价值与目标表现出来，后者由模仿领导者的行为表现出来。在此基础上，胡国栋、李文昊又提出了德行领导的概念，即“德行领导通过教谕式调节耦合‘组织内技术—经济范式下的权力与情感—价值范式下的权力’，从而促进心理契约的缔结，并在此基础上实现组织规则、组织过程和组织目标三个方面的演化，最终促进家庭式组织的生成”①。在理论上，德行领导者秉持人文主义理念，通过涵养内部德行，以伦理决策为核心，在特定的领导场景之中通过与被领导者达成心理契约，自然形成社群价值观和组织凝聚力，共同实现效益和人性兼顾的复合型领导目标的过程或活动。在实践中，德行领导通过对显性知识和默认知识的互动调控，围绕情、理、法的价值次序，形成一种互惠机制。德性与德行具有内涵上的差异，前者是一种内在品性，是后者的源头；而后者是一种外在品性，是前者的实践。

范仲淹的“先天下之忧而忧，后天下之乐而乐”、郑板桥的“些小吴曹州县吏，一枝一叶总关情”、于谦的“但愿苍生俱温饱，不辞辛苦出深林”都体现了关心百姓疾苦和一心为百姓谋福利的好官形象，也充分说明了心无百姓莫为官的深刻道理。同时，正确的马克思主义权力观和中国共产党党性的理论修养也使习近平深刻体会到人民群众才是历史的创造者和社会实践的主体，因为一个马克思主义的政党“不是把人民群众当作自己的工具，而是自觉地认定自己是人民群众在特定的历史时期为完成特定的历史任务的一种工具”②。简言之，马克思主义的权力观就是“权为民所赋，权为民所用”③。

古往今来，善治国者必先治水，善兴国者必先兴水。治水之道乃治国之

---

① 胡国栋、李文昊：《儒家文化视域下德行领导与家庭式组织的机理研究》，《财经问题研究》2022 年第 11 期，第 36 页。

② 邓小平：《邓小平文选》，人民出版社，1994，第 218 页。

③ 习近平：《领导干部要树立正确的世界观权力观事业观》，《党课》2010 年第 19 期，第 78 页。

道，国家统一有利于治水，治水反过来也有利于国家统一与繁荣昌盛。针对大运河“后申遗时代”的综合治理，我国政府制定了“保护为主、抢救第一、合理利用、加强管理”的历史文物保护与管理总原则，为打造“大运河璀璨文化带、绿色生态带、缤纷旅游带”指明了方向和路径。我国的“顶层设计”从国家发展战略的高度推进大运河文化带建设，旨在以大运河文化为内核，以保护传承利用为主线，以带状地理空间为载体，以区域交通为基础，以沿线城镇为发展主体，打造集遗产与生态保护、经济与社会发展、文化与休闲多种功能于一体的综合型文化功能区域①。从区位空间布局来看，作为南北走向的大运河，北连“环渤海经济带”，南接“长江经济发展带”，纵贯“一带一路”，途经我国东部六省(直辖市)以及中部两省，对我国区域空间合理布局与全面协调发展具有重要意义。大运河文化带建设“既不局限于文化遗产保护，也不完全是沿河城市群的经济带建设，而是将文化资源优势作为当下中国区域发展的核心要素，协调中东西，连接南北方，开创文化带动区域空间结构优化的新格局”。

2020 年 11 月，习近平总书记考察扬州运河三湾生态文化公园时指出，要对大运河文化遗产保护同生态环境保护提升、沿线名城名镇保护修复、文化旅游融合发展、运河航运转型提升齐抓共管，为大运河沿线区域经济社会发展、人民生活幸福、青少年健康成长创造有利条件。习近平总书记在参观扬州市区的江都水利枢纽时提出，党和国家实施南水北调工程建设，就是要对水资源进行科学调剂，促进南北方均衡发展、可持续发展，要把实施南水北调工程同北方地区节约用水统筹起来，坚持调水、节水两手都要硬，一方面要提高向北调水能力，另一方面北方地区要从实际出发，坚持以水定城、以水定业，节约用水，不能随意扩大用水量。习近平总书记强调，南水北调东线工程取得了重大成就，要依托大型水利枢纽设施和江都水利枢纽展览馆，积极开展国情和水情教育，引导干部群众特别是青少年增强节约水资源、保护水生态的思想意识和行动自觉，加快推动生产生活方式绿色转型②。

总之，在以德治国的具体实践中，国家和省市主管部门通过“保护为主、抢救第一、合理利用、加强管理”的历史文物保护与管理总原则，实现打造“大运河璀璨文化带、绿色生态带、缤纷旅游带”的目标，使情、理、法既得

---

① 熊海峰：《大运河文化带的内涵解析与建设对策研究》，《人文天下》2017 年第 12 期，第 41－42 页。

② 《习近平：贯彻新发展理念构建新发展格局 推动经济社会高质量发展可持续发展》，https：//baijiahao. baidu. com/s? id＝1683328908663050658&wfr＝spider&for＝pc，访问日期：2023 年 2 月 6 日。

到兼顾，又有所侧重，从而形成了一种互惠而高效的高品质领导机制。由此而绘制的大运河文化带“顶层设计”蓝图利国利民、深入人心，更好体现了大运河的工程性、廊线性、活态性及融合性等特征①，在国家的整体管理之中，尤其在大运河沿线省市的发展规划和实施方案之中，得到了广泛支持和深入贯彻。这既从治国理政的效果上破解了“利玛窦困惑”，又为真正关注中国发展的国际友人提供了“中国为什么行”的又一典型成功案例。

四、结语

本节基于社会心理学视角的三元领导理论，从威权领导、仁慈领导和德行领导三个维度，考察大运河经济带、大运河文化公园，以及大运河新航运等现代治水壮举，探究了“顶层设计”在我国的宏观国策运行中所发挥的独特作用。研究发现，在威权领导维度，针对大运河的综合治理，我国政府的“顶层设计”是通过一个由基层行业代表建言、相关专业人士论证、上层决策团体定夺的运作程序和一个包括纵向的自上而下和自下而上与横向的自内而外和自外而内的灵活互动机制，将马克思主义自然观与中国传统文化中的治水理念进行有机结合，从国家战略的层面颁布系列法规，对大运河文化保护传承利用、大运河文化带建设，以及大运河文化公园建设，作出了战略性、系统性和实践性的总体安排与部署。这样，“利玛窦困惑”因中国更“专注于治国理政的综合实践体系和利益共享的实质问题”而在宏观层面得到破解②。

在仁慈领导维度，我国政府秉持以民为本的理念，坚持仁慈领导，对人民福祉给予长久、全面的关怀：为启动“南水北调”新航运颁布了“先节水后调水、先治污后通水、先环保后用水”的三先三后原则；为实施“大运河经济带”国家战略，各级领导及专家反复实地考察，最终制定出体现系统性、务实性和传承性的治国理政特色，同时符合包含五个层级逻辑程序和六项基本特征的“顶层设计”决策与实施方案。这不但从实践操作层面破解了昔日的“利玛窦困惑”，也是对当下西方社会的“病态”言行，祭出的一剂猛药。

在德行领导维度，国家主管机构与省市相关部门一道，通过履行“保护为主、抢救第一、合理利用、加强管理”的历史文物保护与管理总原则，实现打造“大运河璀璨文化带、绿色生态带、缤纷旅游带”的目标，使情、理、法既

① 政协文化文史和学习委员会调研组：《让古老的大运河向世界亮出金名片》，http：//www.qstheory.cn/dukan/qs/2019-08/01/c_1124819494.htm，访问日期：2023年2月6日。

② 曹锦清、刘炳辉：《中国治理模式的历史性突破》，《东南学术》2017年第5期，第9页。

得到兼顾，又有所侧重。因此，无论是国家层面的大运河“顶层设计”战略蓝图，还是大运河沿线省市的发展规划和实施方案，均显现利国利民和优化环境的效果，因而深得人心，并得到了广泛支持和深入贯彻。这从治国理政的效果上破解了“利玛窦困惑”，同时也为“中国为什么行”提供了新的现实论据。

基于中国社会文化脉络的基本特质，中国的传统当政者多从伦理出发，努力形成“为政以德”“孝治天下”“礼治秩序”的领导规范。儒家伦理更是克服了西方理性与情感二元对立、非此即彼的弊端，通过推己及人和由内而外，一方面修炼内在道德品质，另一方面凸显实践中的领导效能，以实现“内圣外王”的理想领导境界。总之，中央政府和省市相关部门颁布系列法规、出台配套实施方案、坚持内外修炼、提升道德操守，正在科学、高效地将大运河打造成一条可持续发展的“致富河、幸福河”。

本章小结

本章第一节题为“大运河文化遗产保护管理中的公共参与研究及北美经验借鉴”。本节首先厘清了大运河文化遗产在保护管理中的瓶颈问题，然后阐释了公众参与的理论基础、概念演变及其与文化遗产保护的关系，最后从主体、理念、内容与视域四个维度探究了美国和加拿大在运河管理中可资中国借鉴的经验与启示。本节研究发现，当下的大运河文化遗产相关保护管理政策与实施举措大多属于政府行为，自上而下的单向管理色彩浓厚，缺乏广泛而系统的民间公众参与。美国和加拿大方面可资借鉴的相关经验是：第一，公众参与主体由遗产廊道居民、非政府组织、非营利企业、民间力量及游客和个体志愿者组成；第二，坚信广泛的公共参与是文化遗产保护管理成功的原动力，有助于发挥教育的功能，有利于国民身份的塑造；第三，公众参与贯穿其遗产廊道项目管理计划的起草、修改、实施、评估等全过程；第四，充分利用网络主页、数据库、模拟研讨，以及脸谱网、推特、照片墙等现代信息技术与社交媒介，以促使公众参与事半功倍。基于此，本节提出了三条建议，供国内大运河文化遗产保护管理参考借鉴。

本章第二节题为“基于三元领导理论的大运河顶层设计”。本节在三元领导理论指导下，探究威权、仁慈和德行领导的“顶层设计”在大运河水资源管理与生态保护实践中所发挥的作用。本节研究发现，第一，我国政府通过民主集中制将马克思主义自然观与中国治水的传统理念有机结合，从国家战略的层面发布相关文件，为大运河文化带建设提供了法律制度保障，为打造“大运河璀璨文化带、绿色生态带、缤纷旅游带”指明了方向和路径；第二，我国政府以民为本，对人民福祉给予长久、全面的关怀，为启动“南水北调”新航运确定了“三先三后”的总原则，为实施“大运河经济带”国家战略反复实地考察，制定出体现系统性、务实性和传承性的“顶层设计”方案；第三，通过履行“保护为主、抢救第一、合理利用、加强管理”的保护管理总原则，创造性地将情、理、法融入富有战略性、系统性和实践性的“顶层设计”蓝图之中，因而赢得了广泛认可与支持。

作为本章研究问题的答案，一方面，我们要摸清家底，找出问题及其症结，通过借鉴先进经验，取长补短，确定解决问题的有效方案。在第一节中，我们发现大运河文化遗产保护管理中的瓶颈问题是头重脚轻，政府指令多而频繁，而公众参与相对少而涣散。因此，美国的伊利运河和加拿大的里多运河遗产廊道的文化遗产保护管理工作，可在主体、理念、内容和视域四个维度为国内提供公众参与方面可资借鉴的丰富经验。通过学习和消化，实践和转化，大运河文化遗产的保护管理将在不久的未来更上一层楼，其中可用来丰富、拓展和传播中国国际形象的大运河文化遗产或元素，将会得到精心提炼、认真梳理和有效应用。

另一方面，我们更要坚定文化自信，积极挖掘中华文明古往今来的集体智慧与举世瞩目的文化丰功伟绩，并通过各种途径，向国内外积极推广和创新性传播。我们可以在三元领导理论指导下，通过自上而下、自下而上、纵横互动的民主集中制综合体系，将大运河治理与现代科学管理与中国传统文化中的治水理念及马克思主义自然观相结合，落实“人与自然是生命共同体”的理念。在诸如大运河经济带、大运河文化公园，以及大运河文化遗产的综合治理中，上至中央政府，下至市县村镇的各级领导在威权、仁慈和德行领导的“顶层设计”方面，通过中国特有的民主集中制、举全国之力实施的“南水北调”工程及打造“大运河璀璨文化带、绿色生态带、缤纷旅游带”等战略蓝图的典型实例，向国外受众淋漓尽致、惟妙惟肖、有效得体地呈现实实在在、真实可信、可敬可爱的中国国际形象。